アリストテレス全集 13

ニコマコス倫理学

加藤信朗訳

岩波書店

監修　出　　隆　　　編集　山本光雄

ニコマコス倫理学

加藤信朗訳

ΗΘΙΚΑ ΝΙΚΟΜΑΧΕΙΑ

凡　例

一　この翻訳の底本としては、バイウォーターの校訂による原典 *Aristotelis Ethica Nicomachea*, Recognovit brevique adnotatione critica instruxit I. Bywater, Oxford, 1894 を使用した。

一　参照した他の校訂本については巻末の訳者解説の末尾に記し、バイウォーターの読みと異なる読みを取った場合には、訳者註のその箇所に記した。

一　本文中の（　）や——は、原文の文脈を分り易くするため、バイウォーターの用いたものに倣ったものであるが、その使用箇所については必ずしもバイウォーターのものによらず、訳者の解釈に従ったものも少なくない。（　）が本文の内容に直接関係するが文脈から離れる説明、——が本文の内容からやや離れる自由な補足説明、または、文脈に飛躍のある箇所を示すものであることは一般の使用例に準ずる。

一　……は原文に脱落があると信じられる箇所である。

一　〔　〕は、原文にはないが、原文の理解のために、插入された訳者の補訳である。ただ、訳文の流れを保つため、〔　〕を用いずに自由に補って訳した箇所も少なくない。また、訳文だけから文意が取れるように、本来、註に記すべき説明を〔　〕のなかに記したものもある。

一　【　】は原文にあるが、削除するのが適当と判断される部分である。

一　行間の（　）の和数字はオックスフォード・ベッカー版の節番号を、洋数字は訳者註の番号を示す。

一　翻訳、訳者註、解説にあたって底本の他に参照した文献の主なものは、巻末の訳者解説の末尾に一括してあげた。

目　次

本文の内容目次

第一巻

A　総論　最高善について

I　序論

II　最高善についての諸説

III　最高善の定義の試み

第三巻

iv　人柄としての器量のさまざま

第四巻

第五巻

v　正義の性向について

イ　序論

ロ　種々な正しさ

ハ　ポリスにおける正しさ

ニ　不正の行為をめぐる諸問題

第六巻

第七巻

Ⅳ　抑制と無抑制

第八巻

VI 愛について

i 序論

第九巻

第十巻

IX　ふたたび、快楽について

X　幸福について

ニコマコス倫理学

第一巻

第一章

1094a

[一]どのような術[1]もどのような論究[2]も、行為[3]も選択[4]もみな同じように、或るひとつの善いものを目ざしていると考えられる。それゆえ、或るひとびとが「善」を定義して「ものみなの目ざすもの」と言い表わした[5]のは当っている。[二]だが、目的[6]の間には明らかに或るひとつの差別がある。すなわち、或る目的は活動そのものであり、或る目的は活動とは別にある所産としての何ものかである[7]。そして、目的が行為とは別の何ものかである場合には、所産は、本性上、活動よりも善いものである。[三]さまざまな行為があり、さまざまな術や専門知識[8]があるのに応じて、それらの目ざす目的にもさまざまのものがある。医術の目的は健康であり、造船術の目的は船であり、統帥術の目的は勝利であり、家政術の目的は富である。[四]ところで、このような種々の術のなかで、いくつかの術が一つの或る能力[9]に従属する場合には——たとえば、馬勒制作術やその他さまざまな馬具の制作にかかわる術は馬術に従属し、この馬術や戦さにかかわる行為のすべては統帥術に従属する(これと同じように[10]、他にも異なる〔上位の〕術に従属する種々の術がある)——さて、すべてこういうものの場合には、他の術を統括する術[11]の目的はこれに従属するすべての目的よりもいっそう望ましい。なぜなら、前者を得るために、後者も追求されるからである。[五]これ

は、行為の目的が活動そのものである場合でも、いまあげた種々の専門知識におけるように、活動とは別の何ものかである場合でも変りがない。

第二章

(一)そこで、行為されることの目的として、われわれがそれをそのもの自体のゆえに願望し、それ以外のものをそのもののゆえに願望する或るひとつの目的があるとすれば、すなわち、われわれはすべてのものをいつもそれとは異なる他のもののゆえに選ぶのではないとすれば(なぜなら、もしも、そうであるとすれば、この過程は無限に
a20 進み、欲求は空しい無駄なものとなろうから)(1)、この目的こそ明らかに「善」であり、「最高善」であろう。(二)とすれば、これを知ることは人生にとって重大なことではなかろうか。すなわち、ちょうど、われわれは弓を引くひとのように、的を定めることによって、相応しいものをいっそう巧く射当てうるのではなかろうか。(三)もしも、そうだとすれば、われわれは、(1)この目的が何であり、(2)それがいかなる専門知識や能力の扱うものであるかを大まかにであれ把握しようと努めねばならない。

(四)さて、これは、もっとも専門知識の名に値する、もっとも統括的な専門知識の扱うものであると思われよう。(五)このようなものは、明らかに、政治術である。(六)というのは、政治術はどのような専門知識がポリスにおいて求め
1094b られるべきであり、各種のひとびとがどのような専門知識を、どの点まで学ぶべきであるかを指定するからである。また、統帥術や家政術や弁論術のような一般にもっとも尊重される種類の能力がこの術に従属しているのは、

われわれの見るところである。[七]また、政治術はその他の専門知識を利用し、さらに、ひとびとが何をなし、何から遠ざかるべきかを立法するものであるから、この術の目ざす目的は他の専門知識のそれを包含するであろう。したがってまた、この術の目ざす目的こそ「人間の善[2]」であろう。[八]というのは、一個人にとっても、ポリスにとっても、目ざす目的は同じであるにしても、ポリスにとっての目的を実現し保持することの方がいっそう大きく、いっそう終極的なものであるのは明らかだからである。なぜなら、ただ一個人の目的を実現し、保持するだけで
b10 も、満足すべきことではあるが、種族や諸ポリスの目的を達成し、保持するのはいっそう美しく、いっそう神的なことだからである。

さて、この論究の目ざしているのはこれらの諸点であり、それは政治術に属する論究の一つなのである。[3]

第三章

[一]扱われる素材に応じて分明な論述がなされれば、それで充分であろう。なぜなら、すべての論述に対して同じ精確[1]さが求められるべきではないからである。それは、ちょうど、手工芸品の場合と同じである。[二]政治術が考察の対象とする「美しい行為」や「正しい行為」には〔時と場合に応じて〕多くの差異と変動が含まれている。したがって、それらはただ慣《なら》わしによるものであり、そのもの自体の成り立ちとしては存在しないと一般に考えられているのである。[2][三]善いと言われるさまざまなものにもこのような一種の変動が含まれている。なぜなら、多くのひとにとってこれらの「善いもの[3]」からさまざまな害悪が生れてきたからである。事実、これまでに、或るひと

b20 びとは富のゆえに身を滅ぼし、或るひとびとは勇ましさのゆえに身を滅ぼしたのである。(4) (四)そこで、こういう性質
のことについて、こういう性質のことを出発点として論ずるひとはことの真実を大まかに、ざっと提示できれば
満足すべきである。また、たいていそうであることに(5)ついて、たいていそうであることを出発点として論ずるひ
とは、また、そのようなたいていそうであることを結論できれば満足すべきである。したがって、それを聴講す
るひとも、これに応じて、論じられることのそれぞれをこれと同じ仕方で受け容れなければならない。なぜなら、
事柄の本性が許す範囲において、それぞれの類に応じた精確さを追求することが教養をそなえたひとに相応しい
ことだからである。というのは、数学者が〔弁論家のように〕もっともらしく論ずるのを受け容れたり、弁論家に
〔数学者のような〕論証を要求するのは、似たりよったりのことと思われるからである。
(五)ひとは誰でも自分の見知っていることをただしく判定するものであり、見知っていることについての善い判定
者である。したがって、個々の点について言えば、或ることをただしく判定するのはその教養をそなえたひとで
あり、一般的に言えば、〔ひとが何をなすべきかを〕ただしく判定するのは万事にわたる教養をそなえたひと(6)であ
1095a る。若者が政治術の相応しい聴講者であると言えないのはこのゆえである。なぜなら、若者は実際生活のさまざ
まな行為に無経験であるが、この論述はこれらを出発点とし、これらについてなされるからである。(六)その上、若
者は情念にひきずられやすいため、政治術を聴講するのは無駄であろうし、無益でもあろう。なぜなら、政治術
の目的は認識ではなく、実践だからである。(7) (七)その若さが歳の若さであるとしても、人柄の稚さであるとしても同
じである。なぜなら、その欠陥は歳月の多少から生れるのではなく、情念のままに生き、どのようなものであれ、
情念のままに追求するかれの性向のゆえに起ってくるのだからである。このような性向のひとにとっては、実際、

a10 認識は無益である。ちょうど、抑制のないひとにとってそうであるのと同じように。(8) だが、分別(9)にしたがって欲求を統制し、行為するものにとっては、これらの事柄に関する知識は多大の利益をもたらすものとなろう。

(八)以上の序論によって、聴講者、聴講の仕方、および、この論究の目論見が述べられたとしよう。

第四章

(一)さて、ここで元に戻って、すべての認識と選択は或るひとつの善いものを欲求しているのだから、政治術が目ざしているとわれわれが言うものは何であるか、すなわち、行為されうるすべての善いもののなかで、最高のものは何であるかを論ずることにしよう。(二)名称の点では、たいていのひとの意見はほぼ一致している。というのは、大衆も洗練された教養をもつひとびとも最高善として「幸福」をあげており、「よい生活《くらし》をおくる」とか「旨くやる」とかいう言い方を「幸福な生活《くらし》をおくる」というのと同じ意味のものであるとみなしているからである。(1)
a20 ところが、「幸福」とは何かということになると、かれらの意見は齟齬し、大衆の提出する答は知慧のあるひとびとの答とは違ってくる。(三)すなわち、かれらのうちの或るひとびとは、たとえば、快楽や富や名誉というような、何か手で摑め目に見えるようなものをあげる。しかも、ひとによってそれぞれ別々である——いや、同じひとが別のものをあげることさえしばしばある。すなわち、病気にかかれば健康をあげ、貧困に際しては富をあげる。(2) そして、みずからの無知を思い知る時には、かれらはかれらの理解を越える高遠なことを言うひとの言葉に感嘆するのである。これに対して、或るひとびと(3)はこれらのさまざまな善いものの他に、これらから離れて、そのも

の自体として存する或る善があり、それがこれらすべての善いものが善であることの原因であると思いなしてい
た。(四)さて、これらの意見のすべてを検討するのは、おそらく、あまり益のないことであろう。われわれはそのう
a30 ちもっとも流布している意見、または、何らか道理があると思われている意見を検討すれば、それで充分である。
(五)「端初からの論」と「端初への論」が違うことをわれわれは忘れてはならない。プラトンはいつもこれを問題
にし、論究の道が端初から進むところであるか、端初に向うところであるかを尋ねるのを常としていたが(4)、それ
1095b は、おもうに、当をえたことであった。それは、ちょうど、競走路で審判席から終端〔折返点〕の方へ向うところ
か、その反対であるかが問われるのと同じである。なぜなら、われわれは知られうるものから論述を始めなけれ
ばならないが、「知られうるもの」という言葉には二つの意味があり、或る意味では、それは「われわれにとって
知られうるもの」であるが、他の意味では、「〔われわれにとってという〕限定ぬきの意味において知られうるも
の」であるからである(5)。そこで、われわれとしては、おそらく、「われわれにとって知られうるもの」から論述を
始めるのがよいであろう。(六)美しい行為や正しい行為や、およそ一般に政治術のかかわる事柄について聴講するの
に充分な力をもつためには、美しい習慣によって躾けられていなければならないという理由はそこにある。(七)事実
が端初であり、事実が充分に判明でありさえすれば、それを説明するための根拠をあわせ知る必要はすこしもな
いし、このような点でよく躾けられているものは〔美しい行為や正しい行為の〕端初をすでに自分自身のうちに所
有しているか、あるいは、まだ所有していないとしても、これを容易に獲得しうるだろうからである(6)。これに反
して、端初をすでに所有してもいなければ、また、これを獲得しうる望みもないものは次のヘシオドスの言葉(7)を
聞くがよい。

みずからすべてを悟るひと、かれこそは最善のひと
良く語るひとの言葉に聴き従うひと、かれもまた立派なひと、
だが、みずから悟ることもなく、他人の言葉を聞いて、胸に留めることもないひと、かれこそは碌でなし。

第五章

(一)横道にそれたところ(1)に戻って、論じ直すことにしよう。かれらの送っている生活からみれば、(二)一般の、もっとも卑俗なひとびとは、当然のことながら、快楽を「善」や「幸福」であるとみなしているように見える。かれらが享楽の生活に満足している理由はまさにそこにある（おもうに、生活には、およそ三つの主な形態がある。いま述べた享楽の生活と、政治の生活と、第三に観想の生活である）(2)。(三)こうして、大衆はそのまるっきり奴隷的な根性をむき出しにして、家畜にひとしい生活を選びとっているが、権勢の地位にあるひとびとの多くがその嗜好においてサルダナパロス(3)に類するのを見れば、かれらがそうするのは無理からぬことである。(四)これに対して、洗練された教養をもつ実際家は名誉を「善」や「幸福」であると思っているように見える。というのは、政治生活の目ざす目的は、おおよそ、そのようなところにあるからである。だが、名誉は、明らかに、いま求められている善としてはあまりにも表面的なものである。なぜなら、名誉は名誉をうけるひとよりは、むしろ、あたえるひとに依存すると考えられるが、われわれの予感するところでは、善とは何かひとにそなわったもの、ひとから取り去り難いものだからである。(五)さらにまた、かれらが名誉を追求するのは、自分が善いひとであることをみずから信

じうるためのようである。ともかく、かれらが求めているのは、(イ)賢慮あるひとびとによって、(ロ)自分を知
ってくれているひとびとの間で、(ハ)その器量(4)のゆえに名誉をうけることなのである。とすれば、少なくとも、
このひとびとの考えによれば、器量こそ、明らかに、他のものにまさるものである。(六)そこで、ひとは、むしろ、
b30 器量を政治生活の目ざす目的とみなすべきであるかも知れない。だが、器量もまた、明らかに、目的として終極
的なものではない。なぜなら、器量を持ちあわせていても、眠っていたり、一生を無為に過ごしたりすることも
ありうるし、さらにまた、かれがこの上ない不幸な目に遇ったり、不運に陥ったりすることもありうると考えら
1096a れるからである。だが、理窟に合わない説に固執するのでないかぎり、このような生を送るひとを幸福なひとと
みなすものは誰もいないだろう。これらの点については、これで充分である。「一般向きの平常の論述(5)」のうちで
も、これらの点については充分に論じられたからである。(七)第三の生活は観想の生活であるが、これについては後
に続く論述(6)で考察することにしよう。

(八)金儲けの生活は一種の強制による生活であり(7)、富は、明らかに、いま尋ねられている善ではない。なぜなら、
それは有用なもの、すなわち、〔そのもの自体とは異なる〕他のもののためのものだからである。したがって、ど
ちらかといえば、先に述べたもの〔快楽、名誉〕の方をひとは行為の目的とみなすべきであろう。なぜなら、それ
らはそのもの自体のゆえに愛好される(8)からである。しかしながら、それらもまたわれわれの求める善でないのは
a10 明瞭である。これらに対しては〔その反駁のために〕数多くの議論が広く行きわたっている(9)。そこで、これらにつ
いて論ずるのはここまでとしよう。

第六章

(一) だが、「一般者としての善」(1)については、おそらく、これをあらためて考察し、それがどのような意味で語られうるのかという問題を究明して置くのが願わしいであろう。もっとも、「形相」の説を持ちこんだのがわれわれに親しいひとびとであるため、そのような論究はわれわれにとってはつらい仕事になるが。とはいえ、真理を救うためには、身内のひとの説であってもそれを棄てる方がよい、いや、むしろ、棄てるべきであるとさえ思われるであろう。われわれが知慧を愛するものであれば、それはなおさらのことである。なぜなら、それらはいずれもわれわれにとって親しいものではあるが、真理をまず重んずることの方が敬虔なことだからである。

(二) さて(1)、この学説を唱導したひとびとは、先《さき》と後《あと》の順序が語られる類の事物についてはイデアがないとするのが常であった。まさにそれゆえ、かれらは数についてもイデアを設けなかったのである。ところが、善は「事
a20 物の何であるか〔本質〕」についても語られるし、「事物のどのようにあるか〔性質〕」についても語られるし、「何かに対して事物のどうあるか〔関係〕」についても語られる。だが、そのもの自体に即してあるもの、すなわち、実体は「何かに対して事物のどうあるか〔関係〕」よりも本性上、先立つものである(なぜなら、関係は存在に付帯するひこばえのようなものだからである)。したがって、これらのものに共有の或るひとつのイデアがあるというようなことはありえないであろう。

(三) さらにまた(2)、「善い」という語は「ある」という語と同じだけ多くの意味において語られる(というのは、

それは、たとえば、「神は善い」「理性は善い」と語られる場合のように、「事物の何であるか〔本質〕」について語られることもあるし、また、「事物のどのようにあるか〔性質〕」について、「器量は善い」と語られる場合もあるし、また、「事物のどれだけあるか〔量〕」について、「適度は善い」と語られる場合もあるし、また、「何かに対して事物のどうあるか〔関係〕」について、「有用なものは善い」と語られる場合もあるし、時間について、「好機は善い」と語られる場合もあるし、場所について、「住いは善い」と語られる場合もあるし、他にもこのような種類のさまざまなものが善いと語られるからである)。それゆえ、「善い」という語がこれらすべての善いものに共有の、同じひとつの、或る一般的な何ものかを述べるものではないことは明らかであろう。というのは、もしも、そうであったとすれば、それがこれらすべてのカテゴリアにおいて「善い」と語られるものについて、それぞれ異なった意味で「善い」と語られることはなく、ただ一つのカテゴリアにおいて同じひとつの意味で語られるものだったろうからである。

a30 (四)ついで(3)、一つのイデアに応じてある事物については、知識もまた一つあるのだから、すべての善いものについても、或る、一つの知識があるはずであろう。ところが、実際は、一つのカテゴリアに属する事物についてさえ、多数の知識がある。たとえば、好機に関して、戦さにおける知識は統帥術であり、病いにおける知識は医術である。また、適度に関して、食餌における知識は医術であり、身体の鍛練における知識は体育術である。

1096b (五)ひとはまた(4)、「人間そのもの」のうちにも、「人間」のうちにも、「人間」という同じひとつの本質定義が含まれているとするならば、「それぞれの事物そのもの」という言葉でかれらが、いったい、何を言おうとしているのかを疑問としうるであろう。というのは、「人間である」という点では、それらはまったく変らないから

b10

である。だが、もしも、そうだとすれば、「善そのもの」と「善いもの」も「善である」という点では変りがないであろう。

(六)さらにまた(5)、永遠なものであるからといって、それ〔善のイデア〕がいっそう善いものであることもないだろう。もしも、長期間白いものが、一日だけ白いものよりいっそう白いということもないとすれば。

(七)それについて、いくらかもっともらしい説を述べているように見えるのはピュタゴラス派である。それは、かれらが善いものの系列の中に一を配することによってである。スペウシッポスもまたこのひとびとの説に随ったように考えられる。

(八)しかしながら、これらの点については別の論述があるべきだろう(2)。だが、これまでわれわれの論じて来たところ〔イデア論批判〕に対しては、察するところ、次のような理由で、一つの異論が立ちあらわれてきそうである。(1)〔イデアの存立を証する〕諸論証はすべての善いものに関して論じられたのではない、(2)そのもの自体として追求され、愛好される善いものが一つの形相にしたがって「善い」と語られる、(3)それら、そのもの自体として追求され、愛好される善いものを作りだすもの、または、何らかの意味でそれらを防護するもの、もしくはそれらに反するものを制止するものはそれらのゆえに「善い」と語られ、第二の意味で「善い」と語られるとするのがその理由である。(九)とすれば、明らかに、「善い」と語られているものには二つのものがあり、或るものはそのもの自体として善いが、他のものはそれら〔そのもの自体として善いもの〕のゆえに善いことになろう。では、われわれは、利益をもたらすものからそのもの自体として善いものを切り離し、これら、そのもの自体として善いものが一つの〔善の〕イデアにしたがって、「善い」と語られるのかどうかを考察することにしよう。

(二〇)そのもの自体として善いものとしてひとはどのようなものをあげうるだろうか。(1)それだけ一つであっても追求されるかぎりのもの、すなわち、「明察をうること」、「見ること」、或る種の快楽、名誉のようなものがそれであろうか。というのは、これらのものは他の何ものかのためにも追求されるとしても、なおかつ、ひとはこれらのものをそのもの自体として善いものの一つにあげうるだろうからである。それとも(2)、イデアの他には何ひとつそのもの自体として善いものはないのだろうか。とすれば、形相を立てることは無駄であろう。(二一)しかるに、もしも〔(1)の仮定〕、それらのもの〔明察その他〕もそのもの自体として善いものの一つであるとすれば、これらすべてのうちに同じひとつの「善」の定義が顕われていなければならないだろう。それは、ちょうど、雪と鉛白のうちに同じひとつの「白さ」の定義が顕われていなければならないのと同じである。しかるに、名誉と賢慮と快楽とでは、それらがまさに善いと語られる点でのそれらの定義はたがいに異なる別のものである。したがって、善は、一つのイデアにしたがってこれらすべてのものに共有な何ものかなのではない。

(二二)だが、それではいったい、どういう意味でそれらのものがすべて善いと言われるのだろうか。たしかに、それらはたまたま同名であるもののようには見えない。それでは、それらは同じひとつのものから由来することによって、あるいは、すべてが共に同じひとつのものへと終極することによって、あるいはむしろ、比例にしたがってすべてが善いと語られるのであろうか。というのは、肉体においては視覚が善いものであるように、魂においては理性が善いものであり、それぞれ異なるものにおいてはそれぞれ異なる善いものがあるからである。(二三)だが、これらの点について論ずるのは、いまは、差し控えておくべきであろう。これらの点について精確に論定するのは、愛知の他の部門にいっそう相応しいことだろうからである(3)。

〔善の〕イデアについてもこれと同じように、いまは論ずるのを差し控えよう。実際、〔すべての善いものに〕共通に述語される善、もしくは、すべての善いものから離れてそのもの自体として存する、或る善そのものが一なるものとして存するとしても、そのようなものは、明らかに、人間の行為によって実現されうる善でも、人間の行為によって獲得されうる善でもないであろう。しかるに、いまは、そのような善が求められているのである。

（一四）だが、おそらく、或るひとには、そのような善を認識することは人間の行為によって獲得され、実現されうる
1097a 善を得るためによいことだと思われるかも知れない。すなわち、われわれはこれをいわば模範としてもつことによって、われわれにとって善いものをもいっそうよく知りうるであろうし、また、われわれにとって善いものを知れば、これを手に入れることもいっそうよくできるだろうというわけである。（一五）この説は、たしかに、或るもっともらしさをもっている。だが、それはさまざまな専門知識の実際と齟齬するようである。というのは、すべての専門知識は或るひとつの善いものを目ざしており、不足を補おうと探し求めているにもかかわらず、善そのものの認識をないがしろにしているからである。しかしながら、それほどまで大きな助けとなるものを専門家が誰も知らず、また知らないままそれを尋ねようとさえしないのは不合理である。（一六）だがまた、他方において、機織りや大工が他ならぬこの善そのものを知ることによって、自分自身の技術にどれだけの益を得るかとか、他ならぬイデアそのものを観た医者や将軍がどのような意味でいっそう医術に長じたものとなり、統帥術に長じたものとなるかを詮議することも詮ずるによしないことである。なぜなら、医者が健康をこのような仕方で健康そのものとして思いめぐらすことがないのは明らかな事実であり、医者は、人間の健康を、いや、むしろ、おそらくは、このひとの健康を思いめぐらすものだからである。すなわち、医者は個々のひとを治療するのである。これらの

点については、ここまでで論じ了えられたとしよう。

第七章

a20

(一)ふたたび、求められている善に帰って、それが、いったい、何であろうかと問おう。種類の異なる行為、種類の異なる術のあるごとに、異なる善のあることは明らかである。すなわち、医術と統帥術では求められる善は異なり、その他の術のそれぞれについてもこれと同じように、それぞれ異なる善がある。では、それぞれの術における善とは何であろうか。それは「そのものを得るためにそれ以外のことがなされるもの」のことではなかろうか。すなわち医術における健康、統帥術における勝利、建築術における家、それぞれ異なる術におけるそれぞれ異なるものがそれであり、〔一般的に言って〕すべて、どのような種類の行為であれ、選択であれ、その目的となるものがそれである。すなわち、すべて或る種の術にたずさわるひとはこれを得るためにその他のことをするのである。したがって、もしも、いまあらゆる種類の行為の目ざす目的が何かあるとすれば、それが、いま、求められている「人間の行為によって実現されうる善」であることになろう、そして、もしも、そのような目的が多数あるとすれば、これら多数のものがそれであることになろう。(1)

(二)さて、論述は迂路を辿って同じところに到達した。われわれはこれをさらにいっそう分明にするように努めなければならない。(三)さて、多数の目的があることは明らかである。われわれはこれらの目的の或るものをそれとは異なる他のもののゆえに選ぶ。たとえば、富や笛のようなもの、また、一般に言って、道具となるものがそうである。それゆえ、すべての目的が終極的なものでないのは明白である。だが、最高善は、明らかに、終極的な何ものかである。したがって、もしも、或る一つのものだけが終極的な目的であるとするなら、それがわれわれの
a30 求める善であろう。だが、それが多数あるとするなら、そのうちで最も終極的なものがそれであろう(2)。

(四)ところで、われわれはそのもの自体として追求されるものの方を、他のもののゆえに追求されるものよりも、また、いかなる場合にも他のもののゆえに選ばれることのないもの〔甲〕の方を、そのもの自体として選ばれもするが、同時に、先のもの〔甲〕のゆえに選ばれもするもの〔乙〕よりもいっそう終極的なものと言う。また、条件ぬきに終極的なものと言えば、それは常にそのもの自体として選ばれ、いかなる場合にも他のもののゆえに選ばれることのないもののことである。

(五)ところで、そのようなものは他の何であるよりも幸福であると思われる。実際、われわれは幸福を常にそのものの自体のゆえに選び、いかなる場合にも他のもののゆえに選ぶことがないからである。名誉や快楽や理性やすべ
1097b ての器量をわれわれはそのもの自体のゆえに選ぶと共に（なぜなら、結果は何も生れてこなくても、われわれはこれらのものの一つ一つを選ぶであろうから）、幸福のために選びもする。それは、われわれがこれらのものを通じて幸福になれるだろうと思いなすからである。しかし、幸福をこれらのもののために選ぶひとはいない。また、一般に言って、幸福を何か他のもののゆえに選ぶひとはいない(3)。

(六)「自足」という点からみても、同じ帰結が生れてくるのは明らかである。おもうに、終極の善は自足するものであると思われている(4)（ここで「自足する」とは、自分ひとりにおいて足りる、つまり、自分ひとりの生活を生
b10 きている自分において足りるという意味ではなく、親や子や妻や、一般に言って、友人や同市民たちと共にある

自分において足りるという意味である。なぜなら、人間は本性上、ポリスを成して存在するものだからである。(5)

(七)だが、そこには或る限界が設けられなければならない。なぜなら、つながりは祖先へ、子孫へ、友人の友人へと限りなく広がってゆくからである。だが、この問題については、いずれまた、考察することにしよう(6)。ところで、「自足するもの」とは、「それだけでも生活を望ましいもの、不足するところのないものにするもの」であるとわれわれは定める。幸福とはこのようなものであるとわれわれは思っている。

(八)さらにまた、幸福はすべてのもののうちで最も望ましいものであることによって、〔他のものに〕加算されえないもの(7)であるとわれわれは思っている。加算されうるとすれば、〔他の〕善いものが僅かでも加えられれば、いっそう望ましいものになるのは明らかである。なぜなら、付加される分は善いものの増加分となるが、いっそう大きな善はいつもいっそう望ましいものだからである。このようにして、幸福が終極的な、自足する何ものかであるのは明らかであり、それは人間の行為の目的なのである。

(九)だが、最高善を幸福と呼ぶことは、おそらく、万人の意見の一致するところであろうが、さらに、それが何であるかをもっとはっきり述べることが望まれる。(一〇)そして、これは、人間の働き(8)の何であるかが把握されれば、おそらく、できるであろう。すなわち、笛吹きや彫像作りやすべての職人においては、また、一般に、或る働きや行為をもつひとにおいては、その「善さ」や「うまさ」はその働きのうちにあると考えられるが、人間においても、もしも、人間が或る働きをもつかぎり、これは同じであると考えられよう(9)。(一一)では、大工や靴作りは或る働きや行為をもつのに、人間は何の働きももたず、本性上、無為なるものとみなすべきであろうか。それとも、ちょうど、目や手や足や、一般に言って、それぞれの部分に或る働きのあるのが明らかであるように、人間にも、す

1098a べてこれらの働き以外に、或る働きがあるとみなしうるのだろうか。では、それは、いったい、何であろうか。
(一二)生きていることが植物にも共有の働きであるのは明らかである。[10] だが、いま求められているのは人間に固有の働きである。したがって、栄養、ならびに、成長活動としての生は除かなければならない。次は感覚活動としての生であろう。だが、これもまた、明らかに、馬にも牛にも、つまり、すべての動物に共有の生である。(一三)したがって、残るところは[11]分別をもつ部分にそなわる実践活動[12]としての生である(分別をもつ部分には二つあり、一つは分別に服従するという意味で分別をもつ部分であり、他はみずから分別をもち、思考活動をするという意味で分別をもつ部分である)。[13] だが、実践活動としての生にも〔能力におけるそれと、活動におけるそれとの〕二通りの意味があるが、ここでは、活動という意味でのそれをあげねばならない。なぜなら、これこそいっそう優れた意味で生と呼ばれうると考えられるからである。

(一四)ところで、人間の働きは分別にかなった——あるいは、分別の働きなしにはありえない[14]——魂の活動であり、また、これこれのひとの働きとこれこれの優れたひとの働きは類において同じものであるとわれわれは主張し(たとえば、琴弾きの働きと優れた琴弾きの働きは類において同じものであり、このことは一般に、すべての場合について言える)、ただ、器量によって生れる優越性がその働きに付け加えられるのだとすれば(琴弾きの働きは琴を弾くことであり、優れた琴弾きの働きは琴をうまく弾くことである)、もしも、このようであるとすれば——〔言いかえれば〕人間の働きをわれわれは或る種の生であるとし、或る種の生とは分別の働きを伴った魂の活動、ないし、行為であるとし、優れたひとの働きはこれをうまく、美事にやりとげることであり、(一五)事物はそれぞれ本然の器量にしたがうことによって、うまく仕上げられるものであるとすれば、もしも、このようであるとすれば

——人間の善さは魂の活動として器量によって生れてくるものであろう。そして、器量には多くのものがあるとすれば、それは最高の、最も終極的な器量によって生れるものである。[15] (二六)さらに、これに「人生が完成される時[16]」と付け加えねばならない。というのは、『一羽の燕は春を招かない』し、一日の好日だけでも春は来ないからである。それと同じように、ひとを幸いなもの、幸福なものとするにも、ただの一日や僅かな期間では足りないのである。

a20 (二七)さて、これで善についての輪郭は描き了えられたことにしよう。おもうに、ひとは、まず粗描きした上で、後でそれを描き上げるべきである。[17] 粗描きのうまくできているところをさらに進め、念入りに仕上げるのは誰にでもできることであり、時間はこのような仕事における良い発見者であり、助け手であると考えられよう。さまざまな術における進歩もそこから生じてきた。なぜなら、欠けているものを補うのは誰にでもできることだからである。

(二八)だが、われわれは先に述べたこと[18]をも心に留め、すべての場合において精確さを同じように求めるべきではなく、それぞれの場合に、当面する素材に応じて、当の論究に相応しい程度において求めなければならない。(二九)実際、
a30 大工と幾何学者の直角の求め方は違い、大工はその作品に役立つ程度においてそれを求めるが、幾何学者はそれが何であり、その本質がどのようなものであるかを求めるのである。幾何学者は真理を観るものだからである。他の場合〔たとえば倫理学の研究〕においてもわれわれは同じやり方にしたがい、添えものが本来の仕事を上まわることのないようにしなければならない。

1098b (三〇)また、事物の説明を求めるにあたっても、ひとはこれをあらゆる場合に同じように求めてはならない。或る場

合には、事実をただしく示せさえすれば充分である。たとえば、事物における端初の場合がそうである。そして事実が第一のものであり、端初なのである。[19]

(二二)事物の端初のうち、或るものは帰納によって観られ、[20]或るものは感覚によって観られ、[21]或るものは習熟によって観られ、[22]それぞれの種類の端初はそれぞれ別の仕方で観られる。(二二)われわれはこれらそれぞれの端初を、その本来の成り立ちにしたがって追求しようと努めなければならない。また、これらがただしく限定定義されるように意を用いなければならない。(二三)それは後に続く論述に重大な意義をもつからである。まことに、「端初は全体の半分」以上であり、尋ねられている問題の多くは端初によって一目瞭然になると考えられるのである。

b10

第八章

(一)われわれはそれについて、[1]ただ論理の帰結と端初という点からばかりではなく、一般に言われているところからも考察してみなければならない。[2]なぜなら、事実はすべて真理に唱和するが、真理は虚偽に対してただちに不協和な声をあげるからである。

(二)さて、善は一般には三種に分類されており、[3]一つは外的な善、他の二つは魂と肉体にかかわる善と呼ばれる。そして、われわれはこれらのうちで魂にかかわる善をもっとも優れた意味で善と呼ばれるのに相応しいものと呼んでおり、行為や魂の活動を魂にかかわる善と定めている。したがって、この古くからある、愛知者たちの同意を得ている見解にしたがうかぎり、われわれの定義はただしくなされていると言えよう。(三)さらにまた、目的が或る種の行為であり、活動であると言われている点からみてもわれわれの定義はただしい。なぜなら、このようなものであるとき、目的は魂にかかわる善の一つとなり、外的な善の一つにはならないからである。(四)また、幸福なひとはよい生活《くらし》をおくり、旨くやると一般に言われている事実もわれわれの定義と唱和する。なぜなら、〔われわれの定義では〕幸福は、いわば一種の「よい生活《くらし》」、一種の「旨くやること」であると述べられたからである。

(五)さらに、幸福について一般に要求されていることのすべてがわれわれの述べた定義に含まれているのも明らかである。(六)すなわち、幸福は或るひとびとには器量、或るひとびとには賢慮、また、他のひとびとには或る種の知慧であると思われている。また、或るひとびとには快楽を加えたこれら、または、これらの一つ、あるいは、快楽を欠いてはありえないものとしてのこれら、または、これらの一つであると思われている。(4)だが、他のひとびとは外的な繁栄をもこれらに加えている。(七)これらのうちの或るものは多くのひとびとが昔から唱えているものであり、或るものは少数の著名なひとびとが唱えているものである。だが、これらのひとびとのどちらにせよ、かれらがまるきり的をはずれているというのは不合理なことであり、むしろ、少なくとも、一つ、あるいは、大部分の点においてどちらも正鵠をえているとみなすべきであろう。

(八)さて、器量、もしくは、或る種の器量を幸福であるとするひとびとの説にわれわれの定義は唱和する。なぜなら、器量には、器量によって生れる活動が含まれるからである。(九)だが、最高善を器量の所有にあるとするか、使用にあるとするかでは、また、性向(5)にあるとするか、活動にあるとするかでは、その違いは、おもうに、小さいものではない。なぜなら、性向は、それを持っていても、たとえば、眠っているひとや、あるいは、眠っているのとは違った或る状態でまったく不活動なひとにとってもそうであるように、何も善い成果を生まないこともありうるが、活動にはそのようなことはありえないからである。すなわち、活動であれば、それは必ず何事かをなし、しかも、それをうまく成し遂げるだろうからである。ちょうど、オリュムピア競技で勝利の栄冠を捷ちうるのはもっとも美しいひとや、もっとも力の強いひとではなく、競技に出場するひとびとである（勝利を得るのはこのひとびとのなかの誰かである）のと同じように、人生における最優秀賞の受賞者となるのもただしく行為するひとびとなのである。

(一〇)かれらの人生は、また、そのもの自体として快いものでもある。おもうに、快さを感ずるのは魂の働きの一つであり、それぞれのひとにとって快いものは、それに関してひとが「それ好き」と言われるものである。たとえば、馬が馬好きにとって、見世物が見世物好きにとって快いように。これと同じように、正しい行為は正しさを好むひとにとって快く、一般に、器量によって生れる行為は器量を好むひとにとって快い。(一一)ところで、大衆にとっては、快いものは互いに撞着しあう。それは、それらがそのもの自体の本性によって快いものではないからである。(6)だが、美を好むひとびとにとってはそのもの自体の本性によって快いものが快い。そのようなものは器量によって生れる行為である。したがって、これらの行為はこのひとびとにとって快いと共に、そのもの自体としても快い。(一二)したがって、このひとびとの人生は快楽を、いわば、うわべの飾りとしてあわせ要することはなく、そのもの自体のうちに内蔵する。以上に述べたところをさらに補説すれば、美しい行為を喜ばないひとは、実際、善いひとではない。おもうに、正しい行為を喜ばないひとを正しいひとと呼ぶひとはないだろうし、もの惜しみしない心の宏い行為を喜ばないひとをもの惜しみしない心の宏いひとと呼ぶひともないだろう。他の場合についてもこれは同じである。(一三)もしそうであるとすれば、器量によって生れる行為はそのもの自体として快いものであることになろう。さらにまた、それは善いものでもあり、美しいものでもあろう。そして、もしも、立派なひとはこれらのそれぞれ、すなわち、美と善をただしく判定するものであるとすれば、それはもっともすぐれた意味で善いものであると共に美しいものでもある。そして、すでに述べたとおり(7)、立派なひとは実際そのように判定するのである。(一四)このようにして、幸福は最善、最美、最快なるものであり、これら善、美、快はデロスの社に掲げられた碑銘のようにばらばらに切り離されるものではない。

もっとも美しいのはもっとも正しいこと、
もっとも善いのは健康なこと、
しかし、もっとも快いのは自分の焦れているものを手に入れることというのが自然の定め。

なぜなら、これらはすべて最善の活動に含まれているからである。そして、われわれは幸福をこれらの最善の活動、あるいは、これらの最善の活動のなかでも最善なる一つの活動であると言うのである。

(一五)とはいえ、幸福は、すでに述べたとおり(8)、明らかに外的な善をもあわせ要する(9)。なぜなら、外的な善に支えられることなしに美しい行為をするのは不可能であるか、あるいは容易ならぬことだからである。というのは、一
1099b 方において、友人や富や政治権力を、いわば、道具のように用いてなされる多くのことがあり(10)、(一六)他方に、それを欠く時、幸いが損われるようないくつかのものがあるからである。良い生れや子宝に恵まれることや容姿の美しさのようなものがこれである(11)。というのは、容姿がひどく不様であったり、生れが賤しかったり、孤りぼっちであったり、子宝に恵まれなかったりするひとはあまり幸福とは見えないからであり、もしも、箸にも棒にもかからない子供や友人がいたり、また、善い子供や友人がいたとしても、かれらが死んでしまったとしたら、なおさ

らのことである。(一七)したがって、いま言ったとおり、幸福はこのようなこの世の日々のめでたさをもあわせ要するもののように思われる。或るひとびとが幸運を幸福と同列に配するのはここからくるのである。だが、他のひとびとは器量をこれと同列に配する。

第九章

b10

(一)そこからまた、幸福は学習によって得られるのか、習熟によって得られるのか、あるいは、それらとは異なる或る習練によっても得られるのか、それとも、神の或る定めによって得られるのか、それとも、偶運によってさえも得られるのかという難問も生じてくる。(二)さて、もしも、他にも何か神々から与えられた人間への贈物があるとすれば、幸福もまた神の賜物とするのが当然であろう。そして、人間の持つもののなかで幸福がもっとも優れたものであるだけ、それは何にもまさってそう言えるのである。(三)けれども、それは、おそらく、他の研究で考究するのにいっそう相応しい主題であろう。(1)とにかく、たとえ、それが神からの授かりものではなく、器量によって、すなわち、或る種の学習、ないしは、習練によって得られるものであるとしても、それが神的なものの一つであるのはまぎれもないことである。というのは、器量の目ざす栄冠をなし目的をなすものは、明らかに、最善の、神的な、幸いに満ちたものだからである。(四)幸福はまた、多くのひとに分たれうるものでもあろう。なぜなら、幸福は器量に対して片輪でないかぎりのすべてのひとにとって、或る種の学習と配慮を通じて与えられうるからである。

(五)そして、そのように学習や配慮を通じて幸福になることの方が偶運によって幸福になるよりもまさっているとするならば、そうあるのは理にかなったことである。なぜなら、(1)自然によるものは可能なかぎりもっとも美しいものとなるように自然の本性によって形作られており、(六)また(2)、術やすべて原因づけによるものもこれと同じように、可能なかぎりもっとも美しいものになるように形作られており、さらにまた(3)、最善の原因づけによるものについては、もっとも高い程度においてそういうことが言えるからである。これに反して、もっとも大切な、もっとも美しいものを偶運の手にゆだねるのはあまりにも調子はずれなことであろう。

(七)われわれの定義から考えてみても、いま尋ねられている問題は一目瞭然である。なぜなら、幸福は、器量によって生れる、魂の或る一定の性質の活動であると定義されたからである[2]。これに対して、他の善のうちの或るものはその存在が必要不可欠なものであり、或るものは、道具として共働し、役立つ性質のものなのである[3]。(八)このような結論はこの巻の冒頭で述べられたこととも一致するであろう[4]。われわれはそこで政治術の目的を最高善であるとしたが、政治術は市民を或る一定の性質のひと、つまり、善いひととし、美しい行為を実践しうるひととするために最大の配慮をはらうものだからである。(九)したがって、われわれは、当然のことながら、牛をも馬をも、他のいかなる動物をも幸福なものとは呼ばない。なぜなら、これらはいずれもこのような活動にはあずかりえないからである。

(一〇)この理由によって、子供も幸福なものではない。なぜなら、子供はその年齢のゆえまだそのような美しい行為をなしうるものではないからである[5]。子供が幸福なものと呼ばれるのは将来への期待のゆえに祝福されているのである。というのは、すでに述べたとおり[6]、幸福であるためには完成された器量と完成された人生を要するからである。
(二)人生の行程のうちには実際さまざまな変遷や千差万別の偶運が起ってくる。そして、栄華をきわめたものが、トロイヤの物語り詩でプリアモスについて物語られているのと同じように、老齢におよんで大いなる災禍におちこむということもありうる。だが、このような偶運に出遇って悲惨な最期を遂げたものを幸福なものと呼ぶひとは誰もいないのである。

第十章

(一)では、生きているかぎりは、およそいかなる人間をも幸福なものと呼んではならず、われわれは、ソロンの言葉どおりに、(1)「その終焉を見とどけねばならない」のだろうか。(二)かりにこの言葉を認めなければならないとすれば、人間は、死んだその時はじめて、幸福なものであるというのだろうか。いや、それこそまったく、奇妙なことではなかろうか、わけても、われわれは幸福を一種の活動であると言っているのであるから。(三)だが、われわれは死者を幸福なものとは呼ばず、また、ソロンが言おうとしたこともそのような意味ではなく、ただ、死んだその時に、災悪と不運からもう免れたものとして、安んじて、人間を幸いなものと祝福しうるという意味であるとすれば、そこにも何らかの論議すべき点がある。というのは、生きていても気付かないでいるひとにとってと同じように、死者にとっても、何か悪いこともあれば善いこともあると考えられるからである。名誉や不名誉や子供たちの運、不運、また、一般に言って、子孫の運、不運のようなものがこれである。(四)だが、ここにもまた困難な問題がある。なぜなら、老齢に至るまで幸いに満ちた生涯を送り、それに釣合った最期を遂げたひとにとって、その子孫をめぐるさまざまな転変が起って来うるからである。或る子孫は善いものであり、それに相応しい善い生涯を享けることであろう、だが、或る子孫はその反対であることもあろう。これらの子孫と祖先の隔たりも、もちろん、きわめて多様なものでありうる。そこで、子孫たちの運、不運にしたがって死者も転変し、或る時には幸福なものになるが、つぎにはまた、不幸なものになるというのでは奇妙なことになろう。(五)だがまた、他方で
a30 は、子孫に起ってくることが祖先にとって或る期間でさえ何の関わりもないというのはまた奇妙なことである。(六)だが、それはともかくとして、初めに取り上げた問題に帰らねばならない。いま尋ねられている問題も、おそらく、そこから眺望をあたえられるであろうから。

(七)さて、もしも、その終焉を見た上で、ひとを「幸いである」と言ってではなく、「かつて幸いであった」と言って祝福しなければならないとすれば、かれが幸福である時に、その現にあることがかれについて真と認められ
1100b ないのは、なんとも奇妙なことではなかろうか(その場合、これが真と認められない理由は、生きているひとびとをその蒙りうる転変のゆえに幸福なひとと呼ぼうと欲しないということ、また幸福は持続し、容易なことでは転変しないとみなされているが、偶運は同じひとの周りをしばしば巡るものであるということにあるのだが)。(八)おもうに、偶運のあとを追うとすれば、われわれは、しばしば、同じひとを幸福なひと、ついで、不幸なひとと呼ぶことになるのは明らかであり、幸福なひとを「一種のカメレオン、土台の不確かなもの(2)」と言い表わすことになろう。(九)それとも、偶運のあとを追うのはまったく当をえないことなのだろうか。実際、ひとの幸、不幸はこれらの偶運には依存しないのであり、ただ、先にも述べたとおり(3)、人生は偶運によるものをもあわせ要するので

ある。幸福を決定するのは器量によって生れる活動であり、それに反する活動はその反対のもの、すなわち、不幸を決定するのである。

(一〇) ここで問題となっていることもまたわれわれの定義を証明する。なぜなら、人間の働きのうち、器量によって生れる活動ほどに確固としたところのあるものはないからである。実際、それはさまざまな専門知識よりも持続するものであると考えられている[4]。これらの器量によって生れる活動のなかで、もっとも尊敬に値するもの[5]は他の活動よりさらに持続的である。というのは、幸いなひとびとはこの活動のうちにもっとも充実した、もっとも連続した生[6]を送るものだからであり、そのことがこの活動について忘却の起らない理由であるように思われる[7]。

(一一) こうして、幸福なひとには、求められている持続性がそなわり、かれは生涯幸福でありつづけるだろう。かれはいつも、あるいは、他の何事にも先んじて、器量にしたがった行為を実践と観想において実現し、また、かれが「一点非の打ちどころのないまでに完璧な」、「正真正銘の善いひと[8]」であるかぎり、偶運をもこの上なく美しく、いかなる点からみてもまったく度にかなった仕方で迎えいれることであろう。(一二) 偶運にしたがって起ってくる大小さまざまな出来事があるうち、小さなものは、幸運であっても、あるいは、その反対の不幸であっても、明らかに、人生の向きを変えるほどのものではない。だが、大きな出来事が度重なって起る時には、それが善いものであれば、人生をいっそう幸いなものにするであろう(というのは、それらのものは、そのもの自体、もともと人生を飾るために添えられるものであるというばかりではなく、美しく、立派に用いることもできるからである)。だが、その反対のことが起ってくる時には、幸いを押しつぶし、これを損う。なぜなら、それは苦痛をもたらし、さまざまな活動を妨げるからである。とはいえ、ひとが、度重なる大きな不運を無感覚のゆえにではなく、高貴

な、高邁な心の持ち主であるゆえに、心おだやかに堪えしのぶ時には、このような不運のうちにあっても、美し
さが輝き出る。
(一三)いま述べたとおり(9)、活動が生を決定するとすれば、幸いなひとは誰ひとり不幸にはなりえないであろう。なぜ
なら、かれはいかなる場合にも厭うべきこと、劣悪なことをしないだろうからである。われわれの考えでは、本
1101a 当に善いひと、賢明なひとは、実際、すべての偶運をものの見事に迎えいれ、現にあるものを用いて、いつも、
そこから、もっとも美しい行為を作りだすひとである。それは、ちょうど、善い将軍が手元にある軍隊を用いて、
もっとも上手な戦さをし、良い靴作りが与えられた獣皮からもっとも美しい靴を作るのと同じである。他のすべ
ての職人もこれと同じである。(一四)もしも、そうであるとすれば、幸福なひとが不幸になることは、けっして、ない
であろう。もっとも、もしも、かれがプリアモスのような運命におちいるならば、幸いなひととは言えないが(10)。
したがって、幸福なひとはうつろいやすいもの、転変しやすいものではない。かれが幸福な境涯から動かされる
ようなことは、ありきたりの不運な目に遇ったとしても、容易には起らないからである。ただ、大きな不運が度
重なるときにはそのようなことが起る。このような不運から立ち直って、かれがふたたび幸福なひとになるのは
短い月日をもってしてはできないであろう。できるとすれば、それは或る長い充全な期間が満たされて、かれが
大いなる功《いさお》しをみずからのうちに勝ちうるに至った時であろう。
(一五)では、このようにして、もろもろの外的善に充分に支えられ、かつ、任意の期間だけではなく、人生が完成さ
れて(11)、終極的な器量にしたがった活動をしているひとを幸福なひとと呼ぶのに何の妨げがあろうか。それとも、

「このような生を送った上で、その生に釣合った最期を遂げるであろうひとを」と付け加えるべきであろうか(12)。

なぜなら、未来はわれわれにとって定かならぬものであるが、われわれは幸福を究極のものであり、あらゆる点で、あらゆる意味において完成されたものであると定めるからである。(一六)もし、そうであるとすれば、われわれは生きているひとびとのなかで、以上に述べられたことが現にそなわっており、かつ、将来もまたそなわっているであろうひとを幸いなもの、すなわち、幸いな人間と呼ぶことになろう。これらの事柄についてはここまでで論定されたことにしよう。

第十一章

(一)子孫のうける偶運や、すべて親しいひとびとのうける偶運が幸福に何の影響も及ぼさないというのは、明らかに、あまりにも情愛に欠けることであり、世のひとびとの見解にも反している。(二)これらの出来事は多数あり、しかもその間には千差万別の違いがある。また、或るものはその結果の及ぶところが大きく、或るものは小さい。これらのそれぞれを個別に区分して論ずるのは明らかに長たらしい無際限な仕事である。われわれはこれを概括して、大づかみに論じうれば、それで充分であろう。

(三)さて、われわれみずからにかかわる不運にも、人生に対して重大な重みをもつ出来事もあれば、比較的、軽い出来事もあるようだが、われわれに親しいすべてのひとびとをめぐる不運についてもこれは同じである。(四)また、ふりかかる苦難の一つ一つが生きているひとびとにふりかかるのか、それとも、死んでしまったひとびとにふりかかるのかという違いは、悲劇において、不法や非行がすでにあったこととして筋書のなかで提示されるのか、

1101b それとも、舞台で演じられるのかという違いよりもはるかに大きいものである。（五）とすれば、われわれはこれらの違いを考慮にいれなければならない。だが、おそらくは、そもそも善いものであれ、その反対のものであれ、死者が何ものかをわれわれと共有することがあるのかという問題を究明することの方がそれにもまして大切なことであろう。ともかく、これらの点の究明から、（1）かりに、親しいひとびとのうける偶運により、善いものであれ、その反対のものであれ、何らかの結果が死者に及ぶとしても、それは——限定ぬきの意味においてであれ、かれらにとってはという意味においてであれ——無視できるくらいの小さなことであるか、あるいは、かりに、それほど小さくはないとしても、少なくも、現に幸福でないひとを幸福にしたり、現に幸福であるひとからその幸いを奪い去ったりするようなことはない程度のものであり、また、そういう性質のものであるということが明らかになると思えるのである。（六）このようにして、親しいひとびとの好運は、その不運と同様、明らかに、死者に何らかの影響を及ぼすものではあるが、それは幸福であるひとを幸福でないものにしたり、そのような種類のことが他にもあれば、何かそのような結果を及ぼすことはない程度のものであり、また、そういう性質のものなのである。

第十二章

b10 （一）これらのことが論定されたいま、幸福が賞讃されるべきものの一つであるのか、それとも、むしろ、尊敬されるべきものの一つであるのかを考察することにしよう。というのは、それが〔善の〕単なる可能性の一つでないこ

とだけは明らかだからである。(1)

(二)さて、すべて賞讃されるものは、それが或る性質のものであり、何かに対して或る関係にあることによって賞讃されるというのは明らかである。なぜなら、われわれが正しいひとや勇気のあるひとや、一般に、善いひとを賞讃し、その器量を賞讃するのは、その行為と仕事のゆえであり、力士や走者やその他のひとびとのそれぞれを賞讃するのも、かれらが或る性質のひととして生れついており、或る善い、立派なことに対して或る関係にあるからである。

(三)このことはまた、賞讃が神々について与えられる場合を考えてみても明らかである。なぜなら、神々はその場合、われわれに関係づけられることによって、滑稽なものに見えてくるからである。このような結果が起るのは、すでに述べたとおり、賞讃は関係づけによってなされるからである。

(四)だが、賞讃がこのようなものについてなされるとするならば、最善のものに与えられるのは、もちろんのこと、賞讃ではなく、何かそれより大きな優れたものであるということは、誰の目にも明らかなとおりである。なぜなら、われわれが幸いなもの、幸福なものと呼んで祝福するのは、神々や人間のなかでもっとも神的なひとびとだからである。さまざまな善いものについてもわれわれはこれと同じようにする。すなわち、幸福を、正義のように賞讃するひとはなく、それよりも神的な優れた何ものかとして祝福するのである。

(五)また、エウドクソスが快楽に与えられるべき最高賞のために弁じたやり方は当をえたものであったと考えられる。(2)すなわち、快楽が善いものの一つでありながら、賞讃されないという事実は、快楽が賞讃されるべきものより優れたものであることを明示しており、そのようなものは神であり最高善である（なぜなら、その他の善は神と最高善に関係づけられるから)とかれは思ったのである。
(六)おもうに、賞讃は器量について与えられる。なぜなら、ひとは器量にもとづいて美しい行為をなしうるものになるからである。これに対して、讃辞は、肉体にかかわる仕事であれ、魂にかかわる仕事であれ、仕事について与えられる。(3)(七)だが、これらのことについて精確な論定を与えるのは、おそらく、讃辞に関する修練をつんだものにいっそう相応しい仕事であろう。以上に述べたところからわれわれにとって明らかになったのは、幸福が尊敬
1102a されるべきものの一つであり、完全なものの一つであるということである。(八)幸福がこのようなものであるのは、それが行為の始まりであるという理由にもよる。なぜなら、われわれはみなその他のことをすべて幸福のためにするのであり、このように、もろもろの善の始まりであり、原因であるものをわれわれは尊敬されるべきもの、神的なるものと定めるからである。

第十三章

(一)幸福は終極的な器量によって生れる魂の或る活動なのだから、われわれは、いまや、器量について考察すべきであろう。なぜなら、そうすることによって、おそらく、われわれは幸福についてもいっそうよく見究めうるであろうからである。(二)また、本当の政治家がもっとも大きな努力を傾けてきたのもこれをめぐることであったと考えられる。なぜなら、かれが欲するのは市民を善い、法律に従順なものにすることだからである。(三)こういう政治
a10 家の模範として、われわれはクレタとスパルタの立法家を持っている。また、他にもそのようなひとびとがあっ

たとしたら、そのようなひとびともまたそうである。(四)そして、このような考察が政治術に属するものであるとするなら、この点の探究は、明らかに、われわれの最初の意図(1)にかなうものになろう。

(五)考察すべきものはもちろんのこと人間の器量についてである。なぜなら、われわれが探求してきたのは人間のものとしての善、人間のものとしての幸福だったからである。(六)人間の器量とわれわれが呼ぶのは肉体の器量ではなく、魂の器量のことである。また、われわれは幸福を魂の活動であると言っている。(七)だが、もしも、これらのことがこのようなものであるとするなら、政治家が魂にかかわることを或る程度知っていなければならないのは明らかである。それは、ちょうど、眼を治療しようとするものが、肉体全体をも知っていなければならないのと同じである。そして、これは、政治術が医術より尊敬されるべき優れたものであるだけいっそう言えることである。医者のなかで洗練された教養をもつひとびとは肉体を認識するために数多の研究をつみ重ねている。(八)したがってまた、政治家も魂について考究しなければならない。だが、この考究は先に述べた目的〔市民を善いものとすること〕のためであり、また、いま探求されていることを明らかにするのに充分であればよい。というのは、それ以上精確に論ずることは、おそらく、当面する課題を越える煩雑なことになるからである。

(九)魂に関するいくつかの点は「一般向きの論述(2)」においても満足に述べられている。われわれはこれを用いるべきである。魂の或る部分は分別をもたない部分であり、他の部分は分別をもつ部分であるとするのはその一つである。(一〇)これらの部分が、肉体の部分やすべて分割可能な部分と同じように区分されているのか、それとも、円周における凸と凹のように、そのもの自体の成り立ちとしては不可分離なものでありながら、それを説明する定義の上で二つのものであるのかということは当面の問題としてはどうでもよいことである。

(一一)分別をもたない部分のうちの一つは魂をもつものすべてに共有な部分であり、それは魂の植物的な部分である
ように思われる。すなわち、私が言うのは栄養と成長の原因となるもののことである。というのは、魂のそのよ
1102b うな能力をひとはすべて栄養機能をもつもの、したがって、胚子にも認めうるし、また同じ能力を成体にも認め
うるからである。なぜなら、それを或る異なった能力であるとするよりは、同じ能力であるとする方が合理的だ
からである。(一二)さて、この能力にそなわるものは魂をもつものすべてに共有な或る器量であって、人間の器量でな
いのは明白である。なぜなら、睡眠時に活動するのはとりわけ魂のこの部分であり、この能力であると考えられ
るが(3)、善いひとと悪いひとは睡眠中はほとんど判別されないからである(幸福なひとと不幸なひとが人生の半分
はまったく変らないと言われるのはここからくる)。(一三)だが、そのようなことになるのも当然である。なぜなら、
睡眠は、魂が優れているとか劣悪であるとか言われる点に関係するかぎりでの魂の働きの不活動状態だからであ
る。もっとも、睡眠中でも、ほんの僅かだけ、或る種の運動が魂に及ぶ範囲がある。(4)これによって、高尚なひと
b10 びとの夢は通俗なひとびとの夢よりも優れたものになる。(一四)だが、これらの点についてはこれで充分であろう。魂
の栄養能力は人間としての器量には本性上関わりをもたないものであるから、考察の外に置くことにしよう。
(一五)だが、他にも魂に本性上そなわる部分であって、分別をもたない部分があるようである。だが、これは或る意
味では分別にあずかる。というのは、われわれは抑制のあるひとと抑制のないひとについて、かれらの持ちあわ
せている分別を賞讃し、かれらの魂のなかで、この分別を持ちあわせている部分を賞讃するからである。(5)分別は
かれらにただしく勧告し、もっとも優れた行為をするよう勧告するのである。だが、かれらのうちには、明らか
に、本性上分別に反する或る他の部分もある。この部分は分別と争い、分別に抵抗する。ちょうど、肉体の麻痺

した部分が、ひとはこれを右へ動かそうと望んでいるのに、反対の左の方に逸れてゆくように、まったくそれと同じことが魂についてもある。実際、抑制のないひとの志向は相反する方向に向うのである。(二六)ただ、肉体の場合には逸れてゆく部分が目に見えるが、魂の場合には見えないのである。それにもかかわらず、分別に反する或る部分が魂のうちにもおそらくあり、これが分別に反対し、逆らっているとみなすべきであろう。(二七)これが他の部分とどのような意味で異なるのかという問題はどうでもよい。すでに述べたとおり(6)、この部分もまた、明らかに、分別にあずかるものである。ともかく、抑制のあるひとのこの部分は分別に服従するものであり、節制あるひとや勇気あるひとのこの部分は、おそらく、もっといっそう分別に聞きしたがうものであろう。なぜなら、かれらにあっては、魂のすべての部分は分別と協和しているからである。(二八)このようにして、分別をもたぬ部分にも二つあることが明らかである。すなわち、一方は魂の植物的な部分であって、これはいかなる意味においても分別にあずかることがない。これに対して、他方は欲望的な部分、一般的にいえば、欲求的な部分であり、分別に聞きしたがい、服従するものであるかぎりにおいて、分別に何らかあずかるものである。このような意味において、われわれは、ひとが「父親や友人のことがわかっている〔λόγον ἔχειν＝その言うことがわかる〕」と言うのであり、それは「数学的なことがわかっている〔λόγον ἔχειν＝説明できる〕」と言うのとは意味を異にする(7)。分別をもたぬ部分が分別によって何らかの意味で説得されるものであることを、懲戒やすべての叱責や勧奨は明示している。(二九)だが、もし、この部分も分別をもっていると言うべきであるとしたなら、分別をもつ部分にも二つあることになろう、すなわち、その一つは本来の意味で分別をもつもの、すなわち、そのもの自体のうちに分別をもつものであり、もう一つは、ちょうど、父親の言葉を聞くものが分別をもつと言われるような意味でのそれなのである(8)。

器量もまたこの区別にしたがって区分される。すなわち、われわれは器量のうちの或るものを思考の働きとしての器量と呼び、他のものを人柄としての器量と呼び、知慧や弁えや賢慮を思考の働きとしての器量としてあげ、もの惜しみしない心の宏さや節制を人柄としての器量としてあげる。おもうに、われわれは人柄について語っている時には、「知慧がある」とか「弁えがある」とか言わず、「温和である」とか、「節制がある」と言うからである。だが、われわれは知慧のあるひとをもその性向の点で賞讃する。性向のうちで賞讃されるべきものをわれわれは器量と呼ぶのである。

第二巻

第一章

（一）こうして、器量には二種あり、一つは思考の働きとしての器量であり、もう一つは人柄としての器量であるが[1]、思考の働きとしての器量がひとびとのうちに生れ育つについては、教育に負うところがきわめて大きい。この種の器量を得るために経験と時間を要するのはこのゆえである。これに対して、人柄としての器量は習慣から生れてくる。「エトス(習慣)」という語をほんのすこし変化させた[2]「エートス(人柄)」という名称をそれが持っているのもそこからくる[3]。そこから見れば、（二）いかなる人柄としての器量も自然の本性によりわれわれのうちに生れそなわるものでないことは明らかである。というのは、自然の本性によるものは何であれ、それと異なるように習慣づけることはできないからである。たとえば、石は自然の本性によって下方に運動するものであって、たとえ、誰かが、これを一万回も上方に放りなげて習慣づけようとしたとしても、上方に運動するように習慣づけることはできないであろう。それと同じように、火を下方に運動するように習慣づけることもできないだろうし、その他何であれ、自然の本性により一定のあり方に生れついているものをそれと異なるように習慣づけることはできないだろう[4]。（三）それゆえ、さまざまな器量がひとのうちに生れそなわってくるのは自然の本性によるのでも、自然の本性に反するのでもなく、自然の本性によって、これを受容するように生れついているわれわれが、習慣によって、この天与の素質を完成させることによるのである。

(四)さらにまた、自然の本性によりわれわれにそなわるものであれば、われわれはこれをあらかじめ素質として受け容れて置いて、後で実際に働かせる。これは感覚機能の場合をみれば明らかである。すなわち、たびたび見たり、たびたび聞いたりした結果、〔視覚や聴覚の〕感覚機能を得たのではなく、その逆である。すなわち、感覚機能をすでに持っているから、これを使用したのであって、使用したから、持つようになったのではない。これに
a30 反して、器量はこれをまず働かせた上で、獲得する。それは、ちょうど、さまざまな術について見られるところと同じである。すなわち、われわれは学び知ってからなすべきはずのことを、なすことによって学び知るのである。たとえば、ひとは家を建てることによって、建築師となり、琴を弾くことによって、琴弾きとなる。それとちょうど同じように、われわれは正しいことをすることによって、正しいひとになり、節制あることをすることによって、節制あるひとになり、勇気あることをすることによって勇気あるひとになるのである。

1103b (五)ポリスのうちに行なわれていることもまたこれを証明する。というのは、立法家は習慣づけることによって市民を善い市民にするからである。すなわち、すべての立法家の望みはそこにあり、それをうまくやらないかぎり、その仕事は失敗である。善い政体と悪い政体の違いもそこにある。

(六)さらにまた、すべての器量は同種の行為から、すなわち、同種の行為によって生れもすれば、失われもする。術についてもこれは同じである。琴を弾くという〔同種の〕行為から善い琴弾きも生れれば、悪い琴弾きも生れて
b10 くる。それに応ずることは建築師についても、その他のすべての職人についても言える。すなわち、上手に家を

建てることからは善い建築師ができ、下手に建てることからは、悪い建築師ができるだろう。(七)実際、もしも、そうでなかったとしたら、師匠は要らないし、誰もみな生れつき善い職人であるか、悪い職人であるかのいずれかであるだろう。ひととしての器量についてもこれと同じである。すなわち、ひとびととの係わり合いのうちに起ってくるさまざまなことを行なうことにおいて、われわれは、あるいは、正しいひとになり、あるいは、不正なひとになる。また、怖ろしい状況に置かれて行為し、恐れるように習慣づけられるか、平静であるように習慣づけられるかによって、あるいは、勇気あるひとになり、あるいは、臆病なひとになる。欲望にかかわることや怒りにかかわることについても同じである。すなわち、或るひとはそれらのことにおいて或るひとつの仕方で身を
b20 持し、或るひとは他の仕方で身を持することによって、或るひとは節制あるひとや温和なひとになり、或るひとはふしだらなひとや怒りっぽいひとになる。このようにして、一言でいえば、さまざまな性向はそれに類似した活動から生れてくるのである。(八)ひとがその活動を或る一定の性質のものとして示さなければならない理由はここにある。なぜなら、これらの活動の相違に応じてさまざまな性向が付随して生れてくるからである。したがって、われわれが若い頃からすでに、このように習慣づけられるかあのように習慣づけられるかという違いは小さなものではなく、むしろ、きわめて大きい、いや、きわめて大きいどころではなく、ぜんぜん違うのである。

第二章

(一)さて、われわれの、いま、たずさわっている研究は、他の研究のように、観照のためではないのだから(すな
わち、われわれは器量が何であるかを知るために考察しているのではなく、われわれ自身が善いひとになるため
に考察しているのである。そうでなかったとしたら、それは何の役にも立たないだろう(1))、われわれは必然に、
b30 行為をめぐる事柄に目を向け、われわれがどのように行為すべきかを考察しなければならない。なぜなら、すで
に述べたとおり(2)、行為はわれわれの性向がどのようなものになるかを決定するものでもあるからである。
(二)さて、「まっとうな分別(3)にしたがって行なう」という原則をすべてのひとに受け容れられている共通の原則と
1104a し、論述の出発点としよう。——この原則について、「まっとうな分別」とは何であるかとか、それがさまざま
な器量に対してどういう関係にあるかとかについては後で論ずることにしよう(4)。——(三)ただ、すべて、行為に関す
る論述は、これを大まかに論ずべきで、精確に論じない方が益が多いという点についてだけは、あらかじめ合意
を得ておきたい。それは、この書物の初めで(5)、要求されるべき論述は扱われる素材に応ずると言っておいたとお
りである。行為がそれにかかわるもの、すなわち、われわれの役に立つものにはすこしも固定したところがない。
それは健康に役立つものがそうであるのと同じである。(四)一般的な論述がすでにそのような性質のものであるとす
れば、個別に関する論述はなおのこと精確なところをもたない。なぜなら、それはいかなる術の範囲にも、いか
なる伝承の範囲にも入ってこないからであり、行為するものはそのつど自分自身で、時宜にかなったものが何で

あるかに考察の目を向けなければならないからである。それは、ちょうど、医術や航海術についてもそうであるのと同じである。(五)とはいえ、われわれの現にたずさわっている論述がこのような性質のものであるとしても、われわれはこの論述に力をかして、それがうまく仕上げられるように努めなければならない。

(六)さて、まず最初に目をとめるべきことは、このようなもの〔すなわち、まっとうな分別にしたがってなされる行為〕は、もともと、欠乏と過剰によって失われる性質をもつということである(判然としないものを判然とさせるためには、判然とした証拠を用いなければならない)。それは、実際、われわれが身体の強さや健康について見るとおりである。というのは、過度な体操や不充分な体操は身体の強さを損い、それと同じように、飲物や食物も多く摂りすぎたり、少なく摂りすぎたりすれば、健康を損い、適度に摂る時に健康を生みだし、増進し、保持するからである。

(七)節制や勇気やその他の器量についても、これは同じである。すなわち、万事を避け、恐れて、何事に際しても踏みこたえないものは臆病なひとになる。また、まったく何事をも恐れず、よろずのことに向ってゆくものはむこうみずなひとになる。同じようにまた、あらゆる快楽に耽り、いかなる快楽からも遠ざからないものはふしだらなひとになるが、野暮なひとのように、あらゆる快楽を避けるものは一種の無感覚なひとになる。こうして、節制と勇気は過剰と不足によって失われ、中間を保つことによって保たれる。(八)いや、これらの器量が生れ育つのも、失われるのも、同じひとつの行為から起る、すなわち、同じひとつの行為によって起るというばかりではなく、それらが実際に発揮されるのも同じひとつの行為を行なうことにおいてであるということになろう。それは、他のもっとはっきりとした例、たとえば、身体の強さの場合に実際見られるところである。というのは、身体の

1104b 強さは多くの栄養を摂り、多くの労苦に堪えることから生れてくるのであるが、他方において、このようなこと
をもっとも優れた意味でなしうるものは身体の強い人であるからである。器量についてもまた同じである。(九)すな
わち、われわれは快楽から遠ざかることによって節制あるひとになり、節制あるひとになることによって快楽か
らもっともよく遠ざかりうるのである。勇気についても同じである。すなわち、われわれは恐ろしいことを軽視
し、これに堪えるように習慣づけられることによって、勇気あるひとになり、勇気あるひとになることによって、
恐ろしいことをもっともよく堪えしのびうるものになるのである。

第三章

(一)性向を示す徴しとみなされるべきものは、なされたことに伴って生れる快楽と苦痛である。肉体的な快楽から
遠ざかり、他ならぬ遠ざかったそのことを喜ぶものは節制あるひとである。これに反して、不快を感ずるものは
ふしだらなひとである。怖いことに堪え、そのことを喜ぶもの、あるいは、少なくともそのことを苦痛と感じな
いものは勇気あるひとである。これに反して、そのことを苦痛と感ずるものは臆病なひとである。人柄としての
b10 器量は快楽と苦痛にかかわるのである。実際(1)、われわれは快楽のゆえに劣悪な行ないをし、苦痛のゆえに美
しい行ないから遠ざかるのである。(二)このゆえに、ひとは、プラトンの言ったとおり(1)、すでに若い頃から或る一定
の仕方で訓育され、喜ぶべきことを喜び、苦痛と感ずべきことを苦痛と感ずるように躾けられていなければなら
ない。まっとうな教育とは、まさに、そういうことなのである。

(三)さらにまた(2)、器量は行為と情にかかわるものであり、すべての情、すべての行為には快楽と苦痛が伴うものであるとすれば、器量はこの理由によっても快楽と苦痛にかかわるものであることになろう。

(四)また(3)、懲罰が苦痛を用いて加えられるという事実もこれを明示する。なぜなら、懲罰は治療の一種であるが、治療はもともと相反するものを用いてなされるという性質をもつからである[2]。

(五)さらにまた(4)、さきほども言ったとおり[3]、魂のいかなる性向も、その本来の働きをあらわすのは、それが本来そのために悪くなったり、善くなったりする事柄に対して、また、それらの事柄をめぐってである。ところで、劣悪なひとになるのは快楽と苦痛のゆえである。すなわち、それは、追い求めるべきではない快楽を追い求めたり、避けるべきではない苦痛を避けたりすることによってであり、また、これらを、なすべきではない時に、あるいは、なすべきではない仕方で、あるいは、他にもこのような種類のことで定義によって規定されることがあるとすれば、そのような規定にしたがい、これらを追い求めたり、避けたりすることによるのである。ひとびとが器量を一種の無感受状態、すなわち、一種の静けさと定義しているのはこのゆえである[4]。だが、この定義はただしくない。なぜなら、かれらはこれをただ単純にそう言っているだけだからであり、「あるべき仕方で」とか「あるべきでない仕方で」とか「あるべき時に」とか、その他、付加しうるかぎりの限定を付加しないで語っているからである。(六)こうして、このような種類の器量は快楽と苦痛にかかわる最善のことをなしうる性向であり、悪徳はその反対であるということが以下の論述の出発点である。

(七)なお(5)、これと同じことは次の点からみてもわれわれには明らかになるだろう[5]。選択の対象には三つあり、また、忌避の対象にも三つある。それらは美しいものと役に立つものと快いものであり、また、その反対の【三

つ】(6)、醜いものと害をなすものと苦しいものである。さて、善いひとはこれらのすべてのものとの関わりにおいて
1105a 正鵠をうるひとであり、悪いひとはこれらのものとの関わりにおいて、とりわけ、快楽との関わりにおいて誤りを犯すひとである。なぜなら、快楽は生き物が共通に持つものであり、選択の対象となるすべてのものに随伴するからである。実際、美しいものも役に立つものもわれわれには快いものとして現われるのである。

(八)さらにまた(6)、快の情は幼少の頃からわれわれすべてと共に養い育てられたものである。生活のうちに染み込んでいるこの情を払拭するのが困難であるのはこのゆえである。

またわれわれは(7)、ひとにより程度の差こそあれ、快楽と苦痛を尺度にしてわれわれの行為を測っている。(九)それゆえ、われわれのあらゆる努力はあげて快楽と苦痛にかかわるものとならざるをえない。なぜなら、快苦の感じ方の良し悪しはわれわれの行為に少なからぬ影響を与えるからである。

(一〇)さらにまた(8)、ヘラクレイトスが言うように(7)、激情に抗するよりは、快楽に抗するほうが難しい。ところで、術にしても器量にしてもそれらが生ずるのはいつもいっそう困難なものの方をめぐってである。なぜなら、業《わざ》のうまさはいっそう困難なものにおいて発揮される時、いっそう優れたものとなるからである。したがって、この理由によってもまた、器量のためになされる努力も、政治のためになされる努力も、あげて快楽と苦痛にかかわることになる。というのは、これらに対してうまく身を処するひとは善いひととなり、まずく身を処するひとは悪いひととなろうからである。

(一一)さて、器量が快楽と苦痛にかかわるものであること、また、器量はそれがそこから生れてくる行為によって強められもすれば――その行為が同一の仕方で行なわれない時には――失われもするということ、また、それが発

揮されるのも、それがそこから生れてきたものとの関わりにおいてであるということについては以上で述べ了わったことにしよう。

第四章

（一）正しいひとになるのは正しいことをすることによってであり、節制あるひとになるのは節制あることをすることによってでなければならないとわれわれが言う時、それはどういう意味であるかを疑問にするひとがあるかも
a20 知れない。というのは、正しいことや節制あることをしているならば、かれはすでに正しいひとであり、節制あるひとだからである。それは、ちょうど、ひとが読み書きのことや音楽のことができれば、読み書きの心得のあるひとであり、音楽の心得のあるひとであるのと同じだからである。（二）それとも、術についてさえ、そういうことはないというべきだろうか。というのは、読み書きのことが何かできたとしても、偶然による場合も、他人の示唆による場合もありうるからである。したがって、読み書きの心得のあるひとになるのは、読み書きのことが何かできると共に、それを読み書きの心得のあるひとがするような仕方でする、まさに、その時であろう。つまり、かれが自分のうちに持っている読み書きの心得にしたがってする時であろう。

（三）さらに、術と器量とでは似ていないところもある。術によって作りだされるものにはそのものの善さがそのもの自体のうちに含まれている。したがって、そのものが或る一定のあり方のものになりさえすればそれで足りる。ところが、器量にしたがって生れる行為はそれがそのもの自体として或る一定のあり方でありさえすれば、正し

い仕方、あるいは、節制のある仕方で行なわれているというわけではない。正しい仕方、節制ある仕方で行なわれていると言えるのは、同時に、行為するものが或る一定のあり方を保ちながら行為する場合である。つまり、第一に、かれが「〔自分のすることを〕知っていて」、つぎに、「〔これを〕選択し、しかもそのもの自体のゆえに選択し」、第三に、「確固とした動揺しない態度でこれをする場合」である。これらの条件は、「知っている」ということだけを除けば、「術をもっている」条件として数えあげられることはない。だが、「器量をもっている」ためには、「知っている」ということはまったく、あるいは、ほんの僅かな意味しかもたないが[1]、他の条件は、その反対に、僅かどころではなく、一切の力をもつのである。もしも、度重ねて正しいことや節制あることをする結果、正義、または、節制の器量が生れてくるとするならばである。

(四)このようにして、なされたことが正しいことであると言われたり、節制あることであると言われたりするのは、それが、正しいひとや節制あるひとがするであろうようなことである場合である。ところが、正しいひとや、節制あるひととは、これらのことをするひとではなく、同時に、これらのことを、正しいひとや節制あるひとがするような仕方でするひとなのである。(五)したがって、正しいことをすることによって、正しいひとが生れ、節制あることをすることによって、節制あるひとが生れると言われるのはただしいのである。これに反して、これらのことをしないでいるならば、どのようなひとであれ、とても善いひとになる見込みはないだろう。(六)ところが、多くのひとびとはこれらのことをしないでおいて、議論に逃れ、知慧を愛しているつもりになっている。また、そうすることによって、立派なひとになれると思っている。だが、かれらのしていることは、医者の言葉を注意深く聞きはするが、命じられたことを何ひとつしない病人に似ている。そこで、この病人の場合、そのような養生によって、かれの身体が良くならないであろうように、かれらの場合にも、そのような知慧の愛し方によっては、かれらの魂は良くならないであろう。

第五章

（一）これにつづいて、われわれは器量が何であるか、その本質を考察しなければならない。

b20 さて、魂のうちに生れてくるものは情と能力と性向の三つであるのだから、器量はこれらのもののうちの一つであろう。（二）情とは、欲望、怒り、恐れ、平静、嫉み、喜び、愛、憎しみ、焦がれ、争い、憐れみなど、総じて、快楽、または、苦痛がそれに伴うものを言う。能力とは、それによってわれわれがこれらの情を感受しうると言われるもの、たとえば、それによってわれわれが怒りや、苦しみや、憐れみの情を感受しうるものを言う。性向とは、それによってわれわれがこれらの情に関係して良い身の持ち方をしたり、悪い身の持ち方をするものを言う。たとえば、怒りの情について、もしも、われわれがはげしく、あるいは、かすかに怒りを感ずる〔ように身を持する〕ならば、われわれの身の持ち方は悪い、これに対して、これを中間の程度で感ずるならば、われわれの身の持ち方は良い。他の情に対しても同じである。

b30 （三）器量も悪徳も情ではない。なぜなら、(1)われわれは情によっては立派なひとであるともつまらないひとであるとも言われないが、器量や悪徳によってはそう言われるからである。また(2)、情によっては、われわれは賞められたり、責められたりしないが(恐れを感ずるひとや怒りを感ずるひとが賞められることはない、また、た

1106a だ怒りを感ずるだけで、ひとが責められることもない。責められるのは或る一定の仕方で怒りを感ずるひとであ
る)、器量と悪徳によっては賞められたり、責められたりするからである。(四)さらにまた、われわれが怒りを感じ
たり、恐れを感じたりする時、そのことをみずから選択することはないが、器量は一種の選択の働きであるか、
あるいは少なくとも、選択の働きを欠きえないものである。さらに、情によっては「動かされる」と言われる。
しかるに、器量と悪徳によっては「動かされる」とは言われず、「或る一定の状態に置かれている」と言われる。

(五)これらと同じ理由により(1)、器量と悪徳は能力でもない。なぜなら、われわれは単に情を感受しうるという理由
によって善いひとであるとも悪いひとであるとも言われず、また、賞められることも責められることもないから
である。さらにまた、われわれは自然の本性によって能力をもつが、善いひと、もしくは、悪いひとになるのは
a10 自然の本性にはよらないからである。この点については先に述べた(2)。

(六)こうして、器量が情でも能力でもないとすれば、残るところはそれが性向であることになる。器量の本質が類
において何であるかについては以上で述べられた。

第六章

(一)だが、われわれはこのように、〔類としてみて〕器量が一つの性向であると言うだけではなく、さらに、〔種としてみて〕どのような種類の性向であるかを述べなければならない。(二)では言おう、すべての器量は、その器量を持つものをそのもの自体良い状態にあるものとして作り上げ、また、そのものの働きを良いものとして発揮させ

る。たとえば、眼の器量[1]は眼を立派な眼にし、眼の働きを立派なものにする。すなわち、われわれは眼の器量によって事物を良く見るのである。それと同じように、馬の器量[2]はその馬を立派な馬にすると共に、走ることや、乗り手を乗せることや、敵に向って踏み止まることにおいて善い馬にする。そこで[三]、このことがすべての場合についてこのとおりであるとするならば、人間の器量についても、それはそれにもとづいてひとが善い人間になり、また、それにもとづいてひとが自分の働きを良いものとして発揮するような、そういう性向のことであると言うことができよう。どうして[四]このようなことになるかは、すでにわれわれの述べたところであるが[3]、これはさらに、次のように、器量の本性が〔種として〕どのような種類のものであるかを眺める時、明らかになるだろう。

すべて連続的な、したがって、分割されうるもの[4]については、〔そのなかで〕「大きい部分」と「小さい部分」と「等しい部分」を得ることが可能である[5]。しかも、これらは(1)事物そのものにおけるそれであることもあれば、(2)われわれに対するそれであることもある。等しいものとは過剰と不足の中間のもののことである。「事[五]物における中間のもの」とは両端のそれぞれから等しく隔たっているもののことを言い、それはすべてのひとにとって一つの同一なものである。「われわれに対する中間のもの」とは大きすぎもしなければ、小さすぎもしないもののことを言う。それは一つではなく、すべてのひとにとって同一なものでもない。たとえば[六]、十は多く、二は少ないなら、ひとは六を事物における中間のものとして得る。なぜなら、それは等しい数だけ〔一方を〕凌駕し、〔他方に〕凌駕されるからである。それ[七]は算術比例における中間のものである。だが、われわれに対する中間のものはこのような仕方では得ることができない。というのは、或るひとにとって十ムナ[6]の食事では多く、二ムナの食事では少ないという時、調練師が六ムナの食事を命ずるということはないだろうからである。これも、おそらく、摂るひとにとっては多かったり、少なかったりすることがあろう。すなわち、ミロン[7]にとっては少ないが、体操を始めたばかりのひとにとっては多いであろう。競走競技についても格闘競技についてもこれは同じである。[八]このようにして、すべて専門知識[8]を持っているひとは過剰と不足を避け、中間のものを求め、これを選ぶが、ここで、中間のものとは事物における中間のものではなく、われわれに対する中間のもののことなのである。

[九]このようにして、すべての専門知識は中間のものに目を向け、成し遂げるべき仕事を中間のものへと導くことによって、これをうまく仕上げるものであるとすれば(良く出来上っている仕事に対して、「取り去ることも加えることもできない」という言葉をひとがよく口にするのはここからくるのであり、それは過剰と不足がそのものの良さを損い、中間がこれを保つということを言っているのである。善い職人は、いま言ったとおり、中間のものに目を向けて仕事をする)、また、自然がそうであるように、器量はすべての術にまさる精確なものをもち[9]、術よりも優れたものであるとするならば、器量は中間のものを目標として狙いさだめるものであろう。[一〇]ここで、器量とは人柄としての器量のことを言う。なぜなら、人柄としての器量は情と行為をめぐるものであるが、情と行為のうちには過剰と不足と中間のものが含まれているからである[10]。すなわち、恐れを感ずることにおいても、平静であることにおいても、欲望を感ずることにおいても、怒りを感ずることにおいても、憐れみを感ずることにおいても、総じて、快を感ずることにおいても苦を感ずることにおいても、程度の大きすぎるものもあれば、小さすぎるものもある。そして、これらはいずれも良いことではない。[一一]これに対して、あるべき時に、あるべきことにもとづいて、あるべきひとびとに対して、あるべきものを目ざして、あるべき仕方でこれらの情を感ずる

のはその中間をなす最善のものである。これこそまさに器量に固有の働きである。(一二)行為についても、これと同じように、過剰と不足と中間のものがある。器量は情と行為をめぐるものであり、これらのものにおける過剰は失敗であり、不足は責められる(11)。これに対して、中間のものは賞讃され、それは正鵠をうるものである。そして、賞讃をうけることと正鵠をうるということこの二つのことはいずれも器量にそなわる特徴なのである。(一三)こうして、器
b30 量とは中間であることの一種であり、少なくも、それは中間のものを目標として狙いさだめるものである。

(一四)さらにまた、誤りはさまざまでありうるが(ピュタゴラス派が想像したように、悪は無限なものに属し、善は有限なものに属する(12))、正鵠をうる仕方はただ一つしかない(それゆえ、一方は易しく、他方は難しい。すなわち、的を外すのは易しく、的に当てるのは難しい)。そこで、この理由によっても、過剰と不足は悪徳にそなわる特徴であり、中間性は器量にそなわる特徴である。

　善人である道はただ一つ、だが、悪人は千差万別。

1107a (一五)こうして、器量とは選択にかかわる性向であり、〔この選択において〕われわれに対する中間を保たせる性向のことである。われわれに対する中間とは分別にしたがって規定された中間、すなわち、賢慮あるひとがそれにしたがってこれ〔中間〕を規定するであろうような、そういう分別にしたがって規定された中間である。中間を保つとは二つの悪徳の中間を保つこと、すなわち、一方の、過剰による悪徳と、他方の、不足による悪徳の中間を保つことである。(一六)さらにまた、器量が中間を保つことであるのは、悪徳が情と行為に関して、或る場合には、あるべきものに不足し、或る場合には、あるべきものを越えるのに対して、器量はその〔あるべき〕中間を見出し、これを選びとることによるのである。(一七)したがって、そのものの実体、すなわち、「〔そのものの〕もともと何であるか

〔本質存在〕」を言う定義にしたがえば、器量とは「中間」である。だが、それが最善の、良いものであるという点からみれば、それは「極端」である。

[二八]すべての行為、すべての情が中間性を受け容れるわけではない。或る種のものはすでにそのもの自体として劣悪を合わせた名称をもっている。「〔他人の不幸を喜ぶ〕人の悪い喜び」「恥しらず」「嫉み」のようなものがそれである。行為については、「姦通」「盗み」「人殺し」がそれである。すべてこれらのもの、および、この種のものはそのもの自体劣悪であることによってそう呼ばれており、その過剰、ないしは、不足がそう呼ばれるのではない。したがって、これらのものをめぐって正鵠をうることはいかなる場合にもありえず、つねに誤ることだけがある。また、この種のものをめぐっては、それが良く行なわれるか、良く行なわれないかは、なすべき種類のそれ――たとえば姦通――を、なすべき時に、なすべき仕方でなすということに依存することはない。何であれ、これらの何かをなすということ自体がそれだけで誤りなのである。[二九]「不正をなすこと」「臆病に振舞うこと」「ふしだらに振舞うこと」に中間性と過剰と不足があるとみなすことについても同じである。というのは、そうだとすれば、過剰や不足に中間性があり、過剰の過剰と不足の不足があることになろうからである。[三〇]だが、中間は或る意味においては極端でもあるという理由によって、節制と勇気における過剰と不足がないのと同じように、悪徳にも中間性はなく、過剰も不足もない。むしろ、それらは、なされるがままただちに誤りなのである。要するに、過剰や不足の中間性もなければ、中間性の過剰や中間性の不足もないのである。

第七章

（一）だが、われわれはこれをただ一般的に論ずるばかりではなく、個々の場合にも当てはめてみなければならない。というのは、行為に関する論述において、一般的な論述はいっそう広い範囲に当てはまるが、特殊な論述の方がいっそう大きく事柄そのものの真実にふれるところがあるからである。なぜなら、行為は個別にかかわり、論述は個々の場合に唱和しなければならないからである。

そこで、われわれはこれらを〔徳目〕一覧表(1)の中から取り上げてみることにしよう。（二）恐れと平静の情をめぐるものとしては、勇気がその中間性である。度を越えるもののうち、恐れをもたない点で度を越えるものは無名称である(無名称なものは多数ある)。平静である点で度を越えるものはむこうみずなひとである。恐れをもつ点で度を越え、平静である点で不足するものは臆病なひとである。（三）快楽と苦痛の情をめぐるものとしては——もっとも、これはすべての快楽と苦痛について言えることではない(2)、また、苦痛についてはそれほど当てはまらない(3)——中間性は節制である。過剰はふしだらである。快楽について〔快楽を感ずる点で〕不足するものはあまりいない。それゆえまた、そのような種類のひとも名称をもたない。だが、われわれはこれを「無感覚なひと」と呼んでおこう。（四）財の供与と取得をめぐる中間性はもの惜しみしない心の宏さである。過剰と不足はしまりなさとさもしさである。これらの二つは過剰と不足において相反する方向をもつ。すなわち、しまりのないひとは財の放出において度を越え、取得において不足するが、さもしいひとは取得において度を越え、放出において不足するのである

（五）われわれはいま、大まかに要点だけを述べているが、それで充分である。これらの諸点については後で(4)いっそう精確な限定が与えられるであろう）。（六）財をめぐるものとしての性状は他にもある。すなわち、その中間性は豪気《ぎ》であり（豪気《ぎ》なひとはもの惜しみしないひととは違い、前者は大きな出費にかかわり、後者は小さな出費にかかわる）、過剰は俗悪と陳腐である。不足は卑小である。これらはもの惜しみしない心の宏さをめぐる諸性状とは b20 異なるが、それがどのように異なるかは後で述べられるであろう(5)。

（七）名誉と不名誉をめぐる中間性は高邁であり、過剰は一般に一種の虚栄と言われているものであり、不足は卑屈である。（八）豪気に対して、もの惜しみしない心の宏さが小さな出費にかかわる点で異なるとわれわれは言ったが(6)、それと同じ関係で、大きな名誉にかかわる高邁に対して、小さな名誉にかかわるものとしての或る性状がある。すなわち、あるべき仕方で名誉を欲求することがあると共に、あるべきところよりも多く、または、少なく名誉を欲求することがある。欲求によって度を越えるものは功名心のあるひとであり、不足するひとは功名心のない b30 ひとである。中間のひとは無名称である。これらのひとびとのもつ性状も、功名心のあるひとのもつ性状が功名心と呼ばれるのを除けば無名称である。そのことから、両端の性状のひとびとが中間の位置の権利を要求することになる。実際、われわれは或る場合には、中間のひとを功名心のあるひとと呼び、或る場合には、功名心のないひとと呼ぶのであり、また、或る場合には、功名心のあるひとを賞讃し、或る場合には、功名心のないひとを 1108a 賞讃するのである。（九）われわれがこのようにするのがいかなる理由によるかは、後につづく箇所で述べることにしよう(7)。いまは、残る諸性状について、これまで辿ってきた方法にしたがって述べることにしよう。（一〇）怒りの情についても、これをめぐる過剰と不足と中間性がある。これらの性状はだいたいのところ無名称であると言えるが、中間の性状のひとをわれわれは温和なひとと呼び、中間性を温和と呼ぶことにしよう。両端の性状のひとのうち、度を越えているものは怒りっぽいひと、その悪徳は怒りっぽさであるとしよう、また、不足しているものは一種の腑抜けなひと、不足〔の性状〕は腑抜けであるとしよう。

（一一）これらの他にも三つの中間性がある。それらの間には或る似たところもあるが、これらは互いに異なる性状である。すなわち、これらの性状はすべて言葉と行為における交わりをめぐるものである。だが、その一つは言葉と行為における真にかかわるものであり、他の二つは快さにかかわるものである。そして、快さのうち、一つは遊びにおけるそれであるが、もう一つは人生の万般にわたるものとしてのそれである。そこで、これらの性状についても論じなければならない。それは、そうすることによって、われわれがすべての場合において賞讃されるべきものは中間性であり、両端は賞讃されるべきものでもなければ、ただしいものでもなく、むしろ、非難されるべきものであるということをいっそうよく見究めるためである。さて、これらの性状のうちの多くは無名称である。だが、われわれは、われわれの述べるところがはっきりとしたものになり、誰でもそれに付いてきやすいものになるように、他のものについてもそうしたように、これらの性状を呼ぶ名称についてもこれを造語してみなければならない。

（一二）真をめぐる中間の性状のひとは或る意味における真実なひと、中間の性状は真実と呼ぶことにしよう。これに対して、うわべ作りは、それが実際のものより大きいものに向う場合は、はったり、この性状をもつひとははったりやであり、それが実際のものよりも小さいものに向う場合は、おとぼけ、この性状をもつひとはとぼけるひとと呼ぶことにしよう。（一三）遊びにおける快さをめぐる性状について言えば、中間のひとは機知あるひと、その性状

は機知、過剰の性状は道化、この性状をもつひとは道化もの、不足するひとは或る種の野暮なひと、その性向は
野暮である。残りの快さ、すなわち、生活における快さにかかわる性状について言えば、その快さがあるべき仕
方にかなうひとは情愛のあるひと、中間の性状は情愛、過剰なひとは、他の何かを目ざすものでなければ、御気
嫌とり、自分の利益を目ざすものであれば、胡麻すりである。また、この点で不足するもの、すなわち、あらゆ
a30 る場合にあたって愛想のないひとは一種のつむじ曲り、気難しやである。
(一四)情においても、すなわち、情をめぐるものとしても中間の性状がある。羞恥は器量ではないが、恥を知るひと
は賞讃されるものの一人である。というのは、情についても、或るひとは中間の性状のひとと言われ、或るひと
は度を越えたひとと言われるからである。たとえば、何事につけても尻ごみする引込み思案は〔羞恥の情におい
て〕度を越えたものである。だが、この点で不足するもの、あるいは、何事につけてもぜんぜん恥ずかしがらな
1108b いひとは恥しらずである。これに対して、中間のひとは恥を知るひとである。(一五)義憤は嫉みと「人の悪い喜び」の
中間性である。これらの性向は隣人にふりかかることに対して生ずる快楽と苦痛の情をめぐる性向である。義憤
を感ずる性向のひとは不当な仕方でうまくやっているひとびとをみて苦痛を感ずる。嫉み深いひとはこれを通り
越し、すべてうまくやっているひとびとをみれば苦痛を感ずる。これに対して、人の悪い喜びをもつひとは苦痛
を感ずる点ではなはだしく不足し、それは〔他人の不幸を〕喜ぶところまでゆくのである。(一六)だが、これらの性向に
ついては、これを述べる他の機会もあろう。(8) 正義の性向については、それは一つの意味で語られるものではない
から、これらの性向について論じた後に、それぞれの意味を区別した上で、そのそれぞれについて、それがどの
ような意味で中間性であるかを述べることにしよう。(9) それと同じように、分別に関する諸器量(10)についても、後に

述べるであろう。

第八章

(一)さて、三種の性状があり、そのうちの二つは悪徳であり（その一つは過剰による悪徳であり、他の一つは不足による悪徳である）、一つはその中間をなす器量であるが、これらすべての性状〔両端と中間〕は、或る意味においては、すべてがすべてに対して対立するものである。すなわち、両端の性状は中間の性状に対しても、相互に対しても相反するものであり、中間の性状は両端の性状に対して相反するものである。(二)というのは、ちょうど、等しい部分〔の一方〕が小さい部分に対しては大きく、大きい部分に対しては小さいのと同じように(1)、中間の性向は情、および、行為において、不足の性向に対しては度を越え、過剰の性向に対しては不足するものだからである。すなわち、勇気あるひとは臆病なひとに比べればむこうみずなひととして現われ、むこうみずなひとに比べれば臆病なひととして現われる。それと同じように、節制あるひとは無感覚なひとに比べればふしだらなひととして現われ、ふしだらなひとに比べれば無感覚なひととして現われる。また、もの惜しみしないひとはさもしいひとに比べればしまりのないひととして現われ、しまりのないひとに比べればさもしいひととして現われる。(三)このゆえに、両端の性状のひとは中間の性状のひとを、それぞれ他方の端の方へと押しやるのである。すなわち、勇気あるひとを臆病なひとはむこうみずなひとと呼び、むこうみずなひとは臆病なひとと呼ぶのである。他の場合についてもこれに比例することがある。

(四)これらの性状は相互にこのような対立関係にあるが、最大の相反関係は両端と中間の関係においてよりは、両
端相互の関係においてである。なぜなら、これらは、中間から隔たるよりも、相互に対していっそう隔たっており、
それは、ちょうど、大きいものが小さいものに対して隔たり、小さいものが大きいものに対して隔たる方が、こ
れら両者〔大と小〕が等しいものに対して隔たるよりもいっそう大きいのと同じだからである。(五)さらにまた、或る
b30 いくつかの端においては中間に対する或る種の類似性があらわれる、むこうみずにおいて勇気に対する類似性が、
しまりなさにおいてもの惜しみしない心の宏さに対する類似性があらわれるように。だが、両端相互の関係にお
いては最大の非類似性があらわれる。ところで、相互に最大の隔たりをもつものが相反として定義される。した
がって、より大きな隔たりをもつものはいっそう相反するものである。
1109a (六)中間に対していっそう対立するものは、或る場合には不足であり、或る場合には過剰である。たとえば、勇気
に対していっそう対立するものは過剰としてのむこうみずではなく、不足としての臆病である。また、節制に対
していっそう対立するものは欠乏としての無感覚ではなく、過剰としてのふしだらである。(七)このようなことが起
るのは二つの理由による。一つの理由は事柄そのものからくる。すなわち、一方の端が中間に対していっそう近
く、いっそう似たものであるという理由により、われわれはこの端をではなく、反対の端を〔中間に対して〕いっ
そう対立したものとみなすのである。たとえば、勇気にいっそう似ていて近いものはむこうみずであり、臆病は
a10 あまり似ていないと考えられるという理由によって、われわれは臆病を〔勇気に〕いっそう対立したものとみなす
のである。なぜなら、中間から隔たることのいっそう大きいものはいっそう相反すると考えられるからである。
(八)さて、原因の一つはこれであって、事柄そのものからくる。これに対して、もう一つの原因はわれわれ自身から

くるものである。すなわち、われわれみずからが自然の本性によって、いっそうそのものの方に向うように或る仕方で生れついているものは中間に対していっそう相反するものとして現われる。たとえば、われわれは自然の本性によっていっそう快楽の方に向うように生れついている。それゆえに、われわれは慎しみよりは、ふしだらの方に傾きやすい。そこで、われわれみずからがそのものの方にいっそう向いやすいものを、〔中間に対して〕いっそう相反するものと呼ぶのである。また、この理由のゆえに、過剰であるふしだらは節制に対していっそう相反するのである。

第九章

a20 さて(一)、人柄としての器量が中間性であること、また、それがどのような意味において中間性であるか、すなわち、それが過剰による悪徳と不足による悪徳の二つの悪徳の中間性であり、それがそのようなものであるのは、器量が情と行為における中間を狙い目ざすものであるという理由によること、これらの点についてはすでに充分に述べられた。立派(二)なひとであるのが骨の折れることであるのはこの理由による。というのは、何であれ中間をうるのは骨の折れることだからである。たとえば、円の中心をうるのは誰にでもできることではなく、知っているひとにだけできることである。それと同じように、怒るのは誰にでもできる易しいことである。金銭を供与し、支出することについても同じである。しかしながら、これらのことを、なすべきひとに対して、なすべきだけのものを、なすべき時に、なすべき目的のために、なすべき仕方でなすということはもう誰にでもできることではなく、また、易しいことでもない。これを良くするのは、まさにそれゆえ、稀に見られる、賞讃されるべき、美しいことなのである。
a30 （三）それゆえ、中間を目標として狙うものはまずはじめに、中間にいっそう反するものから遠ざかるようにしなければならない。それは、ちょうど、あのカリュプソが

　この沫《しぶ》きと浪から離れ、船を遠ざけよ(1)

と言って奨めているところと同じである。なぜなら、両端の一方は誤りやすく、一方はそれほどではないからである。（四）そこで、中間を射当てるのは極端に困難なことなのだから、諺にいう、「第二の船路をとって」(2)最小の悪を得るようにしなければならない。これは次に述べる方法による時、もっともうまく達成されるだろう。

1109b 　われわれは自分が傾きやすいものの方へと目を向けなければならない（なぜなら、われわれはそれぞれ別の方に向うように生れついているからである）。それが何であるかはわれわれの感ずる快楽と苦痛を見れば知りうるだろう。（五）そこで、われわれはわれわれ自身をその反対の方向に引き寄せるようにしなければならない。なぜなら、自分を誤りから遠く引き離すことによって、われわれは中間に達しうるだろうからである。それは、ちょうど、曲った木を直そうとするひとのすることと同じである。

（六）あらゆる事柄において、われわれがとりわけ警戒しなければならないのは快いものと快楽である。なぜなら、われわれは快楽を偏らずには判定できないからである。そこで、われわれも、ちょうど、あの〔トロイヤの〕民の
b10 長老たちがヘレネに対して抱いたのと同じ気持を快楽に対して抱かなければならない。そして、あらゆる事柄においてかれらの言った言葉を唱えなければならない(3)。なぜなら、われわれは快楽をこのようにして追い払うこと

b20

によって、誤りをおかすことが少なくなるだろうからである。(七)要するに、このようにすることによって、われわれは中間をもっとも巧く射当てうるであろう。

もちろん、これは、難しいことではあろう。ことに、個々の場合についてはいっそうのことである。なぜなら、どのように、誰に対して、どのような場合に、どれだけの間、怒るべきかを規定するのは容易なことではないからである。実際、われわれは或る場合には、〔怒ることの〕不足するひとを賞讃して、温和なひとと呼び、或る場合には、激怒するひとを「雄々しい」と呼んで、賞讃する。(八)とはいえ、多いものの方にであれ、少ないものの方にであれ、ちょうど善いところから僅かだけ外れるひとが非難されることはなく、はなはだしく外れるひとが非難される。なぜなら、このようなひとの外れていることがひとの目に顕われないことはありえないからである。だが、どこまで、また、どの範囲まで外れたものが非難されるべきかということになれば、それを定義によって限定するのは容易なことではない。なぜなら感覚の対象となるいかなるものもこれを定義によって限定するのは困難だからである。この種のものは個別の領域に含まれ、その判定は感覚に依存するのである。

(九)さて、以上の帰結として、これだけのことは明瞭である。すなわち、中間の性向があらゆる場合において賞讃されるべきものではあるが、われわれは、或る場合には過剰の方に、或る場合には不足の方に片寄らねばならない。なぜなら、そうすることによって、われわれはもっとも容易に中間、すなわち、ちょうど良いものに射当てうるだろうからである。

第三巻

第一章

b30 (一)器量は情と行為にかかわるものであり、本意からなされたことには賞讃と非難が与えられ、不本意になされたことには同情が、時には、憐れみもまた与えられるのであるから、「本意」と「不本意」(1)を限定定義しておくことが、器量について考察しようとするものにとっては、おそらく、必然なことであり、(二)また、法律を制定しようとするものにとっても、〔市民に分ち与えるべき〕名誉と懲罰を規定するために有用なことであろう。

(三)さて、強制によって起ってくることや、無知のゆえに起ってくることは不本意な行為であると一般に考えられ
1110a ている。強制による行為とは、その行為の始まりが〔行為するひとの〕外にあるもの、すなわち、その行為をするひと（あるいは、むしろ、その行為をされるひと）がその行為の始まりに関して何の役割も果たさないような種類の行為のことである。たとえば、風がひとを何処かへ運んでゆくとか、そのひとに対して支配権を持っているひとがそのひとを何処かへ連れてゆくとかいうようなことがそれである。

(四)いっそう大きな災悪に対する恐れのゆえに、あるいは、或る美しい動機のゆえになされる〔醜い〕こと、たとえば、自分の親や子に対する支配権を持っている僭主が或る醜いことをなせと命じ、これをすれば、親や子が救わ

れ、しなければ、殺されるというような場合に、それをするのがはたして不本意な行為であるのか、それとも、本意からの行為であるのかという点については議論の余地がある。[五]この種のことは嵐の際、積荷を投棄する場合にも起ってくる。というのは、それ自体としてみれば、誰も本意から積荷を投棄するひとはいない。だが、自分と他のひとびとを救うためであれば、理性を持ちあわせているかぎりのひとは誰でもそうするからである。[六]したがって、このような種類の行為は本意と不本意の混りあったものであるが、どちらかといえば、本意からの行為に近いように思われる。というのは、その行為は、それが現に行なわれている際には望ましいものであり、行為の目ざす目的はその場その場に応じて定まるものだからである。したがって、「本意」と「不本意」という言葉についても、ひとはこれを、行為が現に行なわれている時点に関係づけて用いなければならない。したがって、〔積荷を投棄する時〕ひとはこれを本意からするのである。なぜなら、そのような種類の行為において、道具としての〔身体の〕部分を動かす運動の始まりはそのひと自身のうちにあるからである。だが、その始まりがそのひと自身のうちにある行為は、これを行なうのも行なわないのもそのひとの意のままになることである。[2]したがって、このような種類の行為は本意からの行為である。だが、そのもの自体としてみれば、おそらくそれは不本意な行為であろう。なぜなら、何であれ、このような種類の行為をそのもの自体として選び取ろうとするひとはいないからである。

[七]このような種類の行為に際して、時として賞讃の捧げられることもある。それは、偉大な、美しいことを得るための代償として何事か醜いこと、または、苦痛を与えることを堪えしのぶという場合である。だが、それとはあべこべになる場合には非難が加えられる。というのは、何ら美しくないこと、あるいは、それほど美しくない

ことのために、この上なく醜いことを堪えしのぶのは劣悪なひとのすることだからである。そして、或る種の行為に際しては、賞讃は与えられないが、同情の与えられることがある。それは人間の性を越えていて、誰も堪えられないようなことのために、するべきではないことをひとがするという場合である。（八）もちろん、或る種の行為には、強いられたからといって、してはならないことがある。むしろ、そのような場合には、この上なく怖ろしい苦痛をしのんでも、死ななければならない。エウリピデスのアルクマイオンに母親殺し[3]を強いた止むをえない
a30 事情というようなものは明らかに滑稽である。（九）また、時としては、どのような種類のことに代えてどのような種類のことを選ぶべきか、また、何に代えて何を堪えしのぶべきかを判別するのが困難なことがある。だが、それにもまして困難なのは一度定めた決心に留まることである。というのは、たいていの場合、予期されるのは苦しいことであり、強いられるのは醜いことだからである。強いられてしたか否かをめぐって、賞讃と非難が生ずるのはここからくる。

1110b （一〇）では、どのような行為を強制によると言うべきであろうか。それは、他の条件をぬきにして言えば、そのことの原因が外部にあり、行為するひとがこの原因に関して、何の役割も果たさないような場合のことであろうか。これに対して、そのこと自体としては不本意であるが、いまのところ、また、これこれのことを得る代償としては選び取られ、しかも、その行為の始まりが行為するひと自身のうちにある場合には、その行為はそのこと自体としては不本意であるが、いまのところ、また、これこれを得る代償としては本意である。だが、それは、どちらかといえば、本意からの行為に近いのである。なぜなら、行為は個別の領域に含まれるが、個別の状況に置かれたものとしてのこれらの行為は本意からのものだからである。だが、どのような種類のことがどのような種類

のことの代償として選び取られるべきかを定めるのは容易なことではない。なぜなら、個別のうちには多くの差別が含まれるからである。

(一一)ところで、もしも、快いことをなし、美しいことをなすのも強制によると主張するひとがいるとすれば(なぜなら、これらは行為するひとの外部にあって、強制するものだから)、万事はかれにとって強制によることになろう。なぜなら、すべてのひとはすべてのことをこれら、つまり、快いことか美しいことのためにするからである。また、強制によって、不本意にするひとは苦痛を感じながらするひとであるが、快さと美しさのゆえにするひとは快楽を感じながらするひとなのである。だが、行為の原因を外部のことに帰し、これをそのような種類のものに捕えられやすい自分自身に帰さないのは滑稽なことであり、さらに、美しい行為についてはその原因を自分自身に帰するが、醜い行為についてはその原因を快いことに帰するというのも滑稽なことである。(一二)このようにして、強制によることとはそのことの始まりが外部にあり、かつ、強制されるものがそこで何の役割も果たさないようなもののことであると思われる。

(一三)無知のゆえの行為は、どれもみな、本意からの行為ではないが、不本意と言えるのは苦痛をもたらし、後悔しながら行なわれる行為である。というのは、無知のゆえに何かをするひとが、その行為にあたって何ら嫌悪を覚えないとすれば、当のことをかれが知らなかったかぎりにおいて、かれはそのことを本意からしたわけではないが、さりとてまた、苦痛を覚えないというかぎりにおいて、それを不本意にしたわけでもないからである。したがって、無知のゆえに行為するひとのうち、後悔しながらするひとはそれに不本意なひとであると思われるが、後悔しないひとは、先のひととは別のひとであるから、非本意なひととして置こう。それらは違うのだから、それぞれに固有の名称があってしかるべきなのである(4)。

(一四)「無知のゆえに行為すること」は「無知であって行為すること」とも違うようである(5)。というのは、酒に酔って、または、怒りのあまりに、行為するひとは無知のゆえにではなく、いま述べた理由、つまり、酩酊か憤怒のどちらかのゆえに行為すると思われているからであり、この際、かれはしていることを知っていてするのではなく、知らないでするのである。ところで、邪悪なひとはすべて何をなすべきかを知らず、また、何から遠ざかるべきかを知らない、そして、このような誤りのゆえに不正なひとになったり、一般に、悪いひとになったりする。(一五)だが、「不本意」とは、ひとが自分の役に立つことを知らないという場合に本来言われるべきことではない。な
b30 ぜなら、〔目的の〕選択(6)における無知は不本意の原因ではなく、邪悪の原因だからである。また、〔一般にひとは何をなすべきかに関する〕一般的な無知も不本意の原因ではない(なぜなら、このような無知のゆえにひとは非難をうけるから)、むしろ、行為を構成する個別の状況(7)、すなわち、行為のかかわる個別の事柄の無知が不本意の
1111a 原因なのである。なぜなら、そのような場合に、憐れみも同情も与えられるからである。すなわち、これら個別の事柄の何かを知らないひとが不本意に行為するのである。

(一六)そこで、これらの事柄が何であり、いくつあるかを限定定義しておくのは、おそらく、不都合なことではあるまい。すなわち、それは(1)「誰が」、(2)「何を」、(3)「何をめぐって」、または、「何のことで」するかであり、また時には(4)、「何を用いて」(たとえば、いかなる道具を用いて)、(5)「何のために」(たとえば、身の安全のために)、(6)「どのように」(たとえば、おだやかに、または、はげしく)するかという点である。(一七)ところで、これらを全部知らないということは気違いでないかぎりありえない。また、しているひとが誰であるかを知らない

こども、もちろん、ありえない。というのは、どうして、行為している自分自身を知らないことがありえようか。だが、ひとは自分が何をしているかを知らないことがありうる。たとえば、「語っているうちに、それはかれらの口から滑り落ちた」(8)とか、ちょうど、アイスキュロスのように、(9)秘儀について「秘密だったとは知らなかった」とか、石弩をあつかうひとのように、「その仕組を見せてやるつもりで、発射してしまった」とか言われる場合がそれである。また、メロペのように、(10)自分の息子を敵だと思い込むこともありうるし、穂尖のついた槍をタンポ槍と思い込む(11)こともありうるし、また、石を軽石と思い込む(12)こともありうるのである。また、助けるために薬を呑ませて、殺してしまうこともありうるし、手尖角力をしているひとのように、相手の手を摑まえるつもりでいて、打ってしまうこともありうるのである。(13)(一八)こうして、行為が行なわれる状況としてのこれらすべてのことに関する無知がありうるが、これらのどれかを知らないでしたひとは不本意に行為したものと考えられる。そして、かれの知らないものが行為におけるもっとも決定的なものである場合には、とりわけ、そうである。行為を構成する状況のなかでもっとも決定的と考えられるのは、なされることとそのこと、および、そのためになされること〔目的〕である。(14)(一九)さて、この種の無知によることが不本意と言われるが、さらに、その行為は苦しいものであり、かつ、後悔しながら行なわれるものでなければならない。

(二〇)さて、強制による行為と無知のゆえの行為が不本意な行為であるから、本意からの行為とは、その始まりが行為するひと自身のうちにあり、かつ、行為を構成する個別の状況をそのひとが知っている場合のことであると考えられよう。(二一)実際、激情のゆえに、または、欲望のゆえになされることを不本意と呼ぶのは、たしかに、ただしくない。(二二)というのは、第一に(1)、もしも、そうであるとすれば、他のいかなる動物も、もはや、本意から〔自発的に〕は何もしないことになろうし、子供たちについても同じことが言えようからである。[15] (二三)次に(2)、欲望や
激情のゆえにすることのどれもわれわれは本意からはしないのだろうか、それとも、そのうちの美しいことは本
意からするが、醜いことは不本意にするのだろうか。いや一つのものが原因であるのに、そういうことがあると
すれば、滑稽なことではなかろうか。(二四)また(3)、ひとが欲求すべきものを不本意と呼ぶのは、もちろん、奇妙な
a30 ことである。また、或る事柄に対してはひとは怒りを抱くべきであり、或る事柄、たとえば、健康や学習につい
ては、これを欲望すべきものなのである。(二五)さらに、不本意な行為は苦痛を与えるが、欲望にかなったことは快い
と考えられる。(二六)さらに、また(4)、推論の過程で犯された誤りと激情にしたがって犯された誤りとが不本意であ
るという点でいかなる違いがあろうか。すなわち、それらはいずれも避けるべきものなのである。(二七)また、不合理
1111b な推論過程も〔ただしい推論過程と〕同じように人間的なものである。[16] したがってまた、激情や欲望から発する
人間の行為もまた人間的なものと考えられる。したがって、これらの行為を不本意とするのは奇妙なことであ
る。

第二章

(一)本意と不本意については以上で限定定義されたので、つづいて論究されるべきは選択についてである。なぜなら、選択[1]はもっとも優れた意味で器量にそなわる働きであり、それは、人柄を判定する規準としては、行為にまさる適切なものであると思われるからである。

(二)さて、選択が本意から出ることは明らかであるが、選択は本意と同一ではない。本意は選択よりも広い範囲に及ぶ。というのは、子供も人間以外の動物も本意〔自発性〕にはあずかるが、選択にはあずからないからであり(2)、また、われわれは唐突になされたことをも本意から〔自発的に〕なされたと言うが、それが選択にしたがってなされたとは言わないからである。

(三)或るひとびとは選択を欲望(3)、あるいは、激情(4)、あるいは、願望、あるいは、或る種の判断(5)であると言っているがそれはただしくないようである。というのは、選択の働きは分別をもたないものには分け与えられることがないが、欲望や激情はこれらのものにもひとしく分け与えられているからである。(四)また、抑制のないひとは欲望のままに行為し、選択によっては行為しない。これに反して、抑制のあるひとは選択によって行為し、欲望のままには行為しない。(五)また、欲望は選択には反するが、欲望が欲望に反することはない(6)。また、欲望は快いものと苦痛をもたらすものにかかわるが、選択は快いものにも苦痛をもたらすものにも〔そのもの自体としては〕かかわらない。(六)まして、選択は激情ではない。激情のゆえになされることは選択によるところがもっとも少ないように思われるからである。

(七)他方にまた、選択は願望でもない。一見、類縁なものであるようには見えるが。なぜなら、選択は不可能なものについては存在せず、かりに、或るひとが自分は不可能なことを選択すると言ったとしても、かれは痴呆であると思われるだけのことであろうが、願望は不可能なものについても(たとえば、不死を願望するというように)あるからである。(八)また、願望は決して自分の力では成し遂げられえないであろうようなことについても存在する。たとえば、或る役者や競技者が勝利をおさめることを願望するというようなことがそれである。だが、このような事柄を選択するひとは誰もない。ひとが選択するのは自分自身の力によって成し遂げられうるであろうと思っているかぎりのことについてである。(九)さらに、願望はどちらかといえば目的にかかわるものであるが、選択は目的に達する手段にかかわる。(7)たとえば、われわれが願望するのは健康であることであり、われわれが選択するのはそれによってわれわれが健康になるための手段である。また、われわれは幸福であることを願望し、また、そのように断言するが、「幸福であることを選択する」と言うのは適切な言い方ではない。というのは、一般に、選択はわれわれの意のままになることにかかわるように思えるからである。

(一〇)したがってまた、それは判断でもありえない。なぜなら、判断は何事についてもあり、われわれの意のままになることばかりではなく、永遠なものや不可能なものについても同じようにあると考えられるからである。また、判断は偽と真によって区分され、悪と善によっては区分されない。だが、選択は、むしろ、悪と善によって区分される。

(一一)とすれば、選択が判断と全体的に同じであると言うひとは、おそらく、誰もいないだろう。だが、それは判断の一種と同じでもない。というのは、われわれがどのような人間であるか(8)は善を選択するか、悪を選択するかによるが、〔それが善であるか、悪であるかを〕判断することにはよらないからである。(一二)また、選択するのはそのようなもの〔善、または、悪〕のうちのどれかを「取るか、避けるか」についてであるが、判断するのは、そのようなものが「何であるのか」「誰のため役に立つのか」「どのようにして役に立つのか」についてなのである。これに対して「わたしはそれを取ろう」と判断するとか、「わたしはそれを避けよう」と判断するということはあまりないのである。(一三)また、どちらかと言えば、選択が賞讃されるのは、選択すべきものの方を選択すること、あるいは、選択するのがただしいものを選択することによるのであるが、判断が賞讃されるのは、〔いかなる対象についてであれ〕そのように判断するのが真であるように判断することによってなのである。[9] また、われわれはそれが善いと充分よく知っているものを選択するが、判断するのはあまりよく知らないものについてなのである。(一四)また、最善なものを選択するひとと何かを最善であると判断するひととは同一ではないと考えられる。むしろ、a10 或る種のひとびとは何かがいっそう善いと判断しながら、その悪徳のゆえに、選んではならないことを選ぶのである。(一五)ここで、判断が選択に先行するか、随伴するかという違いはどうでもよい。われわれが考察しているのはそのことではなく、選択が判断の一種と同じものかということだからである。

(一六)さて、選択はいま述べられたもののうちのどれでもないのだから、では、それはいったい何であり、どのような性質のものなのだろうか。それが本意から生れるものであることは明らかである。だが、本意から生れるもののすべてが選択されたものであるのではない。(一七)だが、先立って思案をめぐらした上のものであれば、それは選択されたものではなかろうか。というのは、選択は分別と思考の働きを伴うものである。そして、その〔選択《プロアイレシス》という〕名称もそれが他のものに先立って〔プロ〕、選ばれたもの〔ハイレトン〕であるということを暗示しているように思えるからである。[10]

第三章

(一)ひとはすべてのことについて思案をめぐらすであろうか、すなわち、万事が思案されるものだろうか。それと

a20 も、或る種のものについては思案は存在しないのだろうか。(二)思案されるものとは、もとより、痴呆、あるいは、狂人がそれについて思案をめぐらすであろうものという意味ではなく、理性を持ちあわせているひとがそれについて思案をめぐらすであろうものという意味でなければならない。

(三)さて、永遠なものについて思案をめぐらすひとはいない。たとえば、宇宙について、あるいは、〔正方形の〕対角線とその一辺が通約しえないということについてひとは思案をめぐらさない。(四)またさらに、夏至と冬至や星の出のように、運動しているものでも、いつも同じ仕方で生起するものであれば、それが必然によるにせよ、自然の本性によるにせよ、あるいは、他の何らかの原因によるにせよ、それについてひとは思案をめぐらさない。(五)また、旱魃や大雨のように、時に応じて異なった仕方で生起するものについてもひとは思案をめぐらさない。また、宝物の発見のように、偶然から生ずるものについてもひとは思案をめぐらさない。〔……〕(1)なぜなら、

a30 これらのことはどれ一つわれわれの力によっては生起しえないからである。

(七)われわれが思案をめぐらすのはわれわれの意のままになるもの、われわれのなしうるものについてである。そして、そのようなものが、実際、上述したものの他に残るのである。すなわち、事物の原因と思われるものには自然と必然と偶然があり、その他に、理性とすべて人間の力によって生起するものがある。(六)だが、人事についても、そのすべてについてひとが思案をめぐらすわけではない。たとえば、スキュティアのひとびとがどのような政体をもったら最善であるかを、スパルタのひとは誰も思案しない。人間は、それぞれ〔その種類に応じて〕自分

1112b の力でなしうることについて思案をめぐらすのである。(八)さらに、専門知識(2)のうち、精確(3)な自立的なものをめぐっては思案は存在しない(4)(なぜなら、どのように文字を綴るべきか

b10

について、われわれは逡巡しないからである)。むしろ、われわれの力によって生起するかぎりのことであって、いつも同じ仕方で生起するとはかぎらないものについて、われわれは思案をめぐらすのである。たとえば、医術のかかわることや金儲け術のかかわることについてわれわれは思案をめぐらし、また、体育術をめぐってよりは、むしろ、航海術をめぐってわれわれは思案をめぐらす。それは後者の方が精確に限定されるところが少ないからである。(九)さらに、他の例についても同じである。そして、専門知識にかかわることよりは、臆断(5)にかかわることの方が思案をめぐらすところがいっそう大きい。それは、後者の方がわれわれの逡巡するところも大きいからである。

(一〇)こうして、(6)ひとが思案をめぐらすのは、たいていはそうであるとしても実際どうなるかは不明である事柄、すなわち、無限定なものが含まれている事柄についてである。また、大事に際してはわれわれは一緒に思案してくれるひとを呼び求めるが、それは、われわれが自分自身に信頼せず、自分は決定をくだす力がないと思っているからである。(一一)また、われわれが思案をめぐらすのは目的についてではなく、目的に達する手段についてである。実際、医者が患者を健康にするかどうかを思案することもなければ、弁論家が相手を説得するかどうかを思案することもなければ、政治家が安寧秩序を作りだすかどうかを思案することもなければ、他の種類のひとの誰であれ、目的について思案するひとは誰もいないのである。むしろ、ひとは目的を設定したうえで、それがどのように、すなわち、どのような手段によって実現されるかを考察する。そして、それが多くの手段によって実現されると見られる時には、どの手段による時、もっとも容易であり、もっとも上手にできるかを考察し、一つの手段によって達成される時には、どのようにすれば、この手段によりそれが実現されるかを考察し、ついで、この手段が〔他の〕いかなる手段により実現されるかを考察して、最後に、〔生起の順序において〕最初の原因であり、発見〔の順序〕において最後のものに達するまで考察するのである。すなわち、思案をめぐらすひとは上述の方式にしたがうが、ちょうどそれは、幾何学者が証明問題を分析しながら、探究する過程に似ている(7)(一二)(探究がすべて思案の働きであるのではないが——たとえば、数学におけるそれのように——思案の働きがすべて探究であるのは明らかである)。(一三)そして、分析の過程において最後のものは生起の過程においては最初のものである。そして、不可能なものにゆきあたれば、ひとはそこで探究を放棄する。たとえば、金銭が必要であるとして、金銭を供与することができない時のように。これに対して、可能と見られる場合には、行動に着手する。可能なものとはわれわれの力によって実現されうるもののことである。友人の助けをかりて実現されうることも、ここで、何らかの意味においてわれわれの力によって実現されうることの一つに属する。その場合、そのことの始まりはわれわれのうちにあるからである(一四)(探究されるのは、或る場合には、道具であり、或る場合には、その使い方である(8)。それと同じように、それ以外の場合においても(9)、或る時には〔目的が〕それによって実現される手段が探究され、或る時にはこの手段をどのように用いるか、言いかえれば、この手段そのものがそれによって実現される〔次の〕手段が探究される)(10)。

(一五)このようにして、すでに述べたとおり、人間が行為の始まりであるように思われる。そして、思案はこのかれ自身のなしうることについてめぐらされるのであり、なされる行為は〔行為そのものとは異なる〕他のこと〔目的〕のためである。(一六)すなわち、目的は思案されるものとはなりえず、目的に達するための手段が思案されるのである。そして、もとより、個別のこともまた思案されるものではない。たとえば、これがパンであるかどうかや、パン

1113a がちょうどよく焼けているかどうかというようなことがそれである。なぜなら、それらのこと〔の識別〕は感覚の働きに属するからである。これに反して、もしも〔あらゆるものについて〕いつも思案がめぐらされるとしたら、思案の過程は無限につづくであろう。

[一七]思案されるものと選択されるものは同じである。ただ、選択されたものが一定のものとして限定されているという点だけが違う。というのは、思案の末、〔他のものに〕先立って〔それをなすことを〕決定されたものが選択されたものだからである。すなわち、〔行為の連鎖を〕その始まりへと遡って、自分自身にまで達する時、すなわち、自分自身のうちにおける主宰的な部分にまで達する時、ひとはそれぞれどのように行為するかの探究をやめる。なぜなら、この自分自身における主宰的な部分が選択の主体だからである。[一八]これは、ホメロスが描写してくれた大昔の政体の例を考えてみても明らかである。すなわち、そこでは、王たちは自分たちの選択したものを民に通達するのが習慣だったからである。[一九]選択されたものとはわれわれの意のままになることのうち、思案の末、欲求されたものなのであるから、選択とは「われわれの意のままになることに対する、思案にもとづく欲求」であろう。すなわち、われわれは思案をめぐらすことによって決定をくだし、思案の働きにしたがって欲求するのである。選択について、それが本来どのような性質のものであるか、また、それが目的を得るための手段にかかわるものであることは以上で大まかに述べられたことにしよう。

第四章

（一）願望が目的にかかわるものであることはすでに述べた[1]。そして、或るひとびとは、願望は善にかかわると考えているが、或るひとびとは善と見えるものにかかわると考えている。（二）だが、善が願望されるものであると主張するひとびとにとっては、目的をただしく選択しないひとの願望するものは願望されるものではないという帰結が生じてくる（というのは、それが、もしも、願望されるものであるとすれば、善いものでもあることになろう。だが、 a20 いま述べたようなことであるとすれば、悪いものであるはずだからである）。（三）他方において、善と見えるものが願望されるものであると主張するひとびとにとっては、そのもの自体の本性において願望されるものは存在せず、各人にとって善と思われるものがそのひとに願望されるものであるという帰結が生じてくる。ところで、善と見えるものは人によりそれぞれ違う。したがって、もしそうであるとすれば、互いに相反するものが善と見えることもある。

（四）そこで、このような帰結がいずれも満足すべきものではないとすれば、われわれはこれを次のように言うべきであろうか、すなわち、他の条件をぬきにしてそのもの自体として言えば、すなわち、事物のあるがままに即して言えば、善が願望されるものではあるが、それぞれのひとにとって願望されるものは、そのひとに善と見えるものである、と。したがって、優れたひとにとっては、事物のあるがままに即した善がそのひとに願望されるものであるが、劣悪なひとにとっては、そのひとにたまたま善と見えるものがそのひとに願望されるものであるということになる。それは、ちょうど、身体の場合にも、身体の調子が良いひとにとっては事物のあるがままに即して健康によいものがそのひとの健康によいものであるが、病気にかかっているひとにとってはそれとは違うものがそのひとの健康によいものであり、同じように辛いものや甘いもの、熱いものや重たいものやその他その種のもののそれぞれについてもそういうことがあるのと同じである。すなわち、〔その道に〕優れたひとが、それぞ
a30 れの種類のことをただしく判定するのであり、それぞれの種類のことにおける真実は〔その道に〕優れたひとにあらわれるものなのである。(五)というのは、ひとそれぞれの性向に応じて、美しい〔と思われる〕ものや快い〔と思われる〕ものには固有なものがあり、〔その道において〕優れたひとは、それぞれの種類のことにおける真実を見抜く点において、おそらく、他をいちじるしく凌駕するからである。優れたひとはその点あたかもそれらの事柄の規準であり、尺度であるもののようである。これに対して、一般のひとびとにおいては、快楽によって錯誤が起ってくるように思われる。すなわち、快楽は真実には善ではないにもかかわらず、善と見えるからである。(六)とに
1113b かく、ひとびとが快いものを選ぶのはこれを善とみなすからであり、苦痛を避けるのはこれを悪とみなすからなのである。(2)

第五章

(一)こうして、願望されるのは目的であり、思案され、選択されるのは目的に達するための手段であるのだから、これらの手段にかかわるものとしてのわれわれの行為は選択にしたがって得られる本意からの行為であろう。そ

して、さまざまな器量の働きが実際に発揮されるのはこれらの手段にかかわるものとしてなのである。(二)したがって、器量もまた〔それが得られるか否かは〕われわれの意のままになることであり、これは悪徳についても同じである。というのは、それをなすのがわれわれの意のままになることは、それをなさぬのもわれわれの意のままになることであり、それをなさぬのがわれわれの意のままになることは、それをなすのもまたわれわれの意のままになることだからである。したがって、もしも、「なすこと」が美しいことであって、われわれの意のままになることであるとすれば、「なさぬこと」もまたわれわれの意のままになることであって、醜いことであろう。また、b10 もしも、「なさぬこと」が美しいことであって、われわれの意のままになることであるとすれば、「なすこと」は醜いことであって、これもまた、われわれの意のままになることであろう。(三)ところで、もしも、美しいことや醜いことをなすのがわれわれの意のままになることであり、また同じように、それらをなさぬこともわれわれの意のままになることであるとすれば——そのように美しいことや醜いことをなしたり、なさなかったりすることがまさにわれわれ自身が善いものであり、また、悪いものであるということであった——高尚なひとであることと劣悪なひとであることはわれわれの意のままになることであろう。

(四)「本意からの悪人はなく、不本意ながら幸いな人もない」と言われることの一部分は偽であり、一部分は真であるようである。というのは、自分が幸いであることに不本意なひとはいないが、邪悪は本意から生れるものだからである。(五)それとも、われわれは、この説に異論を唱え、人間が行為の始まりであることを否定し、人間がその子供の生みの親であるのと同じように、その行為の生みの親でもあるという事実を否定すべきであろうか。(六)これに反して、もしも、これらが明白な事実であり、われわれは自分の行為をその始まりへと遡って、われわれ自

b20 身のうちにおける始まり以外の他の始まりには至りえないとするならば、その始まりがわれわれ自身のうちにある行為は、そのもの自身、われわれの意のままになる本意からのことであろう。

(七)これを証明するものには、私的なものとしては各人のそれぞれから提供されるものがあるが、〔公けのものとしては〕立法家みずから提供してくれるものもあるようである。というのは、立法家は邪悪な行ないをするものを、かれらが強制によって、あるいは、かれらみずからにその責めを帰することのできない無知のゆえにしたのでないかぎり、懲罰し、刑罰を課しているが、他方に、美しい行ないをするひとびとには名誉を与えているからである。それは、後者に対してはこれを奨励し、前者に対してはこれを抑制するためなのである。しかしながら、われわれの意のままになるのでもなければ、われわれが本意からするのでもないことをわれわれにするように奨励するひとは誰もいない(というのは、熱さを感じないようにとか、痛みを感じないようにとか、飢えを感じないようにとか、何であれ、そのようなことを説得されても、何の役にも立たないからである。なぜなら、〔説得されようとされまいと〕同じようにわれわれはそのような情態に陥るだろうからである)。(八)実際、立法家は、そのひと自
b30 身知らなかった場合でも、もしも、そのひと自身に無知の責めがあると考えられる場合には、これに懲罰を加えるのである。酔っ払いに対して刑罰が倍加される(1)というような場合がそれである。それは、その行為の始まりがそのひと自身のうちにあるからである。すなわち、かれにはみずから酔っ払わないでいるだけの力があった。ところが、酔っ払ったのが無知の原因となったのである。また、法律に含まれる条項のうち、ひとが当然、心得ていなければならないはずのもので、かつ、それを心得ているのが難しくない場合にも、これを知らないものを立
1114a 法家は懲罰する。(九)これと同じように、他の場合にも、無知がそのひと自身のなおざりによると考えられる場合に

は、無知でないこともそのひと次第ではありえたとみなして、これを懲罰するのである。そのひとにはみずからそれに気を配るだけの力があったからである。（一〇）だが実際には、おそらく、かれはそれに気を配らないような性質のひとなのである。もっとも、そのような性質のひととなったについては、気儘な生活を送っているそのひと自身にその責めがある。不正なひとになったり、ふしだらなひとになったりするについても、一方では、他人に不正を働いたり、他方では、飲酒や、その他そのような種類のふしだらな行ないに耽ったりしているそのひと自身にその責めがある。なぜなら、それぞれのことは、それにかかわることを実際にやっているひとを、そのような種類のひととして形作るからである。（一一）このことは、何であれ、或る競技や或る動作を練習しているひとびとを見れば明らかである。つまり、かれらはその競技や動作を実際やってみることに終始するのである。

（一二）したがって、それぞれのことを実際にやってみることから、さまざまな性向が生れてくるという事実を知らな
a10 いのはまったく常識のないひとの徴しである。（一三）さらにまた、不正をはたらくひとが不正なひとであることを欲していないとか、ふしだらをはたらくひとがふしだらなひとであることを欲していないとかいうのも不合理なことである。もしも、それをすれば不正なひとになることを知らずにかれがするのではないとすれば、かれが不正なひとになるのは本意からのことであろう。（一四）とはいえ、それは、欲しさえすれば、かれが不正なひとであるのをやめて、正しいひとになれるということではない。それは、病気のひとが、欲したからと言って、健康なひとになれるわけではないのと同じである。もしも、このことがこのとおりであるとすれば、かれが病気であるのは本意から生れたことであり、かれが医者の言いつけに従わず、抑制のない生活を送ったことによるのである。なるほど、かつては、かれにとって病気にかからないことも可能であった。しかしながら、自分を放り出してしまった

今は、それはもはや不可能である。それは、ちょうど、石を放してしまったものが、それをもう一度摑まえることがもう自分ではできないのと同じである。とはいえ、石を投げるという動作そのものはそのひとの意のままになることだったのである。すなわち、その動作の始まりはかれ自身のうちにあるのである。このように考えてくれば、不正なひとにとっても、ふしだらなひとにとっても、最初はそのようなひとにならないことが可能であったと言える。それゆえ、かれらがそういうひとであるのは本意からのことなのである。だが、そういうものとなった以上は、そういうものでないことはもはやかれらにはできないのである。

[二五]魂の悪徳だけが本意から生れるものではない。或るひとびとにとっては肉体における欠陥もまたそうである。われわれは当然これらのひとびとに対して叱責を加える。なぜなら、生れによって醜いひとを叱責するひとはいない。だが、鍛練を怠り、身体をなおざりにしたために醜いひとに対しては叱責が加えられるからである。病弱や片輪についても同じである。すなわち、生れながらの盲人や、病気、または打撲のために失明したひとを咎め立てするひとは誰もいないだろう。むしろ、そういうひとに対しては憐みがかけられるであろう。だが、大酒や、その他のふしだらな行ないのためにそうなったひとに対しては誰でも叱責を加えるであろう。[二六]こうして、肉体にかかわる欠陥のうち、われわれの意のままになるものは叱責をうけ、われわれの意のままにならないものは叱責をうけない。そうであるとすれば、他の場合についても、叱責をうけるべき欠陥はわれわれの意のままになるものであることになろう。

[二七]ところで、こういうひとがあるかも知れない、「ひとはみな、自分に善と見え、現われるものを目ざし求めている。ところで、現われはひとの自由にしうるものではなく、むしろ、ひとがそれぞれどのようなひとであるか

1114b に応じて、その目ざす目的もそういうものとして現われてくる」。――さて、もしも（1）、各人が〔自分がどのようなひとであるかという〕自分の性向について、その責めを何らかの意味で自分に対して負うものであるとすれば、かれは現われについてもその責めを何らかの意味で自分に対して負うものであろう。だが（2）、もしも、そういうことがないとすれば、ひとは誰も自分に対して悪行の責めを負うことはなく、かれが悪行をするのは、目的を知らないため、つまり、そういう行為によって、最高善が得られるであろうと思いこんでいるからだということになろう。目的の希求はみずから選び取るものではなく、むしろひとは事物をただしく判定し、真実に即した善を選び取るための力を、いわば、視覚のように持って生れてこなければならない。生れの良いひととはこの
b10 力を生れつき立派にそなえているひとのことである。おもうに、それは〔ひとの持っているもののなかで〕もっとも大きなもっとも美しいものであって、他人から貰うことも学ぶこともできず、それぞれ生れつき持っているがまま、それからも持ちつづけることになろう。完全な、本当の意味での良い生れとは、この力を生れつき良く立派にそなえていることなのである。さて、もしも、以上のことが真実であるとするならば、どうして、器量の方が悪徳よりも本意から生れるものであると言うことができよう。（一八）なぜなら、善いひとにとっても悪いひとにとっても同じように、目的は自然によるか、あるいは、或る他の仕方によるかして現われ、そなえられるものであり、かれらはいずれも他のことをこの目的に関係づけて――どのようにであれ――するのだからである。（一九）したがって、目的が何らかのものとして現われるのが自然によらず、そのひと自身にも依存する何ものかであるとするにせよ〔（1）の場合〕、あるいは、目的は自然によるものであるが、それ以外に立派なひとのする行為が本意からのものであることのゆえに、器量は本意からのものであるとするにせよ〔（2）の場合〕、どちらにせよ、悪徳は器量に劣

b20 らず本意からのものであることになろう。なぜなら、悪いひとにとっても、善いひとにとってと同じように、その目的のうちにではないとしても、その行為のうちにはかれ自身に依存することが含まれているからである。(二〇)こうして、すでに述べたとおり、器量が本意から生れるものであるとすれば(というのは、われわれは、みずから、われわれ自身の性向についても何らかの意味ではその責任の一半を負うものであり、われわれがどのようなものであるかに応じて、目的をそのようなものとして立てるからである)、悪徳もまた本意から生れるものであることになろう。それはどちらについても同じように言えるからである。

(二一)さて、以上の論述によって、器量について一般的に、大まかに一つの類としてみれば、器量が中間性であること、また、器量が性向であることが述べられた。また、器量はそのもの自体としては、それがそこから生れてくるような行為をなす傾向をもつこと、また、器量はわれわれの意のままになるものであり、本意から生れるものであること、また、器量はまっとうな分別の命ずるであろうところにしたがうことが述べられた。(二二)だが、行為が
b30 本意から生れるものであると言われるのと、性向が本意から生れるものであると言われるのとでは「本意」の意味が違う。というのは、行為については、その行為がかかわりをもつ個々の事柄を知っているかぎりにおいて、われわれはその初めから終りまで自由になしうる力をもっているが、性向については、その始まりを自由にしう
1115a るだけであり、性向がどのような仕方で次第にわれわれに加わってくるかの一々をわれわれは知りえないからである(それは病弱の場合と同じである)。ただ、このように身を持するか、それとも、しないかがわれわれの意のままになるものであったという理由によって、それは本意からのものなのである。

(二三)もう一度もとに戻って、それぞれの種類の器量について、それが何であり、どのような種類のことに、どのよ

うにかかわるものであるかを述べることにしよう。そうすることによって、器量には何種類あるかも同時に明らかになるだろう。最初は勇気についてである。

第六章

（一）さて、勇気が恐れと平静の情にかかわる中間性であることはすでに明らかになった。[1]（二）われわれが恐れるのは、
a10 いうまでもなく、恐ろしいものであり、恐ろしいものとは、簡単に言えば、悪いもののことである。それゆえ、ひとびとは恐れを「悪の予期」とも定義している。[2]（三）われわれは、たとえば、不評、貧困、病気、友のないこと、死というような悪いものをすべて恐れるが、勇気あるひとがこれらすべてのものにかかわるとは考えられていない。というのは、そのうちのいくつかには、むしろ、ひとがそれを恐れるべきであって、恐れるのが美しく、恐れないのは醜いようなものもあるからである。不評のようなものがそれである。この場合は、恐れるひとが高尚なひと、恥を知るひとであって、恐れないひとは恥しらずである。だが、こういうひとが或るひとびとの間では転義によって勇気あるひとと呼ばれている。なぜなら、そういうひとには勇気あるひとに似たところがあるからである。すなわち、勇気あるひとも恐れを知らないひとの一種なのである。（四）だが、貧困は、おそらく、恐れるべきものではなく、病気もまた恐れるべきものではない。また、一般に、悪徳から起るのでも、自分自身のせいで起るのでもないかぎりのものについても同じである。とはいえ、それらの点で恐れを知らないひとも勇気あるひととは呼ばれない（もっとも、こういうひとをも類似性にしたがって勇気あるひとと呼ぶことがある。実際、或

a20 るひとびとは戦さにおける危険に際しては臆病者でありながら、もの惜しみしない心の宏さをもち、財産の喪失に対して平静な態度を持することもありうるからである)。(五)したがってまた、ひとが子供らや妻に加えられる専横とか、嫉妬とか、このようなことの何かを恐れるとしても、かれが臆病なひとであるわけではない。また、鞭打たれようとするにあたって、平静であるとしても、勇気あるひとであるわけではない。

(六)では、勇気あるひととはどのような種類の恐ろしいものにかかわるのであろうか。かれは最大の恐ろしいものにかかわるのではなかろうか。というのは、勇気あるひと以上に怖ろしいものに堪えうるひとはいないからである。ところで、もっとも恐ろしいのは死である。なぜなら、死は終極であり、死者にはもはやいかなる善いものも悪いものも存在しないと考えられているからである。(七)だが、勇気あるひとがあらゆる場合における死、たとえば、洋上での死や病床での死にかかわるとも考えられないだろう。(八)では、それはどのような場合における死なの
a30 であろうか。それは、もっとも美しい場合における死なのではなかろうか。そのような死とは戦さにおける死である。なぜなら、それはもっとも大きな、もっとも美しい危険における死だからである。(九)ポリスのうちにおいて、また、専制君主のもとにおいて、〔戦死者に〕授けられる〔大きな〕名誉はそれに相応する。(一〇)こうして、語の本来の意味において勇気あるひとと呼ばれうるのは美しい死をめぐって恐れることのないひとであり、差し迫った死の危険をもたらすすべてのことをめぐって恐れることのないひとである。そのような差し迫った死の危険とは他の何よりも戦さにおける危険である。(一一)とはいえ、勇気あるひとは洋上にあっても、病床にあっても恐れることのな
1115b いひとである。もっとも、それは、船乗りが洋上で恐れることがないというのと同じ意味ではない。というのは、一方〔勇気のあるひと〕は救出を断念し、死をそのような形で迎えることを嫌悪しているが、他方〔船乗り〕はその

経験から生れる確かな希望をもっているからである。(一二)だが同時に付け加えるべきことは、ひとが勇気を揮《ふる》えるのは、自分の力を揮って敵を斥けることができる場合、言いかえれば、死ぬのが美しい場合である。だが、いま述べたような種類の破滅にあたっては、これらのことはいずれも存在しないのである。

第七章

(一)恐ろしいものはすべてのひとにとって同じではないが、なかには人間の限界を越えていると言えるものさえある。このようなものは、なるほど、理性をそなえているかぎりのすべてのひとにとって恐ろしいものである。だが、人間の標準における恐ろしいものはその大きさにおいて、すなわち、その恐ろしさの大小に、違いのあるも
b10 のである。安堵を与えるものについてもこれは同じである。(二)そして、勇気あるひととは、人間を標準にして恐怖に打ちひしがれないひとのことである。したがって、かれは人間の標準における恐ろしいものをも恐れはするが、これをあるべき仕方にしたがって、ものごとの分別の定めるままに、行為における美しさを目ざして怺え、踏みこたえるであろう。というのは、行為における美しさは器量の目ざす目的だからである。(三)だが、ひとはこれらのものを恐れるべき程度より以上に恐れることも、恐れるべき程度より以下に恐れることもありうる。さらに、恐ろしくないものを、あたかも、恐ろしいものであるかのように恐れることもありうる。(四)そして、誤りのうちの或るものは恐れてはならないものを恐れることによって生れ、或るものは恐れてはならない仕方によって恐れることによって生れ、或るものは恐れるべきではない時に恐れることによって、あるいは、なにかそのような種類の

ことによって生れる。安堵を与えるものについてもこれは同じである。(五)このようにして、ものごとを堪えしのぶにあたっても、恐れるにあたっても、あるべきものを、あるべき目的のために、あるべき仕方にしたがって、あるべき時にするひと、また、平静に身を持するにあたってもこれと同じようにするひと、そのひとが勇気あるひとである。すなわち、勇気あるひととは、ものごとそれぞれの値打に応じて、分別のままにものごとを感じ取り、また、行なうひとなのである。(六)ところで、或る事物の働きが実現されて終極するところはその事物が現にもっているあり方に応じて定まる。これは勇気あるひとにとっても当てはまる[1]。しかるに、勇気は美しいものである。したがって、その終極するところもまた美しいものである。なぜなら、事物はそれぞれその終極によって規定されるからである。このようにして、勇気あるひとは行為の美しさのために恐ろしいものを堪えしのび、美しさのために勇気に相応しいことをするのである。

(七)度を越えるもののうち、恐れをもたない点で度を越えるものは無名称である(無名称のものが多くあることは先の箇所ですでに述べた[2])。ケルト人についてそう言われているように、もしも、ひとが地震に対してであれ、津波に対してであれ、何に対してであれ恐れをもたないということがあるとすれば、そういうひとは一種の気違い、あるいは、苦痛に対して無感覚なひととみなすべきであろう。(八)これに対して、恐ろしいものに関して平静である点で度を越えるものはむこうみずなひとである。むこうみずなひとはまた空威張りであり、見せかけの勇気を作りなすひとであるとも考えられている。とにかく、むこうみずなひとは、勇気あるひとが恐ろしいものについて持っているのと同じ態度を自分も持っているとひとに見られたがるのである。そこで、かれは、かれができる場合において、勇気あるひとの真似をするのである。(九)このゆえに、かれらは多く「こけおどし」である。つまり、かれらはそういう〔つまり、真似のできる〕場合にはむこうみずにふるまいながら、恐ろしいものに出会えばそれに堪えられないのである。

(一〇)恐れる点で度を越えるのは臆病なひとである。すなわち、恐れてはならないものを恐れるとか、恐れてはならない仕方で恐れるとか、このような種類のすべてのことが臆病なひとには付随する。かれはまた、平静である点
1116a で不足するものでもある。ただ、かれが度を越えていることは、苦痛のうちに置かれた時に、いっそう顕著にあらわれるのである。(一一)したがって、臆病なひとは悲観的なひとの一種である。なぜなら、かれは万事を恐れるからである。勇気あるひとはこの点においてその反対である。平静であることは楽観的なひとの徴しだからである。

(一二)こうして、臆病なひととむこうみずなひとと勇気あるひととは同じものにかかわるが、そのかかわり方が違う。すなわち、前二者はそれぞれ度を越えるものと不足するものであるが、第三のものは中間を保ち、あるべき仕方を保つものである。また、むこうみずなひとはものごとに突っかかってゆく性質のひとであり、危険がふりかかってくる前は、勇敢に振舞おうと欲するが、いざ危険のただ中に置かれると、引きさがってしまうのである。これに反して、勇気あるひとは実際のことにあたれば峻烈なひとであるが、そのことの前は穏やかなひとなのである。

a10 (一三)こうして、勇気とは、すでに述べたとおり、安堵を与えるものと恐ろしいものにかかわる、ここに述べられたような場合における中間性であり、そうすることが美しいという理由によって、あるいは、そうしないことが醜いという理由によって、そうすることを選び、そのことを堪えしのぶものである。だが、貧困や、愛欲〔による悩み〕や、なにか苦痛を与えることを避けようとして死ぬのは勇気あるひとのすることではなく、臆病なひとのす

ることである。なぜなら、労苦をもたらすことから逃れるのは惰弱のわざであり、かれが死を堪えるのは、そうするのが美しいからではなく、禍悪を逃れるためだからである。

第八章

(一)さて、勇気とはこのようなものであるが、次に述べる五つの様式にしたがって勇気と呼ばれるものが他にもある。(1)第一のものは市民としての勇気である。というのは、それは本当の勇気にもっとも似ているからである。すなわち、市民が危険に際して踏みとどまるのは、法律によって課される刑罰やひとびとから加えられる恥辱を恐れるがゆえであり、また、〔勇敢に振舞うことによって、かれに〕与えられる名誉を求めるがゆえであると考えられる。それゆえに、臆病なものが不名誉なものとみなされ、勇気あるものが名誉あるものとみなされる国において、市民はもっとも勇気あるものになると考えられる。(二)ホメロスが詩に画いているのもそういう種類の勇敢なひとびとである。たとえば、ディオメデスやヘクトルのように。

a20

　プリュダマスは真先に　儂に非難の言葉を積み重ねよう。(1)

また、

　ヘクトルはトロイヤびとの集いにあって声あげて言うだろう、「テュデウスの子は儂を恐れて(2)……」

(三)この種の勇気は、それが〔市民として示すべき〕器量のゆえに生れてくるという点で、先に述べた本来の勇気にもっとも類似する。なぜなら、それは恥じらいのゆえに、また、美しい行ないに対する欲求のゆえに（それは名

a30 誉に対する欲求のゆえであるから)、そして、醜い恥辱を免れんがために生れるものだからである。(四)長上の命に強いられて、勇敢に振舞うひとびとをもこれと同じ類に入れることができる。ただし、やや劣った種類のものとしてである。それは、かれらがそうするのは恥じらいのゆえではなく、恐れのゆえであり、醜いことを逃れようとしてではなく、苦痛をもたらすことを逃れようとしてだからである。すなわち、主人たちは、ヘクトルのように、郎党を強制する。

　合戦の場から尻ごみするのを儂が見つけるような奴らは、犬どもの牙を逃れることがけっしてあるまい(3)。

(五)兵士たちが部処を立去ろうとする時、配置したひとびとがかれらを打ちのめす(4)のもこれと同じである。また、
1116b 兵士たちを掘割やその種のものの前に並べるひとびとも同じことをしている。すなわち、これらのひとびとはすべてかれらを強制するのである。だが、ひとが勇気あるひとであるのは強制のゆえではなく、美しさのゆえでなければならない。

(2)(六)各種の事柄に関する経験もまた勇気であると思われることがある。ソクラテスが勇気を知識であると思ったのもそこからくる。ところで、このような意味でひとが勇気あるひとである場合はひとによりそれぞれ異なり、戦さにかかわる場合には職業的な兵士たち(5)がそのようなひとである。なぜなら、戦さには内実のない恐怖が沢山あるが、それらをもっとも良く見抜けるのはこういうひとびとだからである。したがって、かれらは勇気あるひとであるように他人には見える。それは、他のひとびとにはそのような恐怖が〔本当は〕どのようなものであるかが分らないからなのである。(七)ついで、かれらはその経験にもとづいて相手に攻撃を加え相手の攻撃をかわすこと
b10 をもっとも巧みになしうるものである。それは、かれらが武器を操る術を心得、もっとも巧みに攻撃を加え、も

っとも巧みに攻撃をかわすために必要なことを弁えているからである。かれら(八)が戦うところは、ちょうど、武装したものが武装していないものと戦い、闘技士が素人と戦うのと同じである。というのは、この種の試合においても、戦さにもっとも強いのはもっとも勇気あるひとではなく、もっとも力が強く、もっとも立派な身体をもっているひとだからである。(九)だが、職業的な兵士たちは、危険が度を越えたり、味方の数や装備が劣っていたりすれば、臆病なものになる。すなわち、真先きに逃走するのはかれらであり、踏みとどまって死んでゆくのは市民たちなのである。それはまさにヘルメスの神殿のところで起ったことであった(6)。すなわち、市民たちにとっては逃亡は醜いことであり、そのようにして救われるよりは死ぬ方が望ましいことであった。だが、職業的な兵士たちは、初めは、自分たちの方が強いと思ったから危険を冒したのであるが、実状を知るに及んで、逃走するのである。それは、かれらが醜いことよりも死をいっそう恐れるからなのである。だが、勇気あるひとはこのようなひとではない。

(3)激情(一〇)が勇気に擬せられることもある。というのは、ちょうど、自分を傷つけたものに向ってゆく獣のように、激情にかられて敵に立ち向ってゆくものも勇気あるひとと思われるからである。それは、勇気あるひとにも激情に類するところがあるからである。すなわち、激情は危険に対してまっしぐらに突進するものである。それゆえ、ホメロスも「力をその激情のうちに投げこんだ(7)」とか、「憤激と激情をかき立てた(8)」とか「激しい熱い呼気《いき》が鼻孔に立ち上った(9)」とか「血が湧き上った(10)」とか言っているのである。おもうに、このような言い方はすべて激情が湧きおこり、突き進んでゆくさまを示しているように見えるからである。(一一)こうして、勇気あるひとは行為の美しさのゆえに行為し、激情はこれに共同する。獣は、これに対して、苦痛のゆえに行動するものである。と

いうのは、獣が突進するのは、傷を受けたためか、恐れているためだからである(なぜなら、森の中にいるかぎり、
かれらは敵に出くわすことがないから)。したがって、獣は勇気あるものではない。なぜなら、獣は行手に何も怖
ろしいことを予見せずに、苦痛と激情にかられて、危険に突進するものだからである。もしも、このようなもの
が勇気あるものであるとすれば、驢馬でさえ、ひもじければ勇気あるものであることになろう。なぜなら、驢馬
は撲たれても、牧草を離れようとしないからである(間男もまた欲望のゆえに多くの大胆なことをする)。(一二)こうし
1117a て、苦痛、または、激情にかられて危険に向う獣は勇気あるものではない。(………)[11]したがって、人間につい
てもこれは同じで、人間も怒っている時は苦痛を覚え、仕返しをして快を覚えるのである。だが、これらのゆえに
戦うものは好戦的ではあるが、勇気あるものではない。なぜなら、かれらは行為の美しさのゆえに戦うのでも、
分別の命ずるところにしたがって戦うのでもなく、情にかられて戦うのだからである。だが、そこにはいくらか
勇気に似かよったところもある。激情のゆえの勇気はもっとも自然的なもののようであり、それに選択と目的が
加わる時、〔真の〕勇気となる。

a10 (一三)したがって(4)、楽観的なひとも勇気あるひとではない。というのは、かれらが危険の中にあって平静である
のは、かれらがしばしば多くのひとびとに対して勝利をおさめたという理由によるからである。だが、楽観的な
ひとも勇気あるひとも、いずれも平静であるという点では、似かよったところがある。だが、勇気あるひとは先
に述べた理由のゆえに平静なのであるが、楽観的なひとは自分たちがもっとも強力で、いかなる危害も加えられ
ることがないと思い込んでいるという理由によってそうなのである(一四)(酔っ払いがしていることもそのような種類
のことである。なぜなら、かれらも楽観的になるからである)。ところが、ひとたび、実際はそういうことにな

a20

らないということが分ると、かれらは逃走するのである。ところで、人間にとって恐ろしいものであり、かつ、そう見えるものを、堪えしのぶのが美しく、そうしないのは醜いという理由によって、堪えしのぶのが勇気あるひとのすることであった。（一五）したがって、突然襲ってくる恐れのうちにあって恐れを知らず、攪き乱されないことの方が、予め分っている恐れのうちにあってそうであるよりも、いっそう勇気あるものに相応しいことであると考えられるのである。なぜなら、準備されるところが少ないゆえ、それだけいっそうその態度はそのひとの性向から出ると考えられるからである。(12) すなわち、予めはっきりしていることについては、考え合わせ分別をめぐらしてみることによって、〔どうするかを〕予め選ぶこともできるであろう。だが、突然に起ってくることについてはひとは自分の性向にしたがってこれを定めるのである。

(5)（一六）〔恐ろしいことを〕知らないで行為するひとも勇気あるひとに見えることがある。かれらも楽観的なひとからそれほど隔たるものではない。けれども、かれらは自己を重んずるところが全然ないが、楽観的なひとにはそれがあるという点では、かれらの方が劣っている。楽観的なひとびとの方が或る程度の時間、踏みこたえるのはそれゆえである。これに反して、思い違えていたひとびとの方は、ひとたび、事情が違うと分るか、あるいは、そういう疑いを持ちさえすれば逃走するのである。それはまさにアルゴスのひとびとがスパルタのひとびとに遭遇した時、それをシキュオンのひとびとであると思い込んだために経験したことである。(13)

（一七）さて、勇気あるひとがどのような種類のひとであるか、また、勇気あるひとと思われるひとがどのような種類のひとであるかは以上で述べられた。

第九章

a30 (一)勇気は平静と恐れの情にかかわるものであるが、両方に対して同じようにかかわるのではない。それは、どちらかといえば、むしろ、恐ろしいものにかかわる。というのは、恐ろしい状況に置かれて攪き乱されず、恐ろしいことをめぐってあるべき態度を保っているひとの方が、安堵を与えることをめぐってそうであるひとよりも、いっそう優れた意味で勇気あるひとだからである。(二)したがって、すでに述べたとおり(1)、ひとは苦しいことを堪えしのぶことによって、勇気あるひとと言われるのである。勇気が苦痛をもたらすものであるのはそのゆえであり、また、そのゆえに、勇気は賞讃されてしかるべきものなのである。おもうに、苦しいことを堪えしのぶのは快い
1117b ことから遠ざかるよりも困難だからである。(三)もっとも、勇気によって達せられる目的は快いものであるが、それを取巻いている事柄のためにそれが包み隠されているのだと思われるかもしれない。そのようなことは、体育競技の場合にも起ってくる。すなわち、拳闘家にとってその目的、つまり、かれがそれを得ることを目ざして戦う勝利の栄冠と名誉は快いものである。だが、撲たれるのはかれが肉を持つかぎり、痛く、苦しいことである。かれのなすすべての労苦について同じことが言える。ところで、このように苦しいことが数多くあるため、目ざす目的は小さなものであって、(四)そこには何も快いことが含まれていないかのように見えるのである。そこで、勇気をめぐる事情にもそのようなものがあるとすれば、死や負傷は勇気あるものにとっては苦しいことであり、かれにとって不本意なことであろう。けれども、かれはそうするのが美しく、そうしないのは醜いという理由で、堪

えしのぶであろう。そして、かれがいっそう全面的な器量をそなえており、いっそう優れて幸福なひとであるかぎり、それだけいっそう、かれは死に面して苦痛を覚えるであろう。なぜなら、そのようなひとこそもっとも優れた意味で生きるに値するひとであり、そのようなひとが、知りながら、最大の善を奪われるのは苦しいことだからである。しかし、かれがそのためいくらかでも勇気あるものでなくなるということはない。おそらくは、むしろ、いっそう勇気あるものとなろう。それは、かれが戦さにおける行為の美しさをそれらの苦痛に代えて選ぶからである。[2] (五)したがって、「器量を実際にはたらかせることが快い」ということは——目的に触れるかぎりでは快いと言えるとしても——すべての種類の器量について言えることではないのである。(六)とはいえ、もっとも優れた兵士がこのようなひとではなく、勇気の点では劣っていても、他に何も善いものを持っていないひとであることは、おそらく、いっこう差支えない。なぜなら、そのようなひとは危険に立ち向う用意のあるひとであり、その生を僅かな利得と取換えるからである。

(七)勇気については、以上で論じ了えられたことにしよう。以上に述べられたところからすれば、大まかにであれその何であるかを把握するのは困難なことではないだろう。

第十章

(一)勇気についで、節制について述べることにしよう。というのは、これらは〔魂の〕分別をもたない部分の器量であると思われるからである。

さて、節制が快楽にかかわる中間性であることはすでに述べた(1)。節制が苦痛にかかわるところは快楽にかかわるよりは小さく、そのかかわり方は同じではないからである。ふしだらもまたこれと同じ事柄のうちに現われる。そこで、それらがいかなる種類の快楽にかかわるかを今から限定定義することにしよう。

(二)さて、魂における快楽と肉体における快楽との間には区別があるものとする。功名心とか好学心とかは魂における快楽にかかわるものの例である。というのは、そういうひとはいずれも自分の愛好しているものに喜びを覚
b30 えるが、そうした場合、肉体は何の影響もうけず、むしろ、影響をうけるのは心の働きだからである。だが、このような種類の快楽にかかわるひとびとは節制あるひとともふしだらなひととも呼ばれることがない。肉体にかかわらないかぎりのその他の快楽にかかわるひとびとについても同じである。すなわち、物語り好きのひとや話好きのひと、さらに、思いつくままにあれこれ構わずお饒舌りして日々を過ごすひとびとのことをわれわれはお饒舌りとは呼んでも、ふしだらなひとと呼ぶことはない。また、財産のことや友人のことで嘆き悲しむひとびとをふしだらなひとと呼ぶこともない。

1118a (三)節制は肉体における快楽にかかわるものであろう。だが、それもそのすべてにではない。というのは、視覚を通じて得られる快、たとえば、色彩や形態や絵画を喜ぶひとびとは節制あるひとともふしだらなひととも呼ばれないからである。とはいえ、これらのものを喜ぶについても、それをあるべき仕方で喜ぶこともあれば、度を越えたり、不足したりすることもあると考えられるのである。(四)聴覚にかかわることの場合もこれと同じである。音楽や演劇を楽しむ点において度を越えるひとをふしだらなひとと呼ぶものはないし、また、これらをあるべき仕方にしたがって楽しむひとを節制あるひとと呼ぶものもないからである。(五)嗅覚をめぐる嗜好をもつひとびとに

ついても、たまたま、そのひとがふしだらなひとでもあるという場合を除けば、そのひとをふしだらなひとと呼 a10 ぶことはない。というのは、われわれは果物の匂いや薔薇の匂いや薫香の匂いを喜ぶひとをふしだらなひとと呼ぶことはないが、香水や御馳走の匂いを喜ぶひとについてはむしろこれをふしだらなひとと呼ぶからである。なぜなら、ふしだらなひとは、これらによってかれらの欲望しているものの想い出が蘇ってくるゆえに、これらのものを喜ぶからである。(六)ふしだらではないひとびとであっても、飢えている時には、かれらが食物の匂いを喜ぶのを見ることがあろう。だが、このようなものを喜ぶのはふしだらなひとの徴しなのである。なぜなら、これらのものはふしだらなひとにとってその欲望の対象だからである。

(七)人間以外の動物にあっても、たまたまそういうことがあるという場合を除けば、快楽がこれらの感覚〔視覚、聴覚、嗅覚〕にしたがって生れることはない。すなわち、犬は野兎の匂いを喜ぶのではなく、啖いつくことを喜ぶのである。ただ、匂いがかれに野兎のいることを認めさせたのである。獅子も牛の啼声をではなく、牛を食べるこ a20 とを喜ぶ。ただ、かれは牛が近くにいることを啼声によって認めたのであり、そのために、啼声を喜んでいるかのように見えるのである。同じようにまた、かれは「鹿か、野山羊を(2)」見つけて喜んだのではなく、その肉を餌食にできるというわけで喜んだのである。

(八)節制とふしだらがかかわるものは、人間以外の動物も共通に持っているこのような種類の快楽である。そこからして、ふしだらなひとは奴隷根性のひと、獣のようなひとに見えるのである。(九)ところで、それは触覚と味覚である。だが、味覚にかかわるところも僅かな範囲にすぎないか、あるいは、まったくないと見うけられる。というのは、味覚の働きは味の判別であるが、それはまさに聞き酒をするひとや料理の味付けをするひとのしていることだからである、だが、このひとびとはこのことをそれほど楽しむわけではない。いや、少なくも、ふしだらなひとはそれを楽しむわけではない。かれらが楽しむのは享受であり、この享受は食物においても、飲物においても、アプロディテと呼ばれる愛欲のことにおいてもすべて触覚を通じて得られるのである。(一〇)或る美食家(3)が自分の喉が鶴の喉より長くなるように祈ったのはそれゆえであり、それは、かれが触覚を楽しんでいたからなのである。

このようにして、ふしだらが生れてくる感覚はもっとも広く行きわたった感覚である。したがって、ふしだらなひとは非難をうけるべきだと考えられるのも当然だろう。ふしだらは、われわれが人間であるかぎりにおいてではなく、動物であるかぎりにおいてもつものだからである。(一一)したがって、これらのものを喜び、この上なく愛好するのは獣的である。というのは、触覚を通ずる快楽のうちで、もっとも自由人らしい種類のもの、すなわち、体育の際に摩擦し、温かくなることによって生ずるような快楽(4)もそこからは除かれているからである。なぜなら、ふしだらなひとのもつ触覚は肉体の全体にかかわるのではなく、或るいくつかの部分にかかわるからである。

第十一章

(一)欲望のうち、或るものはすべてのひとに等しくそなわっていると考えられるが、或るものはひとそれぞれに固有であり、生れてから後に加わってくると考えられる。たとえば、食物に対する欲望は自然のものである。というのは、乾いた食物、または、湿った食物に不足するひとはすべてこれを欲望し、時には、その両方を欲望し、また、若くて男ざかりであれば、ホメロスの言うように(1)、愛の臥床をも欲望するものだからである。(二)だが、これとか、あれとかいう一定の種類のものを欲望するということであれば、それはもはや、すべてのひとの欲望するものではなく、また、すべてのひとが同じものを欲望するということもない。したがって、このような欲望は、明らかに、われわれ自身のものである。とはいうものの、そこには自然によるものも含まれている。というのは、異なる種類のひとにはそれぞれ異なるものが快く、或る種のものはすべてのひとにとって行きあたりばったりのものより快いからである。

(三)さて、自然の欲望については、誤りを犯すものは僅かであり、犯すとしても、それは一つの方向、つまり、過剰の方向にである。というのは、手あたり次第のものを飽満を越えるまで食べたり、飲んだりするのは、自然にかなった量を越えることだからである。というのは、自然の欲望とは欠乏を充足することだからである。それゆ
b20
え、こういうひとびとは「口腹の徒」と呼ばれる。それは、あるべき度を越えて腹を飽満させるからである。極端な奴隷根性のひとがこういうひとになる。

(四)ひとそれぞれに固有な快楽をめぐる誤りは数多く、多種多様のものがある。すなわち、「あれ好き」と言われるひとは楽しんではならないものを楽しむか、普通のひとが楽しむ程度以上に楽しむか、楽しむべき仕方に反して楽しむかのいずれかによってそう言われるのであるが、ふしだらなひとはこれらすべての点において度を越えるのである。すなわち、かれらはひとが楽しんではならない或る種のものを楽しみ(なぜなら、それは忌むべきものだから)、そのようなもののうちの何かがひとの楽しむべきものであるとすれば、これを楽しむべき程度を越えて楽しみ、また、普通のひとが楽しむ程度を越えて楽しむのである。

（五）こうして、快楽にかかわる過剰がふしだらであり、責められるべきものであることは明らかである。だが、苦痛に関しては、ちょうど、勇気についてのように、苦痛を堪えしのぶことによって節制あるひとと呼ばれ、堪えしのばないことによってふしだらなひとと呼ばれるのではない。むしろ、ふしだらなひとは、快いものが手に入らないことをあるべき程度以上に苦痛とすることによってそう呼ばれるのであり（しかも、苦痛を作りだしているものは、ふしだらなひとにとっては他ならぬ快楽なのである）、節制あるひとは快いものが失われ、快いものから遠ざかることに苦痛を感じないことによってそう呼ばれるのである。

（六）こうして、ふしだらなひとはすべての快楽、または、最大の快楽を欲望し、他のものに代えて快楽を選ぼうとする欲望によって駆り立てられる。快楽が手に入らない場合にも、快楽を欲望する場合にも、かれが苦痛を感ずるのはこのゆえである。欲望は苦痛を伴うものだからである。だが、快楽のゆえに苦しむというのは奇妙なことであるように思える。

（七）これに反して、快楽とのかかわりにおいて不足し、ひとの楽しむべき程度よりも劣って楽しむひとはあまりいない。そのような無感覚は人間にとってありがちなことではないからである。実際、人間以外の動物であっても食物を区別し、そのうちの或るものを喜び、或るものを喜ばないのである。それにもかかわらず、或るひとにとって何ひとつ快いものがなく、或るものと他のものとの間で〔快さの点で〕何の違いもないとすれば、そういうひとは人間であることからは遠く隔たる存在であることになろう。だが、そういうひとはあまりいないので、そういうひとを呼ぶ名称もない。（八）これに対して、節制あるひとはこれらのものに関して中間を保つひとである。すなわち、かれはふしだらなひとがこの上ない快を覚えるものに快を覚えず、むしろ、嫌悪を覚える。また、一般に言って、かれはひとが快を覚えてはならないものに快を覚えることがなく、また、快楽にかかわりのあるどんなものについてもあまりに烈しすぎる快を覚えることがない。また、快いものがなくても、それを苦しんだり、欲望したりすることがないか、欲望するとすれば、適切な程度においてである。またかれは楽しむべき程度以上に楽しむことはなく、また、楽しんではならない時に楽しむこともなく、一般に言って、度に外れたこのようなことを何ひとつすることがない。ただ、かれは快いものであって、健康のためになり、身体の良好な状態のためになるかぎりのことについては、これを適度に、欲求すべき仕方にしたがって欲求し、その他の快楽については、それがこれらの妨げとならず、また、美しさに反するものでも、財産の程度を越えるものでもないかぎりにおいて、これを欲求する。というのは、財産の程度を越えてそのような快楽を欲求するひとはこれを相応しい値打以
a20 上に愛好するひとであるが、節制あるひとはそのようなひとではなく、これらをまっとうな分別の命ずるところにしたがって愛好するひとだからである。

第十二章

(一)ふしだらは臆病よりいっそう本意から生れるものであるように思われる。というのは、ふしだらは快楽のゆえに生れ、臆病は苦痛のゆえに生れるが、快楽と苦痛のうち、快楽は選択の対象であり、苦痛は忌避の対象であるからである。(二)また、苦痛はひとの度を失わせる、すなわち、ひとの自然な在り方を狂わせるが、快楽は何もそのようなことをしない。したがって、ふしだらはいっそう本意から生れるものである。したがってまた、それはい

っそう非難されるべきである。なぜなら、ひとはそういうものの方に習慣づけられやすいからである。おもうに、
そのようなものは人生には沢山ある。そして、そのような習慣づけには何の危険も伴わないが、恐ろしいものの
場合はその反対だからである。(三)しかしながら、臆病が本意からのものであると言われるのと、臆病な個々の行為
が本意からのものであると言われるのとではその意味が違うと考えられるかもしれない。というのは、臆病その
ものには苦痛がないが、これらの個々のことは苦痛によってひとの度を失わせ、武器を投げ棄てさせたり、他の
a30 さまざまな不様な行為をさせたりするからである。したがって、これらの行為が強制によると思われることもあ
る。(四)これに対して、ふしだらなひとにとっては、その反対に、個々のふしだらな行為は本意から生れるものであ
る(なぜなら、かれはそれらを欲望し、欲求しているから)、ところが、全体としてみれば、ふしだらはあまり本
意から生れるものとは言えない。なぜなら、誰も自分がふしだらなものであろうと欲望するものはないからであ
る。

(五)ふしだらという名前を子供の陥る誤りを意味するものとして転用することもある。(1)そこには一種の類似性があ
1119b るからである。どちらがどちらにもとづいて名付けられているかは当面する問題にとってはどうでもよいことで
あるが、後者が前者にもとづいて名付けられているのは明らかである。(六)だが、この転用は間違ってはいないよう
である。というのは、醜いことを欲求して、速やかにその勢いを増す性質のものは矯められなければならないが、
そのような性質をもつものは、何にもまさって、欲望と子供だからである。すなわち、子供も欲望にしたがって
生きているものであり、快に対する欲求はとりわけ子供において強いからである。(七)そこで、もしも、そのような
ものが従順になって、支配者の命令に服するものにならなければ、それはますます勢いを増すであろう。なぜな

b10 ら、わけの分らないひとにおいては、快に対する欲求は何を以てしても満たされえないからである。そして、欲望を実現することは欲望に内在する力を強め、それが大きく、烈しいものであれば、分別の働きを叩き出してしまうからである。したがって、欲望は適度なものであり、また、僅かなものでなければならず、分別にいかなる点においても反するものであってはならない。(八)そのような欲望能力をわれわれは従順な矯正された欲望能力と呼ぶ。そして、ちょうど、子供が指導教師の言いつけにしたがって生きなければならないのと同じように、魂における欲望能力も分別にしたがわなければならない。(九)このゆえに、節制あるひとの欲望能力は分別に協和するものでなければならない。なぜなら、それらが目ざす目標はいずれも行為における美しさであり、節制あるひとは欲望すべきものを、欲望すべき仕方にしたがって、欲望すべき時に欲望するのであるが、分別もまたそのように命ずるからである。

(一〇)節制に関するわれわれの論述はここまでとしよう。

第四巻

第一章

(一)つづいて、もの惜しみしない心の宏さ(1)について述べることにしよう。もの惜しみしない心の宏さとは財にかかわる中間性のことであると思われる。すなわち、もの惜しみしないひとが賞讃されるのは、戦さにかかわることについてでも、節制あるひとが賞讃されることについてでも、さらにまた、もめごとの裁定についてでもない。むしろ、それが賞讃されるのは財の供与と取得をめぐってであり、さらにどちらかといえば、その供与についてである。財(二)とは、その価値が貨幣によって測られるかぎりのすべてのものを言う。(三)さらに、「しまりなさ(2)」も、「さもしさ(3)」も共に財をめぐる性向の一つであり、それらはそれぞれ財をめぐる過剰と不足の性向である。そして、われわれは「さもしさ」という言葉を財をめぐることで、あるべき程度以上にむきになるひとびとに関係させていつも用いているが、「しまりなさ」という言葉については、時として種々の意味を含ませて用いることがある。というのは、抑制のないひとであって、ふしだらな行ないのために浪費するひとびとをわれわれは「しまりのないひと」と呼ぶからである。(四)それゆえ、しまりのないひとはもっとも劣悪なひとであるとも思われている。なぜなら、かれは多種の悪徳を兼ねそなえているからである。したがって、このような用法はこの語の本来の意

1120a 味での用法ではない。(4)というのは、(五)本来の意味で「しまりのないひと」と呼ばれるべきものは「財産を失う」というただ一つの欠陥を有するものだからである。すなわち、自分自身のゆえに自分を駄目にするひとが「しまりのないひと(5)」なのであるが、生存が財によって保たれるという点からみれば、財産を失うということも自分を駄目にすることの一つなのである。われわれは「しまりなさ」という言葉をこのような意味のものとして受取っている。

(六)効用を持っているものをひとは良く用いることも、悪く用いることもできる。富は効用あるものの一つである。また、それぞれのものをもっとも良く用いることができるひとはそれにかかわる器量をそなえているひとである。したがってまた、富をもっとも良く用いることができるひとは財にかかわる器量をそなえているひとであろう。ところで、このようなひとであるのはもの惜しみしない心の宏いひとである。(七)財の使用とはそれを消費したり、供与したりすることであり、それを貰ったり、貯えたりすることはむしろその獲得であると思われる。このゆえに、もの惜しみしないひとがするのにいっそう相応しいことは受けるべきひとびとから受取ったり、受けるべきではないひとびとから受取らなかったりすることであるよりは、むしろ、与えるべきひとびとに与えることなのである。それは、恩恵を与えられるよりは、むしろ、恩恵を与える方が、また醜い行ないをしないよりは美しい行ないをする方がひとの器量として相応しいことだからである。(八)ところで、恩恵を与えるとか美しい行ないをするとかがもともと供与の行為について言われうることであり、恩恵を与えられるとか醜い行ないをしないとかがもともと取得の行為について言われうることであるというのは分りやすいことである。また、感謝が捧げられるのは与えるひとに対してであって、受けないひとに対してではない。まして、賞讃ということになればそれはいっそうのことである。（九）またさらに、受けないのは与えるよりも易しい。というのは、ひとは他人のものを受けるよりは、自分のものをなるべく少なく差し出そうとするものだからである。（一〇）また、もの惜しみしないひとと呼ばれているのは与えるひとのことである。これに対して、ひとが〔不当な利益を〕受けない時に賞讃されるのはもの a20 惜しみしない心の宏さのためではなく、むしろ、正義の性向のためである。これに対して、〔受けるべきものを〕受けるひとはまったく賞讃されない。（一一）また、もの惜しみしないひとは器量から生れる種々の人柄のうちで、言ってみれば、もっともひとに愛されるひとである。それは、かれが利益を与えてくれるひとだからであるが、これは供与の行為によって成り立つのである。

（一二）器量によって生れる行為は美しく、また、それは美しさのためになされる。したがって、もの惜しみしないひとがひとに与えるのは美しさのためであり、その与え方はただしい仕方にしたがう。すなわち、かれは与えるべきひとびとに対して、与えるべきだけのものを、与えるべき時に与え、その他、ただしい与え方に、本来、付随するかぎりのすべての規定にしたがって与える。（一三）しかも、かれはこれを喜んで、あるいは、苦痛を感じないでする。なぜなら、器量によってなされることはそのひとにとって快いことであるか、もしくは、苦痛のないことであり、苦痛を与えることがもっとも少ないからである。（一四）これに対して、与えるべきではないひとびとに対して、あるいは、美しさのためではない或る他の理由で与えるひとはもの惜しみしないひとではなく、何らか別の名前で呼ばれるべきであろう。また、苦痛を感じながら与えるひとももの惜しみしないひとではない。なぜなら、か a30 れは美しい行為よりも財の方を望んでいるが、これはもの惜しみしないひとには相応しくないことだからである。（一五）さらにまた、もの惜しみしないひとは受けるべきではないところから受けることもないだろう。なぜなら、その

ような取得の仕方は財に重きを置かないひとには相応しくないからである。（一六）さらにまた、かれは求めることの多
いひとでもないだろう。というのは、気安く恩恵を受けるのは相手に恩恵を与えようとするものには相応しくな
いからである。（一七）これに反して、かれはかれが当然受けるべきところからは受けるであろう、たとえば、かれは自
1120b 分の所有物から得られるものを受けるであろう。ただし、それは、それが美しいことだからというのではなく、
与えるべきものを得るためにやむをえぬことだからである。かれはまた、自分の所有物を粗末にすることもない。
それは、かれがそれを用いて誰かの役に立ちたいと願っているからである。また、かれは誰れかれの区別なしに
与えることもない。それは、かれが与えるべきひとびとに、与えるべき時に、また、そうするのが美しいことで
ある場合に与えうるものを持つためである。（一八）与える点で度を過ごし、自分自身のためにほんの僅かだけしか残し
ておかないというのも、もの惜しみしないひとの著しい特徴である。というのは、自分自身のことを顧みないの
はもの惜しみしないひとの特徴だからである。（一九）だが、もの惜しみしない心の宏さはそのひとの財産に応じて語ら
れる。というのは、もの惜しみしない心の宏さは与えられるものの量のうちにあるのではなく、与えるひとの心
の持ち方にあるからであり、そのような心を持つひとはその財産に応じて与えるのである。したがって、少ない
b10 ものの中から与える場合には、少ないものを与えるひとの方がいっそうもの惜しみしないひとであってもいっこ
う構わない。

（二〇）いっそうもの惜しみしないひとであるのは財産を自分の力で得たひとびとではなく、これを譲りうけたひとび
とであると思われる。それは、かれらが困窮を経験したことがないからである。また、人の親や詩人たちについ
ても言えるように、ひとは誰でも自分の作ったものをいっそう愛好するからである。もの惜しみしないひとが富

裕であることは困難である。それは、かれが財を得たり、貯えたりする傾向のひとではなく、提供する傾向のひとであり、財を財それ自体のゆえにではなく、与えるために尊重するひとだからである。(三一)富裕であるのにもっとも値するひとが富裕であることがもっとも少ないと言って、ひとが運命を喞つことがあるのはそれゆえである。だが、このようなことが起るのも理由のないことではない。というのは、他の場合についてもそうであるように、財を得ようと心を用いないかぎり、ひとは財を得ることができないからである。(三二)もっとも、もの惜しみしないひとは与えるべきではないひとに与えることも、与えるべきではない時に与えることも、また、他にもそれが相応しくないと規定されるかぎりのことがあれば、そのような仕方で与えることもないであろう。なぜなら、そのような与え方をする時は、もはやもの惜しみしない心の宏さによる行為ではないだろうし、また、そのようなことのために消費する時には、消費すべきもののために消費することができなくなるだろうからである。(三三)すなわち、すでに述べたとおり、その財産に応じて、支出すべきもののために支出するひとがもの惜しみしないひとである。この点で度を越えるひとはしまりのないひとである。このゆえに、われわれは僭主たちをしまりのないひとと呼ぶことはない。なぜなら、かれらがその所有物の量を供与と支出によって凌駕するのは容易なことではないと思われるからである。(三四)このようにして、もの惜しみしない心の宏さとは財の供与と取得にかかわる中間性なのであるから、もの惜しみしないひとはその財の供与と支出において、与えるべき事柄のために、与えるべきだけのものを与え、小さな事柄においても大きな事柄においても同じように、しかも、それを喜んでするであろう。また、かれは受けるべきところから、受けるべきだけのものを受けるであろう。すなわち、この器量はこれら両方のこと〔供与と取得〕にかかわる中間性であるから、かれはこれらの両方をなすべき仕方にしたがってなすであろう。

1121a なぜなら、ちょうどよいだけの供与にはちょうどよいだけの取得が随伴するものであり、ちょうどよいものではない供与と取得は相互に相反するからである。したがって、相互に随伴するものは同じひとのうちに生れ、相反するものは、もちろんのこと、同じひとのうちには生れない。(二五)だが、あるべきところに反して、また、そうするのが美しいと言えるものに反して消費するようなことが起る場合には、かれは苦痛を感ずるであろう。しかし、それも、適度に、あるべき仕方にしたがってである。なぜなら、快楽を感ずるにしても、苦痛を感ずるにしても、感ずるべき場合において、感ずるべき仕方にしたがって感ずるというのが器量に相応しいことだからである。(二六)また、もの惜しみしないひとは財に関することでは扱いやすいひとである。(二七)なぜなら、かれは、財に重きをおかないひとであり、シモニデス(6)には気に入らないだろうが、出費すべきではないものに出費したために苦痛を感ずるよりは、出費すべきものに出費しなかったといっていっそう悩むので、不当な扱いを受けることがありうるからである。(二八)しまりのないひとはこれらの点でも誤りを犯す。すなわち、かれは快や苦を感ずべき場合に、感ずべき仕方で感ずるということがない。だが、この点は論が進むにつれて、いっそうはっきりとしてくるだろう。

a10 (二九)さて、われわれはしまりなさとさもしさが過剰と不足の性向であり、それらは供与と取得という二つの行為において生れると述べた(7)。ここでわれわれは支出も供与の一種とみなす。さて、しまりなさは与えて取らないことにおいて度を越え、取ることにおいて不足するものであるが、さもしさは与えることにおいて不足し、取ることにおいて度を越えるものである。もっとも、それは額が小さいものである場合に限る(8)。(三〇)ところで、しまりなさに含まれるこれらの二つが結合することはあまりない。というのは、どこからも得ることなしに、すべてのひとに与えるのは容易なことではないからである。すなわち、私人であってそのように与えるひとびとの財産はたちどころに尽きはてる。このようなひとこそまさに「しまりのないひと」であると思われている。[9] (三一) もっとも、このようなひとはさもしいひとよりは少なからず優れていると思われよう。なぜなら、かれのその過ちは年の嵩によっても、生活の困窮によっても容易に矯められるものであって、こうして、かれは中間の状態に達しうるからである。おもうに、かれの持っているものはもの惜しみしないひとの特徴なのである。すなわち、かれはひとに与えて、取らないのであり、ただ、それがいずれも、あるべき仕方にしたがってなされることも、良い仕方にしたがってなされることもないのである。そこで、かれが習慣づけられるなり、何なりして、あるべき良い性向に移りゆくならば、かれはもの惜しみしないひとになるであろう。すなわち、かれは与えるべきひとに与え、受けるべきでないひとからは受けないようになるだろう。かれがつまらない人柄のひとではないと思われているのはそのゆえである。なぜなら、与えて、受けない点で度を越えるのは邪悪なひとや品性の卑しいひとの徴しではなく、愚鈍なひとの徴しだからである。(三二) このような種類のしまりのないひとがさもしいひとよりも遙かに優れていると考えられるのは、以上に述べられた理由による他、さらに、一方は多くのひとびとに益を与えるが、他方は誰ひとり他人を益することがないばかりではなく、自分自身さえも益することがないという理由による。(三三) だが、しまりのないひとの多くは、すでに述べたとおり[10]、受けるべきではないところから受ける。そして、この点において、かれらはさもしい。(三四) かれらが財を得ようとする傾向のひとになるのは、出費したいと願っているのに、それがやすやすとはできないという理由によるのである。すなわち、かれらの持っているものはたちまちにして尽きはてるからである。そこで、かれらはそれをどこかから補給せざるをえない。同時にまた、かれらは行為の美しさに何ら心を向けないので誰れかれの見さかいなく、あらゆるひとから受けるのである。なぜなら、かれらは与えたいと欲しているが、それをどのように、あるいは、どこから持ってきて与えるかという点はかれらにとってはどうでもよいことだからである。(三五)まさにそれゆえ、かれらのする供与はもの惜しみしない心の宏さによるものではない。なぜなら、それは美しい供与ではなく、また、美しさのためになされる供与でもなく、また、あるべき仕方にしたがってなされる供与でもないからである。むしろ、かれらの供与は、往々にして、貧困の状態にあるべきひとを富裕なひとにすることがあるし、また、その人柄において適正なものをもっているひとに対しては何ひとつ与えないのに、胡麻すりやその他何らかの快さをかれらにもたらすひとに対しては多くを与えることがある。このゆえに、かれらのうちの多くはふしだらなひとでもある。なぜなら、かれらは気安く出費することにより、ふしだらな行為のためにも浪費するひとだからであり、美しさを目ざして生きることがないため、快楽へと傾くからである。(三六)このようにして、しまりのないひとは教導者を失う時、このような種々の状態に移りゆく。だが、良導をうれば、中間の状態、すなわち、あるべきところに達しうるであろう。

(三七)これに対して、さもしさは医しがたいものであり(すなわち、老齢やすべての種類の無能力がひとをさもしいひとにすると思われる)、また、しまりなさ以上に、人間の本性に根ざした性向である。というのは、普通のひとは金銭を与えることを好むよりは、むしろ、守銭奴であるからである。(三八)また、さもしさはいっそう広い範囲に及び、その形態はさまざまである。すなわち、さもしさにはさまざまな様態があると思われる。というのは、さもしさは供与の不足と取得の過剰という二つのことにおいて成り立つが、それがあらゆるひとのうちにすべての部分をそなえて全体的に現われることはなく、往々、その部分と部分はばらばらに現われる、すなわち、或るひとびとは取得において度を越え、或るひとびとは供与において不足するのである。(三九)すなわち、「しまりや」とか「しわんぼ」とか「けちんぼ」(11)とかいう呼名で呼ばれるひとはすべて与える点で不足するが、他人の持物に対してはこれを望んだり、得ようと欲したりすることはない。この場合、あるひとびとは或る種の高尚な品性のゆえに、また、醜行をなすのを恐れるゆえにこれをなす(すなわち、或る種のひとびとは何か醜いことをするのをいつか強いられることがないようにというまさにそのことゆえに金銭を蓄めこむのだとひとに思われるか、あるいは、少なくとも、かれらみずからそう公言している。「爪に火を灯すひと」(12)とか、そのような言い方をされるひとのすべてもこういう種類のひとの一人であるが、それは何ひとつ与えようとしないという過剰にもとづいてそう名付けられているのである)、他方に、或るひとびとは恐れのゆえに他人の持ち物に手を伸ばすのを差し控えるが、それは、自分が他人のものを取っておいて、他人に自分のものを取らせないのは難しいと思っているからなのである。それゆえ、かれらには、取りもせず与えもしないのが良いと思われている。(四〇)さらにまた、或るひとびとはあらゆるひとから、あらゆるものを取ることによって、取得の点で度を越える。さもしい生業にたずさわるひとびと、すなわち、淫売屋やその種のもののすべて、また、小額の金銭を高利で貸す金貸しのようなものがそれである。すなわち、すべてこれらのひとびとは取るべきではないひとから、取るべきではない額の金銭を取るのである。(四一)これらのひとびとに共通に見られるのは「醜益」である。すなわち、かれらはみな利得のために、しかも、僅かな利得のために、恥をしのぶのである。(四二)われわれは、多額の金銭を、取るべきではないひとから、また、取るべきではないのに取るひとをさもしいひととは呼ばない。たとえば、ポリスを劫奪し、神殿を掠奪する僭主たちをさもしいひととは呼ばず、むしろ、悪者とか、冒瀆者とか、不正なひととか呼ぶ。(四三)これに対して、ばくち打ちや、追い剝ぎ、盗人はさもしいひとびとのうちに入る。なぜなら、かれらは醜益を得るからである。すなわち、

b30

1122a

かれらはいずれも利得のために働き、恥をしのび、一方は獲物のためにこの上ない危険を冒し、他方はかれらが与えるべきひとびとである友人からその利得を得るのである。したがって、かれらはいずれも利得を得るべきではないひとから利得を得ようと欲するものであって、醜益を得るものである。したがって、このような取得は、すべて、さもしい。[四四]当然のことながら、もの惜しみしない心の宏さに相反すると言われるのはさもしさである。なぜなら、それはしまりなさよりも大きな欠陥であると共に、ひとびとはしまりなさと言われるものの方向に過誤をおかすよりは、むしろ、このさもしさの方向に過誤をおかす傾向をもつからである。[四五]もの惜しみしない心の宏さと、これに対立する悪徳についてはこれで述べ了わったことにしよう。

第二章

[一]ついで、豪気《ぎ》[1]についても論究しておくのが順序であると思われよう。というのは、これもまた財をめぐる器量の一つであると思われるからである。だが、それはもの惜しみしない心の宏さのように、あらゆる金銭的な行為にかかわるのではなく、支出だけにかかわるものである。そして、この点において、もの惜しみしない心の宏さを大きさにおいて凌駕する。すなわち、それは、その名称そのものが暗示するように、「大きさにおいて相応しい」支出である。[2][二]ところで、大きさは何ものかとの関係において語られる。なぜなら、軍船を調えるための支出と祭りの使節の長となるための支出とは同じではないからである。したがって、「相応しい」とは支出するひと、および、場合と事柄に応じて定まるものである。[三]だが、小さな出費、または、大したものではない出費において

相応しい支出をするひとが豪気なひとと呼ばれることはない。たとえば、「数多たび、放浪者に施しをなしたり
き」(3)と言われるような場合がそれである。むしろ、大きな出費においてそうするひとが豪気なひとと呼ばれる。
すなわち、豪気なひとはもの惜しみしないひとであるが、もの惜しみしないひとはかならずしも豪気なひとでは
a30 ない。(四)この種の性向における不足は卑小と呼ばれる。過剰は陳腐とか俗悪とか、あるかぎりのそのような種類の
名前で呼ばれる。だが、これらの性向が度を越えているのは、なすべき出費に関して大きさの点で度を越えてい
るからなのではなく、出費をなすべきではない場合に、なすべきではない仕方で見栄を張るからなのである。こ
れらの性向については後で述べよう(4)。
(五)豪気なひとはものごとの心得のあるひとに似ている。なぜなら、かれは相応しいものを見てとり、大きな支出
1122b を適度に行なう力を持っているからである。(六)すなわち、初めに述べたように(5)、性向はその働きによって規定され
ると共に、それがかかわるもの、すなわち、その対象によって規定される。ところで、豪気なひとの支出は大き
いものであると共に、相応しいものである(6)。したがってまた、成し遂げられる仕事もそのような性質のものであ
る。なぜなら、それがこのようなものである時、支出は大きいものであると共に、成し遂げられる仕事に相応し
いものとなろうからである。したがって、成し遂げられる仕事は支出に値するものであり、支出は成し遂げられ
る仕事に値するものであるか、あるいは、それを凌駕するものでなければならない。(七)また、豪気なひとがそのよ
うな支出をするのは行為の美しさのためである。なぜなら、これは器量に共通にそなわる特徴だからである。(八)さ
らにまた、かれは喜んで、出し惜しみせずに支出する。なぜなら、勘定高さは卑小なことだからである。(九)また、
かれは、どうしたら成し遂げられる仕事がもっとも美しく、もっとも相応しいものになるかについては考慮する

が、それがどれだけの額でできるかとか、どうしたら、もっとも安くできるかとかいうことはあまり考慮しない。(二〇)したがって、豪気《ぎ》なひとは必然にもの惜しみしないひとでもなければならない。なぜなら、もの惜しみしないひとも支出すべきものを、支出すべき仕方にしたがって支出するからである。だが、この点において豪気なひとには大きさが伴う。すなわち、もの惜しみしない心の宏さもこのような支出にかかわるのであるが、豪気には、いわば、偉大さが伴うのであって、同じ額の支出をしても成し遂げられる仕事をいっそう豪気なものにするのである。おもうに、所有物と仕事とでは、その値打の量られる点が違う、もっとも値打のある所有物とは、黄金のように、もっとも高価なものであるが、もっとも値打のある仕事とは大きな、美しい仕事なのである(というのは、このような仕事を眺めることは感嘆をさそうものであり、豪気な仕事とは感嘆をさそうものだからである)。そして、仕事の値打の量られる点、すなわち、その豪気さは大きさにある。

(二一)支出のうちには、尊敬すべき支出と呼ばれる種類のものがある。神々にかかわる支出、すなわち、奉納品や神殿の造営、また、犠牲がこれである。神事にかかわることのすべてはこれと同じであり、また、公共のためであって、ひとの功名心をそそるかぎりのことがそうである。たとえば、どこかの国で合唱舞踏隊を調えたり、軍船を調えたり、ポリスの祝宴を催したりするにあたって、これを絢爛豪華にしなければならないとひとびとが思うというような場合がそれである。(二二)これらすべての場合にすでに述べたとおり(7)、支出はそれを引受けるひとに照らして、つまり、かれがどういうひとであり、どれだけのものを持っているかという点に照らして考えられる。なぜなら、支出はこれらに釣合ったものでなければならない。つまり、支出は成し遂げられる仕事に相応しいものであるばかりではなく、支出するひとにも相応しいものでなければならないからである。(二三)貧乏人が豪気なひとでありえないのはこのゆえである。つまり、貧乏人には相応しいような形で多くの支出をなしうる資源がないのである。にもかかわらず、そうしようとするひとは愚鈍である。そのような行為はそのひとの値打を越え、そのひとのなすべきことを越えているが、器量にかなった行為とは〔これらの点で〕ただしく行なうことだからである。

b30 (一四)このような支出を引受けるに相応しいひととはこのような資源を自分の力によって、あるいは、親、祖先や、かれらに関わりのあるひとびとの力によって予め持っているひとびと、すなわち生れの良いひとびとや、高名なひとびとやそのような種類のひとびとである。なぜなら、これらすべてのひとびとは偉大さをそなえ、世に重んぜられる点を持っているからである。

(一五)さて、豪気《ぎ》なひととはとりわけこのような種類のひとであり、このような種類の支出のうちに、すでに述べたとおり(8)、豪気がある。そのような支出はもっとも大きいものであり、また、もっともひとびとの尊敬をうけるものだからである。私的なことのなかでは一生に一度だけあること、たとえば、婚礼とか、何かそのような種類の
1123a ものがそれであり、また、ポリス全体が、あるいは、ポリスのなかで要職にあるひとびとが何か或る仕事に夢中になる時、また、外国の賓客の送迎や贈物の贈答にかかわることがそれである。すなわち、豪気なひとは自分のためではなく、公共のために支出するひとであるが、贈物には奉納品にどこか似た点があるからである。(一六)住いを富に相応しいような形に普請することもまた豪気なひとに相応しいことである（これも〔ポリスの〕装飾の一つである）。また、作り上げられるもののうち、どちらかと言えば、永続きするものにかかわる支出もそうである（なぜなら、そういうものがもっとも美しいから）。また、これらのもののそれぞれの種類において相応しいだけのものを支出することも豪気なひとに相応しいことである。(一七)なぜなら、神々に釣合うものと、人間に釣合うものとは

同じではなく、神殿に合うものと墓所に合うものとも同じではないからである。さらに、それぞれの種類の支出が大きいと言われるのは、それぞれその種類のなかでのことである。そこで、もっとも豪気な支出と言えるものも、一般的に言えば、それは大きな仕事における大きな支出のことであるが、いま、ここにおけるもっとも豪気な支出と言えば、それはこの状況における大きな支出のことなのである。(一八)また、成し遂げられる仕事における大きさと支出における大きさは違う。なぜなら、この上なく美しい鞠や香油壺は子供の贈物としては豪気なものであるが、その価格は安く、取るに足りないものである。(一九)このゆえに、豪気なひとのするに相応しいことは、することの種類に応じて豪気にするということであり(そのようなものはたやすくは凌駕されない)、なされることを支出に値するものにするということである。

(二〇)このようなひとが豪気なひとである。これに対して、過剰なひと、つまり、陳腐なひと[9]とは、すでに述べたとおり[10]、なすべきところに外れて消費することによって、度を越える。すなわち、かれは僅かな支出ですむものに多額の費えをし、度外れに派手に振舞う。たとえば、会食クラブの仲間を婚礼の祝宴を祝うように饗応したり、メガラでひとびとがするように、喜劇の合唱舞踏隊を調える際に緋衣をまとわせて舞台に登場させるというようなことがそれである。そして、かれはこのような種類のことのすべてを行為の美しさのためにではなく、富を誇示するためにし、これらの行為によって自分がひとに感嘆されるものと思っている。また、多額の費えをなすべきところで、僅かに支出し、僅かに支出すべきところで、多額の費えをなす。

(二一)これに対して、卑小なひと[11]とは何事についてもなすべきところに不足し、多大な費えをしておきながら、僅かなことで行為の美しさを損う。何をするにあたっても、ぐずぐずと引き延し、どうしたら、もっとも少ない費えですませるかと考慮する。また、そのような費えでさえも嘆きかなしみ、どのような支出についても、自分はなすべきところ以上にしていると思い込んでいる。

(二二)さて、これらの性向は悪徳であるが、それらは隣人に対して損害を与えることも、はなはだしく不様《ぶざま》でもないので、この性向を持つひとの恥辱になるというほどのものではない。

第三章

1123b

(一)高邁が大きなものにかかわることはその名称から見ても分るようだが、(1)われわれはまずそれがどのような種類の大きなものにかかわるのかを定めることにしよう。(二)この際、この性向そのものを考察するとしても、性向を持っているひとを考察するとしても何ら変りはない。

(三)さて、高邁なひととは、自分を大きなものに値するとみなし、また、実際、それに値するひとのことであると考えられている。というのは、自分の値打に反してそうするひとは愚鈍であるが、器量をそなえているひとは誰ひとり愚鈍でも分けのわからないひとでもないと考えられるからである。さて、以上のようなひとが高邁なひとである。(四)おもうに、小さなものに値し、また、自分を小さなものに値するとみなすひとは節度あるひとではあるが、高邁なひとではない。(五)なぜなら、高邁は大きさによって成立つからである。それは、ちょうど、容姿の美しさが大きな身体によって成立ち、小さいひとは典雅であって、釣合いがとれてはいても、美しいひとではないのと同じである。(六)これに対して、自分を大きいものに値するとみなしながら、実際は、それに値しないひとは虚栄のひと[2]である。だが、自分の値打よりも大きなものに値すると自分をみなすひとのすべてが虚栄のひとであるわけではない。また[七]、自分の値打よりも小さなものに値すると自分をみなすひとは卑屈なひと[3]である。それは、かれが実際に大きなものに値するひとであっても、また、並みのものに値するひとであっても、あるいはまた、小さなものに値するひとであって、さらに小さなものに値すると自分をみなすひとであっても、同じである。そして、大きなものに値するひとである時、かれはもっとも卑屈なひとであると思われよう。実際、もしも、かれがそれだけ大きな値打をもっていないとしたら、どうしてそれほど自分の値打よりも小さく自分を値づもることができただろうと思われるからである。[八]こうして、高邁なひとは大きさの点では極端なひとであり、あるべき仕方を保つという点では中間のひとである。なぜなら、かれは自分自身をその値打に応じて値づもるからである。これに対して、他方のひとびとは度を越えたり、不足したりする。

[九]そこで、高邁なひととは自分を大きなものに値するとみなし、また、実際、それに値するひとであるとすれば、そして、何よりも最大のものに値すると自分をみなすとすれば、かれはわけても一つのことに関わりをもつことになろう。[一〇]値打は外的な善に関係づけて語られる。その最大のものとは、われわれが神々に配するもの、また、要職にあるひとびとがわけても希求するもの、また、もっとも美しい行為に与えられる褒賞であるとみなされよう。このようなものは名誉である。なぜなら、それは外的な善のうち最大のものだからである。したがって、高邁なひとは名誉と不名誉にかかわることで、あるべき仕方を保つひとのことである。[一一]だが、高邁なひとが名誉にかかわることは論証をまたなくても明らかな事実である。なぜなら、かれらは自分を何よりも名誉に値するとみなし、また、それはかれの値打に応ずることだからである。[一二]これに対して、卑屈なひとは自分自身の値打と比較

しても、また、高邁なひとがもつ自己評価と比較しても不足するところがある。(4)（一三）また、虚栄のひとは自分自身の
値打と比較すれば度を越えているが、高邁なひとを凌駕することは決してない。（一四）また、高邁なひとは最大のもの
に値するのだから、最善のひとであろう。なぜなら、より善いひとは、いつも、より大きなものに値するもので
あり、最善のひとは最大のものに値するからである。したがって、本当の意味で高邁なひとは善いひとでなけれ
b30 ばならない。そして、高邁なひとにはそれぞれの種類の器量における偉大さがそなわると思われよう。（一五）とにかく、また、
腕を振り振り一目散に逃走するというようなことは高邁なひとにはどうしても似つかわしいことではなく、また、
いんちきをするのも似つかわしいことではない。実際、他の何ものも大きなものとは思っていないひとがいった
い何のために醜行をはたらくというのであろうか。個別に考察してみれば、高邁なひとが善いひとでないなどと
は、まったくもって滑稽なことであるのは明らかであろう。そして、かれが劣悪なひとであるとすれば、名誉に
も値しないだろう。なぜなら、名誉は器量の褒賞であり、善いひとびとに分け与えられるものだからである。
1124a （一六）こうして、高邁はもろもろの器量の、いわば、飾りのようなものである。すなわち、それは器量をいっそう偉
大なものにするが、しかも、それは器量をまたずには生れないのである。このゆえに、ひとが本当の意味で高邁
なひとであるのは難しいことである。それは完全な徳をまたずにはありえないからである。(5)（一七）こうして、高邁なひ
とは何よりも名誉と不名誉にかかわるものとなる。そして、かれは、大きな名誉を優れたひとから受けた時でも、
これをほどほどに喜ぶであろう、それは、もともと自分に相応しいもの、あるいは、それより劣るものを得たと
みなすからである。なぜなら、完璧な器量に値するような名誉はありえないからである。とはいえ、かれはそれ
を受け容れるではあろう。それは、ひとがかれに分け与えるためにそれ以上のものを持っていないという理由に

よる。これに対して、並みのひとから、小さなことのために名誉を与えられたとしても、かれはこれを頭から軽んずることだろう。なぜなら、かれはそのようなものに値するものではないからである。不名誉に関しても同じである。なぜなら、かれにそのようなことが起るのは正しいことではないからである。

（二八）このようにして、すでに述べたとおり、(6)高邁なひとが何にもまさってかかわるのは名誉である。とはいっても、かれは、富や権勢やすべての好運や不運との関わりにおいても、それらの成るがままに適切に身を持するだろう。すなわち、好運にめぐりあったからといって、度外れに歓喜することも、不運に陥ったからといって、度外れに悲嘆することもない。というのは、名誉にかかわることでも、かれはそれが最大のものであるからといって、このような態度をとることがないからである。おもうに、権勢や富は名誉のゆえに望ましいものである。とにかく、これらを持っているひとはこれらによってひとに尊敬されることを願っているのである。ところで、名誉でさえ小さなものに思われるひとにとっては、その他のものもまた小さなものである。高邁なひとが高慢なひとと思われるのはそのゆえである。

（二九）好運な巡りあわせの数々もまた高邁に対して寄与するところがあると一般に考えられている。というのは、生れの良いひとや権勢のあるひとや富裕なひとは名誉をうけるに値するとみなされているからである。すなわち、かれらには、ひとに優越するところがあるが、善いものによって優越するひとはいっそう名誉をうけるに値するからである。それゆえ、このような種類のものもひとを高邁なひとにする。それは、かれらが或るひとびとから名誉をうけるからである。（三〇）だが、本当は、善いひとだけが名誉をうけるに値するのである。そして、善いひとであることとこれらの好運の二つが共にそなわっているひとはいっそう大きな名誉に値するとみなされる。これに

反して、器量をもたずに、このような種類のさまざまな善いものを持っているひとが自分を大きなものに値する
とみなすのはただしいことではないし、また、かれらが高邁なひとと呼ばれるのも不当である。なぜなら、完璧
な器量なしには、そういうことはあってはならないからである。（二一）だが、このような種類のさまざまな善いものを
a30 持っているひとびとが高慢なひとや傲慢なひとになることはある。なぜなら、器量を持っていなければ、好運な
巡りあわせの数々を適切な仕方で迎えいれるのは容易なことではないからである。そして、かれらは、これを適
1124b 切な仕方で迎えることができず、自分が他のひとより優越していると思い込むため、ひとのことは軽蔑し、他方
に、自分の方は、何であれ勝手気儘なことをする。すなわち、かれらは高邁なひとに似てはいないのに、その真
似をするのであり、それを自分のできることでするのである。このようにして、かれらは器量にかなった行為は
しないでおいて、他人のことを軽んずる。（二二）すなわち、高邁なひとが他人を軽んずるのは正当であるが（なぜなら、
かれの判断は真であるから）、普通のひとが他人を軽んずるのは気儘である。
（二三）高邁なひとはまた些細なことで危険をおかすことはなく、また、危険を好むものでもない。それは、かれが重
きをおくことは僅かしかないからである。だが、かれは大事に際しては危険をおかすであろう。そして、危険を
おかすにあたっては、生命を惜しまない。それは、かれが、どんなにでもして生きることが値打のあることだと
は思っていないからである。
（二四）また、かれはひとに恩恵を与えようとする性質《たち》のひとであって、恩恵を受けるのを恥とする。なぜなら、恩恵
をほどこすのは優越するものに相応しいことであり、恩恵を受けるのは優越されるものに相応しいことだからで
b10 ある。また、かれは与えられた恩恵以上のものを返すひとである。なぜなら、そうすることによって、最初に恩

b20

恵を与えたひとはかれに対して借りを負うことになり、恩恵を与えられたものとなるからである。(二五)また、かれは、何事であれ、自分が与えた恩恵は覚えており、何事であれ、与えられた恩恵は覚えていないひとであると考えられている(それは、恩恵を与えられたひとは恩恵を与えたひとよりも劣るが、かれはひとに優越することを願っているからである)。また、かれは与えた恩恵については聞くことを好むが、与えられた恩恵については聞くことを好まないと考えられる。テティスもゼウスに対して自分が与えた恩恵のことは口にせず、(7)スパルタのひとびともアテナイのひとびとに対して自分たちが与えた恩恵のことは口にせず、かえって、自分たちが与えられた恩恵のかずかずを口にしたのはそういう理由によるのである。(8)(二六)また、誰からも助けを求めないこと、あるいは、容易には助けを求めないこと、そして、ひとに助けを与える際には自分からすすんでするのも高邁なひとの特徴であり、また、要職にあるひとびとや好運に恵まれているひとびとに対しては堂々とした態度をとるが、程々のひとびとに対しては程々のものであるというのも高邁なひとの特徴である。というのは、前者に優越するのは困難な畏敬すべきことであるが、後者に優越するのは容易なことだからであり、また、前者に対して重々しく振舞うのは賤しいことではないが、へりくだったひとびとの中にあってそうするのは下品であり、それは、ちょうど、力の弱いものに対して力を揮うのと同じことだからである。(二七)また、かれは一般に名誉ある仕事とみなされていること、あるいは、他のひとびとがそこで第一の地位を占めるところには立入らない。そして、大きな名誉、ないしは、仕事がある場合を除けば、何もせず、また、するとしても、なるべく引き延しておく。そして、僅かな数の、だが、大きな、名だたる仕事をしようと心掛ける。(二八)また、かれは必然に好悪の情をあらわすものであり(なぜなら、ひとに隠れているのは恐れているものの徴しであるから)、人に思われるところを気にするよりは、真実を気にするものであり[9]、その言動をあからさまにする（なぜなら、かれは人に思われるところを軽蔑し、真実であることを好む性質であるゆえに、とぼけて見せる場合をのぞけば、率直に語るひとだからである。だが、大衆に対しては、とぼけて見せるひとである）[10]。また[二九]、かれは友人との関係を除けば、他人との関係に生きることはできな1125a い。それは奴隷のようなことだからである。すべて胡麻すりは奴婢のようなものであり、へりくだったひとびとが胡麻すりであるのはこのゆえである。また[三〇]、かれはものごとに感嘆しやすいひとでもない。なぜなら、何ひとつかれにとって大きなものはないからである。また、かれは悪を覚えているひとでもない。なぜなら、昔のことを覚えていること、ことに、昔の悪を覚えているのは高邁なひとに相応しいことではなく、それを見過ごす方が相応しいからである。また[三一]、かれは人の噂話をするひとでもない。すなわち、かれは自分のことについても、他人のことについても語らないであろう。なぜなら、自分が賞讃されることも、他人が叱責されることも、いずれも、かれの意に介することではないからである。さらにまた、かれは人を賞めたてるのを好むひとでもない。それゆえまた、かれは人を悪く言うひとでもない。それは相手がかれに敵対するひとである場合でも同じである、相手を面罵する場合を除けば。また[三二]、かれは生活のやむをえぬ必要のことや小さなことで嘆き悲しんだり、うるさくひとを責めたてたりすることはほとんどない。なぜなら、そのような態度をとるのはそれらのことにむきになっているひとのすることだからである。また[三三]、かれは収益のある、利益のあるものを所有するよりは、美しくて収益のないものを所有する性質のひとである。なぜなら、その方が自足しているひとにはいっそう相応しいからである。また[三四]、鷹揚な身のこなし、落着いた声、しっかりとした話し方が高邁なひとの特徴であると思われる。なぜなら、僅かなことだけにしか熱中しないひとにはせわしいところがなく、何事をも大事と思わないひとには張りつめたところがないからである。これに対して、甲高い声や早口はこれらのゆえに起ってくる。

さて、高邁なひととはこのようなひとである。(三五)これに対して、不足するひとは卑屈なひと、度を越えるひとは虚栄のひとである。これらのひとびとも悪人であるとは思われないが(なぜなら、かれらは悪をなすひとではないから)、誤っているものではある。すなわち、卑屈なひとはさまざまな善いものに値するひとでありながら、自分に値する善いものを自分自身から剝ぎとる。そこで、自分自身を善いものに値しないとみなしている点によって、かれは或る欠陥をもっており、自分自身を知らないものであるように見える。というのは、もしも、そうでなかったとしたら、自分に値するものが善いものであるかぎり、これらの善いものを得たいと欲求するはずだからである。もちろん、こういうひとは愚鈍であるとは思われない。むしろ、遠慮やである。だが、卑屈なひとが自分について持っているこのような考えはかれを劣ったものにするようにも思われる。なぜなら、ひとはそれぞれその種類に応じて自分の値打相応のものを目ざし求めるものであるが、かれらは美しい行ないからも仕事からも、自分がそれに値しないと考えて遠ざかり、外的な善のさまざまからも同じようにして遠ざかるからである。

(三六)これに対して、虚栄のひとは愚鈍であって、自分を知らないひとであり、しかも、これらのことが誰の目にも明らかなひとである。なぜなら、かれらはそれに値しないのに、名誉に値する仕事に手をつけ、後になって、自分がそれに値しないものであると思い知らされるからである。また、かれは衣服や身なりやそれに類するもので身を飾り、自分の持った好運のかずかずが人の目にも顕わになるように願い、それによって尊敬されるように、それらのことを話して聞かせる。(三七)だが、高邁にいっそう大きく対立するのは虚栄であるよりは、むしろ、卑屈である。なぜなら、その方がひとの陥りやすい欠陥であり、また、いっそう劣ったものだからである。(三八)こうして、高邁とは、すでに述べたとおり、大きな名誉にかかわるものである。

第四章

1125b (一)初めに述べたとおり(1)、名誉をめぐるものとしても、ちょうど、もの惜しみしない心の宏さが豪気《ぎ》に対してもつのと同様な関係を、高邁に対してもつと考えられうる或るひとつの器量があるようである。すなわち、これらの性向は、いずれも、大きなものにはかかわらず、中等のものや小さなものとのかかわりにおいてわれわれをあるべき仕方にかなった状態に置くのである。(二)ちょうど、財の取得と供与において、中間性と過剰と不足があるように、名誉の欲求においてもあるべきところより多いこともあれば、少ないこともあり、また、与えられるべきところから、与えられるべき仕方にしたがって与えられることもある。(三)すなわち、われわれは功名心の強いひとを
b10 名誉を希求するにあたって、希求すべきものを越えて、希求してはならないところから希求するものとして非難し、また、功名心のないひとを美しい行為によって名誉を与えられることさえ望まないものとして非難する。(四)そして、或る時は、われわれは功名心の強いひとを男らしい、美しい行為を好むひととして賞讃し、或る時は、功名心のないひとを程をわきまえた、節度のあるひととして賞讃する。それは、すでに、われわれが初めのところで述べたとおりである(2)。だが、明らかに、「……好き」という言葉には多くの意味があるのだから、われわれは功名心〔名誉好き〕という言葉をいつも同じものに適用しているのではなく、賞讃する際には、普通のひとの程度を越えることに適用し、非難する際にはそのものがあるべき程度を越えていることに適用する。そして、中間の性

向が無名称であるため、あたかも、中間を占めるものがないかのように、両端の性向が中間の位置を争うようである。だが、過剰と不足があるものについては、中間もある。(五)そして、ひとは名誉をあるべきところを越えて欲求することもあれば、これに不足して欲求することもある。したがってまた、これをあるべき仕方で欲求することもある。そこで、この性向が賞讃されるのであり、それは名誉にかかわる無名称の中間性である。だが、それは功名心と比べれば、功名心の無さとしてあらわれ、功名心の無さと比べれば、功名心としてあらわれ、そして、両方と比べれば、或る意味では、両方のものである。(六)これは他のさまざまな器量をめぐってもあることのようである。この場合、中間の性向のひとを呼ぶ名前がないため、両端の性向のひとが対立しているかのように見えるのである。

第五章

(一)(1)温和は怒りの情にかかわる中間性である。中間のものが無名称であるため、また、両端のものもだいたいのところ無名称であるため、われわれは温和という言葉を中間のものを表わすものとして当てるが、それは無名称である不足への傾きをもつ。(二)過剰の性向は一種の怒りっぽさであると言えるだろう。すなわち、情は怒りであり、怒りの情を作りだすものには数多くの、異なる種類のものがある。(三)そこで、怒るべき事柄にもとづいて怒り、怒るべき相手に対して怒るひと、またさらに、怒るべき仕方にしたがって、怒るべき時に、怒るべき時間だけ怒るひとは賞讃される。したがって温和が賞讃されるとすれば、このようなひとが温和なひとであろう。すなわち、温和なひととは、本来、情によって乱されず、情によって動かされぬひとを言おうとするものであり、分別の命ずるがままに、分別の命ずる事柄に対して、分別の命ずるだけの時間、腹を立てるもののことを言おうとするも1126aのである。だが、(四)かれは、どちらかと言えば、不足の方に向って誤りを犯すものであるように思われる。なぜなら、温和なひとは報復することを好むひとではなく、むしろ、寛恕することを好むひとだからである。(五)これに対して、不足の性向は一種の腑抜け(2)と言われようと、何と言われようと、非難される。というのは、怒るべき事柄に対して怒らないひとも、怒るべき仕方にしたがって怒らないひとも、怒るべき時に怒らないひとも、怒るべき相手に対して怒らないひとも痴呆であると思われるからである。実際、(六)かれはものを感ずることを知らず、苦痛を感ずることを知らないと考えられる。また、怒ることを知らないものであるかぎりにおいて、己れを守ることを知らないものであると思われる。また、踏みつけられ、泥まみれにされるのを甘受したり、身内のひとびとがそのような目にあうのを見過ごすのは奴隷的であると思われている。(七)過剰はこれらすべての点において生じてく a10 るが(なぜなら、怒るべきではない相手に対して怒り、怒るべきではない事柄について怒り、怒るべき程度以上に怒り、怒るべき時より早く、怒るべき時間より長く怒ることがありうるからである)、これらすべての種類の過剰がすべて同じひとにそなわるということはない。なぜなら、それはありえないことだからである。実際、悪は相互に亡ぼし合うものであり、悪が完全無欠になる時、それは〔当のひとにとって〕堪え難いものになるからである。(八)怒りっぽいひとは怒るべきではない相手に対して、怒るべきではない事柄について、怒るべき程度以上に、じきに怒るが、また、じきに怒るのをやめる。それがかれのもっているもっとも優れた点でもある。かれの場合、このようなことになるのは、その烈しい気性のゆえに、怒りを抑えずに、あからさまに仕返しをして、その後では、もう怒るのをやめてしまうということにもとづくのである。[九]癇癪持ちは極端に烈しい気質のひとであって、よろずに対して、よろずに際して怒りっぽい。そこからして、この名称がある。[3] [一〇]峻厳なひとは容易に怒りを解かないひとであって、長い間怒っている。それは、かれが激情を抑えているからである。だが、相手に仕返しを加える時には、怒りの休止が生れる。すなわち、報復は苦痛にかえて快楽を生みだし、怒りを止めさせるものなのである。だが、このようなことが起らない場合には、かれは重苦しい気分を持ちつづける。というのは、かれが怒っているのが他処目《よそめ》には明らかでないため、誰もかれを宥めてやるものがなく、かれが自分のうちで怒りを消《こ》化《な》すには時間がかかるからである。このような種類のひとは自分自身にとっても、また、かれにもっとも親しいひとびとにとっても、もっとも煩わしいひとである。[一一]苛酷なひととわれわれが呼ぶのは腹を立てるべきではない事柄に対して、あるべき程度以上に、あるべき時間よりも長く、腹を立てているひとであって、相手に報復を加えたり、懲罰を加えたりすることなしには怒りから離れないひとのことである。[一二]温和に対して、われわれはどちらかと言えば〔不足の性向よりは〕過剰の性向を対立させる。それは、その方が生じやすい性向だからである。すなわち、復讐することの方が〔復讐しないことよりも〕いっそう人間らしいことなのである。また、一緒に生活するためには、苛酷なひとはいっそう悪いひとである。

[一三]先に述べられたことは、[4]われわれのいま述べていることからみても明らかである。つまり、ひとが怒るにあたって、どのような仕方で、誰に対して、どのような種類の事柄において、どれだけの時間、怒るべきか、また、どの程度まで怒る時に、ただしくなすものであるか、または、誤るものであるかということを限定するのは容易なことではない。おもうに、多すぎる方に向ってであれ、少なすぎる方に向ってであれ、僅かだけ逸脱するもの

1126b が非難されることはない。なぜなら、われわれは往々、不足するひとを賞讃して、温和なひとと呼び、激怒するひとを雄々しいひとと呼んで、支配する力があるとみなすからである。こうして、どれだけ、また、どのように逸脱するものが非難されるべきであるかを定義によって規定するのは容易なことではない。なぜなら、その判定は個別の範囲に含まれ、感覚の領域に含まれるからである。(一四)しかしながら、これだけのことは明白である。それは、中間の性向が賞讃されるべきであり、われわれはこれにしたがって、怒るべき相手に対して、怒るべき事柄において、怒るべき仕方で、また、このような種類のすべての限定にしたがって怒るべきであること、また、過剰と不足の諸性向は非難されるべきであること、そして、その逸脱が僅かなものであれば、おだやかに、それ以上のものであれば、それ以上に、また、はなはだしいものであれば、はげしく非難されるべきであることである。
b10 このようにして、われわれが中間の性向をしっかりと摑んでいなければならないのは明白である。(一五)怒りの情をめぐる諸性向についてはこれで述べ了わったことにしよう。

第六章

(一)ひとびとと交わり、生活を共にし、言葉と行為を共にすることにおいて、或るひとびとは御機嫌とりであると思われている。すなわち、かれらはすべてのことについてひとの気に入るようにと褒めたて、何事についてもひとに楯つくことのないひとびとであって、かれらは行き遇うひとのすべてに自分が苦痛を与えるものであってはならないと思っている。(二)これに対して、これらのひとびとは反対に、すべてのことに向って楯をつき、ひとに苦痛を与えることを何ら意に介しないひとは気難しやとか、つむじ曲りとか呼ばれている。さて(三)、ここに述べた性向が非難されるべきものであること、また、これらの中間の性向が賞讃されるべきものであることは見やすいことである。この中間の性向をもつことによって、ひとは〔ひとびととの交わりにおいて〕迎えいれるべきものを、迎えいれるべき仕方にしたがって迎えいれるのであり、また、拒むにあたっても、これと同じようにすることになるのである。だが(四)、この中間の性向に対してはいかなる名称も与えられていない。だが、それは愛にもっとも近いものであるように見える。なぜなら、この中間の性向をもっているひとは、それに愛情を付け加えれば、高尚な友人がそういうひとだとわれわれの言いたいような性質のひとだからである。だが(五)、それは情を伴わない点で、つまり、交わる相手に愛情をいだくということがない点で、愛とは区別される。すなわち、かれが〔ひととの交わりにおいて〕それぞれのことをあるべき仕方にしたがって迎えいれるのは、相手を愛したり、嫌ったりしているからではなく、かれがそのような性質のひとであることによるのである。実際、かれは面識のあるひとに対しても、面識のないひとに対しても、親交のあるひとに対しても、親交のないひとに対しても同じように、あるべき仕方にしたがって振舞うだろう。もっとも、同じようにとはいっても、それぞれの場合に似つかわしいようにするのである。なぜなら、親交のあるひとのことを心にかけるのと同じように、見知らぬひとのことを心にかけるのは相応しいことではないし、またその反対に苦痛を与えるのも相応しいことではないからである。

さて(六)、一般に言って、このひとが相手と交わるべき仕方において交わるひとであろうということはこれで述べられた。だが〔個々の場合について言えば〕、かれは、相手に苦痛を与えないこと(七)、および、相手を喜ばせることを目ざす際に、これをその行為の美しさと効用に関係づけるであろう。すなわち、かれのなすことは、おもうに、ひとびととの交わりにおいて起ってくる快楽と苦痛にかかわるが、そのうち、相手を喜ばせることがかれにとって美しくないことであったり、有害であったりする場合には、かれはこれを拒み、むしろ、相手に苦痛を与えることを選ぶであろう。また、それが、なす者にとって不様《ぶざま》な結果をもたらすものとなり、しかも、この不様さが小さいものではなかったり、害をもたらすものであったりする場合、そして、楯をつくことが小さな苦痛をもたらすものである場合には、かれは相手を迎えいれず、拒むであろう。(八)また、かれはポリスの要職にあるひとびとに対するのと並みのひとびとに対するのとでは違う仕方で交わるであろうし、また、よく知っているひとびとに
1127a 対するのとそれほどよく知らないひとびとに対するのとでも違う仕方で交わるであろう。その他の差別についてもこれと同じである。すなわち、かれはそれぞれの種類のひとに相応しいものを按配し、そのもの自体としてみれば、相手を喜ばせることを選んで、相手に苦痛を与えないようにするが、その結果生れてくることが重大なものである場合には、つまり、それが行為の美しさと効用にかかわるものである場合には、それに応じて行為する。また、後で生れてくる快楽が大きなものである時には、この快楽を得るため、相手に小さな苦痛を与えることもあろう。

(九)さて、中間の性向のひととはこのようなひとであるが、かれを呼ぶ名称はない。相手を喜ばせるひとのうちで、自分が相手にとって快いものであることだけを目ざし、他の何かのゆえにそうするのではないひとは御機嫌とりである。これに対して、金銭のためや、金銭によって得られるもののための便益が何か得られることを期待してそうするひとは胡麻すりである。〔ひととの交わりにおいて〕すべてのことを嫌って斥けるひとは、すでに述べたとおり、気難しやであり、つむじ曲りである。中間のものが無名称であるため、両端のものが互いに対立してい

るように見うけられる。[1]

第七章

（一）はったりに対立する中間の性向もはったりとほぼ同じことにかかわる。[1] そして、これもまた無名称である。だが、このようなさまざまな性向の後を追って論じてゆくのも悪いことではない。なぜなら、それらを一々詳しく論じてゆく時、われわれは人柄にかかわることをいっそう良く知りうるであろうし、器量が中間性であることを、すべての場合についてそうであることを綜観することによって、いっそう強く確信できるだろうからである。さて、共同生活のなかで快楽と苦痛を目安にしてひとと交わっているひとびとについてはすでに述べた。今度は、
a20 言葉においてであれ、行為においてであれ、見せかけにおいてであれ、真実であるひとと佯るひとについて述べることにしよう。

（二）おもうに、はったりやとは自分について実際にないことや、実際あること以上の思われを作りなして見せかけるひとのことである。（三）とぼけるひととは、その反対に、自分について実際あることを無いと言ったり、実際あることよりも小さく作りなすひとのことである。（四）これに対して、中間のひとは、いわば、そのひとそのままであり、生活においても言葉においても真実であることを好み、自分について実際にあることをそのまま承認し、大きくも、小さくも作りなすことをしないひとのことである。

（五）これらはそれぞれ何かを得るためにすることもできれば、何も目ざさずにすることもできる。何も目ざさずに

するのであれば、かれらはそれぞれ自分の性質と同じようなことを言い、行ない、そのように生きる。(六)そして、そのもの自体としてみれば、偽りは劣悪な、非難されるべきものであり、真実は美しい、賞讃されるべきもので ある。そうとすれば、真実であることを好むひとは中間のひとであって賞讃されるべきであり、偽るひとはいずれも非難されるべきである。だが、どちらかと言えば、はったりやがいっそう非難されるべきである。われわれはこれらのそれぞれについて、これから述べようと思うが、まず先に、真実であることを好むひとについて述べることにしよう。(七)ここでわれわれが述べているのは約束において真実であるひと、したがってまた、不正や正義の性向にかかわりをもつ事柄において真実であるひとのことではなく(そのようなことは別の器量に属すること
1127b であろう)、このようなかかわりが何もないところで、言葉においてであれ、生活においてであれ、そのひとがそのような性向のひとであることによって真実であるひとのことである。(八)このようなひとは公平なひとであると思われよう。実際、真実を愛するひとであって、利害のかかわりのないところで真実であるひとは、利害のかかわるところにおいては、なおいっそう真実であろうからである。なぜなら、そのもの自体としてみてもかれが避けようとしてきた偽りを、その場合、かれは醜いこととみなして避けようとするだろうからである。このようなひとは賞讃されるべきである。(九)だが、かれは、どちらかといえば、真実よりも小さい方に傾きやすい。なぜなら、誇大が厭らしいため、その方が上品だと思われるからである。

(一〇)何かを得るためではなしに、実際あることよりも大きく作りなして見せるひとは劣悪なひとのようである(もしも、そうでなかったとしたら、偽りを喜ぶことはなかっただろう)。だが、かれは悪人というよりは、むしろ、中味の空っぽなひとであるように見える。(一一)これに対して、何かを得るためにする場合、名声や名誉を得るために

そうするひとははったりやとして(2)それほど非難されるべきものではない。だが、金銭のため、あるいは、金銭になることのためにそうするひとはもっと不様である(一二)(はったりやがはったりやである点はそのひとの能力にあるのではなく、意向にある。なぜなら、そのひとの性向によって、すなわち、そのひとがそのような性質のひとであることによって、ひとははったりやであるからである)。これはちょうど、嘘つきにも、偽りそのものを楽しんで嘘をつくひともあれば、名声や利得を欲して嘘をつくひともあるのと同じである。(一三)こうして、名声を得るために、はったりをするひとは賞讃や祝辞が寄せられるような種類のことを作りなして見せかける。これに対して、利得を得るためにそうするひとは、隣人の利用したがることであって、また自分にはその力がないのに、ひとには気付かれないような種類のこと、たとえば、占い師、賢者、医者であるようなふりをする。たいていのはったりやが、このようないかさまごとを作りなして見せるのはそういうわけである。すなわち、そのようないかさまごとにはいま述べたような性質があるからである。

(一四)とぼけるひとは小さすぎるものの方に向って自分を言いあらわすことによって、はったりやよりは、人柄において高雅なものとして映る。なぜなら、かれらが自分をそのように言いあらわすのは利得を得るためではなく、仰々しさを避けるためだと思われるからである。このひとびとがよくすることは、(一五)たとえば、ソクラテスもしたように、自分について評判になっていることを否認することである。だが、些細なことであって、誰の目にも明らかなことを否認するひとは嫌味なひとと言われ、むしろ、軽蔑されやすい種類のひとである。そして、時々、はったりとも映るのである。たとえば、スパルタ風に〔質素に〕装おうことのように。なぜなら、誇大にすぎることも、控え目にすぎることもはったりに類するからである。(一六)だが、おとぼけを適切に用い、あまり誰の目にもはっきりとわざとらしく映らないようなことでとぼけるひとは高雅なひととして映る。(一七)真実であることを好むひとに対立すると見えるのははったりやである。なぜなら、はったりやの方が悪いから。(3)

第八章

(一)人生には休息の時もある。そして、休息のうちには戯れて時を過ごすこともある。そこで、このような事柄に1128a おいても或る上品な交わりの仕方があり、言うに相応しい種類のことと相応しい言い方、同様にまた、聞くに相応しい種類のことと相応しい聞き方がある。また、語ったり、語るのを聞いたりするのが、どのようなひとびとのうちにおいてであるかという点にも大きな違いがあるだろう。(二)これらの点にかかわることでも、中間に対する過剰と不足があるのはもちろんである。

(三)ひとを笑わせる点で度を越えているのは道化ものであり、低俗なひとであると考えられる。かれらはあらゆる手を使ってひとを笑わせることに固執し、言うことが品の良いことであるかとか、揶揄《からか》われたひとを苦しめはしないかとかいうことは顧慮せず、笑いを作りだすことだけを目ざす。これに対して、ひとを笑わせるようなことを何ひとつ言おうとせず、また、そういうことを言うひとびとを忌み嫌うひとは田舎ものであり、堅ぶつであるa10 と思われる。これに対して、上品に戯れることを知るひとは機知のあるひとと呼ばれている。それは「回転の早いひと」というような意味である。つまり、人柄についてもこのような種類の運動があると考えられるのであって、ちょうど、肉体が運動によって判定されるのと同じように、人柄もまた運動によって判定されるのである。

(四)だが、ひとを笑わせるようなことの方がもてはやされるものであり、大抵のひとは相応しい程度以上に戯れ揶《から》揄《か》うことに喜びを見いだすゆえに、道化ものが高雅なひととみられて、機知あるひとと呼ばれることもある。だが、これらが違うこと、しかも、その違いが小さくないことはすでに述べたところから明らかである。(五)才知もまたこの中間の性向に固有な特性である。才知のあるひとの特徴は高尚な自由人に相応しいようなことを言ったり、聞いたりすることである。というのは、このようなひとが戯れに言ったり聞いたりするのに相応しい種類のことがあり、自由人の戯れと奴隷の戯れとは違い、教養のあるひとの戯れと無教養なひとの戯れも違うからである。(六)昔の喜劇と最近の喜劇とを考えれば、ひとはこれを見てとることができるだろう。すなわち、昔のひとびとにとっては卑猥な言葉が笑わせることだったのであるが、最近のひとびとにとっては当てこすりが笑わせることなのである。だが、これらの間には品の良さという点で少なからぬ違いがある。

(七)では、揶揄《からか》い方のうまいひとをわれわれは自由人に相応しくないことを言わないという点で定義すべきであろうか、それとも、聞いているひとを苦しめないという点で定義すべきであろうか、それとも、聞いているひとびとを喜ばせるという点で定義すべきであろうか。それとも、このようなことは一つに定義できないものであろうか。なぜなら、ひとによって不快なことや快いことは違うからである。(八)また、かれが揶揄われて受け容れるのもそのような種類のことであろう。というのは、自分が揶揄われるのを聞いて受け容れることは自分からそれを揶揄っていることだとも考えられるからである。(九)したがって、かれはすべてのことを揶揄うわけではないだろう。おもうに、揶揄いは侮辱の一種であるが、立法家たちはある種のことについて侮辱を加えることを禁止しているのである。おそらく、かれらは揶揄《からか》うことをも禁止すべきであったのだろう。(一〇)したがって、高雅な自由人とはこ

1128b のようなひとであって、かれは、あたかも自分自身に対する法律のようなひとであろう。実際、中間のひととは、かれが才知のあるひとと呼ばれようと、機知のあるひとと呼ばれようと、このようなひとのことである。これに対して、道化ものはひとを笑わせることに引き廻されており、笑いを作りだすことができさえすれば、自分のことであれ、他人のことであれ、差し控えることのないひとであり、高雅なひとが言わないであろうようなこと、また、その或る種のものについては、高雅なひとは聞くことさえしないであろうようなことを言うのである。田舎ものはこの種の交わりには役立たない。なぜなら、かれは何ひとつ寄与するところがなく、すべてのことを忌み嫌うからである。(一一)だが、休息や戯れは人生には欠くことができないものであると思われる。

(一二)さて、以上に述べられたものが人生における三種の中間性であり、どれも或る種の言葉と行為を共にすることにかかわる。それらの違いは、一つは真実にかかわり、他の二つは快さにかかわるという点にある。快楽にかかわるもののうちの、一つは戯れにおけるものであり、もう一つは一般の社交生活におけるものである。(1)

第九章

b10 (一)恥じらいについては、これを器量の一種として語るのは相応しくない。なぜなら、それは性向というよりは、むしろ、情のようなものだからである。とにかく、恥じらいは不名誉に対する一種の恐れと定義されるのであって、(二)怖いものに対する恐れと似かよった効果を作りだす。というのは、恥ずかしさを感ずるものは赤くなり、死を恐れるものは青くなるからである。したがって、これらはいずれも或る意味においては明らかに肉体にかかわるものであるが、そのことはまさに性向というよりは、むしろ、情の徴しと考えられるのである。(三)この情はすべての年齢に相応しいものではなく、若い年齢に相応しい。なぜなら、この年頃のものは、情にしたがって生きることによって多くの誤りをおかし、恥じらいによって制せられるため、恥じらいを知るものにならざるをえないと思われるからである。また、若者のうちでは恥じらいを知るものをひとは賞讃するが、年のいったひとについ
b20
て恥ずかしがりやであると言って賞讃するひとはないだろう。(四)なぜなら、年のいったひとは恥をもたらすようなことを何ひとつしてはならないと思われているからである。すなわち、恥は劣悪な行為に付随することだから、高尚なひとには相応しくないのである(すなわち、そのようなことはひとのしてはならないことである。(五)そのうち、或ることは本当に醜いことであり、或ることは思われの上で醜いことであるとしても、その点で変りはない。なぜなら、いずれもしてはならないことだからである。したがってまた、ひとは恥じてはならないのである)。(六)またさらに、何か醜いことをするような性質のひとであるということも劣悪なひとの徴しである。また、何かそのようなことをして、これを恥ずかしいと思い、それによって自分が高尚なひとであると思っているというのは奇妙なことである。なぜなら、恥じらいは本意からなされたことについて起るが、高尚なひとは、けっして、本
b30
意から劣悪なことをしないだろうからである。(七)恥じらいは仮定の上のこととしてみれば立派なことでもありうる。すなわち、もしも、そういうことをすれば、恥ずかしさを感ずるであろうという意味においてである。だが、これは器量とかかわることではない。恥しらずや、醜いことをするのを恥ずかしく思わないのは劣悪なことであるとしても、そのようなことをして恥ずかしく思うのはすこしも高尚なことではない。(八)抑制もまた器量ではない。むしろ、それは一種の混合形態である。これについては後の箇所で明らかにされるであろう。(1)いまは正義の性向

について論ずることにしよう。

第五巻

第一章

1129a (一)正義の性向と不正の性向については、それらがどのような行為にかかわり、正義の性向とはどのような中間性であり、正しさとはどのような事柄の中間であるのかを考察しなければならない(1)。(二)考察はこれまでの論述におけるのと同じ筋道にしたがって進められる。

(三)さて、われわれの見るところでは、すべてのひとが正義の性向という言葉によって意味しているのは次のような性向、つまり、それを身につける時、ひとびとが正しいことを行なう性質のひとになり、それをもつことによって正しく行為すると共に、正しいことを願うような性向のことである。不正の性向についてもこれと同じで、
a10 その性向をもつことによってひとが不正の行為をし、不正なことを願うような性向のことである。したがって、われわれもさしあたり、これらの規定を〔正義の性向と不正の性向に関する〕素描として論述の基礎に置くことにしよう。

(四)おもうに、専門知識や能力と性向(2)のあり方は同じではない。というのは、能力や専門知識は同じひとつのものでありながら相反するものにかかわるが、相反する性向〔の一方〕が相反するもの〔の両方〕にかかわることはない

と考えられるからである。たとえば、健康な性状からは〔健康な行ないと病的な行ないという〕相反する行ないが生れることはなく、ただ健康な行ないのみが生れる。すなわち、「健康に歩く」とわれわれが言うのは、健康なひとが歩くように歩く場合なのである。

(五)ところで、相反する性向は、しばしば、相反する性向から知られ、性向は、しばしば、性向をもっているものから知られる。すなわち、身体の強壮な状態が判然としていれば、脆弱な状態も判然とするし、強壮なものからは強壮な状態が知られ、強壮な状態からは強壮なものが知られてくるのである。つまり、強壮な状態が締った肉付きであるとすれば、脆弱な状態は、必然に、たるんだ肉付きであり、強壮なものとは肉の内に締りを作りだすものでなければならないのである。(六)そして、そこでは、一方が多くの意味で語られれば、たいていは、他方も多くの意味で語られるという事情がある。たとえば、「正しさ」という語が多くの意味で語られれば、「不正」という語も多くの意味で語られるのである[3]。

(七)ところで、「正義の性向」と「不正の性向」という言葉は多くの意味で語られているように思われる。ただ、それらの同語多義的な用法が互いに近似しているため、意味のいちじるしく隔たる場合ほど明瞭ではなく、ひとに気付かれないで過ぎているのである(相違は形態におけるものである時、いちじるしい。たとえば、動物の喉の下にある骨〔鍵骨＝鎖骨〕と扉をあけるために用いるもの〔鍵〕とが同語多義的に「クレイス」と呼ばれる場合がそれである)。

(八)そこでまず、「不正なひと」という言葉がどれだけの意味で語られているかを把握することにしよう。さて、不正なひとと思われているのは、(1)法律に反するひとと、(2)貪欲なひと[4]、すなわち、不平等なひとである。し

1129b たがって、正しいひととは、もちろんのこと、(1)法律にかなうひとと、(2)平等なひとであろう。それゆえ、正しさとは法律にかなうこと、および、平等なことであり、不正とは法律に反すること、および、不平等なことである。(九)さて、不正なひとは貪欲なひとであるのだから、かれはさまざまな善いものにかかわるであろう。もっとも、それはすべての種類の善いものにではなく、好運と不運がかかわるかぎりでの善いものにである。これらは、そのもの自体として見れば、いつも善いものであるが、或る特定のひとにとっては、いつも善いとはかぎらないものである(人間はこれらのものが得られるように祈り、求める。だが、そのようなことはしてはならないのであって、むしろ祈るべきことは、〔これらの〕そのもの自体として善いものが自分自身にとっても善いものとなることであり、選ぶべきものは、自分自身にとっての善いものなのである)。(一〇)また、不正なひとがいつも他人より多く選ぶとはかぎらない。そのもの自体として悪いものであれば他人より少なく選ぶこともありうる。しかし、より少ない悪も或る意味では善であると考えられ、貪欲は善いものを多く取ることであるという理由によって、これもまた貪欲なひとであると考えられるのである。(一一)また、不正なひとは不平等なひとである。不平等は貪欲を包括する一般的なものだからである。

(一二)法律に反するひとが不正なひとであり、法律にかなうひとが正しいひとであった。それゆえ、法律にかなうことが、どれもみな、或る意味において正しいことであるのは明らかである。つまり、立法術によって定められていることが法律にかなうことであり、その一つ一つをわれわれは正しいことと言うのである。(一三)ところで、法律はいかなる事柄について法令を公布するにあたっても、いつも、すべてのひとに役立つこと、あるいは、もっとも善いひとびとや有力者たち(5)やその他このように規定されるかぎりのひとびとにとって役立つことを目ざし求めている。したがって、一つの意味で正しいと言われるのは、ポリス共同体のために幸福や幸福の部分をなすものを b20 作りだし、守る行為である。(二四)法律は勇気あるひとに相応しい行為をなせと命ずることもあるし(戦列を離れないこと、逃走しないこと、武器を投棄てないことのようなことがこれである)、節制あるひとに相応しいことをなせと命ずることもあるし(姦通しないこと、専横をなさないことのようなことがこれである)、温和なひとに相応しいことをなせと命ずることもある(ひとを撲たないこと、悪罵しないことのようなことがこれである)。他の器量による行為についても、邪悪による行為についても同じであって、法律は器量による行為を命令し、邪悪による行為を禁止する。そして、ただしく制定された法律はこれらのことをただしくするが、お座なりに制定された法律はそれに劣る。

(二五)さて、この意味での正義の性向は〔人間としての〕終極的な器量である。ただし、そのもの自体としてみられた〔そのひとの性向としての〕終極的な器量ではなく、他人に対するものとしての終極的な器量(6)である。こうした理由で、正義の性向はさまざまな器量のなかでもっとも優れた器量であると考えられることがしばしばあり、「夕星《ゆふづつ》 b30 も、暁の星も(7)」正義の性向ほど讃嘆すべきものではないと考えられるのである。また、諺にも「なべての徳、こぞりて正義の性向のうちに存す(8)」と言われている。そして、正義の性向は、それが終極的な器量の発揮であるという意味において、他の何にもまさってまさに終極的な器量なのである(9)。また、正義の性向を身にそなえているひとは、ただ自分自身としてこの器量をそなえているだけではなく、他人に対する関係においてもこの器量を実際に発揮しうるひとであるという意味において、正義の性向は終極的な器量である。なぜなら、自分に関係ある 1130a ことではこの器量を発揮することができても、他人に対する関係ではそれのできないひとが多いからである。(二六)こうした理由によって、「支配権が人を顕わすだろう」というビアス[10]の言葉は当をえたものと考えられる。というのは、支配者は支配者であるというまさにその事実によってすでに他人に対する関係のうちにあり、他人との結びつきのうちに置かれているからである。(一七)まさにこの理由によって、正義の性向はさまざまな種類の器量のなかでただ一つ「他人のための善」[11]であるとも考えられている。それは、正義の性向が他人に対する器量だからである。すなわち、正義の性向は支配者のためであれ、共同体を共にするひとのためであれ、他人のために役立つことをするものなのである。(一八)このようにして、最悪なひととは自分に対する関係においても友人に対する関係においても邪悪の業をはたらくひとのことであるが、最善のひととは自分に対する関係において器量を発揮するひとではなく、他人に対する関係においてこれを発揮するひとのことなのである。なぜなら、それは困難な仕事だからである。

a10
(一九)このようにして、この意味での正義の性向は器量の部分ではなく、器量の全体である。また、その反対の不正の性向は悪徳の部分ではなく、悪徳の全体である。(二〇)そして、器量とこの種の正義の性向の相違する点はこれまで述べてきたところから明らかである。すなわち、それらは同じものであるが、それが「何であるか」〔と定義されるか〕という点が同じではなく、他人に対するものとしてみれば正義の性向であるが、そのもの自体として、その人のもつそのような性向としてみれば器量なのである。[12]

第二章

(一)だが、さしあたってわれわれの尋ねているものは器量の部分としての正義の性向である。すなわち、そのよう
な種類の正義の性向があるとわれわれは主張するのである。部分としての不正の性向についてもこれは同じであ
る。(二)そのようなものが存在するという証拠には次のようなことがある。(1)他の邪悪の場合は邪悪な行為を現に
しているひとは不正な行為をしてはいるが、他人より多く取るわけではない。たとえば、臆病のゆえに楯を投棄
てるひと、気荒な性質のゆえに悪罵するひと、さもしさのゆえに財を用いて他人に援助することのないひとがこ
a20 れである。これに対して、他人より多く取るという行為は、しばしば、このような個々の邪悪のどれか一つによ
るのではなく、またさらにこれらすべての邪悪によるのでもない。むしろ、それは或るひとつの邪曲(なぜなら、
われわれはこれを非難するから)、すなわち、不正の性向によるのである。(三)それゆえ、全体的な不正の性向の部
分として、或る別種の不正の性向があり、法律に反するという意味での全体的な不正の部分として或る種の不正
があることになる。(四)またさらに(2)、或るひとは金儲けのために姦通し、それによって金銭をかせぎ、他のひと
は欲望のゆえに姦通し、おまけに金銭を払って損をするという場合、後者は貪欲なひとというよりはふしだらな
ひとと考えられるべきであろうが、前者は不正なひとと考えられるべきであって、ふしだらなひとと考えられる
べきではない。したがって、この場合、かれが不正なひとであるのは、明らかに、金儲けのためなのである。(五)さ
らにまた(3)、他のすべての種類の不正の行為に関しては、その行為はいつも或るひとつの邪悪に関係づけられ

a30 る。たとえば、姦通したとすれば、ふしだらに関係づけられ、戦友を見棄てたとすれば、臆病に関係づけられ、ひとを打ったとすれば、怒りに関係づけられる。ところが、ひとがそれによって儲けたとすれば、それはこれらの邪悪のいずれにも関係づけられることはなく、不正の性向に関係づけられるのである。(六)したがって、全体としての不正の性向の他に、或る別種の、部分としての不正の性向があるのは明らかであり、これらは、その定義が同じ類に含まれるゆえに、同名なのである。すなわち、それらの語はいずれも他人に対する関係のうちに適用さ
1130b れる範囲をもつのであって、一方〔部分としての不正の性向〕は名誉や財や安全――また、これらすべてを或るひとつの名称で包括することができるとすれば、その名称で包括されるもの――にかかわり、利得から生れる快楽を動機とするが、他方〔全体としての不正の性向〕は器量の優れたひとが関わるかぎりのすべてのことに関わるのである。

(七)このようにして、正義の性向には多くの種類があり、全体としての器量の他に、或るひとつの正義の性向が、それとは別種のものとして存することは明らかである。そこで、われわれはそれが何であり、どのような種類のものであるかを把握しなければならない。(八)さて、不正とは法律に反することであると共に不平等でもあるものとして、また、正しさとは法律にかなうことであると共に平等でもあるものとして限定定義された。とすれば、法
b10 律に反するという意味での不正の性向が初めに述べられた種類の〔全体としての〕不正の性向であるのは明らかである。(九)そして、不平等と法律に反することとは同一ではなく、一方は他方に対して全体に対する部分として異なるのだから(なぜなら、不平等はすべて法律に反することだが、法律に反することのすべてが不平等ではないから)、不正も不正の性向もすべてが同種類のものではなく、一方、つまり、不平等という意味でのそれは先に述べ

られた種類のものとは異なり、一方は部分としてのそれであるのに対し、他方は全体としてのそれである。つまり、この種の〔不平等としての〕不正の性向は全体としての不正の性向の部分であり、〔全体としての〕正義の性向と〔部分としての〕正義の性向の関係もまたこれと同じである。したがって、われわれは部分としての正義の性向についても、部分としての不正の性向についても論じなければならない。また、正しさについても、不正についてもこれと同じように論じなければならない。(一〇)したがって、器量の全体に配される正義の性向と不正の性向については――一方は他人に対する全体としての器量の発揮であり、他方は悪徳の発揮であるが――論じないで置くことにしよう。また、この意味における正義と不正の性向に応ずるものとしての正しさと不正についても、これらをどのように定義すべきかは明らかである。というのは、法律にかなう行為の大部分は、大雑把にいえば、全体としての器量という観点から命じられることだからである。すなわち、法律は、ひとが一つ一つの器量にしたがって生きることを命じ、一つ一つの邪悪にしたがって生きることを禁ずる。(一一)そして、全体としての器量を作りだすものは法律にかなうことのうちで、公共のための教育という観点で立法されたことなのである。これに対して、個人ひとりひとりの教育――この教育によって、ひとはそのひと自体として善いひとになる――にかかわることについて論ずるのが政治術の取扱うことであるのか、それとも、他の術の取扱うことであるのかという問題は後で規定することにしよう。(1)というのは、善いひとであることと、およそ〔どのようなポリスのうちにあるかにかかわりなく〕善い市民であることとは、おそらく、同じではないからである。

(一二)部分としての正義の性向とこれに応ずる正しい行為のうちの一種は、名誉であれ、財であれ、他のものであれ、およそ、ポリスを共同にするひとびとの間に分割されうるかぎりのものの分配における正義であり(なぜなら、こ

1131a のような場合に、一方が他方に対して平等ではないものを得ることも、平等なものを得ることもあるからである)、他の一種は人と人の係わり合いにおいてその関係をただしく規制するものである。(2) (一三)後者は二つの部分にわかれる。というのは、人と人の係わり合いには本意からなされるものと不本意になされるものがあるからである(本意からなされるものとは以下に述べるようなもの、すなわち、売却、購入、〔消費物品の〕貸与、抵当、〔非消費物品の〕貸与、寄託、賃貸のようなもののことであり――これらが本意からのものと呼ばれるのはこれらの係わり合いの端初が本意からのものだからである――不本意なもののうち、一つは本人に気付かれずになされるもの、たとえば、窃盗、姦通、毒を盛ること、婦女誘拐、奴隷誘拐、謀殺、偽証であり、他は強制によるもの、たとえば、暴行、監禁、殺害、強奪、傷害、悪罵、虐待である)。

第三章

(一)不正なひとは不平等なひとであり、不正は不平等なのだから、明らかに、この不平等の中間に何かがあり、(二)それが平等である。(1)というのは、どのような種類の行為であれ、そこに大小がある場合には〔その中間に〕平等もあるからである。(三)そこで、不正が不平等であるとすれば、正しさは平等である。これは論証をまたずに誰でもが認めるところである。そして、平等は〔不平等の〕中間なのだから、正しさは中間の一種であろう。(四)ところで、平等は少なくとも二つの項を前提して、二つの項の間に成り立つ。したがって、正しさは、必然に、中間であると共に、平等であり、さらに、それは或る特定のものとの関係における、或るひとと或るひとにとっての中間であり、平等でなければならない。すなわち、それは中間であるかぎり、或る特定のもの（つまり、大小）の中間であり、平等であるかぎり、二項の間の平等であり、正しさであるかぎり、或るひとと或るひとの間の正しさでなければならない。(五)それゆえ、正しさは、必然に、少なくとも四つの項を前提し、四つの項の間に成り立つ。すなわち、その正しさがまさに「そのひとびとにとって」の正しさであると言われる当のひとびとが二人あり、その正しさが「その事物における」正しさであると言われる事物、すなわち、〔この二人の間に分配される〕事物が二つある。(六)そして、同じひとつの等しさ(2)が「そのひとびとにとって」と言われるひとびとと「その事物における」と言われる事物の間にあることになろう。というのは、これらのもの、つまり、「その事物における」と言われる〔二つの〕事物が相互に対してもつ関係と同じ関係を、これらのひとびともまた相互に対してもつからである。すなわち、かれらが互いに平等でなければ、平等なものを持つこともないだろう。だが、そこからして——平等なひとびとが平等ではないものを持っていたり、分け与えられたりする時、また、平等ではないひとびとが平等なものを持っていたり、分け与えられたりする時——争いや不平が生じてくるのである。(七)さらにまた、これは「〔配分は〕値打にしたがってなされる」という原則から考えてみても明らかである。というのは、配分における正しさは何らかの値打にしたがって定められなければならないというのは誰もみな承認する原則だからである。とはいえ、万人が同じひとつのものを値打とみなしているのではなく、民主主義のひとは自由を値打とみなし、寡頭主義のひとは富を（或るひとびとは良い生れを）、貴族主義のひとは器量を値打とみなしているのである。

(八)それゆえ、正しさは比例をなすものの一種である。比例関係はただ数学的な数に固有なことではなく、一般に、数えられる事物についてあることである。なぜなら比例とは割合の等しさであり、少なくとも四つの項がある時、

1131b その間に成り立つからである[九](非連続な比例が四項の間に成り立つことは明らかであるが、連続な比例もまた同じである[3]。というのは、この場合には、一つの項が二つの項として用いられ、〔比例関係のうちで〕二度述べられるからである。たとえば、線分「A」の線分「B」に対してあるのと同じ関係において、線分「B」が線分「C」に対してあるというようにして。このように、線分「B」は二度述べられている。ここからして、線分「B」が二度措定されるかぎりにおいて、比例項は四つあることになろう)。[一〇]正しさも少なくとも四個の項がある時、それらの項に成り立ち、同じひとつの割合がそれらの項の間にある。すなわち、「そのひとびとにとって」と言われるひとびとと、「その事物において」と言われる事物とはそれぞれ同じ割合で分割されるのである。[一一]それゆえ、項「A」が項「B」に対してあるのと同じ関係で、項「C」は項「D」に対してあることになり、したがってまた、中項を交換することによっても、項「A」が項「C」に対してあるのと同じ関係で、項「B」は項「D」に対してあることになろう。そこからして、全体が全体に対してもつ関係もこれと同じものになる[4]。すなわち、配分によって組合わされるもの〔AとC、BとD〕がいま述べたような仕方で寄せ合わされる時、それは正しい組合せをなすことになろう。[一二]それゆえ、項「A」と項「C」の組合せ、項「B」と項「D」の組合せが配分における b10 正しさであり、この正しさが比例に反するものに対して中間をなすのである[5][一三](この種の比例は数学者が幾何比例と呼ぶものである。幾何比例においては、全体の全体に対する割合が各項の各項に対する割合と同じ割合になる)。[一四]この比例は連続的なものではない。なぜなら、「そのひとにとって」と言われるひとと分配される事物が数において一つのものとなることはないからである。

このようにして、正しさとはこれ、すなわち、比例をなすものであり、不正とは比例に反するものである。し

たがって、実際にも起ってくることであるが、一方の項が大であり、他方の項が小であることがある。すなわち、
b20 不正の行為をするひとは善いものの多くを取り、不正の行為をされるひとは少なく取るからである。(一五)悪いものの場合はその反対である。なぜなら、小さな悪は大きな悪と比較すれば善いもののうちに数えられるからである。(一六)すなわち、小さな悪は大きな悪よりもいっそう選択に値するが、選択に値するものは善いものであり、いっそう選択に値するものは大きな善だからである。(一七)さて、正しさの一種はこのようなものである。

第四章

(一)残りの一種は規制的な正しさ(1)であって、本意からのものであるにせよ、不本意なものであるにせよ、人と人との係わり合い(2)において生れる。(二)この正しさは先の正しさとは別種の形態を取る。共同のものにかかわる配分的な正しさはいつも、先に述べられた(3)比例にしたがう。というのは、配分が共同の財を用いてなされる場合にも、配
b30 分は、それぞれの果たした役割が相互に対してもっているのと同じ割合にしたがってなされることになろうからである。そして、この正しさに対立する不正は比例に反するものである。(三)これに反して、人と人の係わり合いにおける正しさは或る種の平等であり、不正は或る種の不平等ではあるが、それは先に述べられた比例にしたがった意味でのそれではなく、算術比例にしたがったそれである。というのは、高尚なひとが劣悪なひとから金銭を
1132a 詐取しても、劣悪なひとが高尚なひとから金銭を詐取しても変りはなく、高尚なひとが姦通しても、劣悪なひとが姦通しても変りはないからである。法律はただ加えられた損害の違いにだけ目を向け、どちらの側も平等なも

のとして扱い、一方が不正を加え、他方が不正を加えられたのか、一方が損害を与え、他方が損害を与えられたのかどうかを問題にするのである。(四)したがって、この種の不正は不平等であるから、裁判官はこれを平等なものにしようと努めるのである。実際、一方が打撃を加え、他方が打撃を加えられる場合、また、一方が殺害し、他方が殺害される場合、双方の蒙ったものと与えたものは不平等な部分に分割される。そこで、裁判官はこれに罰を課することによって、一方から利得を奪い、平等なものにしようと努めるのである。(五)このような場合、一般的な言い方としては、利得と損失という言葉を用いることが許される。もっとも、それは或る場合には相応しい名称ではないだろう。たとえば、打撃を加えたひとには利得があり、打撃を受けたひとには損失があると言われる場合のように。(六)ただ、蒙った損害の額が評価されるかぎりにおいて、一方は損失と呼ばれ、他方は利得と呼ばれるのである。したがって、平等は大と小の中間であるが、利得と損失は次のような相反する意味においてそれぞれ大と小である。すなわち、善における大、悪における小が利得であり、その反対が損失である。そして、平等はこれらの中間だったのであり、われわれはこれを正しさと呼ぶのである。したがって、規制的な正しさとは損失と利得の中間であることになろう。

(七)係争が生れる時、ひとびとが裁判官のもとに逃れるのはこのゆえである。裁判官のもとに赴くとは正しさのもとに赴くことなのである。なぜなら、裁判官とは、本来、いわば生き身の正しさともいえるもの(4)を意味しているからである。そこで、ひとびとは裁判官を中正なものとして求め、或るひとびとは中立者を呼び求める。それは、ひとびとが中正を手に入れる時、公正を手に入れうるだろう(5)と思うからである。(八)それゆえ、裁判官も中間のひとであるのだから、正しさは中間の一種である。

裁判官は平等を回復するものである。それは、ちょうど、一つの線分が不等な二部分に分割されている時、大きな部分が半分を越える部分だけをそこから取り去って、小さな部分に付け加えるようなものである。全体が二つに分けられる時、それぞれが等しい部分をもつ場合、それぞれは自分自身の分をもつと言われる。(九)等しい部分
a30 とは大きい部分と小さい部分の算術比例にしたがった中間である。それが「正しさ《ディカイオン》(δίκαιον)」という名前で呼ばれているのもそれゆえである。つまり、それは「二分《ディクハ》(δίχα)」されたものなのである。あたかも、「正しさ《ディカイオン》(δίκαιον)」を「二分されたもの《ディクハイオン》(δίχαιον)」と呼び、「裁判官《ディカステース》(δικαστής)」を「二分するもの《ディクハステース》(διχαστής)」と呼ぼうとでもするかのように。(6) (一〇)つまり、等しい二つのもののうちの一方〔甲〕から或る部分を取り去って、他方〔乙〕に付け加えるとすれば、他方〔乙〕は一方〔甲〕を、取り去った部分の二つ分だけ越えるであろう(一方が取り去られただけで、他方に付け加えられることがなければ、ただ、一つ分越えるだけだったろうか
1132b らである)。したがって、それ〔乙〕は中間の大きさを一つ分だけ越え、中間の大きさは取り去られた部分〔甲〕を一つ分だけ越えるだろう。(一一)こうして、これによってわれわれは大きな部分から何を取り去るべきか、また、小さな部分に何を付け加えるべきかを知りうるであろう。すなわち、中間の大きさが越えているだけの分を小さな部分に、中間が越えられているだけの分をもっとも大きな部分から取り去らねばならないのである。

(一二)線分AA, BB, CCを互いに等しい線分とする。AAからAEを取り去り、CCに〔AEと等しい〕CDを付け加えるとする。とすれば、DCCの全体はEAをCDとCFだけ越え
b10 ることになる。それゆえ、BBをCDだけ越える〔……〕(7)。

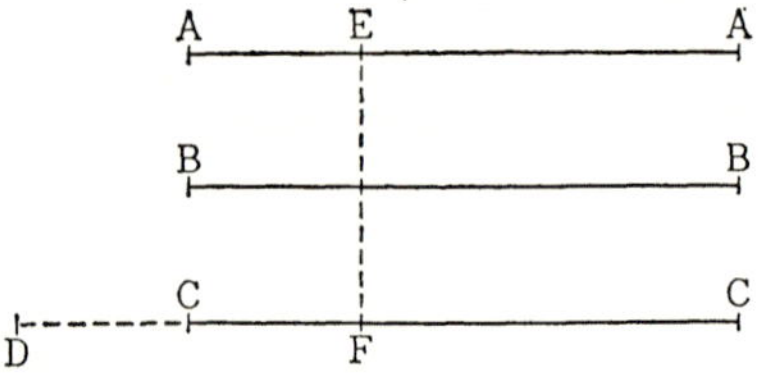

(一三)さて、損失と利得というこれらの名称は本意からされる取引から由来した言葉である。すなわち、買ったり、売ったり、その他、法律が自由な取り決めを許しているかぎりの行為においてそうであるように、自分の分より大きなものを得ることが得をすると言われ、初め持っていたものより小さなものを得ることが損をすると言われる。(一四)これに対して、今までより大きなものも小さなものも得ることがなく、自分自身によるものだけが得られる場合は、自分の分を得ると言われ、損をするとも得をするとも言われない。

したがって、本意に反してなされることにおける正しさとは何らかの意味における利得と損失の中間であり、
b20 前も後も等しいだけのものを得ることである。

第五章

(一)ピュタゴラス派の主張のように、或るひとびとは、応報の理が限定なしに正しさであると考えている。すなわち、ピュタゴラス派のひとびとは何の限定もなしに「正しさとは応報である」(1)と定義したからである。(二)けれども、応報の理は配分的な正しさにも、規制的な正しさにもそのまま当てはまるものではない(2)――(三)もっとも、ひとびとはラダマンテュスの正義もこれを言うと理解してはいるが。

　しただけの報いを受ければ、
　　正義がただしく行なわれようというもの。(3)

――(四)なぜなら、そこには多くの食い違いがでてくるからである。たとえば、上官が打ったとしても、かれが打ち

返されるのは相応しいことではない。だが、もしも、兵士が上官を打ったならば、かれは打ち返されるばかりではなく、懲罰されてしかるべきである。(五)さらにまた、なされた行為が本意からのものであるか、不本意なものであるかによる違いも大きなものである。

(六)これに反して、交換による人と人の結びつきにおいてはこの種の正しさ、つまり、比例により、平等にはよらない応報の理がひとを結び合わせる。なぜなら、比例するものを互いに報いることによってポリスは保たれるからである。すなわち、或る場合には、「悪には悪を」報いることが求められる。そうしないとすれば、その結合は隷属関係であると考えられる。或る場合には、「善には善を」報いることが求められる。そうしないとすれば、交換は生れない。だが、交換によって、ひとびとの結びつきは保たれるのである。(七)恩返しが行なわれるように、カリス〔好意・感謝〕の女神の神殿を人目につく所にひとびとが建てているのはこのゆえである。つまり、これが感謝に固有なことであって、自分に好意を示してくれたひとにはお返しとして奉仕を捧げるのが相応しいことであり、この次は自分の方から先んじて相手に好意を示さなければならないのである。

(八)比例にかなった返報は対角線の方向につながれた組合せにしたがってなされる。建築師をA、靴作りをB、家屋をC、靴をDとする。このようにする時、建築師は靴作りから靴作りの作ったものを受けとり、自分は靴作りに自分の作ったものを代りに与えるのが相応しい。そこで、まず最初に〔品物の間の〕比例的な平等が設定され、ついで、相互間に応報が実現されれば、上述の結果、つまり、ひとびとの間の結びつきが生れるだろう。だが、そうでないとすれば、交換は平等なものではなく、また、それが保たれることもないだろう。一方の作ったものが他方の作ったものより優れていてもいっこう構わないが、そうした場合、これらのものを〔比例により〕平等なものにする必要があるのである。【(九)これは他の技術の場合にもあることである。というのは、制作者が作ったものを、作っただけの量と作った種類のものを、受け容れる側で受け容れなかったとすれば、これらの技術は失われただろうからである(4)】。すなわち、交換のための結びつきは二人の医者からは生れず、医者と農夫、一般的に言って、異なる種類のひとびとであって、平等ではないひとびとから生れる。ただ、これらのひとびとは〔交換によって〕平等なものにされなければならないのである。(一〇)交換の対象となるすべてのものが何らかの意味において比較しうるものでなければならないのはこのゆえである。貨幣はそのために生れてきたのであり、それが或る意味における仲立ちとなる。すなわち、貨幣はすべてのものの値を測り、したがって、どちらの値が他方を上まわるか、それとも下まわるかをも測る。こうして、貨幣は、どれだけの数の靴が家屋〔または、食物〕と等しい値であるかを測る。それゆえ、建築師が靴作りに対して持つのとまさに同じ比例関係が交換されるべき数の靴と家屋との間になければならない。そうでなかったら、交換は成り立たないし、双方の結びつきもなかっただろう。ところで、この比例関係は、交換されるこれらのものが何らかの意味において平等なものでなければ、成立しないであろう。(一一)それゆえ、先に述べたように、すべてのものは或るひとつのものによって測られなければならない。そして、これ、つまり、或るひとつのものとは、本当は、需要であり、需要がすべてのものを結びつけるのである。ひとびとが〔相手のものを〕何ら必要としなかったとしたら、あるいは、同じ程度に必要としなかったとしたら、交換は成り立たなかっただろう、あるいは、同じ〔対等な〕ものとしての交換は行なわれないだろう。だが、いわば、需要の代りに約束にもとづいて貨幣が生れたのである。このゆえに、それはこの「貨幣《ノミスマ》(νόμισμα)」という名称をもっている(5)。すなわち、それは自然《ピュシス》の本性によるのではなく、「法律《ノモス》(νόμος)」によるのであり、これ

を改変したり、無効なものにするのはわれわれ自身の自由になることなのである。(一二)このようにして、相互間の応
報が実現されるのは、双方の間に平等が実現され、農夫が靴作りに対して持つのとちょうど同じ比例関係を、靴
作りの製品が農夫の製品に対して持つ場合なのである。

1133b 比例関係が結ばれるのは、双方が交換を行なった後ではなく、双方がまだ自分のものを持っている時でなけれ
ばならない（さもなければ、一方の端項が二倍得することになろう(6)）。こうすることによって、双方は平等なもの
となり、同じものを分けもつものとなる。こうする時に、かれらの間にこの種の等しさが生れうるからである。
農夫がA、食物がC、靴作りがB、靴作りの製品であって、〔食物の値と〕等しいとみなされたものがDである。
これに反して、このような形で相互間の応報が行なわれなかったとしたら、双方の結びつきもまたなかったであ
ろう。

(一三)需要が、あたかも、或る特定の何ものかであるかのように、すべてのものを結び合わせていることは、ひとび
とが互いに相手を（双方ともでなければ、その一方が）必要としない場合には、交換が行なわれないという事実に
よって明らかである。自分が持っていないもの、たとえば、葡萄酒を誰か或るひとが要求していて(7)、そのひとが
b10 その代償として穀物輸出の許可を提供するというような場合がそれである。それゆえ、この点が平等にされなけ
ればならない。(一四)いまは何も必要なものがなくても、何かが必要になれば、やがて交換が行なわれるであろうとい
う理由で、すなわち、将来の交換のための、いわば、保証としてわれわれは貨幣を持っている。すなわち、貨幣
を持って行く時、ひとは物品を得ることができなければならない。もちろん、貨幣も他の物品と同じ影響を受け
る。というのは、貨幣もいつも等しい値打を持っているわけではないからである。けれども、貨幣は他の物品よ

り、いっそういつまでも変らないものであろうとする。すべての物品が〔貨幣により〕値づもられていなければならないのはこのゆえである。というのは、こういう場合、交換はいつも行なわれ、交換が行なわれる時、ひとの結びつきもあるからである。このようにして、貨幣は、いわば、一つの規準として、物品を同じ規準で測られたものとし、平等なものにする。交換がなければ、結びつきはなかったであろうし、平等がなければ交換もなかったであろうし、一つの規準で測られることがなければ、平等もなかったであろうからである。

事物のあるがままにしたがえば、これほど異なっている事物が一つの規準で測られるのは不可能であろう。ただ、需要と関係づけられる時、ひとはこれを納得できる範囲で規定しうる。(二五)そこで、何か或るひとつの、すなわち、予めなされた取り決めによるものがなければならない。それが「貨幣《ノミスマ》〔=取り決め〕」と呼ばれるのはこのゆえである。貨幣はすべてのものを一つの規準で測られたものとする。なぜなら、すべてのものは貨幣によって測られるからである。家屋をA、十ムナをB、寝台をCとする。家屋が五ムナの価格のもの、あるいは、五ムナと等しいものとすれば、AはBの半分である。寝台はその十分の一、すなわち、CはBの十分の一である。そうすれば、どれだけの数の寝台が家屋と等しいものであるかということ、すなわち、それが五個であることは明白である。(二六)貨幣が存在する以前は、交換がこのように行なわれていたのは明らかである。というのは、家屋に代えて五個の寝台を得ることと、五個の寝台の価格だけの貨幣を得ることは何ら変るところがないからである。

(二七)さて、不正が何であり、正しさが何であるかは述べられた。これらのことが限定定義された今、正しい行為が不正をすることとされることの中間であるのは明らかである。というのは、一方、つまり、不正をすることは大きな部分を取ることであり、他方、つまり、不正をされることは小さな部分を得ることだからである。正義の性

1134a 向とは或る種の中間性であるが、それは他のさまざまな器量がそうであるのと同じ意味においてではなく、正義の性向が中間のものにかかわり、不正の性向が両端のものにかかわるという意味においてそうなのである。

正義の性向とは、その性向にしたがって、正しいひとが選択にもとづいて正しいことを行なう性質のひとであると言われる性向のことであり、ひとはこの性向によって、自分と他人との関係においても、他人相互の関係においても、望ましいものの多くを自分に、小さいものを隣人に、また、損害をもたらすものについてはその逆になるように配分するひとになるのではなく、比例にしたがった平等なものを他人との関係において自分に配分し、また、他人相互の関係における他人に対しても同じようにするひとになるのである。(一八)不正の性向とは、その反対に、その性向にしたがって、不正なひとが選択にもとづいて不正なことをする性質のひとであると言われる性向のことである。不正なこととは利益をもたらすもの、または、損害をもたらすものにおける、比例に反する過剰、および、不足である。それゆえ、不正の性向は、それが過剰と不足にかかわるという点で、すなわち、自分自身に関係する場合はそのもの自体としてみて利益をもたらすものの過剰に、損害をもたらすものの不足にかかわるという点で、過剰、および、不足〔の性向〕である。他人に関係する場合は、全体的にはこれと同じであるが、比例に反するものは、場合に応じてそれぞれ異なる。不正の行為のうち、小さい方を得るのは不正をされることであり、大きい方を得るのは不正をすることである。正義と不正の性向について、それぞれの本性が何であるかはこれで述べられたことにしよう。同じように、正しさと不正についてもその一般的な点が述べられたことにしよう。

第六章

(一)不正を犯しているからといって、そのひとがまだ不正なひとではないことがありうるのだから、どのような種類の不正の行為をするひとが、すでにそのこと自体によって、たとえば、盗人であるとか、間男であるとか、強盗であるとかいう、それぞれの種類の不正において不正なひとであると言えるのだろうか。それとも、不正の行為の種類がどのようなものであろうとそれはここでは何の関わりもないのだろうか。というのは、相手の女が誰であるかを知りながら、彼女と臥床を共にしたとしても、それがかれみずからの選択から出た行為ではなく、情 a20 欲ゆえの行為であることもありうるからである。(1) (二)その場合、かれは不正をしてはいるが、不正なひとではない。すなわち、盗人ではないにもかかわらず盗みをはたらいた、とか、間男ではないにもかかわらず姦通したというように言われる場合がこれである。他の場合についても、これと同じである。(2)

(三)さて、応報の理と正しさがどのような関係にあるかは先に述べた。(3) (四)だが、いま、われわれの探求しているものがそのもの自体としての正しさであるばかりではなく、ポリスにおける正しさでもあることを忘れてはならない。ところで、ポリスにおける正しさは、自足することを目ざして生活を共同にするひとびとの間に、すなわち、比例にしたがってであれ、数にしたがってであれ、平等なものである自由人の間に成り立つものである。したがって、このこと〔生活を共同にし、平等であること〕を分けもたないかぎりのひとびとにとっては、相互の関係において、かれらが同市民としてもつ正しさは存在せず、それとの類似性にしたがって言われる或る種の正しさがある。なぜなら、相互の関係のうちに法律が介在するかぎりのひとびとにとってだけ、〔相互に対する〕正しさもあるからである。ところで、法律が存在するのは、不正がその間に存在するひとびとの間においてである。というのは、訴訟は正しいことと不正なことの裁定だからである。そのうちに不正の性向が見られるひとびとの間には、互いに不正をなすこともまたある(互いに不正をすることがあるすべてのひとびとが、かならずしも不正の性向をもつわけではないが)。不正をするとは、そのもの自体として善いものをより多く、そのもの自体として悪いものをより少なく自分自身に分け与えることである。(五)人間が支配することを許さず、法律が支配することをわれわれが求めるのはこのゆえである(4)。なぜなら、人間は自分自身に対してこのように行なって、僭主となるからである。支配者は正義の守護者である。また、正義の守護者であれば、平等の守護者でもある。(六)支配者が正しいひとであるとすれば、かれは自分の分け前を越えるものを何も取らないと思われるから(なぜなら、かれ自身に比例するものでないかぎり、かれはそのもの自体として善いものを他人より多く自分に分つことはないから。それゆえ、かれは他人のために労苦する。正義の性向とは他人のための善であると一般に言われているのはこのゆえである。これは先にも述べられた(5))、(七)支配者には或る種の報酬が支払われるのが相応しい。それは名誉と特権である。だが、その種のものでは満足できないひとがいれば、かれらは僭主となる。

(八)奴隷に対する主人の正しさと子に対する父の正しさはこれまで述べてきた正しさと同一のものではなく、類似するものである。なぜなら、文字通りの意味で不正といえるものは自分のものに対してはありえないが、所有物〔つまり、奴隷〕と子供は、子供が或る年頃になって、独立するようになるまでは、いわば、自分の部分のようなものだからである(九)(誰も自分自身に危害を加えることを選ぶひとはない。それゆえ、自分自身に対する不正の性向は存在しない)。したがって、ポリスにおけるものとしての不正も正しさもそこには存在しない。なぜなら、それは法律にのっとって存在するものだったからであり、そのものの本性にしたがってその間に法律が介在するひとびとの間に存在するものだったからである。ところでこのようなひとであるのは支配と被支配の平等をもつひとびとなのであった。したがって、どちらかと言えば、子供や所有物〔つまり、奴隷〕に対する関係においてよりは、妻に対する関係において正しさは存在する。これが家政における正しさである。だが、これもまたポリスにおける正しさとは異なる。

第七章

(一)ポリスにおける正しさのうち、或るものは自然の本性による正しさであるが、或るものは法律による正しさである。自然の本性による正しさはあらゆる所で同じ力をもつ正しさであって、ひとがそれを認めるか否かに左右
b20 されない。法律による正しさとは、もともとは、そのようであろうと、他のようであろうとどうでもよいことであるが、一旦、法律として定まれば、それがどうでもよくなるような正しさである。たとえば、「捕虜の請戻しの代償は一ムナであること」とか、「二頭の羊ではなく、一頭の山羊を犠牲に捧げること」とかいうようなことがそれであり、さらに、個々の場合にあたって、法律により定められるかぎりのこと、たとえば、「ブラシダス(1)の名誉のために犠牲を捧げること」や民会の議決により定められる種類のことがそれである。

(二)ところが、或る種のひとびとは、すべての正しさがこのような〔第二の〕種類の正しさであると思っている。と

いうのは、自然の本性によるものは不動であって、ちょうど、火がここでも、ペルシアでも燃えるように、それはあらゆる所で同じ力をもっているが、正しいと定められたことは〔時と所により〕変ることをかれらは見ているからというのである。(三)ところが、それはそのように単純に言えることではなく、或る限定された意味においてだけ言えることである。少なくも神々のもとではそのようなことはまったくない。そして、われわれ人間のもとではなるほど自然の本性によるものが何らかあるが、それらはすべて変りうる。ただ、それにもかかわらず、それら〔変りうるもの〕のうちの或るものは自然の本性により、或るものは自然の本性によらないのである。(四)他のようにありうる事柄のうち、どのような種類のものが自然の本性により、どのような種類のものが自然の本性によらず、法律と協約によって定まるものであるかは、これらのいずれも同じように変りうるにもかかわらず、明白である。他の場合についてもこれと同じ区別が当てはまるであろう。すなわち、右手は自然の本性によって左手よりも力強い。けれども、すべてのひとが両手ききになってもよいのである。

1135a (五)正しいと定められたことのうち、協約にしたがって、効用のために定められたことは物品を測る秤に似ている。というのは、葡萄酒や穀物の秤はどのような場合でも等しいものではなく、卸売りの場合には、大きく、小売の場合には小さいからである。自然の本性によらず、人間によって正しいと定められたこともこれと同じように、どのような場合でも同じものではない。政体もまたあらゆる処で同じものではないが、あらゆる処において通用するただ一つの政体が自然の本性にしたがった最善の政体として存在するからである。

(六)正しいと法律により定められたことの一つ一つは〔実際の行為に対して〕個別に対する一般の関係にある。というのは、実際の行為は多様であるが、法律に定められたことの一つ一つは単一だからである。すなわち、それは一般的なものなのである。

（七）不正の行為と不正は異なり、正義の行為と正しさは異なる。すなわち、不正は自然の本性によるか、法の規定によって定まる。そして、他ならぬこの不正が実際に行為される時、それは不正の行為であるが、行為される前は、まだ、不正の行為ではなく、不正である。(2) 正義の行為《ディカイオーマ》についても同じである。だが、一般的な言い方としては、むしろ、正しい行為《ディカイオプラゲーマ》と言われ、不正の行為を匡正する行為が正義の行為と言われる。だが、これらのそれぞれについて、どのような種類が、どれだけあり、また、それらがどのような事柄にかかわるかという点については後に考察すべきである。(3)

第八章

（一）正しさと不正の何であるかは上に述べたとおりである。だが、ひとが不正の行為をし、正しい行為をするのは、ひとがこれらのことを本意から行なう場合であり、不本意に行なう場合には、不正の行為をすることも、正しい行為をすることもない。あるとしても、それはただ付随的なことである。というのは、正しいことであるとか、不正なことであるとかいうことがそれに付随する(1)ようなことをひとは行なうことがあるからである。

（二）こうして、行為が不正の行為(および、正しい行為)であるか否かは本意と不本意の別によって規定されている。(2) すなわち、行為が本意からなされる時、それは非難され、同時にその時、それは不正の行為である。したがって、「本意からなされる」という限定が加わらないかぎり、或る行為が不正なことではあっても、なおまだ、不正の行為ではないことがありうるであろう。[三]「本意からなされる」とは、先にも述べたとおり[3]、意のままになることであって、そのひとが知っていてすること、すなわち、誰に対して、何を用いて、何のためにするか(たとえば、誰を撲つか、何で撲つか、何のために撲つか)について無知であることなしにそれをすることであり、しかも、これらのそれぞれの点について付随的にではなく、また、強制によってでもない場合のことである(たとえば、或るひとが私の手を取って、別のひとを撲つという場合、私はそれを本意からするのではない。なぜなら、それは私の意のままになることではないから)。ところが、打たれるひとがそのひとの父であるのに、当のひとはこれを一人の人間、もしくは、傍にいる一人のひととしては知っていても、父であるとは知らないことがありうるのであ
a30 る。同じような区別は行為が何のためになされるか〔行為の目的〕についても、〔行為を構成するすべての要素をひっくるめた〕行為全体についてもなされうるとしよう。

このようにして、行為するひとが無知であってすること、あるいは、無知であってするのではないにしても、そのひとの意のままにならないこと、あるいは、強制によってすることが不本意なことである(実際、自然の本性によってそなわることのうちにも、われわれが知りながらそうしもすれば、そのような目に会いもすることであって、しかも、そのどれひとつ本意からなされるのでも、不本意になされるのでもないことが多くある。年を取
1135b るとか、死ぬとかいうことがそれである)。

[四]付随的な意味での行為は不正なことについても、正しいことについても同じようにありうる。というのは、預かったものを不本意ながら、恐れのために返すことがありうるが、ひとはこれを、付随的な意味を除けば正しいことを行なうとか、正しい行為をするとか言ってはならないからである。それと同じように、強制されて、不本

意ながら、預かったものを返さないひとについても、これを付随的な意味で不正の行為をし、不正なことを行なうものと言うべきである。

(五)本意からの行為のうち、或る行為は、選択の結果なされるが、或る行為は選択を伴わずになされる。選択の結果なされるものは予め思案をめぐらしたかぎりの行為であり、選択を伴わないものは予め思案をめぐらさなかったかぎりの行為である。(4)(六)したがって、人と人の結びつきにおいて起る加害行為には三種あり、そのうち(1)、無知に伴って起るものは過失である。すなわち、それは加害者が思いがけなかったひとに、思いがけなかったことを、思いがけなかったものを用いて、思いがけなかったことのために行なう場合に起る。なぜなら、加害者は投げつけようと思っていたのではなく、また、このひとに、これを、このことを目ざして投げつけようと思っていたのでもないのに、たまたま、かれが目ざしていたこととは別の結果になってしまったからである。すなわち、かれは怪我させるつもりだったのではなく、突っつくつもりだったのであり、あるいは、そのひとを、それで突っつくつもりではなかったのである。(七)この場合、(イ)加害が理性的に予期される範囲を外れて起ってくる場合には不運である。(ロ)理性的に予期される範囲を外れるものではないが、邪悪を伴わない場合は過失である(過失は、ことの起りがかれ自身のうちにある場合であり、不運は、それが外にある場合である)。(八)そして(2)、加害者が知っていて、予め思案をめぐらさずに行なった場合は、不正の行為である。たとえば、激情やその他、人間にとって必然、あるいは、自然なものとして起ってくる情念のゆえになされるかぎりのことがそれである。すなわち、このような危害を誤って加える時、ひとは不正の行為をし、それは不正の行為であるが、それにもかかわらず、ひとはまだこの行為のゆえに不正なひとではないし、また、悪人でもない。なぜなら、この危害はそのひとの邪悪な性質のゆえに加えられたのではないからである。これに反して（3）、この行為がそのひとの選択から出るものである時、そのひとは不正なひとであり、邪悪なひとである。[九]それゆえ、激情からの行為が予め企図された行為ではないと判定されるのはただしい。なぜなら、ことの起りは激情に駆られてするひとにはなく、かれを怒らせたひとにあるからである[一〇]（さらにまた、争いが起るのは〔加害の〕事実があったか否かについてではなく、それが正しかったか否かについてである。なぜなら、一方の怒りはかれに不正と見えることにもとづいて惹き起されたものだからである。すなわち、商取引におけるように事実があったかどうかについて争いが起ることはない
——そのようなことが起る場合には、忘れたためにそうしているのでないとすれば、一方が必ず邪悪なひとである——むしろ、加害の事実については相互の一致をみたうえで、どちらに正しさがあるかが争われる。意図して危害を加えたものはそれを知らないことはない。したがって、一方は自分が不正の行為をされたと思っているが、他方はそう思っていないのである）。だが[一一]、選択にもとづいて危害を加える場合、ひとは不正の行為をする。そして、このように不正の行為をするひとは他ならぬこの不正な行為そのものにもとづいて——この行為が比例に反
1136a するもの、または、平等に反するものである場合——不正なひとである。[5]それと同じように、ひとが選択にもとづいて正しい行為をする時、かれは正しいひとである。だが、そのことを〔選択することなしに〕ただ本意からしただけであれば、正しい行為があるだけである。

[一二]不本意な行為のうち、或る行為は同情に値するが、或る行為は同情に値しない。すなわち、無知であってというだけではなく、無知のゆえに犯した過失は同情に値するが、無知であって犯したことであっても、それが無知のゆえではなく[6]、自然なものでも、人間的なものでもない情念のゆえに犯したことは同情に値しない。[7]

第九章

(一)「不正の行為をされる」と「不正の行為をする」について充分に限定定義されているかどうかを疑問にするひとがあるかも知れない(1)。それは第一には、たとえば、エウリピデスがおかしな言い方で、

「簡単に言えば、俺は俺の母親を殺《や》ってしまった。」

「殺されたいと本意から願っている母親を、君が本意から殺《や》ったのか、それとも、本意から願わなかった母親を、君が本意からではなく殺《や》ったのか(2)」

と言ったようなことが実際にあるかという問題である。つまり、ひとは本意から不正の行為をされることが本当にあるのか、それとも、そういうことはなく、ちょうど、不正の行為をするのがすべて本意であるのと同じように、不正の行為をされるのはすべて不本意なのであろうかという問題である。さらに、それは、不正の行為をされるのはすべて本意からであるか、すべて不本意であるかのいずれかであるのか、それとも、そのうちの一部は本意からであり、一部は不本意であるのかという問題である。(二)正義の行為をされることについてもこれと同じ問題がある。というのは、正しい行為をするのはすべて本意からのことだからである(3)。ここから、当然のことながらこれらのどちらの側にも、同じような対立関係が生れることになる。すなわち、不正の行為をされることと正義の行為をされることが本意からであるか、不本意であるかについて〔それらがそれぞれ不正の行為をすること、および、正義の行為をすることに対してもつ関係において〕同じ対立関係があることになる。だが、「正義の行為

をされる」ということについても、それがすべて本意からであるのはおかしいと思われるだろう。なぜなら、或るひとびとは正義の行為をされるにあたって、本意からされようとはしないからである。[4]（三）さらにまた、ひとは次のことをも問題にしようとするかも知れない。それは、不正なことをされたひとはすべて不正の行為をされるのか、それとも、「すること〔能動行為〕」についてあるのと同じことが、「されること〔受動行為〕」についてもあるのだろうかという問題である。というのは、どちらの場合についても、付けたりとしてそれが正しいという性質をもちうるからである。同じように、不正なことについてもこのようなことが言えるのは明らかである。すなわち、不正なことをするのと不正の行為をするのとは同じではないし、不正なことをされるのと不正の行為をされるのも同じではないのである。正しい行為をするのと正義の行為をされるのについてもこれと同じことが言える。
a30 なぜなら、相手が不正の行為をしないのに、不正の行為をされることも、相手が正しい行為をしないのに、正義の行為をされることも不可能だからである。

（四）ところで、「不正の行為をする」とは、そのこと自体としてみれば、「本意から或るひとに害を加える」ことであり、「本意から」とは、相手が誰であり、何を道具として、どのようなやり方でするかを知っていてすることであるとすれば、また、抑制のないひとは本意から自分に害を加えるものであるとすれば、かれは本意から不正の行為をされるものとなろうし、また同時に、自分が自分に対して不正の行為をすることがありうることになろう。このこと、つまり、ひとが自分から自分に対して不正の行為をすることがありうるかということも問題になること
1136b との一つである。（五）またさらに、ひとは抑制がないゆえに本意から他人によって――この他人も本意からする時――害を加えられることがありうる。[5] したがって、本意から不正の行為をされることがありうることになろう。

それとも、このような定義はただしいものではなく、相手と用いる道具とやり方を知りながら害を加えるという規定にさらに「相手の願望に反して」という規定を付け加えるべきであろうか。(六)そうだとすれば、ひとは本意から害を加えられ、不正なことをされることはあるが、本意から不正の行為をされることはないことになる。なぜなら、そのようなことを願うひとは誰もないからである。抑制のないひとですらそのようなことを願いはしない。かれがそうするとすれば、それはかれの願望に反するのである。なぜなら、優れたものであると思っていないものを願望するひとは誰もないのであって、抑制のないひとはしてはならないと自分が思っていることを〔願望に反して〕するひとだからである。

b10 (七)また、ホメロスによれば、グラウコスはディオメデスに

　青銅の甲冑に代えて黄金の甲冑を、すなわち、九頭の牡牛の値をもつものに代えて、百頭の牡牛の値をもつものを(6)

与えたと言われているが、そのように自分のものを他人に与えたからと言って、ひとは不正の行為をされるわけではない。なぜなら、かれが与えることはかれの意のままになる行為であるが、不正の行為をされるのはかれの意のままになることではなく、そこには不正の行為をする相手がいなければならないからである。(八)不正の行為をされることについて、それが本意からのものでないのは、こうして、明らかである。

先にわれわれが取上げた問題のうち、論ずべき問題がなお二つ残っている。その一つは、〔訴訟において〕相応しいもの以上のものを〔一方に〕分け与えるひとが不正の行為をするのか、それとも、そのようなものを受けるひとが不正の行為をするのかという問題であり、もう一つは、ひとは自分から自分に対して不正の行為をすること

がありうるかという問題である。〔これらの問題は絡み合っている〕[九]なぜなら、もしも、先に述べられた方〔第一の問題の第一の選言肢〕が真でありうるとし、不正の行為をするのは分配するひとであって、相応しいもの以上に受けるひとではないとすれば、或るひとが知っていて、他人に自分以上のものを本意から分け与える時には、かれは自分から自分に対して不正の行為をすることになるからである。ところが、これこそまさに程をわきまえたひとのすることと考えられているのである。というのは、高尚なひとは自分のためには少なく取るひとだからである。いや、これもそう単純には言えないのではなかろうか。というのは、もしかすると、高尚なひとは他の善、たとえば、名声や、そのもの自体としての行為の美しさをいっそう多く取るからである。さらに、この問題はわれわれが「不正の行為」について与えた定義[7]によっても解決される。なぜなら、ひとはいかなる不正の行為も自分の願望に反してされることはない、したがって、少なくとも、この点によってみるかぎり、かれは不正の行為をされることはなく、何かされるとすれば、害を加えられるだけだからである。

[一〇]不正の行為をするのがいつも相応しいもの以上に受けるひとではなく、分配するひとも不正の行為をするのは明白である。というのは、不正なものを持っているひとが不正の行為をするのではなく、不正なことを本意からするという働きがそのひとのものであるひとが不正の行為をするのだからである。ところで、これはその行為の始まりのあるところにあるが、その始まりは分配するひとにあって、受取るひとにはないのである。

[一一]さらに、「する(τὸ ποιεῖν)」という言葉はさまざまな意味で用いられ、或る意味では、無生物も手も下男も――かれが命じられてする時には――「人を殺す」と言われうるのだから、相応しいもの以上に受けるひとが不正の行為をしてはいなくても、「不正なことをする」ということがある。

(一二)また、分配するひとが〔諸条件を〕知らないでいてそのように判定したとすれば、かれは法律的な正しさという点で不正の行為をしたのではないし、その判定は法律的に不正なものではない。しかし、或る意味では不正なものである。なぜなら、法律としての正しさと第一義的な意味での正しさは異なるからである。また、知っていて
1137a 不正な判定をくだしたとすれば、かれはみずから、〔一方から〕感謝を相応しい分より多く取ろうとするものであるか、あるいは、〔他方に対する〕復讐を相応しい分より多く取ろうとするものであるかのいずれかである。(一三)このような動機によって不正な判定をくだすひとは、したがって、ちょうど、不正の行為による獲物の山分けにあずかる(そうした場合、土地を〔不当に〕裁定することによって、土地ではないが、金銭を得た)ようなことをしているのであって自分が得るに相応しいものより多くを取るものである。

(一四)ひとびとは、不正の行為をするのは自分の意のままになることだと思っている。それゆえ、正しいひとであることも容易なことだと思っている。だが、本当はそうではない。というのは、隣人の妻と臥床を共にしたり、傍にいるひとを打ったり、賄賂を握らせたりするのは容易なことであり、また、そのひとの意のままになることであるが、自分自身がそういう性質のものであるためにそのようなことをするのは容易なことでもなければ、意の
a10 ままになることでもないからである。(一五)同じように、正しさや不正が何であるかを知るのは何ら知恵のあることではないとひとびとは思っている。なぜなら、法律の述べていることを弁えるのは難しいことではないからである(もっとも、そのようなことは付随的な意味での正しさにすぎないが)。ところが、どのように行なえば、正しいかとか、どのように分ち与えれば正しいかということになれば、これは、たとえば、健康に良いことを知っているよりも大きな仕事である。というのは、健康に良いことについても、たとえば、蜜や葡萄酒やエレボロス(8)や焼

灼や切開の何であるかを知っているのは容易なことである。しかしながら、これらの治療のそれぞれを健康のためにどのように分ち与えるべきか、あるいは、誰に、何時、施すべきかということを知るのは、まさに医者であるのと同じことなのである。(二六)まさにこの理由のゆえに、不正なひとに劣らず正しいひとも不正の行為をすることがあるとひとびとは思っている。なぜなら、正しいひとは不正なひとに劣らず、いや、それにまさって、これらの一つ一つのことをなしうるからである。すなわち、かれは女と臥床を共にすることもできれば、ひとを打つこともできる。また、勇気あるひとは楯を放り出して、敵に背を向け、どちらの方になりと走りだすこともできる。けれども、臆病に振舞ったり、不正をはたらくとは、付随的な意味を除けば、これらのことをすることではなく、むしろ、そのひと自身或る一定の性質のひとであるため、それらのことをすることなのである。それは、ちょうど、「治療すること」「健康にすること」が、切開したり、しなかったり、投薬したり、しなかったりすることではなく、これらのことを或る仕方ですることであるのと同じである。

(二七)正義が存在するのは、そのもの自体としてみて善いものを自分の分け前としてもちながら、これを〔分を越えて〕過剰にもったり、不足したりすることのあるひとびとの間においてである。というのは、或るものにとってはこれらのものを過剰に持ちすぎることはない(おそらく、神々における場合がそうである)、或るものにとってはこれらのもののいかなる部分も利益をもたらさず、かえって、すべては害となるからである(医しがたい悪人の場合がそれである)。これに反して、或るものにとっては、これらの善いものは或る範囲において利益をもたらすものである。正義がもともと人間のものである理由はここにある。

第十章

（一）公平な性向と公平なひと[1]について、公平な性向が正義の性向とどのような関係にあり、公平が正しさとどのような関係にあるかを論ずるのが次の課題である。これらが単純に同一のものでもなければ、類において異なるものでもないことは考察してゆく過程で明らかになってくる。また、われわれは或る場合には、公平や公平な性向
1137b をもっているひとを賞讃する、そして、他の器量を賞讃する場合にもこの語を転用して、「善い」と言う代りに用い、「いっそう公平」という語で[2]、いっそう善いということをあらわす。だが、或る場合、論理を追ってゆくと、公平が正しさと区別されるものでありながら、なお賞讃に値するのはおかしいと思われることがある。なぜなら、もしも、両者が区別されるとすれば、正しいことが立派なことでないか、公平なことが立派なことでないか[3]のいずれかであり、もしも、いずれも立派なことであるとしたら、それらは同じものだからである。

（二）公平をめぐって問題が起るのは、およそ、これらの理由による。だが、これらはどれもみな或る意味ではただしい点をもっており、何ら相互に撞着することはない。というのは、公平は或る種の正しさよりは優れたことでありながら、それ自身、正しさであり、異なる類をなすものとして、正しさよりも優れたことであるのではないからである。したがって、正しさと公平とは同じであり、いずれも立派なことでありながら、公平はそのなかでいっそう優れているのである。

（三）そこで、問題が生れるのは、公平が正しさでありながら、法律による正しさではなく、法律的な正しさを補正

b20

するものであるという点にある。そして、このことの起る原因は、法律はすべて一般的なものであるが、或る種のことに関してはこれを一般的な命題としてただしく規定することが不可能であるという点にある。そこで、一般的な命題として規定するのが必然ではあるが、それをただしく規定するのが不可能である場合には、法律は、当らないところがあるのを承知の上で、たいていの場合に当てはまることを取上げて規定する。そして、法律がそのようなものであるとしても、法律がただしいものである点には何の変りもない。なぜなら、当らないところは法律のうちにあるのでも、立法家のうちにあるのでもなく、むしろ、扱われている事柄そのものの本性に含まれているからである。というのは、行為のかかわる素材には、はじめから、そのような性質が潜んでいるからである。したがって、法律が一般的な規定を与え、それに関係して、一般的な規定を外れる例が起ってくる場合には、そこに立法家の残したものがあり、法律の単純な規定に当らなかったものがあるかぎりにおいて、この残された点を補正するのはただしいことである。それは、立法家がそこに居合わせたとすれば、みずからそう規定したであろうし、もしも、かれが前からそれを知っていたとすれば、そのように法律を制定したであろうと思われることなのである。それゆえ、公平は正しさであり、また、或る種の正しさよりも優れたことである。もちろん、無条件な意味での正しさよりも優れているというわけではないが、単純な規定のゆえに当らないところの起ってくる正しさよりは優れたものである。そして、このような性質、つまり、一般的な規定であるゆえに残されるものがあるかぎりにおいて、法律を補正するという性質が公平の本性なのである。これがまた、万事が法律の規定によって定められるのではないこと、つまり、或る種の事柄については法律を制定するのは不可能であり、民会の議決を要することの原因である。なぜなら、不定なものについては、これを測る定規もまた不定なものだからである。ちょうど、レスボスの建築には鉛の定規があるのと同じである。すなわち、そこでは、定規は石の形状にしたがって曲りくねり、同じ形を保たないのと同じように、民会の議決もさまざまな事柄に応じて定められるものだからである。

(八)こうして、公平の何であるかについて、すなわち、それが正しさであり、また、或る種の正しさよりも優れたものであることは明らかである。ここからして、公平なひとがどのようなひとであるかもまた明白である。すなわち、このような事柄を選択し、行なう性質のひと、また、悪い意味で厳格に正義を守るひとではなく、法律が
1138a 自分に味方してくれる場合であっても、なるべく少ないものを取るひとが公平なひとである。また、このような性向が公平の性向であり、それは正義の性向の一種であって、別種のものではない。

第十一章

(一)自分自身に不正の行為をすることがありうるか否かはこれまでに述べてきたところから明白である。[1]正しいことのうち、或る種のことは人間の器量の全体におよぶことであって、法律によって決められたことである。たとえば、法律は自殺を命じていない。だが、命じていないことはこれを禁じているのである。[2](二)さらに、法律に反して、相手に害を加え、しかも、これを、相手から加えられた害の仕返しとしてではなく、本意からするひとは不正の行為をするものである。「本意から」とは誰に害を加えるのか、何を用いて害を加えるのかを知っていてという意味である。ところで、怒りのゆえに本意から自分自身を刺殺するひとはまっとうな分別に反してこれをす

るのである。そして、これは法律が許さぬところである。したがって、かれは不正の行為をするのである。(三)だが、それは誰に対してするのであろうか。それはポリスに対してであって、自分自身に対してではないのではなかろうか。なぜなら、かれは本意からその行為をされるのであるが、ひとは誰も本意から不正の行為をされることはないからである。(3) このゆえにまた、ポリスはかれを罰する、すなわち、自分自身を破滅するものは、ポリスに対して不正の行為をするものとみなされて、或る種の権利剝奪が加えられる。

(四)ついで、不正の行為をするひとが不正なひとであるとだけ言われ、一般的な意味で劣悪なひとであると言われるのではない不正の行為を、ひとは自分自身に対してすることはありえない(この種の不正はさきの種類の不正とは異なる。というのは、臆病なひとが悪いひとであると言われるのと同じような意味で、或る場合、不正なひとが悪いひとであると言われることがあるが、それはかれが一般的な意味での邪曲をもっているという意味ではなく、したがってまたこの意味における不正の行為をするのでもないからである)。なぜなら、もし、そういうことがあるとすれば、同じひとに対して同じものを取ると同時に加えることがあることになろうからである。だが、
a20 これは不可能なことである。正しさと不正は、いかなる場合にも、必ず一人より多くのひとびとの間において成り立つものでなければならないのである。

(五)さらに、不正の行為は本意から、選択にもとづき、相手に先んじてするものである。なぜなら、相手によってされたという理由で、同じことを仕返すひとは不正の行為をするとは考えられないからである。ところが、ひとが自分から自分に不正の行為をする時には、かれは同じことをされると同時にすることになる。さらにまた、その場合、本意から不正の行為をされるということがあることになろう。(六)また、これらの論拠に加えて、特殊な不

正の行為をすることなしに、〔一般的に〕不正の行為をするひとはないということがある。ところが、誰も自分の妻と姦通するものはいないし、自分の家の壁を破って家宅侵入するものはいないし、自分のものを盗むものもいないのである。一般的に言えば、自分自身に不正の行為をすることがあるかという問題は本意から不正の行為をされることについてわれわれの与えた限定定義[4]によっても解決されるものである。

(七)不正の行為をされるのも不正の行為をするのもいずれも劣悪なことであるのはこれまた明白なことである(前者は中間より少なく取ることであり、後者は中間より多く取ることである。中間は医術における健康なもの、体育術における強壮なものにあたる)。とはいっても、不正の行為をすることの方がいっそう劣悪である。というのは、不正の行為をするのは悪徳に伴い、非難されるべきであるが(悪徳は完全な無条件な意味におけるものである場合もあれば、それに近似したものである場合もある。なぜなら、本意からなされる不正がどれもみな不正の性向に伴うとはかぎらないからである)、不正の行為をされることは悪徳や不正な性向を伴わないからである。(八)このようにして、不正の行為をされることは不正の行為をすることよりもそのもの自体としては低い程度におい

1138b

て劣悪なものであるが、付随する結果としては、いっそう大きな禍悪であってもいっこう構わない。けれども、そのように付随する結果は術のかかわるところではない。医術は肋膜炎を足指の怪我よりも重大な病気と呼ぶ。けれども、付随する結果としては、もしも、足指を怪我していたために転んで敵の手に落ちるとか、殺されるとかいうようなことが起るとすれば、重大なものになりうるのである。

(九)類似したところがあるという意味で転義にしたがって言えば、自分の自分自身に対する関係ではないにせよ、自分のものである何かに対する関係において、正しさがあると言える。もっとも、これはすべての種類の正しさ

ではなく、〔奴隷に対する〕主人の正しさか、家政における〔夫の妻に対する〕正しさである。すなわち、魂のうち
b10 の分別をもつ部分はもたない部分に対してこれと同じ関係の隔たりをもつからである。この点に目を向けるとき、自分自身に対する不正があると考えられることもある。なぜなら、このような関係においては、自分自身の欲求に反して何かを蒙ることがあるからである。したがって、これらの部分の相互に対する関係においても、支配するものと支配されるものの間にあるのと同じような或る正しさが存在すると考えられているのである。（一〇）正義の性向やその他の性向、すなわち、人柄にかかわる器量についてはこのようにして限定定義されたとしよう。

第六巻

第一章

(一)過剰でも不足でもなく中間を選ぶべきであるということはすでに先に述べ(1)たところである。ところで、中間とはまっとうな分別(2)の告げるところにあるのだから、この点をさらに論究することにしよう。上述のすべての性向には――他の性状〔たとえば、健康、強壮〕についても言えるように――分別をもっているひとがそれを目ざして、力を加減するような或るひとつの目標がある。すなわち、それは中間性を示す一つの標石(3)であって、この中間性はまっとうな分別にしたがって定まるものであり、それは過剰と不足の中間にあるとわれわれは言うのである。

(二)さて、このように言うことは、たしかに真実ではあるが、それではまだ何もはっきりしたことを言ってはいない。これはその他の専門知識〔たとえば医術、体育術〕のかかわるかぎりの営為についても同じことであり、〔たとえば、体育術において〕「鍛錬するについても休養をとるについても過度と不足を慎しみ、中間を、まっとうな分別の命ずるところにしたがって求めなければならない」と述べるのは真実なことには違いないが、それだけ心得ていたとしても、それ以上何も知っていることにはならない。それは、ちょうど、「医術が命ずるかぎりのことをなせ」とか「医術を心得ているひとが命ずるかぎりのことをなせ」と言ったところで、どのような種類の治療を

患者の身体に施すのが相応しいか知っていることにはならないのと同じである。(三)それゆえ、魂の性向についても
これは同じで(4)、上述のように言うのが真実ではあるにしても、それだけではなく、さらに、まっとうな分別とは
何か、また、その標石は何かを規定しなければならない。
1139a (四)さて、魂の器量をわれわれは区分して、一つを人柄としての器量であると言い、一つを思考の働きとしての器
量であると言った(5)。人柄としての器量についてはこれまですでに詳しく論述してきた。論じ残された器量につい
ては、まず、魂のことから述べることにして、次のように言おう。(五)先には、魂に二つの部分、すなわち、分別を
もつ部分と分別をもたない部分があると述べた(6)。今度は、この分別をもつ部分についても、同じようにそれを二
つの部分に分割しなければならない。すなわち、分別をもつ部分には二つの部分があり、一つは「存在するもの
のうち、他でありえない原理をもつものを考究するのに用いる部分」であり、もう一つは「他でありうるものを
考究するのに用いる部分」であるということを議論の出発点として認めることにしよう(7)。というのは、類におい
a10 て異なるものに対してはもともとそれに対応する部分として、類において異なる魂の部分があるからである——
もしも、〔事物との〕或る類似性と親近性にしたがってそれらの部分に認識が与えられるとするならば(8)、(六)これらの
うちの一つをわれわれは「学問認識をする部分」と呼び、他の一つを「分別をめぐらす部分」と呼ぶことにしよ
う(9)。すなわち、思案をめぐらす働きと分別をめぐらす働きは同一であるが、他のようにありえない事物について
は思案をめぐらすひとはいない。したがって、分別をめぐらす部分は魂における分別をもつ部分のうちの一部分
なのである。(七)そこで、われわれはこれらのそれぞれについて、その最良の状態が何であるかを把握しなければな
らない。それがこれらのそれぞれのもつべき器量なのであるから。

第二章

（一）器量はそれぞれの事物に本来そなわっている働きに関係づけられる(1)。ところで、魂のうちには、行為と真実(2)を司るもの(3)として感覚と理性と欲求の三つがある。（二）このうち、感覚はどのような行為の始まりになることもない。これは獣類が感覚をもってはいても、行為(4)にあずからないことからみて明らかである。欲求の働きにおいて、思考の働きにおける肯定と否定にあたるものは、追求と忌避である。ところで、人柄としての器量は選択にかかわる性向であり、選択は思案にもとづく欲求であるのだから(5)、これらの理由によって、選択がすぐれたものであるためには、〔思案における〕分別〔の働き〕は真なるものであり、欲求はまっとうなものでなければならない(6)。そして、分別〔の働き〕の肯定するものが同時に欲求の追求するものでなければならない。さて、このようなものが行為にかかわる思考の働きとその真実である。（三）これに対して、観想にかかわる思考の働き、すなわち、行為にかかわるのでも、制作にかかわるのでもない思考の働きの良否は真と偽である（なぜなら、これがあらゆる思考の働きの作りだす結果だから）。これに対して、行為にかかわる思考の働きの良さはまっとうな欲求と合致するものとしての真実である(7)。

（四）行為の始まりは選択であるが——もっとも、それは、運動がそこから始まる始まりであり、運動がそれを目ざして始まる始まりではない——選択の始まり(8)は、欲求と、何ものかを目ざして働く分別〔の働き〕である。選択が理性、すなわち、思考の働きを欠いても、人柄としての性向を欠いてもありえないのはこのゆえである。すなわ

1139b ち、「良い行為」[9]、つまり、行為における良さとその反対は思考の働きと人柄を欠いてはありえないのである。[五]思考の働きそのものは何も動かさない。ただ、それが何ものか〔目的〕を目ざして、行為のために働く時、動かす。事実、これが制作にかかわる思考の働きをも支配するのである。なぜなら、すべて制作するひとは何ものかを目ざして制作するが、制作されるもの自体は無条件な意味における目的ではなく（それは或る何ものかに関係づけられるかぎりでの、すなわち、或る活動がそこに終極するものとしての目的である）、行為されることが無条件な意味における目的だからである。[10]すなわち、「良い行為」がすべての行為の目的なのであって、欲求はこれに向う。選択が欲求を伴う理性、または、思考の働きを伴う欲求であるのはこのゆえである。そして、こういう意味での〔行為の〕始まりが人間なのである。

[六]すでに生起したいかなることも選択の対象ではない。たとえば、誰もトロイアを破壊したことを〔これから自分のなすべきこととして〕選択するひとはいない。というのは、ひとが思案をめぐらすのはすでに生起したことについてではなく、やがて生起するであろうことについてであり、ありうることについてだからである。すでに生起したことが生起しなかったということはありえないのである。それゆえ、アガトンが、

b10 　神にさえ拒まれているのはただこの一つ、なされてしまったことをなかったことにすること

と言うのはただしい[11]。

こうして、魂における二つの理性的な部分の働きによって生れるものはいずれも真実である。したがって、これらの部分のそれぞれが真をうるためにもっとも相応しい性状[12]がこれら二つの部分の器量なのである。

第三章

(一)もう一度初めから、これらの理性的な部分の器量について述べることにしよう。肯定と否定によって、魂が真をうるために用いるものは五個あるとして置くことにしよう。技術、学問、賢慮、知慧、直観がそれである。(1)断定や判断によってはひとは偽に陥ることもありうる〔から、これらは省かれる〕。

(二)さて、学問(2)の何であるかは、次のように考えれば明らかである。いまは精確に論ずべきであり、類似性にしたがって論を進めてはならないとする。(3)われわれはみな「学問的に知っていることは〔いまあるところと異なって〕他ではありえない」ということを認めている。(4)他でありうるものは、われわれの観察の外にある時、その「あるか」「ないか」の分らないものである。それゆえ、学問的に知られるものは必然にある。それゆえ、永遠なものである。なぜなら、無条件な意味で必然にあるものはすべて永遠なものであり、永遠なものは不生不滅なものだからである。(5)(三)さらにまた、すべての学問は教えられうるものであり、学問的に知られるものは学習されうるものであると考えられている。ところで、『分析論』でも述べたとおり、(6)すべての教授は予め知られているものから始まる。すなわち、その一つは帰納により、他の一つは推論による。ところで、帰納は〔推論の〕始まり〔原理〕である一般命題にかかわり、推論は一般命題から始まる。(7)それゆえ、推論の始まり〔原理〕であって、推論の結論とはなりえない或る始まり〔原理〕がある。それゆえ、これを知るのは帰納である。(8)(四)それゆえ、学問とは論証の性能(9)であり、その他、これに加えてわれわれが『分析論』で与えた規定によって定義されるものである。(10)すなわち、学問的な知識は、原理に関する或る確信が得られ、原理がひとに知られてくる時、成立する。[11] というのは、原理に関する確信が結論に関する確信より劣るものであれば、かれのもっている学問的知識は付随的な意味のものになろうからである。学問については、これで定義されたことにしよう。

第四章

1140a （一）制作されるものも行為されるものも他でありうるものの一つである。（二）だが、制作と行為は異なる[1]（この点は「一般向きの論述[2]」でも論じたところであり、われわれはこれに依拠する）。したがって、分別の働きを伴う行為の性能と分別の働きを伴う制作の性能も異なる。[3] また、それらは一方が他方に含まれることもない。[4] すなわち、行為が制作の一つでも、制作が行為の一つでもない。（三）また、建築術は技術の一つであり、[5] かつ、分別の働きを伴う制作の性能であることを本質とするものの一種なのであるから、[6] また、分別の働きを伴う制作の性能ではないようないかなる技術もなく、技術でないようないかなるそのような性能もないのだから、技術は真なる[7]分別の働きを伴う制作の性能と同一であることになろう。

（四）すべての技術は生成にかかわる。すなわち、あることもないこともありうるもの、さらに、そのものの生成の始まりがこれを作りだすひとのうちにあって、当の作りだされるもののうちには存在しないもの、このようなもののうちの或るものをどうしたら作りだせるかを考究するのが技術のはたらきである。[8] すなわち、技術は必然により存在し生成するものにも、自然により存在し生成するものにもかかわらない。なぜなら、これらはそのもの

a20 自体のうちにその生成の始まりをもつからである。(五)また、制作と行為は異なるものだから、技術が制作にかかわるものであって、行為にかかわるものでないことは必然である。また、偶運と技術は或る意味では同じものにかかわる。それは「技術は偶運をいつくしみ、偶運は技術をいつくしむ」とアガトンの言うとおりである。(9)(六)こうして、技術は、いま述べたとおり、真なる分別の働きを伴う制作の性能の一種であり、出鱈目〔無術〕はその反対、すなわち、虚偽なる分別の働きを伴う制作の性能であり、これらはいずれも他でありうるものにかかわる。

第五章

(一)(1)賢慮については、次のようにして、つまり、われわれがどういうひとを賢慮あるひとと呼んでいるかを顧みることによって、その何であるかを把握することができよう。賢慮あるひとの特徴と一般に考えられているのは、自分にとって善いもの、役に立つものについてただしく思案をめぐらしうることであり、それも、特殊なこと、たとえば、健康のため、または、力の強さのためにどのようなことが役に立つかについてではなく、良い生活のために一般的に言ってどのようなことが役に立つかということについてただしく思案をめぐらしうることである。(二)その証拠には、或る特殊なことについて〔或るひとびとを〕賢慮あるひとびとと呼ぶ場合にも、それは専門技術の
a30 分野に入らないことであって、或る立派な目的のためにそのひとびとが良く分別をめぐらす場合であるという事実がある。したがって、一般的に言っても、思案をめぐらしうるひとが賢慮あるひとであることになろう。

(三)ところで、他であることが不可能なことについて、または、自分がなしえないことについて思案をめぐらすひ

1140b とはいない。したがって、もしも、学問が論証を伴うものであり、また、その〔ものを成り立たせている〕始まり〔原理〕が他でありうるものについては論証はありえないとすれば（なぜなら、そのようなものはすべて他でありうるから）、また、必然に存在するものについて思案をめぐらすことはありえないとすれば、賢慮は学問でもなければ、技術でもないだろう。学問でないというのは、行為されるものは他でありうるからである。技術でないというのは、行為と制作は類を異にするからである。(四)それゆえ、結論として残るところは、賢慮は「人間にとって善いものと悪いものに関する、分別の働きを伴う、真なる行為の性能(2)」であることになろう。おもうに、制作には制作〔活動〕と異なる目的があるが、行為にはそのような目的はないだろう。なぜなら、良い行為はそれ自体行為の目的だからである。(五)この理由によって、われわれはペリクレスやペリクレスのようなひとを賢慮あるひとであると思っている。それは、かれらがかれら自身にとって善いもの、および、人間一般にとって善いものを見る力をもっているという理由による。また、われわれは家を治めうるひとやポリスを治めうるひとを賢慮あるひとだとみなしている。われわれが「節制」を「ソープロシュネー」という名称で呼んでいるのもそこからくることである。すなわち、それは「賢慮を保つもの《ソーズーサン・テーン・プロネーシン》」という意味なのである。(六)ところで、節制によって保たれるものはこの種の判断である。なぜなら、快苦の情はあらゆる種類の判断を破壊し狂わせるわけではないからである。すなわち、快苦の情は、たとえば、三角形が二直角に等しい角をもつか否か(3)に関する判断を狂わせるのではなく、行為に関するさまざまな判断を狂わせるのである。というのは、行為の始まりとは、行為されることがそれを目ざしてなされる目的であるが、快楽や苦痛によって駄目になってしまったひとには、この行為の始まり(4)がもうはじめから目に映らず、そのため、かれには、すべてのことをこの目的を目ざして、この目的のために選びとり、

b20 行なわなければならないとは思われないからである。まことに、悪徳は行為の始まりを破壊する性質をもつ。このようにして、賢慮が人間の善にかかわる、分別の働きを伴う、真なる行為の性能であることは必然である。

(七)さらにまた、技術には技術にそなわるべき技量があるが、賢慮にはそれがない[5]。また、技術においては、自分から誤りをおかすことのできるひとの方が望ましいが、賢慮についてはそれは望ましくない。これはさまざまな器量についても言えることと同じである。こうして、賢慮が或るひとつの器量であって、技術でないのは明らかである。(八)魂の分別をもつ部分には二つあるが、賢慮はそのうちの一方、すなわち、判断をくだす部分[6]の器量であろう。なぜなら、判断も賢慮も他でありうるものにかかわるからである。けれども、それは分別の働きを伴う性能というだけのものではない。その証拠として、そのような性能については忘却することもありうるが、賢慮を
b30 忘却することはありえないという事実がある[7]。

第六章

(一)学問は一般的であって、必然に存するものについての断定であるから、また、論証されるもの、したがってまた、すべての学問的な認識には〔論証、ないし、学問的な認識がそこから始められる〕原理があるのだから(なぜなら、学問的な認識は論証を伴うから)、学問的に知られるものの原理については学問的な認識がないばかりではなく、さらに、技術も賢慮もこれにかかわるものではないことになろう。なぜなら、学問的に知られるものは
1141a 論証されるものであるが、技術や賢慮のかかわるものは他でありうるものだからである。したがってまた、知慧

も学問的認識の原理にかかわるものではない。なぜなら、或る種のものに関して論証を持つことが知慧あるひとの特徴だからである。(二)ところで、他でありえないものについてであれ、他でありうるものについてであれ、それを用いてわれわれが〔いつも〕真を得、けっして、虚偽に陥ることのないものは学問と賢慮と知慧と直観であるのだから、そして、これらの三つは学問的な認識の原理にかかわるものではあり得ないのだから(三つとは賢慮と学問と知慧を言う)、残るところは直観が学問的な認識の原理にかかわるものであることになろう。

第七章(1)

a10 (一)技術の領域においてはわれわれは「知慧」を技術における最高の完成に達したひとびとが持つものとしている。たとえば、ペイディアスを「知慧のすぐれた彫刻師」、ポリュクレイトスを「知慧のすぐれた彫像師」と呼ぶ場合がそれである。この場合、われわれが「知慧」という言葉で標示しているものは「完全な技量」に他ならない。(2)(二)他方において、われわれが或るひとびとを知慧あるひとと思う場合、それは、かれらが一般的に知慧があるということであって、特殊な点で、すなわち、或る特殊な何事かに関して知慧がある——たとえば、ホメロスが『マルギテス』(3)で、

　されば、神々はかれを土掘りびととも、鋤きびととも、
　また、何事かにおいて知慧あるひとともなさざりき

と言っている時のように——ということを言うのではない。このようにして、知慧が学問のなかで最高の完成を

もつものであろうことは明らかである。(三)それゆえ、知慧あるひとは単に原理から導きだされる事柄を知っているだけではなく、同時に、原理そのものについても真理を摑んでいなければならない。ここからして、知慧は直観であると共に学問であり、もっとも尊敬に値するものに関する、「いわば、冠をつけた〔完全な〕学問[4]」であることになろう。おもうに、ひとが政治術[5]や賢慮をすべての知識のうちでもっとも優れたものであると思うとすれば、宇宙に存在するもののなかで最善のものが人間でないかぎり、それはおかしなことである。(四)したがって、いま、もしも、健康に善いものや〔一般に〕善いと言えるものは人間にとってと魚にとってとでは違うが、白いものや真直ぐなものは何時いかなる場合にも同じであるとすれば、「知慧がある」ということは何時いかなる場合にも同じであるが、「賢慮をもつ」ということは〔場合によって〕違うということを誰しも認めるであろう。というのは、それぞれの事物について良いものを見るひとが賢慮をもつと言われるからであり、ひとはそのような賢慮をもっているひとにそれらのことを委ねるだろうからである。[6]或る種の獣類、つまり、自分の生活にかかわることで予知の力をもっていると見えるかぎりの獣類が賢明であると言われる[7]のもこのゆえである。

知慧と政治術が同じものでありえないのもまた明白なことである。なぜなら、自分の利益になるものにかかわる知識を知慧と呼ぶとするならば、世の中には多くの知慧があることになろうからである。なぜなら、あらゆる種類の動物にとっての善いものについて一つの知識はなく、それぞれの種類ごとにそれぞれ異なる知識があるからである。もしも、あるかぎりのすべての動物に関する一つの医学もないとすれば。このことは、かりに、人間が他の動物のなかで最高の存在であったとしても、何も変りはない。なぜなら、他にもその本性において人間よりはるかに神的な存在があるからである。たとえば、誰の目にもこの上なく明らかな例をあげれば、宇宙がそれ

b10

から成り立っているもの〔天体〕がある。(五)こうして、上述のことから明らかなとおり、知慧はそのもの自体の本性においてもっとも尊敬に値する存在に関する学問であり、直観である。[8]アナクサゴラスやタレスや、そういった種類のひとびとが自分に役立つことを知らないのを見て、ひとびとが、かれらを知慧あるひとと言い、賢慮あるひとと言わない[9]のはこのゆえである。すなわち、ひとびとの言うところでは、かれらは珍奇なことや不思議なことや難しいことや神霊的なことを知ってはいるが、それらは役に立たないことなのである。それは、かれらが人間の善を探求しないからである。

(六)これに対して、賢慮は人間のことにかかわり、ひとが思案をめぐらしうるものについてである。すなわち、賢慮あるひとに固有な働きは、他の何よりも、このこと、つまり、良く思案をめぐらすことであるとわれわれは主張する。ところで、他であることの不可能なものについて思案をめぐらすひとはいない、また、或る目的、つまり、或る達成すべき善をその目的としてもたないようなものについて思案をめぐらすひともいない。そして、条件ぬきの意味における「思慮深いひと」とは、行為されうることのうち人間にとって最善のものを分別の働きにしたがって狙い当てるひとのことなのである。

(七)また、賢慮は一般的なものにかかわるだけではなく、個別をも認識しなければならない。なぜなら、賢慮は行為にかかわるが、行為は個別にかかわるからである。このゆえに、或る種のひとびとは知識をもっていないのに、知識をもっている他のひとびとよりも行為の点では優れているということがある。そのようなひとはとりわけ経験のあるひとである。すなわち、軽い肉が消化しやすいものであって、健康によいと知っていたとしても、どのような肉が軽いかを知らなければ、健康を作りだすことはできないだろう。むしろ、鳥肉が健康によいと知っているひとの方が健康を作りだす点では優れていることになろう。賢慮は行為にかかわる。したがって、それは一般と個別の両方を知らなければならない。だが、どちらかといえば、個別を知ることの方が必要である。そして、ここでも、或る統括的な賢慮がありうる。

第八章

（一）政治術も賢慮も〔魂の〕同じひとつの性能であるが、それらが「何である〔と定義される〕か」という点が違う。（二）ポリスにかかわる賢慮〔＝政治術〕の一部は統括的な賢慮としてのそれであり、それは立法術である。他の一つは〔これによって統括される〕個別的なものとしての賢慮であり[1]、「政治術」という共通の名称をもっている。後者は実務を処理し、審議にあたるための賢慮である。というのは、民会の議決は遂行される〔政治〕行為として最終のものだからである。普通、ひとびとが、これにかかわるひとだけを政治にかかわると言っているのはこのゆえである。（三）なぜなら、このひとびとだけが、いわば、職人のように、実際のことに当るからである。

だが、一般には、自分ひとりだけにかかわるものが他の何よりも、賢慮であると考えられている。そして、これが「賢慮」という共通の名称をもっている（これに対して、それ以外の賢慮のうちの一つは家政であり、一つは立法術であり、一つは政治術である。そして、政治にかかわるもののうちの一つは審議にかかわり、一つは裁判にかかわる）。

（四）さて、「自分のために知ること」は賢慮の一種であるとは言えよう[2]。だが、そのうちにははなはだしい差別が含

1142a まれており、一般には、自分自身にかかわることを知るひと、自分自身にかかわることに専念するひとが賢慮あるひとと考えられ、政治にかかわるひとは多事にかかずらう忙しがりやであると思われている。エウリピデスの

何で、儂が賢慮なぞ持てよう。かつては、
多くの軍勢に立ちまじり、人並みの分を労せずにわかつこともできたが。なぜというに、他人に抜きんでて、
過ぎたことをしようとすると……(3)

という言葉があるのはこのゆえである。すなわち、ひとびとは自分にとって善いものを求め、また、そうしなければならないと思っているのである。こうして、そういうひとが賢慮あるひとだという説が生れてきたのはこういう考えからである。しかしながら、自分自身の良い生活《くらし》はおそらく家政をととのえることなしにはありえないし、また、ポリスの政治をととのえることなしにもありえないのである。さらに、自分自身のことをどのようにととのえたらよいのかという問題も何ら自明ではなく、あらためて考察しなければならない問題である。

(五)上述のことの証拠として、なぜ、若者は幾何学者や数学者や、一般に、そういう種類のことで知慧あるひとにはなれるが、賢慮あるひとにはなれないと考えられているかということがある。その理由は、賢慮は個別にもかかわるが、個別は経験から知られるものであり、若者は経験をもたないという点にある。なぜなら、時間の嵩が経験を生むからである。(六)また、なぜ、子供は数学者にはなれても、知慧あるひとや自然学者にはなれないのかを考えてみてもよいだろう。それは、一方〔つまり、数学の対象〕は抽象により知られるが、他方〔つまり、知慧や自然学の対象〕の原理は経験から知られるという理由にもとづくのではなかろうか。また、後者については、若者は確信をもてず、ただ、〔他人の語る〕言葉を口にするだけであるが、前者については、その「何であるか〔本質〕」

に不明なところがないという理由にもとづくのではなかろうか。

(七)また、思案をめぐらす過程において起る誤謬は一般者と個別のいずれかにかかわる。すなわち、それは「すべて重い水は悪い」という点についてであるか、「これは重い水である」という点についてであるかである。

(八)賢慮は、明らかに、学問ではない。なぜなら、すでに述べたとおり(4)、賢慮は最終のものにかかわるからである。すなわち、行為されるのはそのようなものなのである。(九)このようにして、賢慮は直観に対立する。なぜなら、直観は〔論証がそれらから成り立つ最初の〕項(5)にかかわるが——これらの項についてはこれらを説明する言葉はない——賢慮は最終の項にかかわるからである。この最終の項については学問的な認識はなく、感覚がある。もっとも、それは固有の感覚対象(6)にかかわる感覚ではなく、それによってわれわれが、〔推論の過程において〕「この最終のものが三角形である」と知る感覚である。なぜなら、そこ〔論証の終端〕でも〔推論の過程には〕停止があるだろ
a30 うから。だが、これは賢慮であるよりも、むしろ、感覚である。ただし、それは先の意味における〔固有の感覚対象にかかわる〕感覚とは別種の感覚である。

第九章

(一)探究することと思案をめぐらすことは違う。なぜなら、思案をめぐらすとは或る特定のことを探究することだからである。そこでわれわれは「思慮深さ(1)」について、それが何であるか、すなわち、それは学問の一種であるのか、判断の一種であるのか、勘の良さの一種であるのか、それとも、これらのものとは違う或る種類のものに

1142b 属するのかを把握しなければならない。
(二)さて、思慮深さは学問ではない。なぜなら、ひとは自分が知っていることについては探究しないが、思慮深さ
は思案の一種であり、思案をめぐらすひとは探究し、分別をめぐらすからである。他方に、思慮深さは勘の良さ
でもない。なぜなら、勘の良さは分別の働きを伴わない、或る敏速な働きである、だが、ひとは、思案をめぐら
すには長い時間をかけるからである。そこからして「思案の済んだことはすみやかに実行しなければならないが、
思案はゆっくりとするのがよい」と言われるのである。(三)さらに、頭脳明敏と思慮深さは異なる。頭脳明敏は勘の
良さの一種なのである。またさらに、思慮深さはいかなる種類の判断でもない。しかしながら、下手に思案する
ひとは誤りを犯し、良く思案するひとはただしく思案するのだから、思慮深さとは、明らかに、ただしさの一種
である。もっとも、それは学問、または、判断のただしさではない。なぜなら、学問はただしさをもつことはな
b10 く(なぜなら、学問は誤謬をもたないから)、判断のただしさとは判断の真なることだからである。それに、判断
がくだされるのはすべて一定のものとしてすでに定《き》まっているものについてである。ところが、思慮深さは分別
の働きなしにはありえないのである。したがって、残される帰結は、それが思考過程のただしさであるというこ
とである。なぜなら、思考過程はまだ言明ではない。すなわち、判断をもつことは探究ではなく、すでに一種の
言明であるが、思案するひとは、良く思案している時であれ、下手に思案している時であれ、何ものかを探究し、
分別をめぐらしているからである。

(四)だが、思慮深さとは、むしろ、思案の過程における或る種のただしさである。それゆえ、われわれはまず思案
について、それが何であり、また、何にかかわるものであるかを尋ねなければならない。だが、「ただしさ」とい

う言葉には多様な意味があるから、それがあらゆる意味における「ただしさ」でないのは明らかである。(1)抑制のないひとや劣悪なひとは、自分のなすべき目標として立てるものを分別の働きにもとづいて〔目的・手段の連関をたどって〕手に入れるであろう。[2] したがって、かれはただしく思案をめぐらしたことになろう。それにもかかわらず、かれの得たものは大きな禍悪である。ところが、「良く思案をめぐらした」というのは何か善いことであると考えられているのである。というのは、このような種類の思案のただしさ、[五] すなわち、善いものを手に入れうる思案のただしさが思慮深さだからである。しかしながら(2)、ひとはこの善いものを虚偽の推論によって手に入れることもできる、すなわち、なすべき目的に達しても、本来、それを用いるべき手段によらず、中項〔手段〕が虚偽の中項であることがありうる。したがって、このようなものもまだ思慮深さではない。すなわち、ここでは、達すべきものに達しはするが、それを用いるべき手段にはよらないのである。[六] さらにまた(3)、長期間、思案をめぐらして達すべきものに達するひともあれば、すみやかに思案をめぐらして達するひともある。したがって、ここでも、前者のようなものはまだ思慮深さではなく、思慮深さとは利益をもたらすものに関して、達すべきものに、達すべき仕方で、達すべき時に達するものという意味での思案のただしさなのである。[七] さらにまた(4)、無条件な意味で、思案を良くめぐらしたということもあれば、或る目的のために思案を良くめぐらしたということもある。そこで、無条件な意味における思慮深さとは無条件な意味での目的に対して正鵠をうることであり、或る意味における思慮深さとは或る目的に対して正鵠をうることである。そこで、賢慮あるひとのもつ特徴には「良く思案をめぐらした」ということがあるとすれば、思慮深さとは、賢慮がありのままに把握する〔本然の〕目的[3]に対して役立つものという意味での思案のただしさであることになろう。

第十章

1143a (一)ひとが「弁えのあるひと」とか「弁えのよいひと」とか言われる場合の「弁え」も「弁えのよさ」(1)も一般的な意味における学問と同じものでもなければ（あるいは、さらに、判断と同じものでもない、もし、そうだとすれば、すべてのひとが弁えのあるひとであることになろう）、或る特殊な学問の一種でもない。たとえば、健康にかかわることについて医術があり、大きさにかかわるものとして幾何学があるというように。というのは、ひとが弁えをもつのは常に存在するもの、すなわち、不動なものについてでもなければ、生起する任意のものについてでもなく、ひとが困惑におちいったり、思案をめぐらしたりするようなものについてであるからである。それゆえ、弁えは賢慮と同じものにかかわるが、弁えと賢慮は同じものではない。(二)なぜなら、賢慮は命令的な性質をもつ。すなわち、ひとが何をすべきか、何をしてはならないかを告げ〔この命令を達成させ〕るところにその目的がある。これに対して、弁えはただ事柄を判別する力をもつだけだからである。「弁え」と「弁えのよさ」、「弁えのあるひと」と「弁えのよいひと」はそれぞれ同じである。

また、弁えは賢慮をもつこと、または、賢慮を得ることでもない。(三)むしろ、ひとが〔自分のもっている〕学問をはたらかせて、ものを知る時、「わかる（μανθάνειν）」ことを「弁える（συνιέναι）」と言うように、判断をはたらかせて、ものを判別する時に、賢慮が関係するような事柄について、他人の言葉を聞いて、判別すること、しかも、ただしく判別することが「弁える」と言われる(2)（「良く判別する」というのと「ただしく判別する」というのとは同じである)。また、(四)ひとが「弁えのよいひと」と言われる場合の「弁え」という名称はここから、つまり、〔学問をはたらかせて〕「わかる」という場合の「弁え」という言葉から来たのである。われわれは「わかる」ということをしばしば「弁える」というからである。

第十一章

(一)ひとがそれをもつことによって「思いやり深い(εὐγνώμων)」と言われ、「思いやりがある(συγγνώμην ἔχειν)」
a20 と言われる場合のいわゆる「洞察(γνώμη)」は公平な事柄に関するただしい判定である(1)。その証拠に、われわれは、公平なひとを他の誰よりも思いやりのあるひとであり、公平を或る種のことに関して思いやりをもつことであると言うのである【思いやりとは公平な事柄についてただしく判定する洞察のことである(2)】。ただしい判定とは真に公平な事柄に関する判断のことである。

(二)これまでに述べてきた〔魂の〕すべての性能は、当然のことながら、同じひとつのことに帰趨する。すなわち、われわれは洞察や弁えや賢慮や直観を同じひとびとに関係づけて語り、かれらにはすでに洞察もあり直観もある(3)〔ものが分っている〕とか、かれらはもはや賢慮もあり、弁えもあると言うのである。なぜなら、これらの能力はすべて最終のもの、すなわち、個別にかかわるからである(4)。そして、賢慮あるひとがかかわる事柄に関してよく
a30 判定しうるということによって弁えがあるとか、思いやり深いとか、思いやりがあるということは成り立つのである。なぜなら、公平は他人に対する関係におけるすべての善いひとびとに共通に見られる特徴であるが、行為(三)

されることはすべて個別のこと、最終のことの一つだからである。すなわち、賢慮あるひとが知るべきものはこ
れら個別のことであるが、弁えも洞察も行為されることにかかわり、これは最終の〔個別の〕ことなのである。(四)ま
た、直観は両方向における最終のものにかかわる。なぜなら、推論における最初の項(5)にかかわるのも、最終の項
にかかわるのも直観であり、それらについては、それらを説明する言葉は存在しないからである。この際、論証
1143b に沿って働く直観は不動の第一の項にかかわり、行為にかかわる論証(6)において働く直観は最終のもの、すなわち、
他でありうる〔行為にかかわる論証における〕小前提にかかわる。なぜなら、これは行為がそれを目ざしてなされ
る目的〔を実現するため〕の始まりだからである。すなわち、個別を通じて一般は実現されるのである。(五)そこで、
これらの個別に関する感覚がなければならない。それが直観である。

　このゆえに、これらの性能は自然の本性によりそなわるものであると考えられている。すなわち、自然の本性
により知慧をもつひとは誰もないが、洞察や弁えや直観をひとがもつのは自然の本性によると考えられているの
である。(六)その証拠として、これらの性能は年齢に応じてそなわってくるものであり、或る一定の年齢が直観をそ
なえ、洞察をそなえる年齢だとわれわれが思っているという事実がある。それは、われわれが、これらの性能の
生れる原因は自然にあるとみなしているということを示すのである【それゆえ、直観は端初であると共に、終極で
b10 もある。なぜなら、論証はこれらのもの〔最初の項〕から始まり、これらのもの〔最終の項〕についてなされるから(7)】。
したがって、われわれは、経験のあるひとや年寄り、または、賢慮あるひとびとのもっている論証しえない言葉
や判断に対して、論証に劣らず、注意を払わなければならない。なぜなら、かれらはその経験によって、ものを
見る目をもっているため、物事をただしく見るからである。

(七)こうして、**賢慮**と知慧のそれぞれが何であり、何にかかわるか、また、それぞれが魂の異なる部分の器量であることが述べられた。

第十二章

(一)だが、これらの性能が何の役に立つかを疑問にするひとがあるかも知れない。というのは(1)、知慧は人間が幸福になるための手段については何も考究しないだろうし(なぜなら、知慧はいかなる種類の生成にもかかわらないから)、**賢慮**にはそういう働きがあっても、何のために**賢慮**が必要であるかが問われうるからである。なぜなら、**賢慮**は正しいことや美しいことや人間にとって善いことにかかわるものであるが、〔善いひとのもつ〕器量が〔これらのことをなしうる〕性能であるとすれば、これらのことは善いひとのなしうることであり、われわれはこれらを知っていることによって、すこしもこれらの行為をいっそう良くなしうるようにはならないからである。それは、ちょうど、健康なことや強壮なことについても――これらの言葉が健康や強壮を作りだすという意味において理解されるのではなく、健康な状態や強壮な状態から生れてくるという意味において理解されるかぎりにおいて(1)――言えることと同じである。すなわち、われわれは医術や体育術を心得ていることによってはこのようなことをいっそう良くなしうることはまったくないのである。だが(二)(2)、もしも、ひとが**賢慮**あるものになるのはこれらのことを知るためではなく、善いひとになるためだと言うべきだとすれば、現に器量の優れたひとにとっては、**賢慮**は何の役にも立たないものとなろう。さらに、それは器量をもっていないひとにとっても役に立たない。なぜなら、自分自身で賢慮をもっていようと、賢慮をもっている他人の言うことに従おうと、そこには何の違いもなかろうし、また、健康にかかわることでわれわれがしているのと同じようにすれば、それで充分だろうからである。すなわち、われわれは健康になりたいと思っているからといって、医術を学びはしないのである。

(三)これらに加えて(3)、賢慮が知慧より劣ったものであるにもかかわらず、もしも、それが知慧を支配するとすれば、それはおかしなことであると思われよう。なぜなら、どのような事柄についてであれ、作りだす術がこれを支配し、命令を下すからである。

さて、論ずべき問題はこれらの点である。ここまでは、ただ、これらに関する難問が示されたに止まる。

1144a (四)まず最初に述べるべきことは(1)、知慧と賢慮のそれぞれは魂の理性的な二部分のそれぞれにそなわる器量なのであるから、かりに、それらのいずれもが何も作りださなかったとしても、なお、それらがそのもの自体として望ましいものであることは必然であるということである。

(五)ついで(2)、それらは何かを作りだしはするが、知慧は、医術が健康を作りだすようにではなく、健康そのものが健康を作りだすようにするのだと言わなければならない[2]。知慧が幸福を作りだすのはそのような意味においてなのである。すなわち、知慧は、全体としての器量に含まれる一つの部分として、人間がこれをもつことによって、すなわち、それが〔人間のうちで〕活動することによって人間を幸福にするのである。

(六)さらに(3)、人間の働きは賢慮と人柄としての器量にしたがって完成される。すなわち、器量は目標をただし
a10 いものとして与え、賢慮はこれに達する手段を与える(魂の第四の部分[3]、すなわち、栄養をつかさどる部分にはそのような器量はない。なぜなら、何をするにしても、しないにしても、この部分の自由にできることは何ひとつ

ないからである)。

(4)賢慮[七]のゆえに、美しいことや正しいことをいっそう良くなしうるものにはならないという点については、やや遡って次の点から論じなければならない。或るひとびとが正しいことを行なっていても、われわれはこのひとびとを、まだ、正しいひとであるとは言わない[4]。たとえば、法律によって定められたことをしていても、かれが不本意に、もしくは、無知のゆえに、もしくは、その行為自体のゆえにではなく、何か他のことのゆえにそれをしているのであれば、かれを正しいひとであるとは言わない(なるほど、かれがしていることはひとがしなければならないことであり、また、器量の優れたひとがしなければならないことではあるが)。それと同じように、それをして、ひとが善いひとであると言われるためには、どうやら、それぞれのことをするに当って行為するひとがもつべき或る一定の身の持ち方があるようである。たとえば、「意向にもとづいて[5]」とか「行為されること自体のためにする」とかいうようなことをわたしは言う。さて[八]、意向をただしいものにするのは魂の器量である。だが、この意向を実現するためになされるべきことを実際に行なうのは器量の働きではなく、他の能力の働きである。われわれはこれらの点に注意を向けながらいっそうはっきりと述べなければならない。

さて[九]、「才覚」と呼ばれている一つの能力がある。それは、提示された目標に導くことをなしえ、これを手にいれる能力のことである[6]。したがって、それは、目標が美しい時は、賞讃に値するが、目標が劣悪である時には「老獪」である。われわれが才覚のあるひとを賢慮あるひととも老獪なひととも呼ぶことがあるのはこのゆえである[7]。賢慮[一〇]はこの能力ではないが、この能力なしにはありえない。この〔いわば〕「魂の目」[8]〔才覚〕に賢慮という性能がそなわってくるのは〔魂に〕器量がそなわることなしにはありえない。それは、すでに述べたとおり[9]、明白である。なぜなら、行為されるべきものにかかわる推論は「究極目的、すなわち、最高善はこれこれのもの——これを何であるとするにせよ、いまは議論のため、任意のものであるとしてよい——であるから」という推論の始まり〔原理〕をもつからである。ところで、この始まり〔原理〕は善いひとにしか見えない。なぜなら、邪悪は魂をねじまげ、行為の始まりを誤らせるからである。こうして、善いひとでないかぎり、ひとが賢慮あるひとでありえないのは明白である。

第十三章

1144b (一) ここで、ふたたび器量についても考察してみなければならない。というのは、器量についてもこれに似た関係
が見られるからである。すなわち、才覚の賢慮に対する関係と同じ関係において——もっとも、それは同じでは
なく、似た関係ではあるが——自然的な器量が本来の意味における器量に対してある。なぜなら、各種の人柄は
すべてのひとに或る意味では自然的にそなわると考えられているからである。すなわち、われわれは生れ落ちる
と直ぐに、あるいは、正しい気質のひとであり、節制ある気質のひとであり、勇気ある気質のひとであり、その
他、各種の気質のひとだからである。けれども、われわれは本来の意味における善さを何かそれとは異なること
として求めており、そのような気質がそれとは或る異なる仕方でそなわることを求めている。というのは、自然
的な性向は子供にも獣にもそなわるが、理性を欠けば、それらは、明らかに、害をもたらすものとなるからであ
b10 る。とにかく、われわれの見るかぎり、力の強い肉体が視力をもたずに動けば、視力を欠くため強く転倒するこ

とがあるのと同じようなことが、ここでも起ってくるように思われるのである。

(二)だが、そのようなひとがひとたび理性を獲得すれば、その行為には相違がでてくる。性向はその時、これまでと似たものでありながら、本来の意味における器量になるだろう。ここからして、ちょうど、判断にかかわる部分にも二種の性能、才覚と賢慮があるのと同じように、人柄にかかわる部分にも二種の性能があり、一つは自然的な器量であり、もう一つは本来の意味における器量であると言えよう。このうち、本来の意味における器量が賢慮なしに生れることはない。(三)すべての器量が賢慮であると或るひとびとの言う理由はまさにそこにある。この点で、ソクラテスの求めていたことは或る意味ではただしく、或る意味では誤っていた。すなわち、すべての器b20量が賢慮であると思っていた点ではかれは誤っていたが、すべての器量が賢慮なしにありえないという点ではかれの説くところはただしかったのである。(四)その証拠に、ひとびとが今日、器量を定義する場合に、その性向と、それが何にかかわるかをあげた後、だれでも「まっとうな分別にかなったそれ〔性向〕」と付け加えるという事実がある。「まっとうな」とは、「賢慮にかなった」の意味である。したがって、すべてのひとは、このような性向、つまり、賢慮にかなった性向が器量であるのを何らかの意味で予感しているように思われるのである。(五)だが、われわれはもう少し先に進まなければならない。というのは、まっとうな分別にかなった性向が器量であると言えるだけではなく、まっとうな分別の働きを伴う性向が器量であると言わなければならないからである。(1)そして、賢慮とはこのような種類のことに関するまっとうな分別なのである。ソクラテスは器量は分別であると思っていたのであるが(かれはすべての器量が知識であると思っていたから)、われわれはこれを「分別の働きを伴うもの」と言うのである。

(六)このようにして、上述のことから、賢慮なしに、ひとが本来の意味における善いひとではありえないこと、また、人柄にかかわる器量なしに、ひとが賢慮あるひとでありえないことは明らかである。さらにまた、ひとが弁証論の論題として提出しうる例の論、すなわち、「器量が離ればなれに存する」という論もこれによって解決されるだろう(同じ一人でありながら、すべての器量を兼ねそなえるまでに天賦に恵まれたひとはいない。したがって、或る種の器量をすでにもっていても、或る種の器量をまだもっていないことがありうるというのがこの論である)。というのは、これは自然的な器量についてはありうるが、無条件な意味で「善いひとである」と言われる場合の器量についてはありえないからである。なぜなら、単一のものである賢慮がそなわると共に、すべての器量もそなわってくるだろうからである。(七)こうして、(2)賢慮が、かりに、行為にかかわらないとしても、それが理性の一(3)部分の器量であることのゆえに、われわれは賢慮を必要とするだろうということ、また、選択は賢慮を欠いても、器量を欠いてもただしいものにならないということが明らかである。すなわち、器量は目的を与え、賢慮は目的に至るための手段を実行させるのである。

(八)さらにまた、賢慮は知慧を支配するものでもなければ、魂におけるいっそうすぐれた部分を支配するものでもない。それは、ちょうど、医術が健康を支配するものでないのと同じである。なぜなら、一方は他方を使用するものではなく、他方が実現されるように配慮するものだからである。したがって、賢慮は知慧を得るために命令するが、知慧に命令することはない。さらにまた、賢慮が知慧を支配すると主張するのは、政治術がポリスにおけるすべてのことについて命令するという理由で、政治術が神々を支配すると主張するのに似たことになろう。

第七巻

第一章

(一)これらにつづいて論を新たにして述べるべきは、人柄にかかわることでわれわれの避けるべきものに悪徳と無抑制と獣性の三種のあることである。これらに反するものは、そのうちの二つに対しては明らかである。一つを器量と呼び、他を抑制と呼ぶ。獣性に対しては、われわれ人間の標準を上まわる器量、すなわち、英雄や神々の器量をあげるのが何より相応しいであろう。ヘクトルについてホメロスが詩作して、そのはなはだしい勇猛を「死すべき人の子たるには相応しからず、神の子たるこそ」(1)とプリアモスに言わせているような例がそれである。(二)したがって、一般に言われているように、「あり余る器量のゆえに、人間から神々が生れる」のであるとすれば、そのような器量こそ明らかに獣的なものに対立する性向であることになろう。なぜなら、獣が悪徳も器量ももたないのと同じように、神もこれらをもたず、神のもつものは人間の器量より尊敬すべきものであり、獣のもつものは悪徳とは類を異にする何ものかだからである。(三)スパルタのひとびとは誰かのことにひどく感心して言う時、これを「神のごたるひと」と呼び慣わしているが、そのように「神のような」と呼べるひとの存在するのは稀なのであるから、獣的なひとが人間のうちに存在することも同じように稀である。獣的なひとはわけても野蛮人の

1145b 間に存在し、また、或る種のものは病気や機能の障害のために生れてくる。また、邪悪によって通常の人間を越えるひとを卑しめて「獣《けだもの》のようなひと」と呼ぶこともある。(四)しかしながら、このような性状については後で何らか想起する必要があろう。(2)悪徳については先に述べられた。(3)いまは無抑制や惰弱、すなわち、軟弱について、また、抑制や我慢強さについて述べなければならない。(4)おもうに、これらのそれぞれは器量や邪悪と同じ性向とみなされても、異なる類のものとみなされてもならないのである。

(五)さて、他の場合におけると同じように、われわれは〔これらの性状についても〕ひとびとに思われているところを提示し、まず、問題を究明した上で、できればこれらの情態(5)〔抑制と無抑制〕をめぐるすべての常識(6)の真実を、もし、それができなければ大部分の主だったものの真実を証示しなければならない。というのは、難点が解かれ、常識が残る時、真実は充分に証示されたと言えるからである。(7)

(六)さて一般に考えられているところでは、

(1)抑制と我慢強さは優れた賞讃されるべきことの一つであり、無抑制と惰弱は劣悪な非難されるべきことの
b10 一つである。

(2)抑制のあるひとは同時に分別の働きに従順なひとであり、抑制のないひとは同時に分別の働きに離反するひとである。

(3)抑制のないひとはそれが劣悪であると知りながら、情念によって行為するが、抑制のあるひとは、欲望は劣悪なものであると知っているため、分別によって欲望に随従しない。

(4)節制あるひとは抑制のあるひとであり、我慢強いひとである。或るひとびとによれば、すべてこのような

ひとは節制あるひとであるが、或るひとびとによればそうではない。また、或るひとびとは、ふしだらなひとと抑制のないひとを一緒にして、ふしだらなひとは抑制がなく、抑制のないひとはふしだらであると言う。これに対して、或るひとびとはこれらを別々のものだと言う。

(5)[七]或る場合には(イ)、賢慮あるひとは抑制のないひとではありえないと言われているが、或る場合には(ロ)、賢慮があり、才覚があると共に、抑制をもたない或る種のひとびとがあると言われている。

b20 (6)さらに、抑制がないとは、激情に対しても、名誉に対しても、利得に対しても言われる。

さて、一般に説かれているところは以上である。

第二章

[一]だが(1)、どうして、ただしい断定をくだしながら、ひとが抑制を失うということがあるのかを疑問にするひとがあるかも知れない。(イ)知識をもっているかぎり、そういうことはありえないと或るひとびとは言う。なぜなら、ソクラテスの考えたように、知識がひとのうちに存在するのに、他の何かが知識を吾が物にして、あたかも、奴隷のように引き廻すとしたら怖ろしいことだからである。すなわち、ソクラテスは、無抑制というようなものはありえないと考えていたため、この説に全面的な戦いを挑んだのである。かれによれば、そうするのが最善であるという断定をくだしながら、この最善のものに反する行為をするひとはいない、もしも、そうするとすれば、それは無知のゆえなのである。[二]ところが、このソクラテスの説はひとびとの目に顕わな事実[1]とあからさま

に矛盾する。(2) また、かりに、それが無知のために起るとしても、どのような種類の無知がそこに生れてくるのか
をひとはこの〔無抑制という〕情態について探究しなければならない。というのは、抑制を失うひとでも、少なく
b30 ともそのような情態に陥る前には、そのような行為を善いと思っていないことだけは明らかだからである。(三) これ
に対して(ロ)、或るひとびとはソクラテスの説の一部は承認するが、一部は承認しない、すなわち、知識より強
いものは何もないという点では同意するが、そうする方が善いという判断に反して行為するひとがいないという
点では同意しない。そして、このゆえに、かれらは、抑制のないひとは知識をもっていて快楽に負けるのではな
く、〔私的な〕判断をもっていて快楽に負けるのだと言う。(四) しかしながら、もしも、そのひとのうちに在るのが
1146a 〔私的な〕判断であって、知識ではなく、快楽に抵抗するものが強力な断定ではなくて、弱い断定であるとするな
ら——躊躇しているひとの場合にはそういうことがある——強力な欲望を向うに廻して、これらの弱い断定の命
ずるところに忠実に止まらないひとには同情が与えられてしかるべきであろう。ところが、邪悪には同情は与え
られるべきではなく、また、他のどのようなものであれ非難されるべきものには同情は与えられるべきではない
のである。(3) (五) では、欲望に抵抗するものは賢慮であろうか。賢慮はもっとも強力なものだからである。だが、それ
はおかしい。というのは、もし、そうだとすれば、同じひとが賢慮あるひとであると共に、抑制のないひとであ
ることになろうからである。(4) また、賢慮あるひとがこの上なく劣悪なことを本意からするというようなことがあ
るなどとは誰も認めないであろう。これらの理由に加えて、賢慮あるひとは行為する力をもつこと(5)(なぜなら、か
れは行為における最終のものにかかわるから)(6)、また、他の器量をもそなえたひとであることは先に証明されたと
ころである。(7)

（六）さらにまた(2)、もしも、抑制のあることが強力な劣悪な欲望をもつことによって成り立つとするなら、節制あるひとは抑制のあるひとではなく、抑制のあるひとは節制あるひとではないことになろう。なぜなら、烈しい欲望をもつことも、劣悪な欲望をもつことも、節制あるひとには相応しくないからである。ところが、抑制のあるひとにはそういう欲望がなければならない。というのは、欲望がそのひとのためになる立派なものだとすれば、欲望を抑え、これに従わせない性向は劣悪なものであり、したがって、すべての抑制が優れたものであるとは限らないことになるからである。他方に、欲望が弱力であって、劣悪ではないとすれば、これに抵抗するのは何ら尊とむべきことではないし、劣悪であって、弱力であるとしても、これに抵抗するのはたいしたことではないからである。

（七）さらにまた(3)、もしも、抑制がひとをあらゆる種類の判断、たとえば、虚偽の判断に従順なものにするならば、抑制は劣悪なものである。また、無抑制がひとをあらゆる種類の判断に離反させるとすれば、或る優れた無抑制があることになろう。ソポクレスの『ピロクテテス』に出てくるネオプトレモスの場合がそうである[8]。というのは、嘘をつくことを苦痛としたため、オデュッセウスに説得されたことにかれが従順に止まらなかったのは賞讃されるべきことだからである。

（八）さらに(4)、ソフィストの論理はアポリア〔行き詰り・難問〕である。というのは、巧くやりおおせて、才覚のあるところを示そうとして、この論は常識に反する帰結を〔論駁的に〕論証しようとする性質のものであるため、できあがった推論はアポリアになるからである。すなわち、思考は導きだされた結論には同意できないため、これに止まることを欲しないが、さりとて、この論理を破壊することもできないので、先に進むこともえず、金縛りの状態に陥るからである。(九)そこで、或るひとつの論理によれば、無抑制を伴った愚昧が器量であるという帰結になる。——〔大前提〕「かれは無抑制のゆえ自分の断定に反することをする」。〔小前提〕「かれは、善が悪であり、
a30 ひとはこれをしてはならないと断定する」。〔結論〕「したがって、かれは善を行ない、悪を行なわないであろう」。

(一〇)さらに(5)、善いことだと信じこんで行ない、快を追求し選択するひとは、分別の働きによらず、無抑制によってそうするひとよりも優れていると考えられるだろう。なぜなら、かれは説得されることによって、意見を改めうるので、医されやすいからである。これに対して、抑制のないひとには、「水が喉に閊《つか》えたら、何を呑ませたらよいか」という諺がそのまま当てはまる。というのは、もしも、かれがしていることを善いと信じこんでいた
1146b とすれば、説得されて意見を改めれば、かれはそれを止めるであろう。ところが、現在、かれは、善いと信じこんでいるのは別のことであるのに、このことをしているのだからである。

(一一)さらに(6)、もしも、無抑制と抑制がすべての種類の事柄について言われうるとするなら、限定ぬきの意味で抑制のないひととはどういう人を言うのだろうか。なぜなら、すべての種類の無抑制をもつひとはないが、われわれは或るひとびとを限定ぬきの意味で抑制のないひとと言うことがあるからである。

(一二)さて、起ってくる難問はおおよそこのようなものである。われわれはこのうちの或るものを捨て、或るものを残さなければならない。なぜなら、難問の解決が真実の発見であるから。

第三章

(一)第一に考察すべきは、抑制を失って行為する時、ひとはしていることを知っているのか、それとも、知らないのかという問題であり、知っているとすれば、どのような意味においてであるかという問題である。ついで考察すべきは、抑制のないひとや抑制のあるひとがかかわるのはどのような種類の事柄であるとすべきか、すなわち、それはすべての種類の快楽と苦痛であるのか、それとも、或る一定の種類の快楽と苦痛であるのかという問題であり、また、抑制のあるひとと我慢強いひととは同じひとか、それとも、違うひとかという問題である。その他、これらと類縁の、この研究で扱われるかぎりのものについても同じような問題がある。

(二)考察の出発点は、抑制のあるひとと抑制のないひとの違いは両者がかかわる事柄の違いにあるのか、それとも、〔同じ事柄にかかわる〕両者のかかわり方の違いにあるのかという問題である[1]。すなわち、私の言おうとするのは、抑制のないひとはこれこれのことだけにかかわることによって抑制のないひとであるのか、それとも、そうではなく、〔何についてであれ〕或る一定の仕方でかかわることによって抑制のないひとであるのか、それとも、そうではなく、これら両方の理由によって抑制のないひとであるのかという問題である。次に考察すべきは、無抑制と抑制はすべての種類の事柄にかかわるのか否かという問題である。というのは、限定ぬきの意味で抑制のないひとがかかわるのはすべての種類の事柄ではなく、ふしだらなひとのかかわるのとまさに同じ事柄[2]であり、しかも、これらの事柄に単にかかわるだけではなく(なぜなら、もし、そうだとすれば、それはふしだらと同一となろう)、或る特定の仕方でかかわることによって抑制のないひとだからである。すなわち、ふしだらなひとは、いつも目前の快を追求すべきであると思いなすことにより、選択することによって動かされるが、抑制のないひとは追求すべきであるとは思っていないにもかかわらず、そうするのである。

(三)さて、抑制のないひとが抑制を失うのは、かれがもっている知識に離反することによってではなく、真なる判断に離反することによってであるという点について言えば、どちらにしても当面の議論には何の変りもない。なぜなら、判断をもつひとびとのうちの或るひとびとは躊躇うことなく、自分が明確に知っていると思っているからである。(四)したがって、もしも、判断をもつひとはその確信が弱いから、知識をもっているひとよりもいっそう自分の断定に反して行為するというのが先の主張であるとすれば、知識と判断は何ら変らないとすべきであろう。なぜなら、或る種のひとびとが自分の判断していることについて抱いている確信は、他のひとびとが知識をもっていることについて抱いている確信に劣らないからである。これはヘラクレイトスが明快に示しているところである。(五)しかしながら(イ)、「知識をもっている」という言葉をわれわれは二つの意味で用いるから(すなわち、知識をもっているが現に働かせていないものも、知識をもっていて現に働かせているものも、知識をもっていると言われる)、してはならないことを心得てはいても、現にそれに目を注いでいないでするのと、現に目を注いでいてするのとでは違いがあるだろう。というのは、後の場合のようなことが起るとしたら、それは恐ろしいことだと考えられるからである。だが、現に目を注いでいるのでないかぎり、何も恐ろしいことではない。

1147a (六)さらにまた(ロ)、〔実践的推論における〕前提命題には二種あるのだから、かりに、これを二つとも心得ていたとしても、もしも、一般的な前提〔大前提〕を働かせ、特殊的な前提〔小前提〕を働かせていないとするならば、知識に反する行為が起ることに何の差支えもない。なぜなら、行為されるのは個別のことだからである。また、一般者と言ってもそのうちには違いがある。すなわち、或る一般者は自己にかかわり、或る一般者は事物にかかわる。たとえば、「乾燥した食物はすべての人間にとって有益である」という〔一般的な〕前提があって、「自分は人間である」、または、「こういう性質の食物は乾燥した食物である」という〔特殊的な〕前提がある。ただ、かれは「これがこういう性質の食物である」か否かを心得ていないか、あるいは、心得ていても、それを現実に働かせてはいないのである。(3) さて、これらのあり方における知識の違いは途方もなく大きい。したがって、〔してはならないことを〕一方の意味で知っていたとしてもすこしも奇妙なことではないが、他方の意味で知っているとすれば、それは驚くべきことなのである。

(七) さらにまた(ハ)、人間には上述のものとは異なる知識のもち方がある。というのは、もってはいても、働かせていないという知識のもち方のうちに、先のものとは違って、何らかの意味で、もっているとも、もっていないとも言える知識のもち方のあることをわれわれは観察しているからである。眠っているひと、気違い、酔っ払いにおける知識のあり方がこれである。ところで、情念にはまりこんだひとはまさにそういう状態に置かれている。というのは、激情や愛欲の欲望やこの種のもののいくつかは肉体の状態さえも目に見えて変化させ、或るひとびとのうちには狂乱さえも生みだすからである。ところで、抑制を失ったひともこれらのひとびとと同じような状態にあると言わなければならないのは明らかである。(八) 抑制を失ったひとが知識から生れる言葉を語るという事実は何の証拠にもならない。なぜなら、上述の情態にあるひとびとも論証を語ったり、エムペドクレスの詩句を誦えたりするからである(また、学習したばかりのひとでも学問の言葉をつなぎ合わせることはできる。だが、かれらにはまだ何も分っていないのである。学問が分るためには、それらの言葉が、いわば、一つの根から出て生い茂るように相互に結び合わなければならないが、そのためには時間を要する)。したがって、役者が台詞を語るのと同じように、抑制を失ったひともそれらの言葉を語るのだとみなすべきである。

(九)さらにまた(二)、次のように考察する時、われわれは抑制を失った行為の生ずる原因を事柄自体の成り立ちにしたがって(4)観察することができるだろう。判断の一つは一般的であり、他の一つは個別にかかわる。(5)個別の認知においては、もとより、感覚が決定的である。これら二つの判断から一つの判断が生れる時、結論されたことを、魂は、或る場合〔すなわち、理論的な論証においては〕必然に肯定せざるをえず、行為にかかわる(6)判断においては直ちに実行せざるをえない。たとえば、すべて甘いものをひとは味わうべきであるとし〔大前提〕、個別に属する
a30 一つであるこれが甘いとするなら〔小前提〕、行ないうる力をもっているひとは、妨害されないかぎり、同時に、必然に、これを実行せざるをえない。(一〇)したがって、いま、一方には、〔甘いものを〕味わうことを妨げる一般的な判断がわれわれのうちにあるとし、他方には、「すべて甘いものは快い」とする判断と「これは甘い」という判断があるとする(しかも、この「これは甘い」という判断が現に〔意識されて〕働いている判断であるとする)、さらに欲望がわれわれのうちにちょうどその時存在するとする――このような時、先の一般的な判断は味わうことを避けるように命ずるが、欲望はひとを引きずってゆく。なぜなら、欲望は個別の各部分を動かす力をもっている
1147b からである。したがって、ここに、或る意味では、分別と判断によって抑制を失うという結果が起ってくる。(7)もっとも、この判断はまっとうな分別に反する判断ではあるが、それはそのもの自体としてそうなのではなく、付随する結果としてそうなるのである(一一)(というのは、まっとうな分別に相反するものは欲望であって判断ではない

から(8)。したがって、この理由からみても、獣類は抑制のないものであるとは言えない。なぜなら、獣類は一般的な断定をもたず、個別にかかわる影像と記憶をもっているだけだからである。

(一二)抑制を失った行為における無知の状態がどのようにして解消し、抑制のないひとがどのようにしてふたたび知識をもつようになるかという説明は、酒に酔ったひとや眠っているひとにも言えることと同じで、この無抑制という情態に固有なことではない。その説明は自然学者から聞くのが相応しい。

b10 (一三)〔行為における〕最終の前提命題は感覚されるものにかかわる判断であって、それが行為を決定するのだから、情念にはまりこんだひとはこの判断をもっていないか、あるいは、もっているとしても、「もっている」という意味は〔先に述べたように〕それを知識としてもっているという意味ではなく、あたかも、酔っ払いがエムペドクレスの詩句を誦するのと同じように、それを言うことができるという意味である。そして、最終の項は一般者ではなく、また、一般者と同じように認識されうるものでもないと考えられるために、ソクラテスの求めていた帰結が生じてくるように思われる(9)。(一四)すなわち、本来の意味で知識と言われるに値すると考えられるもの(10)が現存するのに、無抑制の情態が生ずることはない。また、このような意味における知識が情念によって引きずり廻されることもない。抑制を失ったひとにおいてあるのは感覚的な知識なのである(11)。さて、抑制を失って行為するひとがしていることを知っているか知らないかという問題、また、どうして、知っているのに、抑制を失って行為することがありうるのかという問題についてはこれで述べられたとしよう。

第四章

[一]限定なしに抑制がないと言えるひとが存在するだろうか、それとも、抑制のないひとはすべて特殊な事柄に関してだけ抑制がないのであろうか、また、もしも、〔限定なしに抑制のないひとが〕存在するとしたら、それはどういう種類の事柄に関してあるのかという問題が引きつづいて論ずべき問題である。さて、抑制のあるひとも我慢強いひとも、また、抑制のないひとも惰弱なひとも共に快楽と苦痛にかかわることは明らかである。[二]快楽を生むもののうち、或るものは必要不可欠なものであり、或るものはそのもの自体としては望ましいが、過剰になりうるものである。必要不可欠なものは肉体の快である(私がここで肉体の快と言うのは、食物にかかわる快と愛欲の必要にかかわる快、すなわち、肉体の快のうち、ふしだらと節制がかかわるとわれわれが定めた[1]種類の快のことである)。これに対して、他方は必要不可欠なものではないが、そのもの自体としては望ましいものである(たとえば、勝利や名誉や富やそのような種類の、善いものであって快いものを言う)。さて、後者に関して自己のうちにあるまっとうな分別に反し、度を越えるひとをわれわれは何の限定もなしに「抑制のないひと」とは呼ばない。かれらを「金銭に関して」とか「利得に関して」とか「名誉に関して」とか「激情に関して」とかいう限定を付け加えて「抑制のないひと」と呼び、限定なしに「抑制のないひと」とは呼ばない。それは、かれらが〔限定なしに「抑制のないひと」とは〕別種のひとであり、類似性によって「抑制のないひと」と呼ばれているとみなしているからである(それは、あのオリュムピア競技で勝利をおさめた[2]アントローポスの場合と同じである。[3]

すなわち、この男にとって、他のひとびとと共通に言われること〔アントローポス・人間〕とかれだけに固有に言われること〔オリュムピア競技の勝利者アントローポス〕の違いは〔先に見たとおり〕僅かである。だが、それにもかかわらず、それは違うのである）。その証拠には、無抑制は誤りとして非難されるだけではなく、同時に――一般的な悪徳としてにせよ、特殊な悪徳としてにせよ――一種の悪徳として非難されるが、そういうひとびとは誰も非難されることがないという事実がある。

(三)これに対して、節制あるひとやふしだらなひとがかかわりをもつとわれわれの言う肉体的享楽にふけるひとびとのなかで、過剰な快を選択にはよらずに追求し、苦痛なものについても、飢えや渇きや熱さや寒さや、およそ触覚と味覚にかかわるかぎりのすべての苦痛を避け、むしろ、これを選択と思考に反して行なうひとが抑制のないひとと呼ばれる。このようなひとは、特定のこれこれ、たとえば、怒りに関してという限定を付加することなしに、ただ、抑制のないひとと言われるのである。(四)その証拠に、ひとが「惰弱なひと」と言われるのもこれらの快楽に関してであって、先にあげた快楽のいかなるものに関してもそう言われることがないという事実がある。そして、この理由、すなわち、何らかの意味で同じ快楽と苦痛にかかわるという理由によって、われわれは抑制のないひととふしだらなひとを同じ類に入れ、抑制のあるひとと節制あるひとを同じ類に入れるが、先にあげたひとのいかなるひとをもこれと同じ類に入れることはない。だが、かれら、抑制のないひととふしだらなひと、抑制のあるひとと節制あるひとは同じものにかかわるが、同じ仕方でかかわるのではない。すなわち、一方は選択し、他方は選択しない。まったく欲望をもたないか、あるいは、穏やかな欲望をもつだけで、過剰な快楽を追求し、たいしたものでもない苦痛を避けるひとの方を、烈しい欲望をもつためにそうするひとよりもふしだらな

a20 ひととわれわれが呼ぼうとするのはこのゆえである。というのは、もしも、その上、若者らしい欲望が加わったり、必要不可欠なものの欠乏からくる強力な苦痛が加わったりすれば、かれは、いったい、何をしでかすだろうと思われるからである。

(五)さて、欲望や快楽のうち、或るものは類としてみて美しく、優れた事柄にかかわる(快いもののうちの或るものは、われわれが先に分類したとおり[4]、自然の本性において望ましく、或るものはその反対であり、或るものはこれらの中間である)。財産や利得や勝利や名誉のようなものがこれである。この種のもの、および、中間のもののすべてに関しては、ひとはこれらに惹きつけられたり、これらを欲望したり、これらを愛好したりすることによって非難されることはない。非難されるのは或る特定の仕方でそうすること、すなわち、度を過ごすことによってである(このゆえに、自然の本性において美しく、善い事柄であっても、そのどれかに分別に反して負けたり、
a30 それを分別に反して追求したりするひと、たとえば、名誉や子供や親のことで、あるべき程度以上に夢中になるひとびとは……[5]。というのは、これらのものも善いものの一つであって、これらに夢中になるひとは賞讃されるからである。だが、これらのものについても、一種の過剰はある。たとえば、ニオベのように〔子供のことで〕神
1148b 々に対してさえ競おうとしたり、「父好き」と綽名されているサテュロスのように父親のことで夢中になるとすれば、そうである。なぜなら、それははなはだしい狂愚の振舞であったと考えられるからである)。こうして、これらのものをめぐるものとしては、上述の理由によっていかなる邪悪も存在しない。すなわち、これらのもののそれぞれは自然の本性にしたがって、そのもの自体によって望ましいものの一つであり、それらの過剰が劣悪な避けるべきものなのである。(六)また同じように、これらのものをめぐる無抑制も存在しない。なぜなら、無抑制は

避けるべきものであるばかりではなく、非難されるべきものの一つだからである。ただ、陥る情態が似ているため、われわれは限定を付けて「それぞれの事柄に関する無抑制」と語るのである。それは、ちょうど、「悪い医者」とか「悪い役者」という言い方と同じである。これをわれわれは限定なしに「悪いひと」と呼ぶことはないであろう。この場合、これらのそれぞれのひとのもつものが悪徳ではなく、ただ類比によって悪徳に似たものであるにすぎないため、これを「悪いひと」とわれわれが言わないのと同じように、先の場合にも、〔限定なしに〕抑制とか無抑制とかみなすべきものは、ただ、節制やふしだらと同じものにかかわる抑制、無抑制であって、激情に関してわれわれがそう呼ぶのは類似性によるものであることは明らかである。「名誉に関して無抑制なひと」とか「利得に関して無抑制なひと」と言うのと同じように、限定を付けて「激情に関して無抑制なひと」とわれわれが呼ぶのはこのゆえである。

第五章

(1)(一)或る種のものは自然の本性によって快く、そのうちの或るもの(イ)は限定ぬきに、他のもの(ロ)は動物であれ、人間であれ、そのものの類に応じて快い。だが(2)、或る種のものは自然の本性にはよらず、あるいは(イ)、機能の障害によって、あるいは(ロ)、習慣によって、あるいは(ハ)、邪悪な生れによって快いものとなる。われわれは、この第二の種類の快のそれぞれについてもそれに応ずる性向を認めることができる。

(二)獣的な性向と私が呼ぶのは(1)、たとえば、妊んでいる女たちの腹を引き裂いて胎児を食べると言われる女性、黒海周辺の野獣化した種族が好むと言われるようなもの（或るものは生肉を食べ、或るものは人肉を食べ、或るものは子供を互いに饗応のために供し合うと言われる）、あるいは、パラリスについて言われているようなことである。

(三)さて、これらが獣的な性向である。だが、或る〔自然に反する〕性向は病気のために起り、或るひとびとの場合には狂気のために起ってくる。母親を犠牲に捧げて食べたひととか、仲間の肝臓を食べた奴隷というような例がこれである。また、或る性向は病的な性向であったり、習慣から生れてきたりする。髪を引き毟ったり、爪を嚙んだり、さらに、炭や土を食べたりすること、これらに加えて、男色のようなものがこれである。すなわち、これらのものは或る場合には生れによって起り、或る場合には習慣から起ってくる。たとえば、幼少から放縦な生活をしているひとの場合のように。

(四)このようなひとびとのうち、生れがこの性向の原因であるかぎりのひとびとについては、これを抑制のないひとと呼ぶものはいないだろう。それは、ちょうど、女性が媾合において能動的ではなく受動的であるからと言って、女性を抑制がないと言うひとがないのと同じである。習慣によって病的な状態に陥っているかぎりのひとについても同じである。(五)さて、これらの性向の一つ一つをもっていること自体は、獣性についてもそう言えるのと
1149a 同じように、悪徳と定義されることの範囲外にある。また、このような性向をもっていて、これに（勝ったり）負けたりすること(2)は何の限定もなしに無抑制と言えることではなく、類似によるのである。それは、ちょうど、激情にかかわることでこれと同じ種類の情態をもつひとを抑制のないひとと呼んではならないのと同じである。愚昧であれ、臆病であれ、ふしだらであれ、気荒であれ、度を越えたものはすべて、或るものは獣的であり、或るものは病的である。(六)すなわち、生れつき万事につけて怖がり、鼠が鳴いてもこれを怖がるというような性質のひ

とは獣的な臆病によって臆病なひとである。また、或るひとは鼬を怖がったが、それは病気のためである。また、愚昧なひとのうち、生れつき分別の力をもたず、感覚だけで生きているひとは獣的な性質の愚昧なひとである。遠隔の地の蛮族の或る種族のように。これに対して、或るひとびとは病気、たとえば癲癇のため、あるいは狂気のために病的な性質の愚昧なひとである。

(七)これらの性向のうちの或るものをもってはいるが、それに負けてはいないということが時折ある。たとえば、パラリスが子供を食べたいという欲望を持ちながら、それを抑えた場合、また、変態的な愛欲の楽しみへ向う性向をもちながら、これを抑えたという場合のことを私は言う。だが、もっているだけではなく、負けることもありうる。(八)このようにして、邪悪な性向について、人間並みのそれが限定なしに「邪悪」と言われ、他のものは限定を付けて「獣的な邪悪」とか「病的な邪悪」と言われ、限定なしには言われないのと同じように、無抑制についても、その或るものは獣的な無抑制であり、或るものは病的な無抑制であって、限定なしに無抑制と言われるのは人間的なふしだらという意味でのそれだけであるのは明らかである。(九)こうして、無抑制と抑制はまさにふしだらと節制がかかわる事柄にだけかかわること、それ以外の事柄にかかわるものは別種の無抑制であり、転義にしたがって無抑制と言われ、限定なしに言われないことは明らかである。

第六章

(一)今度は、激情に関する無抑制が欲望に関する無抑制ほど醜くはないという点に目を向けることにしよう。激情

は分別の命ずることを或る程度までは聞くが、聞き違えるように思われる。それは、ちょうど、せっかちな召使
のようなもので、命じられたことを全部聞かないうちに飛び出し、言い付けられたことは、なんと、仕損ずるの
である。また、物音がしさえすれば、親しいひとであるかどうか確かめもせずに、吠え立てる犬のようなもので
a30 ある。激情もまたこれと同じように、その熱しやすい、せっかちな本性のゆえに、聞きはしても、命令されたこ
とは聞かず、復讐目がけて突進するのである。というのは、〔ことの何であるかを見分ける〕分別の働き、または、
目に映る光景が「専横の業である」とか「侮辱である」とかを明らかにするや否や、激情は、あたかも、そのよ
うなものには戦いを挑まなければならないと推論を働かせて結論したかのように、もう、直ちに激昂するのであ
る。これに対して、欲望は、分別の働き、あるいは、感覚がただ「快いものである」と告げさえすれば、その享
1149b 楽に向って突進する。ここからして、激情は何らかの意味では分別の働きにしたがうが、欲望はしたがわないと
いう帰結が出てくる。したがって、欲望はいっそう醜い。なぜなら、激情に関して抑制のないひとは或る意味で
は分別の働きに負けるのであるが、欲望によって動かされるひとは欲望に負けるのであって、分別の働きに負け
るのではないからである。
（二）さらに、自然に根ざした欲求にしたがう場合には、いっそう大きな同情が与えられてしかるべきである。とい
うのは、欲望もそのような種類のものである時、つまり、すべてのひとに等しく分けあたえられている時に、そ
の程度に応じていっそう大きな同情が与えられるからである。ところで、激情や気荒は過剰な快楽に対する欲望
や必要不可欠なものではない快楽に対する欲望よりもいっそう自然に根ざしたものである。たとえば、父親を殴
ることの言い訳に「この親父も自分の親父を殴ったし、その親父もまた、そのまた親父を殴った」と言い、自分

の子供を指さして、「こいつもまた、大人になったら儂を殴るだろう。それはわれわれの家系には根っからのことなのだ」と言ったという男の例がある。また、或る男が息子によって家の外に引きずり出されかけて、戸口のところで「止めてくれ」と命じたというのもその一例である。つまり、その男も自分の父親をちょうどそこまで引きずって行ったからというわけなのである。

(三)さらに、いっそう作意的なひとはいっそう不正なひとである。ところで、激情に引きずられやすいひとは作意的なひとではない。また、激情それ自体も作意的なものではなく、むしろ、あけっぴろげである。ところが、欲望は、アプロディテについて「詭計をめぐらすキュプロスの娘(1)」と言われるとおりのものであり、また、その刺繡をめぐらした腰帯についてホメロスが「巧みに思いめぐらす知慧者の心をさえ誑かす甘い囁き(2)」と言っているとおりのものなのである。したがって、この種の無抑制が激情にかかわるそれよりもいっそう不正であり、いっそう醜いものであるとすれば、それは限定なしの意味での無抑制であり、或る意味では悪徳でさえある。

(四)さらに、苦痛を感じながら〔欲望のゆえに〕専横に振舞うひとはいない。だが、〔激情のゆえに〕怒って行為するひとは、すべて、苦痛を感じながら行為する。これに対して、専横に振舞うひとは快を感じながら行為する。ところで、ひとが当然怒りを感ずるようなことはそれだけいっそう不正な事柄であるとすれば、欲望のゆえの無抑制の方が〔激情のゆえの無抑制よりも〕いっそう不正なものである。なぜなら、激情のうちには専横は含まれないからである(3)。

(五)こうして、欲望にかかわる無抑制の方が激情にかかわる無抑制よりも醜いこと、また、抑制と無抑制が肉体の欲望と快楽にかかわることは明らかである。(六)だが、他ならぬこれらの肉体の快楽のうちにもさまざまな違いがあ

るとしなければならない。すなわち、初めに述べたとおり[4]、或る快楽は類としてみても、大きさからみても、人
間的であり、自然的なものである。だが、或る快楽は獣的であり、或る快楽は機能の障害や病気のために起って
b30 くる。節制とふしだらはこれらのうち第一の種類の快楽にだけかかわる。われわれが獣を節制あるものとも、ふ
しだらなものとも呼ばず、そう呼ぶのは、転義によってであり、或る種の動物が全体として他の種の動物と比べ
て、好色とか破壊性とか貪婪とかいう何らかの点で異なるという場合にかぎるのはこのゆえである。なぜなら、
それらの獣は選択も、分別ももたず、ただ、ちょうど、狂乱している人間のように自然のあり方を外れているも
1150a のだからである。(七)獣性は悪徳よりも小さい悪である。ただ、いっそう恐ろしいだけである。なぜなら、そこでは
人間における場合のように、より善い部分が破壊されていないからである。いや、そもそも獣はそのような部分
をもっていない。したがって、獣性と悪徳を比べて、どちらがいっそう悪いかと問うことは、ちょうど、無生物
を生物と比べるのに似たようなことである。というのは、行為の始まりをもたないものにおける劣悪はいつでも
さして有害なものではないからである。理性が行為の始まりである。したがって、獣性と邪悪を比べることは不
正と不正なひとを比べるのに似かよったことである。なぜなら、或る意味では、それらはいずれも他方より〔す
なわち、邪悪は獣より、不正なひとは不正より〕いっそう悪いからである。じっさい、悪いひとは獣より幾万倍も
悪いことをなしうるであろう。

第七章[1]

(一)ふしだらと節制がかかわると先に定義された、触覚と味覚による快楽と苦痛、および、これらに対する欲望と忌避をめぐって、一般のひとが勝つものにさえ負けるようなひともあれば、一般のひとが負けるものにさえ勝つひともある。これらのうち快楽にかかわるものは、一方は抑制のないひとであり、他方は抑制のあるひとであり、苦痛にかかわるものは、一方は惰弱なひとであり、他方は我慢強いひとである。たいていのひとの性向はその中間にあり、どちらかと言えば悪い方に傾く。

【(二)さて、或る種の快楽は必要不可欠なものであり、或る種のものは必要不可欠ではない。もっとも、必要不可欠と言っても、それは或る範囲までのことであって、それを越えるものは必要不可欠ではなく、不足もまた必要不可欠ではない。欲望と苦痛についても同じことが言える。そこで、度を越えた快楽を追求するひと、言いかえれば、快楽を度を越えて追求するひと、しかも、これを選択によってその快楽自体のゆえに追求し(2)、そこから結果する他のもののゆえに追求するのではないひとはふしだらなひとである。なぜなら、そういうひとは、必然に、後悔する性質のひとではないからである。したがって、かれは医しがたいひとである。後悔しないひとは医しがたいからである。快楽を追求する点で不足するひとはその反対のひとであり、中間のひとが節制あるひとである。これと同じように、肉体的な苦痛について、これに負けることによってではなく、選択によってこれを忌避するひとがある(三)(選択することなしに行為するひとのうち、或るひとは快楽によって動かされ、或るひとは欲望から生れる苦痛を逃れるために動かされる。したがって、かれらは互いに違う種類のひとである。だが、欲望をもつことなしに、あるいは、穏やかな欲望しかもっていないのに醜いことをするとすれば、そのひとは烈しい欲望をもっていてそうするひとよりも悪いひとであると誰にも思われるであろう。また、怒ってもいないのに殴るひとの方が怒って殴るひとよりも悪いひとであると思われるだろう。というのは、もしも、そういうひとが情念の内にはまりこんだとしたら、かれはいったい、何をしでかすだろうと思われるからである。それゆえ、ふしだらなひとは抑制のないひとよりもいっそう悪い)。したがって、ここに述べられたひとのうち、一方はむしろ一種の惰弱であり、他方がふしだらなひとである(3)】。

(四)抑制のないひとには抑制のあるひとが対立し、惰弱なひとには我慢強いひとが対立する。というのは、我慢することは持ちこたえることによって成り立つが、抑制は負かすことによって成り立つ。そして、持ちこたえることと負かすことは、ちょうど、負けないことが勝つことと違うのと同じように、違うことだからである。抑制の方が我慢強さよりも望ましい理由もそこにある。

(五)一般のひとが抵抗し、抵抗できる事柄に対して、抵抗する力に欠けているひとは惰弱なひとであり、軟弱なひとである。軟弱も惰弱の一種である。軟弱なひとは衣服を持ちあげることから生れる苦痛を免れようとして、衣服を引きずって歩く。かれのしていることは病気のひとの真似であって、かれは不幸なひとに似たものである自分を不幸とは思っていないのである。

(六)抑制と無抑制についてもこれと同じである。かりに、ひとが強力な、度を越えた快楽、または、苦痛に負けたとしても、それは不思議ではない。むしろ、抵抗の末、負けたとすれば、同情が与えられてしかるべきである。それは、ちょうど、テオデクテスのピロクテテスが蛇に咬まれた時(4)、あるいは、カルキノスの『アロペ』の中のケルキュオンについて言われていること(5)、また、笑いを抑えようと努力しているひとびとが一度にげらげらと笑い出すようなこと——こういうことはクセノパントスに起った(6)——である。しかしながら、もしも、一般のひと

b20

がもちこたえる力をもっている事柄に負け、これに抵抗することができないとすれば、しかもそれが、たとえば、スキュティアの王族にはその種族に生れつきそなわった惰弱な性向があるというように、また、女が男と生れつき違うところがあるというように、そのものの生れに本来そなわることのゆえにでも、病気のゆえにでもないとすれば〔非難されるべきである〕。

(七)遊び好きのひともふしだらなひとであると考えられている。だが、実際は惰弱なひとである。なぜなら、遊びは休息であるから、くつろぎである。そして、遊び好きのひととはこの点で度を越えているひとの一人だからである。

(八)無抑制のうちの一つはそそっかしさであり、もう一つは弱さである。すなわち、あるひとびとは思案をめぐらして定めておいたことに、情念のために踏みとどまれない。ところが、或るひとびとは思案をめぐらさないために、情念のままに運ばれる(なぜなら、先に擽ったひとは〔擽られても〕擽ったさを感じないのとちょうど同じように、或る種のひとびとは起ることをあらかじめ感知し、看取しておくことによって、自分自身と分別の働きを目覚まし、快いものであろうと苦痛なものであろうと、情念に負けることがないからである)。そそっかしい種類の無抑制に特に陥りやすいのは気性の烈しいひとや気分の鬱積したひとである。というのは、一方はその敏捷さのゆえに、他方はその過激さのゆえに、分別の働きを待たないからである。つまり、かれらは目に映るままの光景にそのまま随うのである。

第八章

b30 (一)ふしだらなひとは、すでに述べたように(1)、後悔するひとではない。かれは自分の選び取ったものに踏みとどま
るからである。これに対して、抑制のないひとはすべて後悔するひとである。それゆえ、われわれが先に難問と
して述べたところとは違い(2)、一方は医しがたいひとであるが、他方は医しうるひとである。というのは、邪悪は
病気のなかでは、いわば、浮腫症や憔悴症のようなものであり、無抑制は癲癇症のようなものだからである(3)。す
なわち、一方は持続する悪い状態であり、他方は持続しない悪い状態である。また、無抑制と悪徳はまったく類
を異にする。なぜなら、悪徳はそれをもっているひとに気付かれないが、無抑制は気付かれないでいることはな
1151a いからである。(二)また、抑制のないひとのなかでも、自分を忘れてしまうひとの方が、分別をもち合わせていなが
らそれに踏みとどまらないひとよりも、善い性質のひとである。なぜなら、後者はいっそう小さな情念に負け、
他方のひとのようにあらかじめ思案をめぐらさなかったためにそうするのではないからである。おもうに、抑制
のないひととは少量の葡萄酒、すなわち、一般のひとより少ない葡萄酒を呑んでも、じきに酔っ払ってしまうひ
とに似たひとなのである。
(三)こうして、無抑制が悪徳でないのは明らかである(もっとも、それは或る意味では、おそらく、悪徳であると言
える)。なぜなら、一方は選択に反するのに、他方は選択にしたがうからである。そうは言っても、行為の点では
それらは似ている。すなわち、ミレトスのひとびとに対する「ミレトスのひとびとは弁えのないひとびとではな

いが、まさに弁えのないひとびとがするようなことをしている」というデモドコスの言葉のように、抑制のないひとびとも不正なひとではないが、不正の行為をするのである(4)。(四)そして、一方〔抑制のないひと〕はそうすべきだと信じこんではいないのに、過剰な、まっとうな分別に反する肉体的な快楽を追求する性質のひとであり、他方〔ふしだらなひと〕はかれ自身そういう快楽を追求することを好む性質のひとであるために、そうすべきだと信じこんでいるのである。それゆえ、前者は説得によって行ないを改めさせやすいが、後者にはそれができない。すなわち、行為の始まりを、器量と邪悪のうち後者は破壊し、前者は保全するのである。ところで、行為においてはそのために〔行為が〕なされるもの〔目的〕が始まりである。それは、数学において基礎前提がその出発点であるのと同じである。そこで、数学においても論証がその出発点〔原理〕を教えうるものではないのと同じように、行為においても分別の働きは行為の始まりを教えうるものではない。ただ、生れつきの器量であれ、習慣によって得られた器量であれ、器量が行為の始まりについてただしく判断することを教えうるのである。そして、そのようにただしく判断しうるひとが節制あるひとであり、その反対はふしだらなひとなのである。

(五)情念のゆえに、まっとうな分別から外れる性質のひとがある。情念はこのようなひとを支配し、まっとうな分別にしたがって行為させないようにする。だが、情念はかれに、このような種類の快楽を見さかいもなく追求すべきであるという信念をもたせるまでにかれを支配するわけではない。抑制のないひととはそのようなひとであって、その点で、ふしだらなひとには勝《まさ》る。また、かれは限定なしに劣悪なひとであるのでもない。なぜなら、かれの最善の部分、すなわち、行為の始まりとなるものは保たれているからである。その反対はこれとは別の種類のひと〔抑制のあるひと〕である。かれは〔自分の選択に〕踏みとどまり、少なくとも情念によっては外れることのないひとである。以上の諸点から、後者が優れた性向であり、前者が劣悪な性向であるのは明白である。

第九章

(一)さて、抑制のあるひととは、どのようなものであれ、分別の命ずるところと選択を守りとおすひとなのであろ
a30 うか。それとも、ただしい選択を守りとおすひとなのであろうか。また、抑制のないひととは、どのようなものであれ、選択と分別の命ずるところを守らないひとなのであろうか、それとも、虚偽ではない分別の命令とただしい選択を守らないひとなのであろうか。これは、われわれが先に難問として述べたところである。(1) それとも、一方〔抑制のあるひと〕が守りとおし、他方〔抑制のないひと〕が守らないのは、付随的にはどのようなものでもありうるが、そのもの自体としては、真実なる分別の命令、ただしい選択であるのだろうか。というのは、もしも、
1151b 或るひとがこのこと〔甲〕をこのこと〔乙〕のゆえに選んだり、追求したりするとすれば、そのひとはこれ〔乙〕をそのもの自体として追求し、選ぶのであって、先のもの〔甲〕は、付随的に追求し、選ぶのだからである。「そのもの自体として」とは「限定なしに言って」ということである。したがって、或る意味では、どのような判断に対してであれ、一方はこれを守りとおし、他方はこれに外れると言えるが、何の限定もなしに言えば、真実にかなった判断に対してということになる。

(二)ところで、自分の判断を守りとおす性質のひとびとがいる。かれらは頑固なひとと呼ばれている。それは説得をよせつけないひと、説得されても考えを変えないひとである。このひとびとには抑制のあるひとにいくらか似

た所がある。それは、ちょうど、しまりのないひとにはもの惜しみしないひとに似た所があり、むこうみずなひとには平静なひとに似た所があるのと同じである。しかし、かれらはまた多くの点で違ってもいる。というのは、一方〔抑制のあるひと〕は情念と欲望によって動かされないのであるが（なぜなら、抑制のあるひとは、場合によっては〔すなわち分別の力をもってすれば〕、説得されやすくなるから）、他方〔頑固なひと〕は分別の力によって動かされないのであるからである。すなわち、かれらは欲望を抱き、かれらの多くは快楽によって運び去られるのである。(三)頑固なひとは自説に固執するひとと無学なひとと野暮なひとである。ひとが自説に固執するのは快楽と苦痛によってである。すなわち、かれらはひとの説得に動かされなければ、勝ったと言って喜び、効力を失った民会の議決と同じように、自説が効力をもてなければ苦痛と感ずるのである。したがって、かれらは抑制のあるひとよりは抑制のないひとに似ている。

(四)また、或るひとびとは自分の判断を守りとおさないが、それが無抑制のゆえではないという場合がある。ソポクレスの『ピロクテテス』の中に出てくるネオプトレモスの場合がそれである。(2)もっとも、かれが自分の判断を守りとおさなかったのは快楽のためであったとも言える。しかし、それは美しい快楽のためであった。というのは、かれにとって、真実を言うのは美しいことだったからである。だが、かれは嘘をつけとオデュッセウスに説得されていたのである。すなわち、快楽のゆえに何かをするひとがすべてふしだらなひとでも、劣悪なひとでも、抑制のないひとでもなく、醜い快楽のゆえにそうするひとがそうなのである。

(五)肉体的な楽しみを、あるべき程度より少なく喜ぶ性質のひともあるのだから、そして、この点で、かれは分別の命ずるところを守っていないのだから、こういうひとと抑制のないひとの中間が抑制のあるひとである。なぜなら、抑制のないひとは或る種の過大のゆえに分別の命ずるところを守らないのであるが、いま述べた種類のひとは或る種の過小のゆえにこれを守らないからである。これに対して、抑制のあるひとはこれを守りとおし、これらのどちらかのために動かされることがない。そして、抑制が優れたものであるとすれば、これに反する性向はいずれも劣悪なものでなければならない。そして、それは実際そう思われているところでもある。しかしなが
b30 ら、一方の性向が少数のひとにおいて稀に見られるだけのものであるため、ちょうど、節制がふしだらにだけ反すると考えられているのと同じように、抑制もまた無抑制にだけ反するものと考えられている。

(六)多くの言葉が類義によって語られているが、節制あるひとについてもその「抑制」が類義によって語られるよ
1152a うになった。というのは、抑制のあるひとも節制あるひとも分別に反して肉体的な快楽のゆえに何かをすることのない性質のひとであるが、前者は劣悪な欲望をもち、後者はもたないひとだからである。また、後者は分別に反する快を感じない性質のひとであるが、前者はそれを快と感じ、ただ、それに引きずられない性質のひとだからである。(七)抑制のないひととふしだらなひとにも似た点がある。かれらは違う種類のひとであるが、いずれも肉体的な快を追求する。ただ、後者はそうすべきであると思っているが、前者は思っていないのである。

第十章

(一)また、同じひとが賢慮あるひとであると同時に抑制のないひとであることもありえない。なぜなら、ひとは賢慮あるひとである時、同時に、その人柄において立派なひとでもあることがすでに示されたからである。(1) (二)さらに、

ひとは知っているだけではなく、行為する力をもつことによって賢慮あるひとである。[2] ところが、抑制のないひとは行為する力をもたないひとである(才覚のあるひとが抑制のないひとであることはいっこう構わない。時折、或るひとびとが賢慮あるひとでありながら、抑制のないひとであると考えられているのはこのゆえである。それは、才覚が、最初の論述において述べられた[3]ような仕方で、賢慮と異なる、すなわち、分別の点では近似しているが意向において異なるという理由にもとづくのである)。(三) もっとも、抑制のないひとが行為する力をもたないと言っても、それは、物事を知り、これを観照するひとが行為する力をもたないという意味においてではなく、眠っているひと、もしくは、酔っ払っているひとが行為する力をもたないという意味においてである。また、かれは本意からするひとである(なぜなら、かれは或る意味では、自分が何をしているかをも、また、自分が何のためにしているかをも知っているからである)。だが、悪人ではない。なぜなら、その選択は高尚なものだからである。したがって、かれは半悪人である。また、かれは不正なひとではない。なぜなら、かれは作意的なひとではないからである。すなわち、抑制のないひとのうち、或るひとは自分が思案して定めたことを守りとおさないひとであり、或るひとは気分の鬱積したひとであって、まったく思案することのないひとなのである。また、抑制のないひとは、なすべきことをすべて民会の議決によって定め、立派な法律をもってはいるが、これを何ら用いることのないポリスに似ている。それは、アナクサンドリデスが侮蔑して語ったとおりである、

法律のことなど何ら心にかけない
そのポリスが決めたのだとさ。[4]

(四) これに対して、悪人は、法律を用いはするが用いられる法律が悪法であるポリスに似ている。

無抑制と抑制は一般のひとのもつ性向を越えるものにかかわる。すなわち、後者はたいていのひとがなしうる
ところよりも以上に、前者はそれよりも以下に〔自分の選択を〕守るひとである。無抑制のうち医しやすいものは、
思案をめぐらしても守りとおさないひとびとのそれであるよりも、気分の鬱積したひとの陥るそれである。また、
習慣づけられることによって無抑制であるひとの方が自然の生れによって無抑制であるひとよりは医しやすい。
a30 習慣は自然の生れよりも変えやすいからである。習慣もまた、それが自然の生れに似たものであるという理由に
よって変えにくいものではあるが。それは、エウエノスが

友よ、告ぐ、慣わしは時を重ねし習練なり、
その果ては人間の自然の性なり

と言っているとおりである。(5)

(五)抑制が何であるか、無抑制が何であるか、我慢強さが何であり、惰弱が何であるか、また、これらの性向が相互にどのような関係にあるかは以上で述べられた。

第十一章(1)

1152b (一)快楽と苦痛について考究するのは政治術を研究するものの仕事である。かれは目的の設計者であり、われわれ
はこの目的に目を向けて、或るものを限定ぬきに悪いもの、或るものを限定ぬきに善いものと呼ぶ。(二)なおまた、
それらについて考察するのは政治術を研究するものにとって必要不可欠な仕事の一つでもある。なぜなら、われ

われは人柄としての器量と悪徳を苦痛と快楽にかかわると定めたからであり[2]、また、たいていのひとは、幸福は快楽を伴うと主張しているからである。このゆえに、ひとびとは「さいわいなひと（μακάριος）」という名称を「喜ぶ（χαίρειν）」という言葉から取ったのである[3]。

(三)ところで(1)、或るひとびとは、いかなる快楽も——そのもの自体としてみても、付随するものとしてみても——善ではないと考えている。なぜなら、善と快楽は同一なものではないからである。だが(2)、或るひとびとは、或る種の快楽は善であるが、多くの快楽は劣悪なものであると考えている。さらに(3)、これらに次ぐ第三の見解は、かりに、快楽がすべて善であるにしても、最善のものは快楽ではありえないとしている。(四)さて(1)、およそいかなる快楽も善ではないとする理由には、(イ)すべての快楽はその事物の本然の在り方へと向う感知された生成過程であるが、生成過程はそのいかなるものも目的と同類ではないということがある。たとえば、いかなる建築の過程も家と同類のものではない。さらに(ロ)、節制あるひとは快楽を避ける。さらに(ハ)、賢慮あるひとは苦痛を伴わないものを追求するが、快いものを追求しない。さらに(ニ)、快楽は賢慮をうるための障害になる。それは、喜びを感ずる程度がいっそう大きいほど、いっそう大きな障害になる。たとえば、愛欲の快楽を楽しむ場合がそれである。なぜなら、そのうちにあっては、誰も何も思考することができなくなるからである。さらに(ホ)、快楽については、いかなる術も存在しない。しかしながら、すべて善いものは術の作品なのである。さらに(ヘ)、子供も獣も快楽を追求する。(五)(2)すべての快楽が立派なものなのではないとする理由は、醜い快楽も、恥ずべき快楽もあること、また、有害な快楽もあるということにある。或る種の快いものは不健康だからである。(3)最善のものは快楽ではないとする理由は、快楽が目的ではなく、生成過程であるということにある。

さて、述べられている見解は、おおよそ、このようなものである。

第十二章

(一)これらの理由によっては快楽が善ではないという帰結が生じてこないこと、あるいは、快楽が最善なものではないという帰結さえ生じてこないことは以下の諸論拠からみて明らかである。第一に、「善いもの」という言葉は二つの意味で語られるのだから(すなわち、一つの意味では、それは何の限定もなしに「善いもの」という意味で語られ、もう一つの意味では、「誰かにとって善いもの」という意味で語られる)、事物の本性にも、また、その性向にもこれに応ずる意味の区別があり、したがってまた、運動過程にも、生成過程にもこれに応ずる区別がある。したがって、劣悪な快楽であると思われているものであっても、その或るものは限定なしに言えば劣悪であるが、或る特定のひとにとっては劣悪ではない。むしろ、このひとにとってはそれは望ましいものである。また、或る種のものはこのひとにとってさえ望ましいとは言えないが、或る時、短い間だけは望ましいものである。だが、それはこのような限定を除けば望ましいものではない。また、これらのものは、実際は、快楽でさえなく、ただ、そう見えるだけである。苦痛を伴うものであって、医療を目的とするかぎりのもの、たとえば、病気にかかっているひとのもつものがそれである。

b30

(二)ついで、善いものの一つは活動であり、もう一つは性能(1)であるのだから、事物をその本然の性能へと回復する運動は付随的に快いものである。だが、このような〔本然を回復しようとする〕欲望のうちに働いている活動は、

1153a 本当は、まだ〔損われずに〕残っている性能および本然の性の活動なのである。なぜなら、苦痛や欲望を伴わない快楽もあるからである。(2)たとえば、観想活動がこれであり、そこでは本然の性は何ら欠乏状態に置かれていないのである。〔回復する過程の快が付随的なものであることの〕証拠として、本然の性がその欠乏を充足してゆく過程におけるのと、すでに本然の在り方を回復してしまっている状態におけるのとでは、ひとが喜ぶ快が同じものではないという事実をあげることができる。すなわち、本然の在り方がすでに回復されている時には、ひとは条件ぬきの意味で快いものを喜ぶが、欠乏状態が充足されてゆく過程においては〔欠乏状態の〕反対のものを喜ぶのである。すなわち、そういう過程においては、ひとは酸っぱいものや辛いものを喜ぶが、それは本然の性において快いものでもなければ、限定ぬきの意味において快いものでもないのである。したがって、そこから生れる快楽もまた同じである。なぜなら、快いものが相互に違っているのとちょうど同じように、それらから生れる快楽も互いに違うからである。

(三)さらに、或るひとびとの説によれば、目的は生成過程とは異なるものであって、生成過程よりも善いものであるが、それと同じように、快楽とは異なる或る何ものかが快楽よりも善いものとして存在するという必然はない。なぜなら、快楽は生成過程ではなく、また、すべての快楽が生成過程を伴うものでもなく、むしろ、快楽は活動であり、目的だからである。また、快楽は、何かが生成する過程において結果するものではなく、むしろ、何かを使用する過程において結果するものである。また、目的が〔快楽そのものとは〕異なるものとして存在するのは
a10 すべての快楽についてではなく、自然の本性の完成へと導かれるにあたって生れる快楽についてである。それゆえ、快楽を「感知された生成過程」であると言うのはただしくない。むしろ、快楽とは「自然の本性にかなった

性能の活動」であると言うべきであり、「感知された」という代りに「妨害されない」と言うべきである。だが、或るひとびとは、快楽は優れた意味において善いものであるからこそ、生成過程であるのだと考えている。というのは、かれらは活動を生成過程だと思っているからである。だが、それは違う。

（四）或る種の快いものが不健康であるから、快楽は劣悪であると言うのは、健康のためになる或る種のものは金儲けのために悪いから、健康のためになるものは悪いと言うのと同じである。たしかに、それらはいずれもその点では悪い。だが、そのことだけで、それらのものが〔限定なしに〕悪いということにはならない。観想活動も或る時、健康を損うことがあるのである。

（五）賢慮の働きに対してであれ、どのような種類の性能の働きに対してであれ、それぞれその性能の働きから生れる快楽が妨害を与えることはない。妨害となるのは別種の性能の働きから生れる快楽である。じっさい、観想や学習から生れる快楽は観想や学習の働きをいっそう活潑にするだろう。

（六）いかなる快楽も術の所産でないというのは当然の帰結である。なぜなら、他のいかなる種類のものであれ、活動については術はなく、術があるのはただ能力についてだからである。[3] もっとも、香水製造術や料理術は快楽の術であると一般には考えられている。

（七）節制あるひとは快楽を避け、賢慮あるひとは苦痛のない生活を追求するという問題、また、子供や獣が快楽を追求するという問題、これらはすべて同じ理由によって解決される。快楽がどのような意味で限定なしに善いものであり、また、どのような意味で、そのすべてが善いとは言えないかについてはすでに述べた。[4] ところで、獣や子供が追求するのはこの第二の種類の快楽であり、賢慮あるひとが追求するのはこれらの快楽に煩わされない生活である。すなわち、欲望と苦痛を伴う快楽、肉体の快楽(肉体の快楽はそのようなものだから)、および、この種の快楽の過剰がこれであり、ふしだらなひとはこの種の快楽の過剰によってふしだらなひとなのである。それゆえ、節制あるひとはこれらの快楽を避ける。節制あるひともかれらの快楽をもってはいるが。

第十三章

1153b (一)さらにまた、苦痛が悪いものであり、避けるべきものであることはひとびとの意見の一致するところである。というのは、或る苦痛は限定なしに悪いものであり、或る苦痛は何らかわれわれの働きの妨げになりうるという理由によって悪いものだからである。ところで、避けるべきものに対して、それが避けるべきものであり、悪いものであるかぎりにおいて、相反するものは善いものである。したがって、快楽は、必然に、或る善いものでなければならない。おもうに、スペウシッポスが試みたような仕方でこの論を論駁しようとすること――すなわち、ちょうど、大きいものが小さいものと等しいものの両方に対して相反するものであるような関係がここにもある〔快楽は苦痛と善いものの両方に対して相反するものである〕とすること――は、論駁にはならない。というのは、スペウシッポスも、快楽が悪そのものの一種であると言おうとはしないだろうから。(1)

(二)また、或る快楽が劣悪であるにしても、最高善が或る種の快楽であることには何の差支えもない。それは或る知識が劣悪なものであるにしても、最高善が或る種の知識であることに何の差支えもないのと同じである。(2) さら
b10 に、もしも、それぞれの性能に妨げられることのない活動が与えられるとすれば――妨げられることのないもの

である限りにおいてすべての性能の活動が幸福であるとするにせよ、それらのうちの或るひとつの性能の活動が
幸福であるとするにせよ――それこそもっとも望ましいものであるのはもとより必然なことである。そして、そ
れこそ快楽である。したがって、多くの種類の快楽は、限定ぬきに言えば、もしかすると劣悪なものであるかも
しれないが、最高善は或る種の快楽であることになろう。すべてのひとが、幸福な生活とは快い生活のことであ
ると思い、快楽を幸福のうちに織り込んでいるのはこのゆえであるが、それはもっともなことである。なぜなら、
いかなる活動も、それが妨げられる時には完全ではありえないが、幸福は完全なものの一つだからである。そう
いうわけで、幸福なひとは肉体における善や、外的な善、すなわち、運命〔に依存するもの〕をも、これらのために
活動が妨げられないようにと、あわせ要する。(三)車責めにかけられ、大きな不運の数々に落ちこんでいるひとであ
b20 っても、そのひとが善いひとでありさえすれば、幸福であると言うひとびとは、それが本意からであるにせよ、
不本意であるにせよ、嚙語《たわごと》を言っている。(3)(四)ところが、或るひとびとは、幸福が運命〔に依存するもの〕をもあわせ
要するという理由によって、幸運を幸福と同じものと考えている。だが、そうではない。なぜなら、幸運も度を
越えれば活動を妨げるし、そうすれば、それを「幸・運」と呼ぶのはおそらくもう正しいことではないからであ
る。すなわち、幸運の限界は幸福との関係によって定まるのである。
(五)さらに、獣も人間もすべて快楽を追求するという事実は、快楽が何らかの意味において最高善であるという一
つの証拠である。

多くの民の口の端に上ることは
どんなものであれ、まったく葬り去られることはない。(4)

(六)しかしながら、同じ本性や同じ性能がすべてのものにとって最善のものではないし、また、そう考えられている
b30 わけでもないから、すべてのひとが同じひとつの快楽を追求することもない。けれども、すべてのひとは何らか
の快楽を追求するのである。そして、すべてのひとが追求しているのはおそらく自分が追求していると思ってい
る快楽でも、自分が追求していると言っている快楽でもなく、同じひとつの快楽なのであろう。なぜなら、すべ
てのものは自然の本性により或る神的なものを含んでいるからである。(5)けれども、かれらがもっとも頻繁に近づ
くのが肉体の快楽であるという理由と、すべてのものが肉体の快楽にあずかっているという理由によって、肉体
の快楽が「快楽」という名称を専有するに至ったのである。こうして、ひとびとは肉体の快楽だけをよく知って
いるために、肉体の快楽だけが快楽であると思っているのである。
1154a (七)また、快楽が善いものでなく、活動でなかったとしたら、(6)明らかに、幸福なひとが快い生を送ることもないで
あろう。なぜなら、もしも、快楽が善いものでなければ、何のためにひとはそれを必要とするのだろう。むしろ、
苦しい生を送ってもよいではないか。なぜなら、快楽が善いものでも悪いものでもないとすれば、苦痛も善いも
のでも悪いものでもないからである。したがって、ひとは何のために苦痛を避けるのだろうか。こうして、優れ
たひとの活動が一般のひとの活動より快いものでないとすれば、その生活もまたいっそう快いものではないこと
になろう。

第十四章

(一)或る種の快楽、すなわち、美しい快楽は大いに望ましいが、肉体の快楽、つまり、ふしだらなひとがかかわるような快楽は望ましくないと主張するひとびとは、肉体の快楽について次のように考察してみなければならない。(二)〔これらの肉体の快楽に〕相反する苦痛が悪いものであるのは何故だろうか。というのは、悪いものに相反するものは善いものだからである。必要不可欠な〔肉体の〕快楽が善いものであるのは、悪くないものもまた善いものであるという意味においてなのであろうか。それとも、必要不可欠な〔肉体の〕快楽は或る範囲においては善いものなのであろうか(1)。というのは、性能や運動のうち、その活動がちょうど良いものを越えないものは、過剰な快楽をもたず、越えるものは、過剰な快楽をもつからである。ところで、肉体的な善いものには過剰がありうる。また、劣悪なひとは過剰を追求することによって劣悪なのであり、必要不可欠な快楽を追求することによってそうなのではない。すなわち、御馳走や葡萄酒や愛欲の行為はすべてのひとにとって何らか喜ばしいものであるが、すべてのひとがこれをあるべき仕方にしたがって喜ぶわけではない。また、苦痛についてはその反対である。すなわち、劣悪なひとは過剰な苦痛ではなく、苦痛を全面的に避ける。なぜなら、苦痛は過剰な快楽に反するものではなく、過剰な快楽を追求するひとに反するものだからである。

(三)だが、真実を語るだけではなく、虚偽の起る原因をも語らなければならないのだから――なぜなら、それは確信をうるために役立つから、すなわち、真実ではないのに、なぜ、真実らしく見えるのかという理由がもっとも

なものとして映る時、それは真実をいっそう強く確信させるから——なぜ、肉体の快楽がいっそう望ましいもの
として映るのかという理由をわれわれは述べなければならない。(四)第一に(1)、それは苦痛を追い払ってくれるか
らだと考えられる。すなわち、度を越えた苦痛を味わっているために、苦痛を医してくれる薬だと思って、ひと
びとは度を越えた快楽を、しかも、一般には、肉体の快楽を追求するのである。この場合、この医薬は、反対の
ものに比べて際立つものであるため烈しく働くのである。そして、まさにそれゆえ、それは追求されるのである。
a30 このようにして、すでに述べたとおり(2)、快楽が立派なものではないと思われている理由には二つある。一つは、
或る種の快楽が劣悪な本性の働きであるということであり(劣悪な本性は、獣のように、生れ落ちた時からもって
いることもあれば、習慣によって生れることもある。たとえば、劣悪な人間の場合がそうである)、他の一つは、
苦痛の医薬としての快楽は欠乏状態の医薬であるが(3)、充足した状態にあることの方が充足した状態になることよ
1154b りも優れている、ところが、これらの快楽は完成された状態に移りゆく過程において結果するものであり、した
がって、それらが善いのは付随的なことにすぎないということである。

(五)さらに(2)、それは烈しいものであるため、他の快楽を喜ぶことのできないひとびとによって追求される(とに
かく、これらのひとびとのうちに或る種の渇きを作りだしているのは他ならぬかれら自身なのである。したがっ
て、これらの快楽が無害なものであれば咎め立てすべきではないが、有害なものであればそれは劣悪である)。す
なわち、かれらは他に自分の喜びとするものを持たない、また、〔快でも苦でもない〕中間の状態は一般のひとに
は自然の本性によって苦痛なのである。実際、生き物はいつも労苦している状態にある。「見ること、聞くことは
苦痛である」という自然学者たちの言葉はこれを証言する(4)。ただ、かれらによれば、われわれはもうそれに慣れ

てしまっているというのである。(六)これと同じように、青春期にも、ひとはその成長過程のために、あたかも、酒に酔ったひとと同じような状態にある。そして、青春は快い。これに対して、気分の鬱積したひとは本性上いつも医薬を必要とする。なぜなら、肉体はその体質のために終始苛《さいな》まれる、したがって、かれはいつも烈しい欲求のうちに置かれているからである。快楽は苦痛を追い払ってくれる。それはその苦痛に相反する快楽、または、強力でありさえすれば、任意の快楽でよい。これらの理由によって、かれらはふしだらな、劣悪なひとになるのである。

(七)これに対して、苦痛を伴わない快楽は過剰をもたない。これらの快楽は自然の本性にしたがって快く、付随的に快いのではないものの与える快楽である。付随的に快いものとは欠陥状態を医すもののことを言う。なぜなら、健全なまま残っている部分が何らか働くことによって、医されるという結果が生れ、このため、それが快いと思われるからである。これに対して、自然の本性にしたがって快いものとは、このような健全な本性の働きを活潑にするものを言う。

(八)同じものでありながら、いつも快いものは何ひとつ存在しない。それは、われわれの本性が単一ではなく、われわれが可滅なものであるかぎり、或る異なる要素も含まれているからである。したがって、一方の要素が何かをすれば、これは他方の本性にとっては本性に反するものとなり、両要素が均衡を保つ時には、行なわれることは苦でも快でもなくなると考えられる。おもうに、もしも、或るものの本性が単一であれば、同じひとつの行為がいつも最も快いものであろう。神が唯一の、単一な快楽をいつも楽しんでいるのはこのゆえである。すなわち、運動の現実状態があるばかりではなく、不動の現実状態もある。そして、快楽は運動のうちよりは、静止のうち

b30 にいっそう多く含まれるのである。詩人の言い方をかりて、[5]「ものみなの変化は楽し」と言えるとすれば、それはわれわれの本性の或る種の悪さのせいなのである。すなわち、悪い人間は変りやすい人間であるように、変化を要する本性も悪い本性なのである。なぜなら、それは単一なものではなく、高尚なものでもないからである。

(九)さて、抑制と無抑制について、また、快楽と苦痛について、それぞれが何であるかということ、また、それらのうちの或るものが善いものであり、或るものが悪いものであるということが以上で述べられた。残るところは愛について述べることであろう。

第八巻

第一章

1155a （一）これについで論ずべきは、（1）愛についてであろう。おもうに、愛は人間の器量の一つであるか、あるいは、むし
ろ人間の器量に伴う何ものかなのである。（2）
それに、愛は人生にとって必要不可欠なものでもある。なぜなら、たとえ、その他のすべての善いものを所有
していたとしても、友人なしには誰も生きることを選ぼうとはしないであろう。実際、富裕なひとびとにとって
も、支配や権勢を手にしているひとびとにとっても、友人は何よりも必要なものであると思われている。という
のは、他人に親切な行ないをする機会が奪われるならば、そのような栄華に何の益があろうか。しかるに、その
ような親切な行ないはとりわけ友人に対してなされるものであり、また、友人に対してなされる時に、それはも
っとも賞讃されるべきものとなるのである。いや、そもそも友人なしに、そのような栄華が安全に保たれるとい
a10 うことがあるであろうか。それは大きければ大きいだけ、それだけいっそう、崩れやすいものなのである。（二）貧困
においても、その他の不運においても、友人はただ一つの避け所であると思われている。また、友人は若者にと
っては、過ちを犯さないための、年寄りにとっては、身の回りの世話のための、つまり、力の衰えから来る動作

の不足を補うための、さらに、男盛りの者にとっては立派な行為をなすための助けである。(3)「二人して行けば……」(4)、つまり、考えるためにも、行なうためにも、いっそう力強いのである。

(三)また、子には親に対する愛が、親には子に対する愛が、生れつきそなわっているように見える。それは、ただ、人間の間においてそうであるばかりではなく、鳥においても、大多数の動物においてもそうである。また、愛は種族を同じくするもの相互の間にそなわるものであると共に、それは、とりわけ人間相互の間に生れながらそなわっているもののようである。そこからわれわれは、他人に対して情愛の深いひとびとを賞讃するのである。また、ひとは、すべての人間がどれほどお互いに身内の親しいものであるかを、漂泊の旅路においても認めうるだろう。(四)さらに、愛はポリスをも保持しているもののように見える。立法家たちがもっぱら心を用いるのも正義の性向をめぐってであるよりは、むしろ愛をめぐってなのである。というのは、和合は愛に似た何ものかであるように見うけられるが、立法家はわけてもこれを追い求め、内訌を敵対するものとしてわけても追い払おうとしているからである。またひとは互いに友人であれば、何ら正義を必要としないが、正しいひとであっても、さらに愛を必要とするのである。したがって、最大の正義とは愛に似た何ものかであると思われている。

(五)いや、愛は、必要不可欠なものであるばかりではなく、美しいものでもある。すなわち、われわれは友だち好きのひとを賞讃するが、友だちの多いことは、おもうに、美しいことの一つなのである。また、或るひとびとの考えでは、ひとは善いひとである時に、同時に、互いにとっての友人でもある。(5)

(六)だが、愛についても議論の分れている点が少なくない。すなわち、或るひとびとは、愛を一種の類似とみなし、類似しているひとびとが互いに友であるとしている。そこから、「似たものは似たものに」(6)とか「鴉は鴉の所に来て止まる[7]」とか、その他そのような諺が生れてくるのである。他のひとびとはその反対に、このように類似しているひとびとのすべては、いわば、互いに「〔焼物師に対する〕焼物師[8]」であると言っている。

1155b また、或るひとびとは他ならぬこれらの事柄について、いっそう高遠な、いっそう自然学的な探究をすすめ、エウリピデスは「乾上がった大地は雨を恋い求め、雨に満ちた気高い天空は大地に落ちかかろうと恋い焦がれる[9]」と語り、ヘラクレイトスは「相反するものが協同する[10]」とか「相違するものから最も美しい調和が生じてくる」とか「万物は争いにより生ずる[11]」とか語っている。これらのひとびとと反対の説をとるのは、とりわけエムペドクレスである。すなわち、かれは「似たものが似たものを求める[12]」と言っているのである。さて、[七]これらの問題のうち、自然学にかかわる問題は、ここでは措くことにし――それはわれわれの当面の考察にとって本来的なものではないから――人間にかかわるかぎりの問題、すなわち、人柄と情にかかわるかぎりの問題を考察することにしよう。たとえば、「すべてのひとの間に愛が生れるか、それとも、邪悪なひとびとは互いに友人たりえないか」とか「愛の種類は一つであるか、それとも、多数あるか」というような問題がこれである。おもうに、或るひとびとは愛には程度の差があるという理由によって、愛は一種であると思っているが、そのような徴しは信ずるに足りない。なぜなら、種において異なるものの間にも程度の差はありうるからである。だが、これらの点についてはは先の箇所ですでに述べられた[13]。

第二章

（一）愛の種類がいくつあるかは、愛されるに値するものの(1)何であるかが分れば、おそらく、明らかになるだろう。おもうに、すべてのものが愛されるのではなく、愛されるに値するものが、愛されるのだからである。ところで、これは善いものであるか、快いものであるか、有用なものであるかのいずれかである。そして、有用なものとは、それを通じて或る善いもの、または、快楽が生れてくるものと考えてよいだろう。それゆえ、終極としてみれば、
b20 善と快が愛されるに値するものであることになろう。

（二）ところで、ひとは善いものを愛するのであろうか、それともむしろ、自分にとって善いものを愛するのであろうか。おもうに、これらは時として互いに食い違うこともあるのである。快いものについてもこれと同じ問題がある。さて、ひとはそれぞれ自分にとって善いものを愛すると考えられる。したがって、〔いま、誰れかれの区別なしに〕総体として言えば、善いものが愛されるに値するものであるが、それぞれのひとにとって愛されるに値するものは何であるかと言えば、それはそのひとにとって善いものであることになろう。また、ひとがそれぞれ〔実際に〕愛しているものはそのひとにとって善であるものではなく、そのひとに善と見えるものである。だが、このことによって、愛の種類をめぐる当面の問題には何の変りもないであろう。なぜなら、善と見えるものは愛されるに値するものと見えるだろうからである。(2)

（三）こうして、ひとが何ものかを愛するための動機には三つあるが(3)、無生物に対する愛情が愛と呼ばれることはない。なぜなら、そこでは愛し返すということがないからであり、また、相手のために善いものを願うということもないからである。おもうに、葡萄酒のために善いことを願うというのは、まったく、滑稽なことであろうし、
b30 また、かりにそうすることがあるとしても、それは、葡萄酒が保たれて、自分が葡萄酒を持っていられるように

と願うのである。しかるに、友のためには、ひとは友そのひとのために善いことを願わなければならないと言われている。しかも、このように相手のために善いことを願うひとが、相手からも同じようにされない場合には、かれは好意あるひとと呼ばれる。すなわち、「相互に相手に対して抱かれる好意」をわれわれは愛と呼ぶのである。さらに加えて、「その好意が相手に気付かれないでいることがない場合に」と言うべきであろうか。(四)というのは、会ったことはないが、立派なひとであり、有為なひとであるとみなしている相手に対して好意を持つということはしばしばあるからである。この場合、相手のひとのうちの誰かが、このひとに対して同じ気持を抱いたとしても同じである。このひとびとが互いに相手に対して好意を持っているのは明らかであるが、相手が自分に対してどのような気持を持っているかに気付かないでいるひとびと同志をわれわれはどうして友人であると呼ぶことができようか。こうして、友とは、上述の動機のうちの一つによって、互いに相手に対して好意をいだき、相手のために善いことを願い、かつ、そのことが互いに相手に気付かれているものでなければならない。

1156a

第三章

(一)これらの動機はそれぞれ種類の異なるものである。したがってまた、そこから生れる愛情も互いの間に生れる愛も、それぞれ種類の異なるものである。こうして、愛の種類には三種あり、愛されるものの種類と同数である。すなわち、それぞれの種類の動機に応じて、互いに相手に気付かれているものとしての愛し返しがあり、互いに愛し合っているひとびとは、それぞれ自分の愛しているところに応ずる善を相手のために願うものである。

さて、有用なもののゆえに愛し合っているひとびとは、相手をその人自身として愛しているのではなく、相手から何か善いものが得られるという範囲において相手を愛しているのである。快楽のために愛し合っているひとびとの場合もこれと同じである。すなわち、機智のあるひとびとが好まれるのは、そのひとがそういう性質のひとであるということのゆえではなく、そのひとが相手にとって快いものであるということのゆえなのである。(二)こうして、有用なもののゆえに愛するひとは自分にとって善いもののゆえに相手を大切にするのであり、快楽のゆえに愛するひとも自分にとって快いもののゆえに相手を大切にするのである。すなわち、それは愛されている相手がそのひと自身であるという点においてではなく、そのひとが自分にとって有用なひとであるとか、快いひとであるという点において、そのひとを大切にしているのである。したがって、これらの愛は付随的な愛である。というのは、この場合、愛されるひとが愛されるのは、そのひとがまさにそのひと自身であるという点においてではなく、或る場合には、善いものをもたらしてくれるという点においてであり、或る場合には、快楽をもたらしてくれるという点においてだからである。(三)したがって、このような愛は相手がいつも同じようなひととして止まらないかぎり、すなわち、相手がもう快いひとでなくなれば、あるいは、有用なひとでなくなれば、かれらは愛し合うことを止める。ところで、有用なものとはいつまでも変らないものではなく、時と場合に応じて変るものである。そこで、そのゆえにかれらが友であったところのものが消失する時には、愛もまた解消する。その愛はそのためのものだったからである。(四)このような種類の愛が生れるのは何よりも年寄りの間であり——なぜなら、この年頃のひとが追求するのは、快楽ではなく、利益をもたらすものだからである——また、男盛りのひとや若いひとの中では、役に立つものを追求するひとびとの間においてであると思われる。だが、このようなひとびと

はあまり一緒になって共同の生活をすることがない。なぜなら、こういうひとびとはしばしば相手にとって不快
なものだからである。したがって、かれらはそれによって相手から利益が得られるのでないかぎり、そのような
〔共同の生活というような〕交わりをさらに求めることはないのである。すなわち、かれらの間にあっては、善い
a30 ものが得られるという期待があるかぎりにおいてだけ相手は快いものなのである。ひとびとは賓客に対する愛を
もこういう〔役に立つもののゆえの〕愛のなかに入れている。

(五)これに対して、若いひとびとの間の愛は快楽ゆえのものであると思われる。なぜなら、若者は情にしたがって
生き、自分自身に快いもの、しかも、現前するかぎりでの快いものを何にもまさって追求するからである。だが、
齢の移りゆくにしたがって、快いものも異なるものになってゆく。それゆえ、かれらはたちまち友になると共に、
また、たちまち友たることを止めるのである。自分に快いものが変移するにしたがって、愛もまた変移するが、
1156b このような種類の快楽が変移してゆく過程は速やかなものだからである。また、若者は恋を好む。恋にかかわる
ことの多くは情にもとづき、快楽ゆえに起ってくるからである。かれらの愛がたちどころに生れると共に終り、
一日のうちに相手を変えることもしばしばあるというのはまさにそういう理由による。また、かれらは日がな一
日一緒に暮し、生活を共にすることを願う。それは、そうすることによって、かれらの愛が目ざしているものが
得られるからである。

(六)これに対して、器量をそなえている点で互いに似たものである善いひとびとの間の愛は完全無欠である。とい
うのは、こういうひとびとは、相手が善いひととしてあるかぎりにおいて、互いに相手のために善いものを同じ
ように願うものであり(1)、こういうひとびとはそれぞれその人自身であることにおいて善いひとであるからである(2)。

ところで、友が善いものを得ることを他ならぬ友その人のために願うひとは最良の友である。実際、かれらがそのような関係に置かれるのは、かれらが自分自身であることによるのであり、かれらに付随することによるのではない。

こうして、これらのひとびとの間の愛は、かれらが善いひとであるかぎり、いつまでも変らないが、〔かれらがそれによって善いひとである〕器量は持続するものである。そして、かれらのそれぞれは、〔他のものから切り離して〕そのひと自身としてみても善いひとであるが、同時にまた、友にとっても善いひとである。(3)すなわち、善いひとびとは、そのひと自身にとってみて善いひとであると共に、互いに相手にとって役に立つひとでもあるのである。同じようにまた、かれらは快いひとでもある。すなわち、善いひとびとは、〔他のものから切り離して〕そのひと自身としてみても快いひとであるが、(4)同時に互いに相手にとっても快いひとなのである。というのは、それぞれのひとにとって、自分の本性に合った行ないや、これに似た行ないは快さをひき起すものであるが、善いひとびとのする行ないはそれと同じものであるか、あるいは、それに似たものだからである。

(七) このような愛が持続するのは当然である。なるほど、その内には友たるものにそなわるべきことがすべて聚合している。というのは、すべて愛は善いもののゆえか、快楽のゆえによるものであり――しかも、これらの善と快は他のものから切り離してそのひと自身としての善と快である場合と、そのひとを愛するものにとっての善と快である場合がある――また、互いの間の或る種の類似性によるものであるが、この愛の場合には、愛し合っている当のひとびと自身の存在にもとづいてここに述べられたことのすべてが含まれているからである。すなわち、この点〔かれらが善いひとである点〕において、かれらは似ているし、(5)それ以外の事柄、つまり、そのひと自身と

してみての善さも、そのひと自身としてみての快さも、共にそなわっている。ところで、これらのものこそもっ
とも愛されるに値するものである。したがってまた、これらのひとびとの間においては、互いに相手を愛する働
きも、また、互いの間に結ばれる愛の関係も最高のものであり、最善のものなのである。
(八)このような愛の生れることが稀なのは当然である。このようなひとびとは僅かしかいないからである。さらに
また、それは、時間をかけて、互いに慣れ親しむことを要する。諺にも、「一緒に生活して、普通言われている量
〔一メディムノス〕の塩を費い果たすまでは、ひとは互いに知り合えない[6]」と言われているのである。したがって、
互いに一人がもう一人のひとにとって愛するに値するものとして映り、また、そのように信じられるまでは、ひ
とびとが互いに相手を友として受け容れることもないし、また、互いに友であることもない。(九)これに反して、愛
b30 の徴しをはやばやと互いに交わし合っているひとびとは友であろうと願っているひとびとではあるが、もしも、
かれらが愛されるに値するものでないとすれば、あるいは、愛されるに値するものであることを知っていないと
すれば、友ではない。実に、愛を願う気持はすみやかに生れるが、愛はそうではないのである。

第四章

(一)こうして、この愛は、時間においても、その他の点においても完全無欠であり、友であるもののそれぞれには
あらゆる事柄に関して同じ種類のものや互いに似たものが一方から他方に与えられるが(このことこそ友である
1157a ものに相応しい特性である)、快さゆえの愛にもこれに似た点がある(善いひとびとは互いにとって快いものでも

ある)。また、有用なものゆえの愛もこれと同じである(善いひとびとは互いにとって有用なものでもある)。しかしながら、こういうひとびとの間にあっても、その愛がつづくのは、とりわけ、同じもの(たとえば快楽)が互いに相手から得られる場合であり、しかもそれだけではなく、それが同じものから生れてくる場合である。たとえば、機智あるひと同志の関係がそうであるが、それは恋するひとと恋されるひとの関係のようなものであってはならない。なぜなら、恋するひとと恋されるひととは同じことについて快さを覚えるのではなく、恋するひとは相手のひとを眺めることに、恋されるひとは恋するひとにかしずかれることに快さを覚えるものだからである。年頃が過ぎれば、愛もまた過ぎ去るのがしばしばである。すなわち、恋するひとにとって相手を眺めることは
a10
もはや快いものではなく、恋されるひとはもはやかしずかれなくなる。だが、これに反して、かれらが同じ人柄であって、親しみ合っているうちに相手の人柄を大切に思うようになれば、かれらが友として留まりつづけることもたびたびある。

(二)また、恋事において、互いに快さを交わし合わず、有用なものを交わし合っているひとびとは友であるとはあまり言えず、その関係はあまり永続きしない。また、有用なもののゆえに友であるひとびとは利益をもたらすものが無くなると共に、別れゆくものである。なぜなら、かれらは互いの友であったのではなく、利得をもたらすものの友であったからである。

さて、快楽のゆえや有用なもののゆえに友であることは、劣悪なひとびとの間でも、高尚なひとびとと劣悪なひとびとの間でもありうることであり、また、そのどちらでもないひとととどのような種類のひとととの間でもありうることであるが、そのひとびと自身のゆえに友であることは、明らかに善いひとびとの間でだけありうること

である。なぜならば、悪いひとびとは、利益が何か得られるのでないかぎり、互いに相手を喜ぶことがないからである。

(三)(さらに、善いひとびとの間の愛だけが、中傷によって損われえないものである。なぜなら、長い間かかって吟味を加えた友について、他人が中傷するのをやすやすと信ずるひとはないからである。また、「互いに信じ合っている」とか「けっして相手を傷つけることがない」とか、その他、真実の愛に要求されるようなことが実現されているのも、このひとびとの間においてである。だが、他の種類の愛の場合には、そのような〔相手を傷つけるような〕ことが起っても、これを妨げるものは何もない(1)。

(四)そして、ひとびとは有用なもののゆえの友をも友と呼び(2)(ポリスが友邦ポリスと呼ばれるのもこれと同じである。なぜなら、ポリスの間に同盟が結ばれるのは、役に立つことのためであると思われるからである)、子供たちのように、快楽ゆえに相手を大切にするひとをも友と呼んでいるのであるから、おそらく、われわれもこういう種類のひとびとを友と呼ぶべきであろう、そして、愛には多くの形態があり、第一の意味における、また、語の本来の意味における愛は、善いひとびとの間において、かれらが善いひとであるかぎりにおいて生れる愛であるが、残りの形態はこの愛との類似性にしたがって愛と呼ばれるとみなすべきであろう。すなわち、ひとは何らか善いところがあるかぎりにおいて、また、互いに何らか似たところがあるかぎりにおいて、互いに友なのである。というのは、快さもまた快さを好むものにとっては善いものだからである。(五)もっとも、これらの〔第二義的な〕愛〔の二形態〕が一緒になることはあまりない、また、同じ人が有用なもののゆえの友であると共に、快さゆえの友であることもあまり起らない。なぜなら、付随的なもの同志が合して組になることはあまりないからである。

1157b
愛の形態はこれらの形態に分類されるが、劣悪なひとびとが互いに友となるのは快楽のゆえ、もしくは、有用なもののゆえであろう。かれらはその点で互いに似たものだからである。だが、善いひとびとは相手のひと自身のゆえに友となるであろう。なぜなら、かれらが互いに友となるのは、かれらが善いひととしてあるかぎりにおいてだからである。このようにして善いひとびとが相手のひと自身の友なのであり、劣悪なひとびとは〔相手のうちにある他のものを愛することによって〕付随的な意味における友なのであり、善いひとびとに何らか似ることによって友となるのである。

第五章

（一）器量について語られる場合、或るひとびとはその性向にしたがって善いひとであると言われるが、或るひとびとは、その〔現にしている〕行ないにしたがって善いひとであると言われる。愛についてもこれと同じである。すなわち、愛し合っているひとびとのうち、或るひとびとは生活を共にすることにおいて互いに相手の存在を喜び、互いに相手に善いものをもたらし合っている。だが、或るひとびとは眠っていたり、互いに場所を隔てたりしていて、かれらは現に愛の行ないを交わしているわけではないが、それを交わしうる関係にある。すなわち、場所
b10
〔の隔たり〕は愛そのものを壊《こわ》すものではなく、愛の実行を妨げるのである。だが、互いに離れていることも長びけば、愛を忘れさせることがあると思われている。「互いに呼び交わさなかったために、多くの愛が破れた[1]」と言われているのはそこから来る。

b20

(二)年寄りも厳格なひともいずれも愛の関係には入り難いようである。それは、これらのひとびとには他人に快さを与えるものは僅かしかないが、苦痛を与えるひとや快くないひとと日がな一日一緒に暮しうるようなひとは誰もいないからである。おもうに、自然の本性は明らかに何にもまさって苦痛を与えるものを避け、快いものを目ざし求めようとするものだからである。

(三)また、友として相手を受け容れておきながら、生活を共にしないものは、友であるというよりは、むしろ、好意あるひとに似ている。というのは、生活を共にすることほど友に相応しいことはないからである（おもうに、利益は欠乏しているひとびとの欲するところであるが、友と一緒に日を過ごすことは幸いなひとびとでさえこれを欲するのである。孤独のひとであることは何よりも相応しくないからである）。だが、互いにとって快いものでもなければ、同じものに喜びを覚えることもないもの同志が相携えて一緒に暮すことはありえない。だが、互いにとって快いものであり、同じものに喜びを覚えることこそ親しい仲間の愛に見られる特徴に他ならない。

(四)しばしば述べたように(2)、善いひとびとの間の愛がもっとも優れた意味での愛である。なぜなら、そのもの自体としてみて善いもの、または、快いものが愛されるに値するもの、選択に値するものであり、それぞれのひとにとって愛されるに値し、選択に値するものはそのひとにとって善いもの、または、快いものであると考えられる。ところが、善いひとは善いひとにとってこれら両方の理由〔すなわち、そのもの自体としての善と快であり、そのひとにとっての善と快であるという理由〕によって、それらの両方〔つまり、愛されるに値するものであると共に、選択に値するもの〕であるからである。(五)また、愛情は〔受動的な一時の〕情態であるが、〔ひとびとの間の〕愛は〔能動的に獲得された持続的な〕性向であるように見うけられる。なぜなら、愛情は魂をもたないもの〔無生物〕に対

b30 しても同じように向けられうるが、相互愛は選択を伴い、選択は性向から出るものだからである。(3) そして、善いひとは愛するひと〔相手〕に善いものが与えられることを当のひと〔相手〕自身のために願うが、それは〔受動的な一時の〕情態にしたがってではなく、〔持続的な〕性向にしたがってなされるのである。また、善いひとびとは友を愛する時、自分にとっての善いものを愛している。なぜなら、善いひとが友となる時、かれはかれが友である相手にとって善いものとなるからである。このようにして、互いに愛し合っているひとのそれぞれは自分にとって善いものを愛していると共に、〔相手のために善を〕願望することと〔相手にとって〕快いものであることにおいて、互いに等しいものを相手に返している。実際、「親しさは等しさ」と諺に言われているが、これはとりわけ善
1158a いひとびとの間の愛について言えることなのである。

第六章

(一) 厳格なひとや年寄り染みたひとびとの間に愛の生れることは稀である。それは、かれらが他のひとよりも気難しいひとであり、あまりひとびととの交わりを喜ばないからである。なぜなら、こうしたこと〔ひとと交わることを好むこと〕が何にもまさって愛の徴しであり、また、愛を作りだすものでもあると思われているからである。若いひとびとは直《じ》き友になるが、老人はそうではないのはこの故である。ひとは自分が喜びを感じない相手に対して友となることはない。厳格なひとびとが互いに友とならないのもこれと同じである。むしろ、こういうひとびとはお互いに対して好意あるひとびとである。なぜなら、かれらは相手のために善いことを願い、相手の必要を

満たしてやろうとするからである。だが、かれらはとても友であるとは言えない。なぜなら、かれらは一緒に暮したり、互いに相手を喜ぶことがないが、これらのことこそ何にもまさって愛の徴しと思われているからである。

(二)ひとはこの完全無欠な愛において多くのひとびとの友であることはできない。それは同時に多くのひとびとを恋することができないのと同じである。すなわち、恋は一種の過剰であるが、そのようなものはもともとただ一人のひとに対してだけ抱かれる性質のものだからである。また、多くのひとびとが同じひとに対して同時にはなはだしく気に入るということはたやすくあることではないし、また、多くのひとびとが同じひとにとって善いひとであるということさえも、おそらくは、たやすいことではない。(三)また、友となるためには、互いに相手を経験し、慣れ親しまなければならないが、多くのひとびとに対してそうするのはまったく困難なことだからである。だが、有用なものや快いもののゆえにひとが多くのひとびとの気に入られるということはありうる。なぜなら、そういうひとは多くいるし、そういうひとびとに対する奉仕は僅かな時間で済むからである。

(四)これら二つの〔快いもののゆえの愛と有用なもののゆえの〕愛のうちでは、快いもののゆえの愛の方が〔若いひとびとの間の愛にそういうことがあるように、友の双方から互いに相手に対して同じものが与えられ、かつ、かれらが互いに相手を喜ぶか、あるいは、同じものを喜ぶかする場合には〕〔善いひとびとの間の〕愛にいっそう似ている。なぜなら、このような若者の間の愛には自由人らしいものがいっそう多く含まれているからである。これに反して、有用なもののゆえの愛は商売人的なひとびとの間の愛である。また、幸いなひとびとも有用なものは何ら必要としないが、快いものは必要とする。すなわち、かれらは誰かと生活を共にすることを願っているが、苦痛を与えるものはこれを僅かな間は堪えても、間断なく堪えることは誰もなしえないからである。たとえ、それが善そのものであったとしても、もしも、苦痛を与えるものであるとすれば、同じことである。幸いなひとびとが快い友を探し求めるのはこのゆえである。その友は、おそらく、そのように快いひとであると同時に善いひとでもなければならないだろう。またさらに、それは〔そのひと自身として快い、善いひとであるばかりではなく〕これを求めているひとにとっても快い、善いひとでなければならないだろう。このようなものであることによって、このひとには、友であるものに相応しいすべての特徴がそなえられることになろう。

(五)権勢の地位にあるひとびとは種類を異にする多くの友人とそれぞれ別々につきあっているように見える。すなわち、かれらにとって或るひとは有用な友であり、他のひとは快い友である。だが、同じひとがその両方である
a30 ことはあまりない。というのは、権勢の地位にあるひとびとは人間としての器量を兼ねそなえた快い友を探し求めているのでもなければ、美しい行ないのために有用な友を探し求めているのでもなく、快さを目ざして機智ある友を求め、〔有用なことを目ざして〕命令を果たす才覚のある友を求めるからである。しかしながら、これらの性質が同じ一人のひとのなかに実現されることはあまりない。(六)器量のすぐれたひとが同時に快いひとでもあれば、有用なひとでもあるということはすでに述べた[1]。しかしながら、こういうひとが優越する地位にあるひとの友となることは、もしも、その相手が器量においても優越するのでなければ起らない。もしも、そうでないとすれば、優越される点における比例が失われ、〔双方の間の〕等しさが保たれないからである。だが、そういう人の生れることは普通はあまりないのである。

1158b (七)だが、それはさておき、ここに述べられた〔快と有用のための〕愛は〔愛し合うもの相互の〕等しさにおいて成り

立つものである。すなわち、愛し合っているものの双方から相手に対して同じものが与えられ、かつ、かれらが互いに相手のために同じものを願うか、あるいは、愛し合っているものの双方が互いの間で或るものと他のもの(たとえば、快楽と利益と)を交換するのである。これらの愛が劣った種類の愛でもあれば、あまり永続きしないものでもあることはすでに述べた。[2] それらは同じものに対する類似性と非類似性のゆえに、愛でもあれば、愛でないものでもあるように思われている。というのは、器量にしたがった愛との類似性にしたがえば、それは愛であると見られる(すなわち、一方〔快さのゆえの愛〕は快さを持ち、他方〔有用なもののゆえの愛〕は有用なものを持つが、これらは器量にしたがった愛にもそなわるものである)。だが、あの愛が中傷によって損われず持続する
b10 ものであるのに対して、これらの愛がすみやかに移ろいゆくものであるということ、またその他の多くの点で異なるということによって、すなわち、あの愛との不類似性によって、それらは愛ではないと見られるのである。

第七章

(一) だが、これらとは異なる愛の形態として一方の優越にもとづく愛の形態がある。息子に対する父の愛、一般的に言って、年下のものに対する年上のものの愛、妻に対する夫の愛、すべて、支配されるものに対する支配するものの愛がこれである。これらの愛はまた相互に異なるものでもある。というのは、子供に対する親の愛と、支配されるものに対する支配するものの愛とは同じものではないし、息子に対する父の愛と父に対する息子の愛でさえも、また、妻に対する夫の愛と夫に対する妻の愛でさえも同じものではないからである。その理由は、これ

らのひとびとのそれぞれに本来そなわるべき器量も、また、その果たすべき仕事も異なるものであり、また、これらのひとびとが互いに愛し合う動機も愛し合う働きも、その間に生れる愛の関係も異なるということにある。(二)それゆえ、それぞれのひとにとって相手から同じものが与えられることはないし、また、ひとはこれを求めても
b20 ならない。子供が親に対して、自分を生んでくれたものに相応しいものを分ち与え、親が子供に対して、子供に相応しいものを分ち与える時に、このようなひとびとの間の愛は持続する立派な愛となるであろう。

一方の優越にもとづいて生れるすべての愛においては、相手を愛する働きもまた〔相互の優越関係と〕比例するものにならなければならない。すなわち、いっそう優れたひとは相手を愛するよりは、むしろ愛されるに相応しく、いっそう大きな利益をもたらすひとも、それ以外のそれぞれのひとについてもまたこれと同じである。というのは、相手を愛する働きが相手の値打に相応しいものとなる時、その時、〔愛し合うものの間に〕何らかの等しさが生れるからである。このこと〔等しさ〕こそまさに愛にそなわる特徴であると思われる。

b30 (三)ところで、等しさは正しい行為におけるのと愛におけるのとでは、明らかにそのあり方を異にしている。というのは、正しい行為においては値打における等しさが第一義のものであり、量における等しさは第二義のものであるが、愛においては量における等しさが第一義のものであって、値打における等しさは第二義のものだからである。(四)このことは、当事者間の隔たりが、その器量においてであれ、悪徳においてであれ、富裕においてであれ、その他の何においてであれ、はなはだしく大きくなる場合に明らかである。そういう場合、ひとびとはもはや互いに友ではないし、友であろうと求めることさえしないからである。これは神々に対する場合を考えてみれば何よりも明白である。すなわち、神々はあらゆる種類の善において人間を最大限に優越するものである。また、王

1159a たちに対する場合を考えてみても、それは明らかである。というのは、著しく劣っているひとびとが王たちの友であろうと求めることはないし、また、何の値打もないひとびとが最上のひとびとや最高の賢者の友であろうと求めることもないからである。(五)このような事柄において、ひとびとがどの点に至るまで互いに友でありうるかを限定する精確な定義はありえない。すなわち、多くのものが取り去られても、ひとはなお友でありつづけうるが、神についてのように、その隔たりがあまりにはなはだしくなると、ひとはもはや友ではありえないのである。(六)そこからして「友は友のために最大の善、すなわち、かれが神であることを望むことはないのだろうか」という難問が生れてくる。というのは、もしも、そうなれば、相手はもうそのひとに対して友ではなくなるだろう。したがってまた、善いものでもなくなるだろうからである(友は善いものであるから)。〔これに対して、われわれは次のように答えるべきであろう〕もしも、「友は友に善いものが与えられることを友そのひとのために願う」と言われた(1)ことが正しかったとすれば、相手の友は、現にかれがそうであるようなひととしてありつづけなければならないだろう。したがって、ひとが友のために願うのは、人間であるかぎりにおけるその友にとっての最大の善なのであろう。おそらくは、それもそのすべてをではない。なぜなら、ひとは誰でも何にもまさって自分自身のために善いものを願うからである。

第八章

(一)大衆は、相手を愛するよりは、むしろ、功名心のために、愛されることを願っているように思われる。大衆が

胡麻すりを好むのはそのせいである。胡麻すりとは、優越した相手と交わる友、あるいは、自分をそういうもの
として見せかけるひとのことであり、相手に愛されるものとしてよりは、むしろ、相手を愛するものとして見せ
かけるひとのことである。ところで、愛されることは尊敬をうけることに似ているように思われるが、このこと、
つまり、尊敬をうけることこそ大衆が目ざし求めているものに他ならない。（二）けれども、ひとが尊敬をうけること
を望むのは尊敬それ自身のためではなく、随伴することのためであるように見える。実際、大衆が権勢の地位に
a20 あるひとびとから尊敬をうけることを喜ぶのは、かれらに何か不足するところがある時、そのひとびとからそれ
が得られるであろうと思い込む、かれらの希望によるものなのである。つまり、かれらは好遇が得られる徴しと
して尊敬を喜ぶのである。これに対して、高尚なひとびとや知識をもったひとびとから尊敬されたいと欲するひ
とびとは自分自身についてもっている自分の考えを確かめたいと願っているのである。したがって、かれらが尊
敬をうけることを喜ぶのは、自分について言ってくれるひとの判断によって、自分自身が善いものであると信じ
ることができるからである。これに反して、ひとは愛されることをそれ自身として喜ぶ。尊敬をうけることより
も愛されることの方が優れたことであり、愛はそのもの自体としても選択に値すると思われているのはそのせい
であろう。（三）しかしながら、相手に愛されるよりは、むしろ相手を愛することのうちに愛の本性はあるように思わ
れる。母親が愛することを喜ぶのはその証拠である。養育のために自分の子を人手にわたす母親たちがいる。か
れらはその子をわが子と知っていて愛してはいても、その子から愛し返されることを求めない。もしも、愛する
ことと愛されることのいずれもがかれらに許されているのでないとすれば。むしろ、かれらは、わが子がしあわ
a30 せにしているのを見さえすれば、充分のようである。すなわち、かりに、その子が母親をそれと知らないために、

母親に相応しいものを何ひとつ分ち与えてくれなかったとしても、母親みずからはその子を愛するのである。

(四)愛の本性は、どちらかと言えば、相手を愛することのうちにあり、友を愛するひとびとは賞讃されるのだから、愛することが友たるものに相応しい器量のようである。したがって、このこと、つまり、愛することがそれぞれ
1159b 相手の値打に応じて互いのうちに生れる時、ひとびとは持続する友であり、このひとびとの愛は持続する愛である。(五)互いに等しくないひとびとも友となりうるとすれば、それは何よりもこのような場合においてである。なぜなら、こうすることによって、かれらは互いに等しくなるだろうからである。

さて、互いの等しさと相似が互いの親しさであるが、それはわけても器量の点で似ているひとびとのもつ相似について言えることである。というのは、このひとびとはそのひと自身としても、互いに対する関係においても変らず、同じものとしてとどまるものであり、劣悪な奉仕を相手に要求することも与えることもなく、むしろ、そうした行ないを抑止するものであるとさえ言えるからである。実際、みずから誤りを犯すこともなく、また、それを友にさせることもないのが善いひとびとの特徴なのである。

これに反して、邪悪なひとびとは確かなものを持たない。なぜなら、かれらは自分自身に対してさえいつも似たものでありつづけることがないからである。ただ、かれらは僅かの間であれば、互いの邪悪を喜ぶことによっ
b10 て友となることがある。

(六)有用な友や快い友はそれよりも永続きする。すなわち、かれらが互いに快楽や利益をもたらし合っている間は友でありつづける。また、有用なものゆえの愛はわけても相反するものから生れてくるように思われる。たとえば、貧しいひとが裕福なひとの友となり、無学なひとが知識あるひとの友となるように。なぜなら、何か自分に

b20

欠けるものがある時、ひとはこれを求めて、代りに別のものを差し出すからである(恋するひとと恋されるひとの愛、美しいひとと醜いひとの愛もここに含めてよいであろう。恋するひとびとが、自分が愛しているのと同じように愛されることを求めることによって、時として滑稽なものに見えることがあるのはこのゆえである。もちろん、かれらが相手と同じ程度に愛されるに値するものであるなら、そのように要求するのがおそらく当然であろう。しかしながら、かれらにそういうところが全くないとすれば、それは滑稽である)。(七)とはいえ、相反するものが相反するものをそのもの自体として求めることは、おそらくないとすべきだろう。むしろ、それは付随的なことであって、欲求は中間のものに向うのである。なぜなら、中間のものが善いものだからである。たとえば、乾いたものにとっては、湿ったものになるのが善いのではなく(1)、その中間に至るのが善いのである。熱いものにとっても、また、その他のものにとってもこれは同じである。だが、これらの点は論じないで置くことにしよう。それはこの論にはあまり関係がないからである。

第九章

b30

(一)初めに述べたとおり(1)、愛と正しさは同じ事柄にかかわり、同じひとびとのうちにあるもののようである。すべて人と人の結びつきのうちには或る種の正しさが含まれ、愛もまた含まれると考えられるからである。ともかく、ひとは同じ船の仲間や仲間の兵士に対して友と呼び掛けるし、その他のさまざまな結びつきにおいて結ばれているひとびとに対しても同じである。そして、ひとが同じものを共にする度合に応じて、それだけの度合の愛があ

り、また正しさもある。「友のものは共のもの」といわれる諺はそれゆえただしい。なぜなら、愛は同じものを共
1160a にすることによって成り立つからである。(二)兄弟や仲間の間ではすべてのものが共同にされるが、他のひととの間では或る範囲のもの、すなわち、或る場合にはより多いものが、他の場合にはより少ないものが共同にされる。すなわち、愛にも強い愛もあれば、弱い愛もあるのである。そして、正しさにも種類の違うさまざまなものがある。すなわち、子供に対する親の正しさと兄弟相互の正しさは同じものではないし、それはまた仲間相互の正しさとも、市民相互の正しさとも同じものではない、他の種類の愛についてもこれは同じである。(三)したがって、不正もこれらの種類のそれぞれに対する関係においてそれぞれ異なるものであり、その関係がいっそう親しいものである時、不正の度合もいっそう強まるのである。たとえば、仲間の金銭を奪うことは或る一人の市民の金銭を奪うことよりもいっそう恐ろしい行為であり、兄弟に援助の手を差しのべないことは、見知らぬひとに援助の手を差しのべないことよりも、また、父親を打つことは他の誰を打つことよりも恐ろしい行為である。要するに、正しさには、もともと、愛の度合が高まると共にその度合が高まるという性質があるが、それは愛と正しさが同じひとびとのうちに見られ、互いに等しい範囲にまで及ぶものだからである。

(四)すべての種類の共同体はポリス共同体の部分をなすもののようである。すなわち、ひとびとは何か効用があるかぎりで歩みを共にし、生活の役に立つ何ものかを互いに与え合う。そして、ポリス共同体が最初に生れた時にも、それは効用のためであったし、また、引き続き存続しているのも効用のためであると考えられている。立法家が目標としているのもこれであり、世間一般においても「公共のためになること」が正しさであると言われているのである。

(五)さて、他の種類の共同体は効用を部分的な形で目ざし求めている。たとえば、船乗りは財産をつくりあげようとして、あるいは、何かそのような目的のために航海によって得られる効用を目ざし求める。兵士仲間は戦いによって得られる効用を目ざし求めているが、それは、金銭や勝利やポリス〔の攻略〕をかれらが欲するからである。部族を同じくするひとびとのつながり、区を同じくするひとびとのつながりについても、同じように言える。また、或る種の共同体は快楽のゆえに生ずるものであると思われる。信心クラブや会食クラブにおけるものがそれである。これらの団体は祭礼と社交のためのものだからである――これらすべての共同体はポリス共同体に従属するもののようである。というのは、ポリス共同体は目前の効用ではなく、全生涯にわたる効用を目ざすものだからである(2)――それは犠牲を捧げ、これを囲んで寄合いの席を設ける、そして神々には尊敬を分ち与え、自分たちのためには快さを伴う休息を与える。すなわち、昔からの祭礼や寄合いは、たとえば、初穂祭のように、果実の収穫の後に行なわれているように見うけられるが、それは、わけてもこの時節に、ひとびとが余暇をもったからである。(六)このようにして、すべての共同体は、明らかに、ポリス共同体の部分をなすものである。そして、このような種々の共同体に応ずるものとして、このような種々の愛がある。

第十章

(一)ポリスの政体には三つの形態がある(1)。それらの、いわば頽落形態である逸脱形態もまたこれと同数である。本来の政体のうち、二つは王制と貴族制であり、第三は財産の査定にもとづく政体である。これは財産査定制《ティーモクラティケー》と呼

1160b

ばれるのが本来相応しいように思われるが、たいていのひとびとはこれを、普通、ポリス制と呼んでいる。[二]これらのうち、王制が最善の政体であり、財産査定制が〔本来の政体のなかでは〕最悪の政体である。王制の逸脱形態は僭主制である。おもうに、それらはいずれも単一君主制であって、その間の差異はもっとも大きい。すなわち、僭主は自分自身のためになるものに目を向け、王は支配されるひとびとのためになるものに目を向ける。というのは、自足していて、あらゆる善いものによって他人に優越するひとでなければ王ではないが、そのようなひとは他の何ものをもその上に必要としない。したがって、かれは自分自身の利益になることに目を向けず、支配されるひとびとの利益になることに目を向けるだろうからである。つまり、かれがこういうひとでなかったとしたら、それは抽籤によって選ばれただけの王[2]のようなものと言えるだろう。これに対して、僭主制は王制の反対である。なぜなら、僭主は自分自身にとって善いものを追求するからである。そして、この場合には、それが最悪の政体であることは〔前の財産査定制の場合より〕いっそう明瞭である。最善なものの反対は最悪なものであるからである。[3] [三]政体の変移は王制から僭主制に向って起る。僭主制は単一君主制における劣悪形態であり、邪悪な王が僭主となるからである。貴族制からは寡頭制に向うが、それは支配者たちの悪徳によって起ることである。すなわち、かれらは富裕をもっとも重んずるところから、ポリスに属するものをひとびとと本来の値打に反して分け与え、または、大部分の善いものを自分自身に、また、役職をいつも同じひとびとに分け与えるのである。こうして、そこでは、もっとも高尚なひとびとの代りに少数の、邪悪なひとびとが支配するのである。財産査定制からは民主制に向う。これらは互いに近接する政体である。すなわち、財産査定制も大衆の政体であろうとするものであって、査定された一定の財産をもったひとびとはすべて均等なものとなるのである。また、民主制は邪悪

b20 なところのもっとも少ない逸脱形態である。というのは、それはポリス制の形態からほんの僅かだけ逸脱するものだからである。

(四)さて、政体の変革はたいていこのような形式によって起るが(なぜなら、このような変移がもっとも小さな、もっとも容易な変移だからである)、政体におけるこれらの諸形態を模する、いわば雛形のようなものをひとは家の諸形態において見出しうるだろう。すなわち、父の息子に対する結びつきは王制の形態をそなえている。なぜなら、父は子供たちのことを心に掛けるからである。そこからして、ホメロスもゼウスのことを父と呼んでいる。(4) 実際、王制とは本来、父的な支配であろうとするものなのである。これに対して、ペルシアでは、父の支配は僭主的である。なぜなら、父は息子らを奴隷として使役するからである。主人の奴隷に対する支配もまた僭主的である。なぜなら、そこでは、主人の利益が実現されるからである。ところで、このような支配は正当な支配であ b30 ると思われるが、ペルシアにおけるそれは誤ったものである。なぜなら、支配は支配されるひとの種類が異なるに応じてそれぞれ異なるのが相応しいからである。

(五)夫と妻の結びつきは貴族制的であると思われる。なぜなら、夫はその値打にしたがって支配するのであり、また、その支配は夫が支配するに相応しいものにかかわるからである。そして、妻が支配するに相応しいものは妻に委ねられる。これに反して、夫がすべてのことを主宰するならば、それは寡頭制に移行する。なぜなら、かれがそうするのはその値打に反することであり、また、いっそう優れたものとしてするのでもないからである。だが、妻が跡取り娘である時には、家を支配することもしばしばある。(5) そうした場合、その支配は器量によるので 1161a はなく、ちょうど寡頭制におけるように、富と権力のゆえに生れるのである。

[六]財産査定制に似ているものは兄弟間の結びつきである。なぜなら、兄弟は齢が隔たっているという点を除けば、互いに等しいからである。齢がはなはだしく異なっている時、兄弟間の愛がもはや兄弟的なものとならない理由はまさにそこにある。民主制が起るのは、わけても主人のいない屋敷(そこでは、誰でもが均等の地位にある)、また、支配するものの力が弱くて、各人に自由な行動が許されている屋敷においてである。

第十一章

[一]これらの政体のそれぞれにおいて愛の見出される範囲は正しさの見出される範囲と同じである[1]。すなわち、王の臣下に対する愛は王の施す恩恵の優越によって成り立っている。というのは、王は、かれが善い王であって、臣下がしあわせにやってゆけるように臣下のことを心に掛けているかぎり、臣下に恩恵を施すからである。それは、あたかも、牧者が羊群のことを心に掛けるさまのようである。だからこそ、ホメロスもアガメムノンを「民の牧者」と呼んだのである[2]。[二]父の子に対する愛もこのようなものである。ただ、与えられる恩恵の大きさに違いがある。すなわち、父は存在と養育と教育の与え主であるが、存在を与えられることは最大の恩恵であると考えられているのである。これらの恩恵は祖先のお蔭によるものであるとともみなされている。そして、父は息子を、祖先は子孫を、王は臣下をそれぞれ自然の本性によって支配するものである。[三]これらの愛は一方の優越において成り立つ。それゆえ、親は尊敬をうけるのである。したがって、正しさもこれらのひとびとの間においては〔一方の他方に対するものと、他方の一方に対するものとでは〕同じではなく、それはそれぞれの値打に応じたものである。

愛もまたそのようなものであるから。
(四)また、夫の妻に対する愛は貴族制における愛と同じである。なぜなら、いずれの場合にも、愛はそれぞれの器
量に応じたものであり、いっそう優れたものにはいっそう多くの善いものが、それぞれの側にはそれぞれに適合
するものが与えられるからである。正しさもまたこのような仕方で分け与えられている。
(五)さらに、兄弟の間の愛は仲間の間の愛に似ている。なぜなら、かれらは均等であり、同じ年頃のひとびとだか
らである。こういうひとびとは、たいていの場合、相似た感受性のひとびとであり、相似た人柄のひとびとであ
る。また、財産査定制に応じてある愛もこれに似ている。財産査定制において、市民たちは均等なものであり公
平なものであろうとしているからである。そこからして、政権はかわるがわる均等に受けもたれる。したがって
愛もまたそのようなものとしてある。
a30 (六)逸脱形態においては、正しさが僅かな範囲においてしかないように、愛もまた僅かな範囲においてしかない。
そして、それはもっとも劣った形態においてはもっとも僅少である。すなわち、僭主制において愛は無きに等し
い程度しか見出されない。というのは、支配するひとと支配されるひとの間に何ひとつ共同のものがない場合に
は、愛もまたないからである。正しさもまたそこにはないからである。たとえば、職人の道具に対する関係、魂
1161b の肉体に対する関係、主人の奴隷に対する関係がそれである。これらすべてのものは使用するひとによって大事
にされてはいる。けれども、生命のないものに対しては愛もなければ、正しさもない。いやそればかりではなく
馬や牛に対しても愛や正しさはないし、また、奴隷に対しても、かれらが奴隷であるかぎりにおいては、愛も正
しさも存在しない。なぜなら、そこには共同のものが何ひとつないからである。つまり、奴隷は生命のある道具

であり、道具は生命のない奴隷である。(七)したがって、奴隷が奴隷であるかぎりにおいては、奴隷に対する愛は存在しないのであるが、かれが人間であるかぎりにおいては、かれに対する愛がある。おもうに、法と契約を共にしうるすべてのひとに対しては、すべての人間のもつべき或る正しさがあると考えられるのである。したがって、かれが人間としてあるかぎりにおいて、かれに対する愛もまたある。(八)このようにして、僭主制においては愛も正
b10 しさも僅かしかない。民主制においてはそれよりも多い。なぜなら、均等なものである市民たちの間には、多くの共同のものがあるからである。

第十二章

(一)このようにして、すべての愛が人と人の結びつきにおいて成り立つことはすでに述べたとおりである。(1)そのうち、同族間の愛と仲間の愛は他のものから区別しておいてもよいかも知れない。これに対して、ポリスを共にするひとびとや、部族を共にするひとびとや、航海を共にするひとびとや、その他そういう種類のひとびとの間の愛は、いっそう優れた意味で人と人の結びつきとしての愛のようである。というのは、これらの愛は、明らかに、或る種の約束のようなものによって成り立つからである。賓客に対する愛をもこれらの愛のなかに入れることができよう。

(二)また、同族間の愛にも多くの形態のあるのが認められるが、それらはすべて、明らかに、父の子に対する愛に依存する。親は子を自分自身に属する何ものかとして大切にし、子は親から出た何ものかとして親を大切にする。

ところが(1)、親が自分から出たもの〔子〕を〔自分から出たものとして〕知っている度合は、生み出されたもの〔子〕が、そのひとびと〔親〕から出たものであると知っている度合にまさる。また(2)、「そこから出た元〔親〕」が生み出されたもの〔子〕に対して〔それを自分のものとみなして〕結びつけられる度合は、生み出されたもの〔子〕が生んだもの〔親〕に対して〔それを自分のものとみなして〕結びつけられる度合にまさる。なぜなら、「それ〔甲〕から出たもの〔乙〕」は、「それ〔乙〕がそこから出た元〔甲〕」にとって自分のものであるが(たとえば、歯や髪の毛や何かそのようなものがこれらを所有しているひとにとって自分のものであるように)、そのもの〔乙〕にとって「それ〔乙〕がそこから出た元〔甲〕」はまったく自分のものでないか、あるいは、低い程度において自分のものであるにすぎないからである。(3)このことは時間の長さによっても言うことができる。というのは、一方〔親〕は子供が生れると直ぐにこれを大切にするが、他方〔子供〕は時がたって理解力と識別力を獲得するようになってから、親を大切にするからである。これらの事情からみれば、母親の方が〔父親より〕子供をいっそう強く愛する理由も明らかである。

(三)このようにして、親は子供を自分自身として愛する。なぜなら、自分から出たものは、いわば、切り離されることによって別個のものとなった自分自身だからである。これに対して、子供は、自分がそのひとびとから生れ出たものとして親を愛する。また、兄弟は互いを、自分たちが同じ親から生れ出たものであるという理由によって愛し合う。つまり、親との関係における同一性が互いのうちに同一なものを作りだしているのである。「同じ血」とか「同じ根」とか、そのような種類のことが一般に言われるのもそこから来るのである。このようにして、兄弟は離ればなれなものでありながら、何らか同じものである。(四)さらに、共に育てられることも同じような年頃

1162a であることも、愛のためには大きな力がある。諺にも「同い年のものは同い年のものを」とか「馴染み合った仲がいい仲」と言われるではないか。兄弟の愛が仲間の愛に似ているのはこのためである。また、従兄弟やその他の同族のひとびとはこれらのひとびと、つまり、兄弟から出ることによって互いに身内として結び合わされている。すなわち、それはかれらが同じ祖先から出たという理由によるのである。そして、その関係は初代の先祖が近いか遠いかによって、いっそう近い身内であったり遠縁であったりする。

(五)子の親に対する愛や人間の神々に対する愛は善いもの、優越するものに対するものとしての愛である。なぜなら、親は最大の恩恵を与えてくれたからである。つまり、親は存在と養育の与え主であり、生れた後は教育の与え主でもある。(六)また、このような愛には、他人に対する愛よりも、快さと有用なものがいっそう多く含まれている。それは親子の生活はいっそう共同のものだからである。また、兄弟の愛にも仲間の愛にあるのと同じ特徴が含まれている(そして、それはかれらが立派なひとびとである時、また一般的に言って、互いに似たひとびとである時、いっそう高い程度において言える)。それは、兄弟が身内の関係にあり、生れ落ちると直ぐにもう互いに慈しみ始めているという理由によるのであり、同じ親から生れ、共に養育され、同じような教育をうけたひとびとは相似た人柄のひとであるという理由によるのである。(七)また、時間をかけて相手を試してみる過程はそこでは、もっとも長期にわたるもっとも確かなものなのである。他の同族のひとびとの間においても、愛の関係はその近さに比例する。

夫と妻の愛は自然の本性にしたがってそなわるものであると思われる。というのは、人間は自然の本性にしたがえば、ポリスを作るよりは、配偶と連れ合おうとする傾向をもつからである。それは家がポリスに先立ついっそう不可欠なものだからであり、また、子供を作る働きは動物の間にいっそう広く見出される事象だからである。ところで、他の動物にとっては雌雄の結びつきはその点まで〔つまり、生殖まで〕のことであるが、人間は、ただ子供を作るためだけではなく、生活に役立つものを得るためにも同棲する。すなわち、人間の場合には初めから仕事は分けられているのであって、男の仕事と女の仕事は別である。こうして、男女は自分に固有のものを共同の用に供することによって、互いに助け合う。これらの理由によって、この愛には有用なものも快いものも含まれていると考えられる。また、この愛は、夫婦が立派なひとである場合には、器量によるものでもあろう。というのは、夫婦のそれぞれにはそれに相応しい器量があり、それぞれは相手のそのようなところを喜びうるだろうからである。また、子供は夫婦のかすがいであると思われている。子供のない夫婦が直《じ》きに別れるのはこのためである。それは、子供が夫婦双方にとって共同の善いものであって、この共同のものが夫婦を結び合わせるからである。(八)また、夫が妻に対していかに生きるべきであるか、一般に言って、親しいものが親しいものに対していかに生きるべきであるかという問題の論究は、これらのひとびとの間の正しさがどのようなものであるかという問題の論究と明らかに異なるものではない。なぜなら、親しいものに対するのと他人に対するのと仲間に対するのと学友に対するのとでは、その間の正しさは明らかに同じものではないからである。

第十三章

(一)初めに述べたとおり[1]、愛には三通りのものがあり、そのそれぞれについて等しい関係にある友と優越する関係

1162b にある友があるが（というのは、同じ程度の善いひとが互いに友となることもあれば、優れたひとが劣ったひととの友となることもあるからであり、また、快いひとびとの間にもこれと同じようなことがあり、有用なもののゆえの友の場合にも――互いに与える利益において等しいものであったり、異なるものであったりすることによって――これと同じようなことがあるからである）、等しい友は相手を愛する働きやその他の点における均等性によって等しいものとならなければならない。これに対して、等しくない友はその優越関係に比例するものを相手に分ち与えなければならない。

（二）不平や叱責が起ってくるのは、当然のことながら、もっぱら、あるいは、主として、有用なもののゆえの愛においてである。というのは、器量のゆえに友であるひとびとはすすんで相手に恩恵を与えようと励むが（このことが器量と愛の特徴であるから）、これを目ざして競い合っているひとびとの間に不平や争いは起らないからで
b10 ある。実際、自分を愛してくれるひと、または、自分に恩恵を与えてくれるひとに嫌悪を覚えるひとはいない。むしろ、かれが高雅なひとであれば、相手に恩恵を施すことによってお返しをするのである。また、与える恩恵において優越するひとは、自分が目ざしていることを達成したわけであるから、友に不平を言うことはないであろう（ひとはそれぞれ善いものを欲求しているのであるから）。（三）さらにまた、快楽のゆえに友であるひとびとの間においても、不平や叱責はあまり起らないものである。というのは、かれらが共に時を過ごすことを喜ぶとすれば、かれらの欲しているものが双方に同時に与えられるからである。日がな一日一緒に暮さないこともできるのに、〔一緒に暮して〕相手が自分を悦ばしてくれないといって、非難するひとがあるとすれば、かれは滑稽なものに見えるであろう。

（四）これに対して、有用なもののゆえの愛は相互の非難を呼びやすい。なぜなら、かれらは自分の利益のために互いに相手を利用し、与えられる以上のものをいつも求め、自分に相応しいものより以下のものしか受けていないといつも思うからである。こうして、かれらは、自分はそれに値するのに、必要とするだけのものを手にしていないと言って相手を叱責するのである。ところが、恩恵を与えるものの方は、受ける方が必要とするほど与えるだけの力をもっていないのである。

（五）おもうに、正義にも文字に書かれないものと法律によるものの二通りあるのと同じように、有用なものにしたがって生れる愛にも、心の持ち方としてのそれと法的なそれとの二つがあるようである。そこで、不平が起ってくるのは、主として、取引関係が結ばれる時と解かれる時において、それが同種の愛にしたがってなされない場合である。（六）法的なものは取決めにもとづくものであるが、そのうち、純粋に市場的なものは取引が手から手へとその場でなされる場合であり、より自由人的なものは取引が長期にわたる場合であって、何と何を交換するかが相互の約束によって定められる。後者の場合、負債は明瞭で論議の余地がないが、猶予を与えるのは愛に相応しいことである。或る国々においては、この点での訴訟が認められず、信用して取引関係に入ったものは我慢しなければならないと考えられているが、それはこの理由によるのである。（七）これに対して、心の持ち方としてのそれは取決めにはもとづかず、相手を友とみなしてこれに贈物をしたり、何であれその他のことをしたりする。だが、かれは贈与したつもりではなく、貸与したつもりなので、与えたものと等しいもの、もしくは、それ以上のものが与えられるのを要求するのである。（八）したがって、(2)交わりを結ぶ時と解く時が同じ仕方によらない場合には相手に不平を言うことになろう。このようなことが起るのは、すべてのひと、または、たいていのひとが美しい行為

1163a を願ってはいるが、かれらが実際に選び取るのは利益をもたらすものであるという理由による。だが、お返しを目ざさずに恩恵を与えるのは美しいことであり、恩恵を施されるのは利益のあることなのである。(九)したがって、できるなら、ひとは受けた恩恵に値するものを返すべきである。なぜなら、相手が不本意であるのに、そのひとを友にすることはできないからである。したがって、初めに誤って、受けるべきではなかった相手から恩恵を受けたとみなして(それは、友から受けたのでもないし、また、まさに、友であるという理由でそのことをしたひとから受けたのでもないから)、あたかも、取決めにもとづいて恩恵が与えられたかのようにみなして、ひとはこの交わりを解消すべきである。また〔もしも初めに、取決めを行なっていたとしたら〕、「返せるなら返す」という約束を結んでいたであろう。〔そうすれば〕返せない場合に、与えた人でも返せと要求することはできなかった筈である。したがって、もしできることならば、返すべきであろう。しかしながら、本当は、誰から恩恵を施され、どういう条件で恩恵を施されるのかを最初に考えてみるべきだったのであり、この条件に留まることにするか、そうしないかを定めるべきだったのである。

(一〇)また、お返しは恩恵を与えられた側の利益によって測り、これに合わせてするべきであるか、それとも、与えた側の施した恩恵によって測り、これに合わせてするべきであるかは議論の分れるところである。というのは、与えられた側は、恩恵を施してくれたひとびとから自分が得たものは当の〔与えてくれた〕ひとにとっては小さなものであって、他のひとびとからも得ることができるような性質のものであったと言って、与えられた恩恵を軽少視するが、与えた側はその反対に、それは自分の持物のなかで最大のものであって、自分以外のひとからは得ることのできないものであったと言い、しかも、それを危険とか、何かそのような緊急の際に与えたと言うからである。(二)さて、もしも、その愛が有用なもののためであったとしたなら、与えられた側の得た利益こそが規準ではなかろうか。なぜなら、援助を求めたのはこのひとであり、相手はそれに等しいものを返して貰えるだろうと思って援助を与えたのだからである。したがって、援助はちょうどこのひとが利益を受けただけの大きさのものであったのであり、それゆえ、そのひとは、ちょうど、かれが取り入れただけのものを返せばよい、あるいは、それより多いものを返せばよいのである。より多いものを返した方がいっそう美しいことだからである。これに対して、器量にもとづく愛の場合には、不平は起らず、与えるひとの意向が規準となるようである。というのは、器量や心根において決定的なものは意向にあるからである。

第十四章

(一)一方の優越による愛の諸形態においても争いの起ることがある。というのは、それぞれの側はより多く得ようと求めるが、このようなことが起る時、愛は解消するからである。すなわち、優れたひとは自分が相手より多くを得るのが当然だと考えている。なぜなら、善いひとにはより多く分ち与えられるべきだとかれらは考えるからである。また、〔相手が与える〕より大きな利益を相手に与えることのできるひとの考えるところも同じである。「碌でなしが等しい分を得るのは相応しくない」とかれらは言う、「愛から得られるものが自分の尽したものに釣合わなければ、奉仕にはなっても愛にはならない」。つまり、かれらはちょうど、共同出資をする場合、いっそう多く拠出したひとがいっそう多く取るのと同じようなことが、愛においてもあるべきだと思っているのである。

ところが、不足しているひとや劣ったひとはその反対に考える。なぜなら、不足しているひとを援助するのは善い友の務めだとかれらは考えるからである。「優れたひとや力あるひとの友であることに何の益があろうか」とかれらは言う、「もしも、そこから何の利得も得られないとすれば」。

1163b (二)さて、どちらの側も、とにかく、正しい要求をしているように見える。したがって、いずれの側にも、それぞれ相手より多いものが愛の結びつきから分け与えられなければならない。ただし、それは同じものではなく、優越するひとには尊敬が、不足しているひとには利得が分け与えられなければならない。なぜなら、器量と善行の報償は尊敬であり、不足に対する援助は利得だからである。

(三)これと同じことはポリス共同体においても認められる。すなわち、何も善いものを公共のためにもたらさないひとは尊敬されない。なぜなら公共のものは公共のために恩恵を施すものに与えられるのであり、名誉は公共のものだからである。実際、公共のものから儲けを得ると共に、尊敬をうけることはできない。というのは、あらゆることについて少ない分をとって我慢するひとはいないからである。したがって、金銭についてより少ない分を取るひとには尊敬が分け与えられ、贈与を受けるのを好むひとには金銭が分け与えられるのである。すなわち、すでに述べたように(1)、それぞれの値打に応じた配分が均等を作りだし、愛を保つのである。

したがって、等しくないひとびとの間の交わりはこのようになさるべきである。すなわち、金銭や器量の点で利益を与えられたひとはできる範囲において相手に尊敬を返すべきである。なぜなら、愛は可能なことを要求するものであって、〔与えられた恩恵の〕値打に相応しいものを要求するものではないからである。(四)というのは、そのようなことはいかなる場合にもできることではないからである。たとえば、神々や親に捧げられる尊敬の場合

b20
がそうである。この場合、誰も〔与えられた恩恵の〕値打に相応しいものを返すことはできないだろう。ただ、可能なかぎり、〔神々や親に〕かしずくひとが立派なひとであると思われるのである。息子には父親を義絶することは許されないが、父親には息子を義絶することが許されると考えられているのはこのためであろう。すなわち、借りのあるひとは返さなければならないが、息子がそれをすれば、父親から与えられた恩恵に匹敵することをしたと言えるようなことは何ひとつないのである。したがって、息子はいつも借りのあるひとである。これに対して、ひとが借りを負っている相手はその借りを許す権利がある。したがって、父親にもそれがある。だが同時に、よっぽどやくざな息子でもないかぎり、息子を義絶する父親はおそらくないように思われる。というのは、自然的な〔父子の〕情愛を別にして考えても、息子の与える扶養を斥けないのは人間らしいことだからである。ところが、やくざ息子にとっては親の扶養は避けたいことであるか、あるいは、少なくとも熱心にはなりたくないことであろう。なぜなら、大衆は恩恵を与えられることは願っても、恩恵を与えることを利得のないこととみなして避けるからである。さて、これらの点については、ここまでで論じ了えられたことにしよう。

第九巻

第一章

b30 (一)異種の愛の混じりあったすべての愛においては、比例するものが等しさを生み、愛を保つことはすでに述べたとおりである。(1)たとえば、ポリス共同体において、靴作りには靴に代えてその値打に相応しい交換がなされ、機1164a 織りやその他のひとびとの場合にも同じである。(二)さて、ここでは、貨幣が共通の尺度として提供され、すべてのものは貨幣に換算され貨幣によって測られる。ところが、恋の結びつきにおいては、恋するひとは、自分は相手に首ったけなのに相手は愛を返してくれないと言って喞つことが時々あり——そうした場合、往々にしてかれ自身何ら愛されるに値するものを持っていないことがある——恋されるものの方は、相手が先にはあらゆることを約束して置きながら、今は何ひとつ果たしてくれないと言って喞つことがしばしばある。(三)そして、このようなことが起るのは、一方〔恋するひと〕は恋されるひとを快楽のゆえに愛しているが、他方〔恋されるひと〕は自分を恋するひとを有用なもののゆえに愛しているという場合であり、また、これら〔快楽と有用〕をどちらも今は持っていないという場合である。すなわち、その愛はこれらのもののためであったのに、かれらがそのために互いに愛a10 し合っていたこれらのものが無くなる時、愛の解消が起るのである。つまり、かれらは相手のひと自身を大切にしていたのではなく、持続しない相手の持物を大切にしていたのである。このゆえに、その愛もまたそれと同じ性質のもの、つまり、持続しないものである。これに対して、相手の人柄を愛する愛は、すでに述べたとおり[2]、そのもの自体として成立する愛であって、持続する。

(四)〔異種の愛の混じりあった愛において〕行き違いが起るのは、自分の欲しているものとは違うものが与えられ、欲するものが与えられない場合である。なぜなら、目ざすものが手に入らない時には、何も与えられないのと同じだからである。それは、ちょうど、弾唱家に褒美を約束したひとの場合にあったようなことである。すなわち、或るひとが弾唱家に約束して、上手に唱っただけ、沢山の褒美をあげようと言った[3]。朝になって約束を果たしてくれと迫った弾唱家に対してかれは「楽しみの代りに〔期待という〕楽しみをすでにお返しした」と言ったのである。さてこの場合、もしも、それぞれが、そのことを欲していたとすれば、それで満足であっただろう。ところが、一方は愉悦を欲し、他方は利得を欲していたとして、しかも、一方はこれを得たのに、他方は得なかったとすれば、かれらの結びつきの目ざしていたものがただしく達成されたことにはならないだろう。というのは、ひ
a20
とは自分がちょうど必要としているものに心を向けているのであって、かれが自分のものを差し出すとすれば、それはこれを得るためだからである。

(五)だが、値打をきめるのはどちらの側のすることだろうか。利益を提供するひとのすることだろうか。それとも、すでに利益を受けたひとのすることだろうか。というのは、提供するひとは受けたひとにこれを委せているように見えるからである。それはまさにプロタゴラスがしていたと言われることである。つまり、プロタゴラスはおよそ何事かを教えた時、「それを識っていることにどれだけの値打があると思うか」と学んだひとに問うて値づも

らせ、それだけの額を受けることにしていたのである。(4) だが、こうした場合、或るひとびとには〔ヘシオドスの言うように〕「親しい友にも定められた報酬……(5)」の方が良いと思われる。(六)けれども、金銭をあらかじめ受取ってから、後では、過大な約束のために、公言していたことを何ひとつしないひとびとが不平の的となるのは当然である。なぜなら、かれらは約束していたことを実行しないのであるから。(七)これは、おもうに、ソフィストたちがなさざるをえないことである。というのは、もしも、そのような過大な約束をしなければ、かれらの識っていることのために金銭を払うひとは誰もいなかったろうからである。

　さて、これらのひとびとは、報酬を受けたことをしなかったのであるから、不平の的になるのは当然である。これに対して、互いの間に果たすべき奉仕についての約束がない場合、相手そのひとのために――器量ゆえの愛
1164b とはこういうものだった――利益を提供するひとびとに不平を言ってはならないことはすでに述べたところである。(6)また、代償は〔なされた行為にではなく〕意向――というのは、これが友であるものにそなわる特徴であり、器量にそなわる特徴であるから――に応じて支払われるべきである。愛知を共にしたひとびとの間でも、そのようなお返しをするのが相応しいようである。なぜなら、その値打は金銭に換算されず、〔与えられた恩恵に〕釣合う尊敬はありえないからである。むしろ、ちょうど、神々や親に対するように、可能なものが捧げられれば、それでおそらく充分である。

　(八)だが、供与がそういう性質のものではなく、一定の代償を条件とする場合には、通常の場合、代償はもちろん値打に応ずるものであると双方に思われるものでなければならない。だが、それができない場合には、先に供与を受けたものが値づもるのが必然であるばかりではなく、正しいことでもあると思われよう。なぜなら、この人

が利益を受けただけ、あるいは、この人がその楽しみを得るためにそれだけの代価を払っただろうと思われるだけの額を、相手が代償として得る時、相手はこの人から受けるに相応しいものを受けたことになろうからである。実際、商品の場合にも、そのようにして代価が支払われているのはまぎれもない事実であるし、[九]所によっては、自分からすすんで結んだ契約に関しては、訴訟を起してはならないという法律があるのである[7]。それは自分が信用して契約を結んだ相手に対しては、ちょうど、結んだ時と同じような仕方で契約を解消しなければならないと考えられているからである。すなわち、法律は、信用して委ねられた相手が値づもる方が、信用して委ねたひとが値づもるよりも、正しいとみなしているのである。というのは、現に持っているひとと得たいと願っているひととでは、たいていの場合評価は等しくなく、どのような種類のひとにとっても、自分のものや自分が与えようとするものは大きな値打があるように見えるが、交換が行なわれるのは受取るひとの値づもる額に応じてだから
b20 である。もっとも、この場合、評価は現に〔受けて〕持っているひとにそう見えるだけの値打によってではなく、むしろ、得る前にそのひとが値づもっていただけの値打によってなされなければならない。

第二章

[一]次のようなことも問題である。たとえば、父にはすべてを譲り、すべてのことについて父の意見に従わなければならないのか、それとも、病気にかかったら医者の言うことに従い[1]、将軍としては戦さに長じたひとを選ばなければならないのだろうか。同じように、ひとは器量の優れたひとに奉仕するよりは、友に奉仕すべきであろう

か、また、仲間に恩恵を施すよりは、恩を受けたひとに恩を返すべきであろうか——もしも、これらを両方ともはなしえないとすれば——というようなことも問題である。

[二]さて、このような問題をすべて精確に限定するのは難しいことではあるまいか。なぜなら、そのようなことは行為の大小や、行為が〔そのもの自体として〕美しいことであるか、〔何かのために〕やむをえないことであるかによって多種多様な差別を含むからである。[三]もっとも、すべてを同じひとに譲ってはならないということだけは疑義のないところである。また、たいていの場合は仲間に恩を施すよりも、受けた恩を返すべきである。それは、ちょうど、仲間に金を借すよりも借りた金を返すべきであるのと同じである。[四]もっとも、このこと〔借りを返すこと〕も、おそらく、いつもそうするのが正しいというわけではない。たとえば、賊の手から請け戻して貰ったひとは、自分を請け戻してくれた相手を、相手がどういうひとであるにせよ、お返しに請け戻してあげなければならないのか（あるいは、相手が、かりに、賊の手に囚えられていなかったとしても、もしも代金の代償を請求する
1165a るならば、返さなければならないのか）、それとも、〔自分の父親が賊の手に囚えられている時には〕むしろ、自分の父親を〔先に〕請け戻すべきであろうかというような場合がこれである。というのは、ひとは自分自身を請け戻すよりも先に父親を請け戻さなければならないと思われるだろうからである。[2] [五]したがって、いま述べたとおり[3]、一般的に言えば、借りたものは返さなければならないが、恩恵を供与する行為が、その行為の美しさと必然性において借りたものを返すという行為を上まわる場合には、この美しさと必然性をもった行為の方へと傾かなければならない。実際、時にはすでに受けた恩恵のお返しをするのが平等なことではないこともあるのである。それは、一方は相手を器量の優れたひとと知っていてよくしてあげたのであるが、相手にとっては、かれのなすべき

お返しは邪悪なひとであると自分が思っているひとに対するものだという場合である。金銭を貸してくれた相手であっても、必ずしもお返しに金銭を貸さなくてもよいということが時々あるのはそういう場合である。すなわち、一方は相手が立派なひとだから、返して貰えると思って金銭を借したのであるが、相手は悪いひとであるこのひとから返して貰うことを望めないのである。そこで、もしも、これが真実このとおりであるとすれば、〔お返しに金を貸してくれという〕この要求は平等なものではない。また、実際にはこのとおりではなく、かれらがそう思い込んでいるにすぎないとしても、〔この要求を拒絶することが〕おかしな行為であるとは思われないだろう。(六)このようにして、すでにしばしば述べたとおり[4]、情と行為にかかわる論述は、それがかかわる事柄がもつのと同じ程度の限定性をもつものなのである。

このようにして、すべてのひとに同じものを返すべきではないこと、また、ちょうど、ゼウスにすべてのものが犠牲に捧げられるわけではないのと同じように、父親に対してもすべてを譲るべきではないことについては疑義はない。(七)むしろ、親と兄弟と仲間と恩人には、それぞれ別のものが分け与えられるのであるから、それぞれの種類のひとにはそれぞれそのひとに本来相応しいちょうどよいものが分け与えられなければならない。ひとびとが実際にしていることもまた明らかにそのとおりである。すなわち、ひとびとは婚礼に同族のひとびとを招くが、それはかれらが家門を共同にするからであり、家門にかかわる行事はかれらにとって共同のものだからである。何よりも葬礼には同族のひとびとが集わなければならないとみなされているのも同じ理由による。(八)また、親の扶養のためには、他の何にもまさって手を差しのべねばならないと思われよう。それはひとが親に恩を受けているとみなされるからであり、さらに、存在の与え主である親の扶養のために尽すのは、自分のために尽すよりも美しいとみなされるからである。また、親に対しては、神々に対すると同じように、尊敬も捧げられるべきである。ただし、すべての種類の尊敬が捧げられるべきではない。なぜなら、父に対する尊敬と母に対する尊敬は同じであってはならないし、さらに、それらは賢者に捧げられる尊敬や将軍に捧げられる尊敬とも同じであってはならないからである。むしろ、父には父に相応しい尊敬が、同じように、母には母に相応しい尊敬が捧げられるべきである。(九)また、すべて年寄りには年齢に応じた尊敬が、席を立って迎えるとか、席に着かせてあげるとか、そういった仕草によって示されなければならない。(5)またさらに、仲間や兄弟に対しては率直な物言いと万事の共有が
a30 あるべきである。同族のひとびとや同じ部族のひとびとや同じポリスのひとびとやそういう種類のその他のひとびとに対しては、それぞれの種類に本来相応しいものをいつも分け与え、それぞれのひとに帰せられるべきものをその親近性と器量、あるいは、効用に即して比較判定しようと努めねばならない。(一〇)もちろん、同じ種類のひとびとであれば、これを比較判定するのはわりに容易であるが、種類の異なるひとびとについてはなかなか骨の折れる仕事である。しかしながら、そのゆえにわれわれはこれを放棄すべきではなく、むしろ、許される範囲において、限定定義すべきものなのである。

第三章

1165b (一)これまでどおりのひとではなくなった相手に対しては愛の関係を解消すべきか否かという点も困難な問題である。有用なもの、あるいは、快さのゆえの友である相手に対しては、相手がもはやそういうものを持たなくなっ

た時、愛の関係を解消することは何らおかしなことではないだろう。というのは、ひとは、それら、有用なものや快いものの友であったのであり、それらのものが失われる時、相手を愛さなくなるのは当然なことだからである。もっとも、ひとが有用なもの、または、快さのゆえに相手を好んでいたのに、人柄のゆえに好んでいたかのように見せかけていたとすれば、相手は不平を言うかも知れない。初めにも言ったとおり(1)、友の間に行き違いが起るのは、たいていの場合、かれらがそう思い込んでいるのと同じ仕方で、〔実際に〕友であるのではない場合なのである。(二)したがって、ひとが思い違いをしていて、自分は人柄のゆえに愛されていると思っているが、相手は
b10
何もそのようなことをしていない場合には、その思い違いの責めは自分に帰せられるべきであろう。これに反して、相手の見せかけによって欺かれている場合には、欺いた者を責めるのが正しいだろう。そして、その悪行がいっそう尊敬されるべきものにかかわるだけ、かれは、贋金作りよりも、いっそう激しく責められるべきであろう。

(三)また、相手を善いひととみなして、友として受け容れていたのに、その相手が邪悪なひとになり、かつ、そのひとにそう思われる時、ひとはなお相手を愛すべきだろうか。いや、すべてのものが愛されるに値するものではなく、ただ善いものが愛されるに値するとすれば、それを愛することは不可能なことであるし、また、あってはならないことでもなかろうか(2)。というのは、ひとは悪を好むものであってはならず、また、劣悪なものに似てはならないからである。似たものが似たものの友であることはすでに述べたとおりである(3)。

それでは、そうした場合、その愛は直ちに解消されるべきであろうか。いや、それはすべての場合にではなく、相手が邪悪において不治なる場合ではなかろうか。これに対して、改善の見込みのあるものに対しては、その人柄のためにであれ、その財産のためにであれ、むしろ援助の手を差しのべるべきである。それは、そうすること

の方がいっそう善いからであり、また、いっそう愛に相応しいことだからである。もっとも、〔直ちに〕愛を解消するとしても何らおかしなことをしているとは思われないだろう。なぜなら、かれはそういう相手の友であったわけではないからである。したがって、人の変ってしまった友を救済することができないかぎり、ひとはその友から離れるのである。

(四)また、一方はこれまでどおりのひとであるのに、他方はこれまでより立派なひとになり、器量においてはなはだしく隔たるものとなる場合には、かれらは友として交わるべきであろうか。それとも、そういうことはできないのではなかろうか。これは互いの隔たりが大きくなる時、とりわけ明らかになる。たとえば、子供同志の愛の場合がそうである。つまり、一方はその思想がまだ子供のままであるのに、他方はもうすっかりしっかりした一人前の男になっているとすれば、どうして、かれらが互いの友であることができようか。かれらは共に同じものを好むことも、同じことを喜ぶことも、同じことに苦しみを感ずることもないのである。そうであるとすれば、お互い同志の間でもそういうことは無くなるだろう。しかしながら、こういうことがなければ、かれらが友であるということもなかったのである。こういうことなしには生活を共にすることもできなかったからである。だが、これらの点についてはすでに述べられた(4)。

(五)では、こういうひとに対しては、一度も友だったことがない場合とまったく変らないように付き合うべきであろうか。それとも、むしろ、かつての馴染みを記憶として保ち、ちょうど、あかの他人によりは友人に対していっそう親切を尽すべきであるとわれわれが思っているのと同じように、かつて友人であったひとに対しても、以前の愛ゆえに、何ものかを分つべきではなかろうか、もしも、度を越えた邪悪のゆえに、愛の解消が起ったのでないかぎり。

第四章

1166a
(一)隣人に対する愛を示すこれらの特徴——これらによって愛の諸形態は定義される——はひとの自分自身に対する関係から由来してきたもののようである。ひとびとが友とみなしているのは、(1)「善いこと、もしくは、善いと見えること〔が相手に与えられること〕を相手のために願い、また、そうしてあげるひと」もしくは「友が存在し、生きていてくれることを友その人のために願うひと」のことであり(これはまさに母親がわが子に対して抱いている気持であり、仲違いしている友だちが互いに対して抱いている気持でもある)、或るひとびとによれば、(2)「共に日を過ごし、好みを同じくするひと」もしくは「友と共に苦しみ、友と共に喜ぶひと」のことである(これもまたわけても母親についてであることである)。そしてひとびとが愛を定義するのもこれらの特徴のどれかによってである。

a10
(二)ところで、高尚なひとにとってはこれらの特徴のそれぞれはかれの自分自身に対する関係のうちに含まれており、他のひとびとにとっては、かれらが自分を高尚なひとであるとみなしているかぎりにおいて、かれら自身に対する関係のうちに含まれている(すなわち、すでに述べたとおり[1]、何事についてであれ、それぞれの事柄の規準となるのは器量および器量の優れたひとのようである)[2]。(三)なぜなら、高尚なひとは(1)和合した心の持ち主であり、同じひとつのものを魂の全体で欲求しているからである。したがって(2)、かれは善いもの、および、善いと見えるものが自分に与えられることを願い、また、そのように行為する（善いもののために労苦するのは善いひとの特徴である）。しかも、かれがそうするのは自分のためである（なぜなら、それは思考する部分のためであり、思考する部分こそそれぞれのひと自身であると考えられるからである）[3]。また（3）、かれは自分が生きていて、存在を保持することを願う。しかも、それは、わけても、かれが賢慮をうるために用いる部分についてである。[四]なぜなら、優れたひとにとっては、存在することは善いことだからである[4]——ひとはそれぞれ自分に善いものが与えられることを願う。しかしながら、自分が〔それによって〕他のひとになってしまうのだとすれば、誰ひとり万有を所有したいと望むひとはいない（〔そういうことなら〕神は今すでに〔すべての〕善いものを所有しているのである）[5]。むしろ、ひとが望むのは、どのようなものであるにせよ、自分が現にあるがままの自分でありながら万有を所有することである——そして、理性活動をする部分がそれぞれのひと自身であるか、あるいは、他の部分にまさってそれぞれのひと自身であると考えられるであろう。

[五]そういうひとはまた自分と共に時を過ごすことを願う。そうしているのが楽しいからである。というのは、かれにとって仕おわったことどもの追憶は心楽しく、来るべきことどもの期待は善いものであり、そのようなものは快いからである。また、かれは思考を働かせて観想するために不足するところがない。また、かれは、わけても、自分と共に苦しみ、自分と共に喜ぶ。なぜなら、かれにとっては、あらゆる場合に同じものが苦痛を与えるものであると共に、あらゆる場合に同じものが快いものであり、それらが時によって変ることはないからである。すなわち、かれは、言ってみれば、「悔いを知らぬ男」なのである。

こうして、高尚なひとにはこれらの特徴の一つ一つが自分自身に対する関係のうちに含まれており、その友に

1166b 対する関係は自分に対する関係と同じである(なぜなら、友はもう一人の自分なのであるから)。そして、愛とはこれらの特徴のどれかであり、これらの特徴をそなえているひとびとが友であると考えられる。(六)自分自身に対する関係のうちに愛があるか否かという問題はさしあたり論じないで置くことにしよう。(6)けれども、これまでに述べてきた愛の特徴からみれば、また、愛の過剰は自分自身に対する愛に似かよったものになるという点からみれば、自分が二つのもの、または、二つ以上のものと考えられるかぎりにおいて、自分自身に対する関係のうちにも愛があると考えられるだろう。

(七)これまでに述べてきた愛の特徴は大衆の間にも、かれらが劣悪なひとびとであるにもかかわらず、そなわっているように見える。では、かれらがこれらの特徴を分けもつのは、かれらが自分に満足し、自分を高尚なひととみなしているかぎりにおいてなのであろうか。というのは、まぎれもなく劣悪な極道者には、少なくとも、このような特徴をもつものは誰ひとりいないし、また、持っていると他人に見られることもないからである。(八)いや、〔人並みの〕劣悪なひとびとにとってもそのようなことがあるとはとても考えられない。なぜなら、かれらは自分自身と争いあっているからであり、抑制のないひとにおいてそうであるように、かれらにおいては欲望しているものと願望しているものが別々だからである。すなわち、かれらは善いものであると自分に思われるものの代りに害悪を与える快いものを選びとるのである。また、或るひとびとは、臆病と怠惰のためにもっとも善いと自分に思われることをなさずに遠ざかる。さらに、数々の忌わしい所業を果たし、邪悪のゆえに忌み嫌われているひとびとは生きることから逃れ、みずからを殺《あや》めさえする。(九)また、邪悪なひとびとは一緒に日を過ごしてくれるひとびとを求め、自分を避ける。それは、自分ひとりでいれば、かれらは〔過去に犯した〕数々の厭わしい所業を想

b20 起し、〔未来に〕そのような所業を予期することになるが、他のひとびとと一緒にいれば、それらを忘れられるからである。また、かれらは愛されるに値するものを何ひとつ持っていないため、自分自身に対してすこしも愛の気持を抱かない。したがって、そういうひとびとは自分と共に喜んだり、自分と共に苦しんだりすることもない。かれらの魂が内訌しているからである。すなわち、かれらの魂の或る部分は或るものから遠ざけられて邪悪のゆえに苦しむが、他の部分はこれを楽しみ、また、或る部分は魂をこちらへと引っ張るが、他の部分はあちらへと引っ張り、あたかも、魂を引裂くかのようになるからである。（一〇）そして、苦痛と感ずると同時に快と感ずることはありえないとしても、少なくも、快と感じたことを、少し後では苦痛と感ずることがあり、そうした場合、かれはそのような快さが与えられなかった方が願わしかったと思うであろう。すなわち、劣悪なひとは後悔に満たされているのである。

こうして、劣悪なひとは愛されるに値するものを何ひとつ持たないために、自分自身に対しても愛の関係をもちえないのは明らかである。ところで、このようなものであるのはあまりにも不幸なことであるとすれば、われわれは力をふりしぼって邪悪から遠ざかり、高尚なひとになるように努力しなければならないだろう。このようにすることによって、われわれは自分自身に対する愛の関係を保ちうると共に、他人に対する友ともなりうるだろうからである。

第五章

b30 （一）好意は愛の徴しであるように見えるが愛ではない。というのは、好意は未知のひとびとに対しても相手にこちらの好意が気付かれない場合にも生れるが、愛にはそういうことはないからである。これらのことは先に述べられた（1）。好意は、さらに、愛情でもない。なぜなら、好意には張りつめた気分も焦がれもないが、愛情にはこれらが伴うからである。（二）また、愛情は馴染み合うことをまって生れるが、好意は即席に生れることもある。たとえば、競技者についてあることがそうである。すなわち、ひとびとは競技者に好意をもち、共に勝利を希求することは
1167a あるが、競技を共にしようとは思わないであろう。それは、いま述べたとおり、ひとびとはかれらに対して即席で好意あるひとになり、うわべでかれらを大切にするだけだからである。

（三）好意は、こうして、愛の始まりであるように思える。それは、ちょうど、眺めることから生れる楽しみが恋の始まりであるのと同じである。というのは、あらかじめ形を見て楽しむことがなかったら、誰も恋に陥るものはないが、容姿を楽しんでいるからといって、恋をしていることにはならず、むしろ、不在である相手に恋い焦がれ、相手が傍にいてくれることを欲望する時、はじめて恋をしていると言えるからである。これと同じように、互いに好意をもたないならば、友であることはありえないが、互いに好意あるひとだからといって互いに愛し合っているわけではない。というのは、好意をもっているひとびとは自分が好意をもっている相手のために善いことを願っているだけであって、相手と行動を共にしようとは少しも思わないし、相手のために難儀を背負いこもうとも思わないからである。このゆえに、ひとは「愛」という語を転義した意味で用いて、「好意」とは「不活動な愛」であり、時を経て、馴染み合う仲になる時、愛になると言うことができるかも知れない。もっとも、それが
a10 有用なもののゆえの愛や、快さゆえの愛になることはない。なぜなら、好意がこれらのもの、つまり、有用なもの

や快さにもとづいて生れることはないからである。なるほど、恩恵を受けたものが受けた恩恵の代りに相手に好意を返すのは、正しい行ないである。けれども、ひとに恩義を施そうとするものが相手から蒙る便益を期待してそうするのは相手に対して好意あるものとは見えず、むしろ、かれ自身に対して好意あるものと見える。それはちょうど、何らかの効用のゆえに相手にかしずくものがそのひとの友でないのと同じである。

(四)要するに、好意とは相手のもつ或る種の器量、または、高尚な品性のゆえに生れるものであって、さきに、競技するひとびとについて言ったように、或るひとが或るひとにとって美しいひとと見えたり、勇気あるひとと見えたり、あるいは、何かそのような種類のひとと見えたりする時に生れるものである。

第六章

(一)(1)和合もまた、明らかに、愛の徴しである。まさにそれゆえ、和合は意見の一致ではない。というのは、意見の一致は互いに知らないひとびとの間にもありうるからである。また、何であれ或る事柄、たとえば、天文事象について一致した意見をもっているひとびとが和合していると言われるのでもない(このようなことについて和合するのは愛の徴しではない)。むしろ、市民たちがポリスの役に立つことについて一致した意見をもち、同じ行動を選択し、共同に決定されたことを実行する時、ポリスは和合していると言われる。(二)したがって、和合は行為されることにかかわり、行為されることのうちでも、重大であって、これにかかわりをもつ双方、もしくは、すべてのひとびとを満足させうるようなことにかかわる。たとえば、「役職は選出によるべきである」とか「スパルタと同盟すべきである」とか（ピッタコス自身もそれを望んでいた時）「ピッタコスがポリスを支配すべきである」(2)とかとすべての市民が意志を決定している場合、ポリスは和合しているのである。これに反して、『フェニキアの女たち』に出てくる二人(3)のように、それぞれどちらも自分がポリスを支配することを願っている場合には、ポリスは内訌しているのである。というのは、それが何であれ「同じ事柄〔たとえば、ポリスを支配すること〕」を
1167b どちらの側も望んでいることが和合していることなのではなく、「同じひとのうちに同じこと」が行なわれるのを望んでいることが和合していることだからである。たとえば、民衆も高尚なひとびとも最善のひとびとが支配するのを望んでいるという場合がそれである。すなわち、このような時、すべてのひとにはその望んでいるものが得られるのである。したがって、和合とは、明らかに、ポリスにおける愛であり、それは、実際、一般に言われているとおりである。すなわち、それは、われわれの役に立つことにかかわるものであり、われわれの生活に影響を及ぼす事柄にかかわるものなのである。

(三)このような和合は高尚なひとびとの間に見られるものである。なぜなら、高尚なひとびとは自分自身と和合し、互いの間でも和合しているからである。かれらは、いわば「同じ錨につながれたもの」(4)である。こういうひとびとの願望はいつも同じものとして留まり、エウリポスの瀬の潮のようにたえず流れを変えることはない。かれらは正しいこと、および、役に立つことを願い、これらのものをこぞって希求する。(四)これに反して、劣悪なひとびとは、かれらが互いに友でありえないのと同じように、僅かな範囲を除けば和合することもありえない。それは、かれらが利益をもたらすことにおいて他人よりも多く得ようと望み、労苦をもたらすことや公共の奉仕においては他人よりも少なく済まそうとするからである。そして、それぞれは自分のためにはそうしたことを願いながら、

隣人のことは調べ上げて、そうさせないように妨げる。というのは、もしも、そのように互いに監視しなければ、共同のものが失われるからである。このようにして、かれらの間には内訌が起り、かれらは正しい行為をなすように相手には強いながら、自分ではしようと欲しないのである。

第七章

(一)恩恵を施したひとは恩恵を施した相手を、恩恵を与えられたひとがそれを与えてくれた相手を愛するよりも、いっそう大きく愛すると考えられているが、これは理窟に合わないように見えるのでその理由が尋ねられる。さて、普通にひとびとの考えるところでは、その理由は、一方〔恩恵を施されたひと〕は借りのあるひとであり、
b20 かれは他方〔恩恵を施したひと〕に対して借りを負うているという点にある。ところで、金銭の貸与の場合、借りたひとは借りを負うている相手が存在しなくなることを願うが、貸した方は借りたひとが安全に生きながらえられるように意を用いる。それと同じように、恩恵を与えたひとはいつか恩を返してくれるだろうと期待して、恩恵を与えた相手が生きながらえることを願うが、恩恵を与えられた方は恩を返すことに意を用いないのである。エピカルモスであれば、おそらく、かれらがこのように言うのは「物事のあしき角《すみ》のみ観るゆえ」と言うところであろう(1)。だが、これはいかにも人間にありがちなことである。というのは、大衆は恩を忘れるものであり、恩恵を与えるよりも、恩恵を受けることをいっそう希うからである。

(二)しかしながら、その原因はもっと自然の本性に根ざしたものであると考えられよう。それは金銭を貸したひと

b30 について言われることとは似ているとさえ言えないだろう(2)。というのは、金銭を貸したひとにあるのは、金銭を貸した相手を愛する心ではなく、借金の取立てのために、相手の無病息災を願う心であるが、恩恵を与えたひとは恩恵を与えた相手を、たとえ、相手がまったくかれにとって有用なひとではなかったにしても、また、後々まで有用なひとにはならないとしても、愛し、いつくしむからである。(三)これはまさに職人たちについてもあることである。すべて職人は自分の作品を、かりに、その作品が生き物になったとして、その作品に愛されるであろう 1168a と思われる程度よりもいっそう大きく愛する。これは、おそらく、他の誰よりも詩人たちについてあることだろう。すなわち、詩人たちは自分の作品をはなはだしく愛し、かれらが自分の作品をいつくしむのは、あたかもわが子をいつくしむかのようだからである。(四)恩恵を施すひとの場合もまたこのようなものである。というのは、恩恵を施された側はかれらにとって、いわば、かれらの作品であり、かれらはこの作品を、作品が作者を愛するよりもいっそう大きく愛するからである。そのことの原因は、存在はすべてのものにとって望ましく愛されるに値するものであるが、われわれが存在するのは活動としてであり(なぜなら、生き、行為していることによってわれわれは存在するから)、作者は活動としては或る意味ではその作品であるというところにある。したがって、かれがその作品をいつくしむのはまさにかれが自分の存在をいつくしむからという理由による。このことは自然の本性に根ざすことである。すなわち、可能〔潜成〕としてあるものを作品は活動〔現成〕として顕示するのである。

a10 (五)同時にまた、恩恵を施すひとにとって行為の結果生れるものは行為の美しさであるということがある。したがって、かれはこの行為の美しさがそこにおいて実現されるもの、すなわち、相手の存在を喜ぶ。ところが、恩恵を与えられたひとにとっては、〔恩恵を受けるという行為の〕美しさが恩恵を与えたひとのうちに宿ることはない。

何か宿るとすれば、それはかれの役に立つ何ものかである。しかしながら、それは快いものとしてみても、愛されるに値するものとしてみても〔美しさには〕劣るのである。

（六）快いものには現在の活動と未来の期待と過去の追憶がある。けれども、そのうちもっとも快いのは活動によって生れるものであり、同じように、それがまたもっとも愛されるに値するものでもある。さて、何か〔恩恵施与の行為〕を成し遂げたひとにとって、かれが成し遂げたこと、つまり、その作品はいつも変らずに留まるが（行為の美しさは永続するから）、〔恩恵を〕与えられたひとにとっては与えられた便益は過ぎ去ってゆく。また、美しい数々の行ないの追憶は快いものであるが、役に立ったさまざまの便益を追憶することはきわめて快いとは言えないもの、もしくは、快いものとしては劣ったものである。未来の予期についてはその反対のようである。

さらに愛することは能動であり、愛されることは受動であるように思える。したがって、(3) 行為にかかわることで相手を優越するひとには愛することや愛に伴うさまざまな徴しがそなわってくる。

（七）さらにまた、労苦の結果得たものをひとは誰しもいっそう大切にする。たとえば、財産を自分で儲けたひとは相続したひとよりも財産をいっそう大切にする。ところで、恩恵を与えられるためには労苦は要らないが、恩恵を与えることは骨の折れる仕事であると思われる。この理由によって、母親は〔父親よりも〕子を愛する念がいっそう篤い。それは、子を産むのはいっそう労苦を要する仕事であり、母親は、わが子が自分の子であることをいっそうよく知っているからなのである。これは恩恵を施すひとに固有なことであると考えられよう。

第八章

(一)ひとは他の誰よりも自分を愛すべきか、それとも、誰か他のひとを愛すべきかということもまた問題である。
a30 ひとびとは、誰にもまさって自分を好むひとを非難し、醜いこととみなして、「自愛者《エゴイスト》」と軽蔑して呼んでいる。
そして、劣悪なひとは自分のために万事をなし、邪悪なひとであればあるだけ、その程度はまさるが（そこで、こ
ういうひとに対しては「何ひとつ自分からは〔他人のために〕しない」というような非難が浴びせられる）、高尚
なひとはすべてのことを行為の美しさのゆえになし、かれが善いひとであればあるだけ、それだけいっそうその
ように行なう。かれはまたすべてのことを友のために行ない、自分自身のことは捨てて顧みないと考えられてい
る〔と或るひとびとは主張する〕。

(二)ところが、こういう議論に対しては、それは事実と合致しない、しかも、それは理由のないことではない〔と或
1168b るひとびとは主張する〕。すなわち、ひとはもっとも親しい友をもっとも愛さなければならないと言われている
が、もっとも親しい友とは、「自分の願っている相手に善いものが与えられることを、相手のために願い、しかも、
誰ひとり知らなくてもそうするひと」のことである。ところが、これらの特徴は何よりも、ひとの自分自身に対
する関係のうちに含まれている。また、「友」が定義されるような他のすべての特徴もそこには含まれている（す
べての愛の特徴が各人の自分に対する関係から他人に対する関係にも及ぼされることはすでに述べたところであ
る）[1]。諺に言われることもすべてこれと一致する。「心は一つ」とか「友のものは共のもの」とか「親しさは等し

さ」とか「膝は脛《すね》より近い」とかいう類いのことがこれである。すなわち、これらのことはすべて何よりも各人の自分自身に対する関係のうちに含まれていると言えるだろう。なぜなら、人は自分自身にとってもっとも親しいものだからである。したがって、ひとは誰にもまさって自分を愛すべきである〔と或るひとびとは主張する〕。このようにして、これら二つの論にはどちらにも信ずべき点が含まれているから、どちらの論に従うべきかが問題となるのは当然である。

(三)おそらく、このような種類の議論を扱う際には、それぞれの論を相互にはっきりと弁別し、それぞれの論がどの範囲まで、また、いかなる点において真であるかを限定定義すべきであろう。そして、このことは、「自愛《エゴイズム》」という言葉をそれぞれの論がどのような意味で用いているかを摑むならば、おそらく、明らかになるだろう。

(四)さて、これ〔自愛〕を咎め立てられるべきものの一つとみなすひとびとは、金銭においてであれ、名誉においてであれ、肉体の快楽においてであれ、他人より多くを自分に分ち与えるひとを自愛者《エゴイスト》と呼ぶ。大衆はこういうものを欲するものであり、あたかも、それが最上のものであるかのように、それに夢中になるのである。それらが争いの的になるのもそのゆえである。したがって、これらのものをめぐって貪欲なひとはさまざまな欲情、一般に言って、さまざまな情、すなわち魂における分別をもたぬ部分におもねるのである。大衆とはこのような種類のひとびとである。この名称〔自愛《エゴイズム》〕が劣悪な多数例から〔このような意味をもつものとして〕生れて来たのはこういうわけである。したがって、このような意味で自分を愛するものが咎め立てられるのは正しい。

(五)さて、このようなものを自分に分ち与えるひとを大衆が自愛者《エゴイスト》と呼び慣わしているのは疑いをいれない。というのは、もしも、或るひとが他の何事にも先んじて正しい行為や、節制ある行為やその他どのような種類のことであれ、器量にかなった行為をしようとみずから励む場合、また一般に言って、かれが行為の美しさをいつも自分のために取って置こうとする場合、誰もこの人を自愛者《エゴイスト》とは呼ばないだろうし、また、この人を責めることもないだろうからである。(六)しかしながら、このような人こそいっそうすぐれた意味で自愛者であると考えられることもできよう。ともかく、かれがもっとも美しく、もっとも善いものを自分に分ち与えているのは確かであり、かれは自分のうちでもっとも支配的な部分の意を迎え、何事についても、これに服従するのである。ところで、ポリスについてもそのもっとも支配的な部分が他の何にもまさってポリスであると考えられ、他のすべての組織体についてもそうであるように、人間についても同じように考えられる。したがって、もっとも自分を愛するものは〔人間における〕もっとも支配的な部分をいつくしみ、この部分の意を迎えるもののことであると考えられよう。さらにまた、「抑制がある」とか「抑制がない」と言われるのは理性がそのひとを支配しているか否かによるが、それは、理性がそれぞれのひと自身であるとみなされているからである。(2)また、何よりも、ひとが自分自
1169a 身、本意からしたと言えるのは分別の働きを伴う行為であると考えられる。(3)こうして、この部分がそれぞれのひと自身であるか、あるいは、他のどの部分よりもそれぞれのひと自身であること、および、高尚なひとは他のいかなる部分にもまさって、この部分を愛好するということは疑いをいれないことである。それゆえ、高尚なひとは、非難を蒙るべきものとは異なる種類のものとしてではあるが、他の誰にもまさって自愛者であることになろう。そして、これら二種の自愛の相違は事物の分別にしたがって生きることと情にしたがって生きることの相違と同じであり、行為の美しさを欲求するか、役に立つと思われることを欲求するかの相違と同じである。(七)このようにして、美しい行為をしようと人並み外れて励んでいるひとびとをひとは誰もみな是認し、賞讃する。ところ

で、すべてのひとが行為における美しさを目がけて競い合い、もっとも美しい行為をしようと力をふりしぼる時、公共のためには、なされるべき規範がすべて実現され、個人としては、それぞれのひとにとって最大の善が実現されうるであろう。器量とはそれぞれのひとにとって、まさにそういうものなのだから。

したがって、善いひとは自愛者でなければならないが(かれは美しい行為をすることによって、自分を益すると共に他人を益することになろう)、邪悪なひとは自愛者であってはならない。なぜなら、邪悪なひとは劣情にしたがうことによって、自分自身をも隣人をも害することになるからである。(八)こうして、邪悪なひとにおいては「なすべきこと」と「していること」とが齟齬するが、高尚なひとはまさになすべきことをしているのである。理性はすべて自分にとって最善のものを選び取り、高尚なひとは理性に随順するからである。

(九)しかしながら、数々の行為を友と祖国のためになし、必要とあれば、生命さえ捧げることも器量の優れたひとについては真実あることである。かれは金銭も名誉も、総じて、ひとびとの争いの的となるようなさまざまな善いものをすすんで投げ出して、自分のためには行為の美しさを手に入れるであろう。おもうに、それは、かれが僅かな間であっても強烈な楽しみを味わうことの方を、長い間かけて穏やかな楽しみを味わうことよりも選びたいと願うからであり、また、一年の美しい生を長年に及ぶ散漫な生よりも、また、一つの美しく偉大な行為を多くの些小な行為よりも選びたいと願うからであろう。友と祖国のために生命を捧げるひとびとには、もちろん、そのような結果が与えられる。こうして、かれらが自分のために選びとったものは、偉大な美しい褒賞なのである。また、器量の優れたひとは、友がいっそう多くの資産を獲得しうるということであれば、自分の資産を投げ出すこともあろう。なぜなら、そうした場合、友には資産が、かれ自身には行為の美しさが得られるからである。

a30 こうして、かれは自分自身にいっそう大きな善いものを分ち与えることになる。(一〇)名誉や役職についてもこれと同様である。すなわち、かれはこれらすべてのものを友のために投げ出すであろう。なぜなら、そうすることはかれにとって美しく、賞讃されるべきことだからである。こうして、すべてのものに代えて行為の美しさを選び取ることのゆえに、このひとが器量の優れたひとであると考えられるのは当然である。もっとも、行為そのものは友に譲り、自分が行為するよりは、友がその行為をすることの因《もと》となる方がいっそう美しい場合もありうる。(一一)こうして、賞讃に値するこれらすべての行為において、器量の優れたひとが行為におけるいっそう多くの美しさを
1169b 自分自身に分ち与えるのは明らかである。したがって、すでに述べたとおり、ひとはこのような意味で自愛者でなければならないが、大衆がそうあるような意味での自愛者であってはならない。

第九章

(一)幸福なひとが友を必要とするか否かについてもひとびとの意見は分れている。というのは〔一方において〕、幸いな自足しているひとびとはまったく友を必要としないと言われる。なぜなら、かれらはさまざまな善いものを所有している。したがって、かれらは自足しているのだから、その上何も必要としない。ところが、友とは、もう一人の自分であって、ひとが自分の力でできないことをしてくれるものなのだからと言うのである。「運命の神の恵む時、ひと、なんぞ友を要せんや(1)」と言われるのもそこからくる。

(二)他方において、すべての善いものを幸福なひとに分ち与えておきながら、友を与えないのは奇妙なことである

ようにも思える。友は外的な善のなかで最大のものと考えられるからである。また、相手から恩恵を与えられるよりは与える方がいっそう友に相応しいことであり、恩恵を施すことは善いひととその器量に相応しいことであり、友に恩恵を与えることの方があかの他人に与えるよりもいっそう美しいことであるとすれば、器量の優れたひとは恩恵を施すべき相手を必要とすることになろう。好運のうちにある時、ひとは不運のうちにある時よりも、いっそう友を必要とするかどうかが尋ねられることがあるのもこのゆえである。それは、不運にあるひとも恩恵を施してくれるひとを必要とするし、好運にあるひとも恩恵を施すべき相手を必要とすると考えられるからである。

(三)また、幸いなひとが孤独なひとであるとするのも、たしかに、奇妙なことだろう。なぜなら、自分ひとりだけであって、すべての善いものを所有していたいと願うものは誰ひとりいないだろうからである。人間は本性上、ポリスを成して、共同の生活をするように生れついている。幸福なひとにもこの自然の性はそなわっている。すなわち、かれは自然の本性にしたがったさまざまな善いものを所有しているが、〔このような人は〕友や高尚なひとと共に暮すことの方があかの他人やありきたりのひとと暮すよりも明らかに優れているからである。それゆえ、幸福なひとは友を必要とする。

(四)では、第一の説をとるひとびとの真意はどこにあり、かれらの言うことはどの点で真実なのであろうか。大衆は有用なひとびとを友とみなしているというのがかれらの言うことなのだろうか。幸いなひとは、もちろん、このような友をまったく必要としないであろう。なぜなら、かれはさまざまな善いものを所有しているからである。したがってまた、かれは快さゆえの友をも必要としないか、必要としても僅かな範囲においてだけである(なぜなら、その生活は快いものであって、外から加えられるべき快楽をまったく必要としないからである)。そして、このような種類の友を必要としないゆえに、幸いなひとは友を必要としないと考えられているのである。

(五)だが、これはもとより真実ではない。というのは、初めに述べたとおり(2)、幸福は一種の活動であって、活動は、明らかに、生れてくるものであり、いわば、一種の持ち物として、そなえられるものではないからである。ところで、初めに述べたとおり(3)、(1)幸福であることは生きることと活動することのうちに存し、善いひとの活動はそのもの自体としてみて優れた快いものであり、また(2)、自分に本来そなわるものは快いものの一つであり、また(3)、われわれ自身を眺めるよりは隣人を眺める方が、また、われわれ自身の行為を眺めるよりは隣人の行為を眺める方がわれわれのいっそうよくなしうることであるとすれば、また、友である優れたひとの行為は善いひとにとって快いものであるとするなら(なぜなら、それは自然の本性において快い二つの点を兼ねそなえているから)(4)、幸いなひとはそのような種類の友を必要とすることになろう。かれは高尚なものであり、かつ自分自身のものである行為を眺めたいと望むが、友である善いひとの行為はそのような種類のものだからである。

1170a また、幸福なひとの生は快いものでなければならないとひとびとはみなしている。ところで、孤独なひとにとっては生活は厳しい。というのは、自分ひとりで持続して活動し続けるのは容易なことではないが、他人と共にある時、または、他人に対する時、それは遙かに容易だからである。(六)このようにして、その活動はいっそう持続的なものになり、そのもの自体として快いものになる。これはまさに幸いなひとに要求されることである。おもうに、優れたひとは優れたひとである限りにおいて、器量にかなった行為を喜び、悪徳からくる行為に不快を覚える。それは、ちょうど、音楽的なひとが美しい旋律を快く感じ、劣悪な旋律に苦痛を感ずるのと同じである。

(七)また、テオグニスも言うように、(5)善いひとびとと生活を共にすることからは、器量を磨く或る種の習練が生れてくると言うこともできよう。

いっそう深く自然の本性にしたがって考察する時、優れた友は優れたひとにとって自然の本性からみて望ましいものであるように思われる。さて、自然の本性にしたがって善いものが優れたひとにとってそのもの自体としてみて善いものであり、快いものであることはすでに述べた。(6)ところで、生きていることをひとは動物においては感覚の能力によって定義し、人間にあっては感覚、あるいはむしろ、理性の能力によって定義する。そして、能力は活動に関係づけて理解され、第一義的なものは活動のうちにある。したがって、生きているとは第一義的な意味においては感覚する働き、もしくは思惟する働きであるように思われる。また、生きていることはそのもの自体としてみて善いものであり快いものの一つである。それは定《き》まりをもったものだからであり、定まりをもったものは「善い」という本性をもつからである。ところで、自然の本性にしたがって善いものは、高尚なひとにとっても善いものである。(八)しかし、これを邪悪な堕落した生という意味で理解してはならないし、苦しみのうちにある生という意味で理解してもならない。そのような生は、この生がもつ諸特性がそうであるように、不定なものだからである。だが、苦痛については、後に続く箇所において、(7)いっそう明白になるであろう。

(九)ところで、生きていること自身が善いことであり、快いことであるなら(それは、すべてのひとがそれを欲し、わけても、高尚な幸いなひとびとがそれを欲しているところからみても明らかなようである。このひとびとにとって、まことに、その人生はこの上なく望ましいものであり、このひとびとの生はこの上ない幸いのうちにある)、

また、見るものは自分が見ていることを感知し、聞くものは自分が聞いていることを感知し、歩くものは自分が
a30 歩いていることを感知し、その他の働きについても同じように、われわれが活動していることを感知する何もの
かがあるとするなら(したがって、感覚する場合にはわれわれは感覚していることをみずから感知し、思惟する
場合には思惟していることをみずから感知する)、また、感覚したり思惟したりすることを感知することは、存
在することを感知することであるなら(存在するとは感覚したり思惟したりすることであった)、また、生きてい
1170b ることを感知することはそのもの自体として快いことの一つであり(なぜなら、生は、自然の本性にしたがって
善いものであるが、善いものが自分自身の内にあることを感知するのは快いことであるから)、さらに、善いひと
びとにとっては存在していることが善いことであり、快いことであるから、生きていることは、とりわけかれら
にとっては望ましいことであるとするなら(そのもの自体として善いものが自分自身のうちにあるのを覚知する
のは快いから)、(一〇)また、優れたひとは、自分自身に対するのと同じように友に対するものであれば(友はもう一人
の自分であるから)――〔もしも、すべてがこのようであるとするなら〕自分の存在がそれぞれのひとにとって望
ましいものであるのと同じ程度、もしくは、似た程度において、友の存在は望ましいものであることになる。と
ころで、存在することが望ましいのは、善いものである自分自身の存在を感知することのゆえであり、また、そ
b10 のような感覚はそのもの自体として快いものであった。したがって、友についても友の存在を友と共に覚知する
必要がある。ところがこのことは生活を共にし、言葉と思考を共にすることにおいて達成されうるであろう。な
ぜなら、生活の共同とは、人間の場合には、このような意味のものと考えられており、畜群におけるように、同
じ囲いの中で草を食《は》むというようなことではないからである。

このようにして、幸いなひとにとって、存在することは、それが自然の本性にしたがって善いものであり快いものであるゆえに、そのもの自体として望ましいものであり、友の存在もまた、かれにとって、これに似たものであるとすれば、友もまた望ましいものの一つであろう。しかるに、かれにとって望ましいものはかれにそなわっていなければならない。さもなければ、かれはこの点で欠けることになろう。それゆえ、幸福であろうとするひとは優れた友を必要とすることになろう。

第十章

b20 (一) ひとはできるだけ多くのひとを友とすべきであろうか、それとも、「客多きひととも呼ばれず、客無きひととも呼ばれず」(1)ということが客の饗応について言われた適切な勧めであると思われているように、「友の無いひとでもなく、あまりに友の多過ぎるひとでもない」ことが愛の勧めとしても当てはまるのであろうか。

(二) さて、効用のための友についてであれば、この言葉はぴったり当てはまると考えられよう。というのは、多くの友に奉仕を返すのは煩わしいことであるし、また、人生はそうするために充分なものでもないからである。したがって、自分の生活のために充分である以上の友は余計なものであるし、また、美しく生きるための妨げともなる。それゆえ、それは不必要である。快楽のための友も僅かあれば足りる、それは、ちょうど食物のうちに僅かの調味料があれば足りるのと同じである。

b30 (三) では、優れた友はできるだけ多く作るべきであろうか、それとも、友の数にも或る限度があって、それは、ちょうど、ポリスの構成員における場合と同じなのであろうか。というのは、十人を構成員としてはポリスは成立しないであろうが、十万人を構成員としても、もはやポリスではなくなるからである。[2] もっとも、どれだけの数と言っても、それはおそらく或る一つの数ではなく、一定の数と数の間のすべての数であろう。友人についても
1171a これと同じように一定の数があり、最大の数はおそらく人が生活を共にしうるかぎりの数であろう（このこと〔生活を共にすること〕が、一般に認められる愛の最大の特徴であったのだから）[3]。だが、(四)多くの人と生活を共にし、多くのひとに自分を分つことが不可能であるのは疑いをいれない。さらにまた、みなが一緒に暮そうというのであれば、相手のひとびともまた相互に友であることを要する。(五)だが、このことが多くのひとびとの間に実現されるのは困難である。また、多くのひとのことを吾事のように共に喜び共に苦しむのも困難である。というのは、或る友と共に楽しみながら同時に、他の友と共に悩むということの起るのも当然予想されるからである。それゆえ、できるだけ多くのひとの友となろうと努めたりせずに、生活を共にするに充分なだけの友があればおそらくそれでよいのである。実際、多くのひとに対してきわめて親密な友であるのは可能とさえ思われないであろう。それは多数のひとを恋することがありえないのと同じ理由による。なぜなら、恋はもともと一種の愛の過剰であろうとするものであるが、このような恋はただ一人だけに向けられうるものだからである。[4] したがって、ひとがきわめて親密な友でありうるのも僅かなひとに対してだけである。

(六)実際に行なわれているところを見ても、これはそのとおりのようである。というのは、多数のひとが親しい仲で互いに友となることはないし、また、詩人に唱われ語り伝えられて来た愛も二人一組のものだからである。[5] これに反して、多くのひとの友となり、誰にでも身内のように近付くひとは、同じ市民としてそうするのでないか

ぎり、誰の友でもないと思われる。こういうひとは御機嫌とりとも呼ばれている。このようにして、同じ市民としては、ひとは多くのひとの友であり、かつ、御機嫌とりとしてではなく、本当の意味で立派な友であることもありうるが、器量のゆえに、すなわち、互いのひとそのもののゆえに友であることは、多くのひとに対しては、ありうることではなく、そういうひとが僅かでも見つかれば、ひとはそれで満足すべきものなのである。

第十一章

(一) ひとが友をいっそう必要とするのは好運にある時であろうか、それとも不運にある時であろうか。いずれの場合にも、友が探し求められるからである。すなわち、不運にあるひとびとは援助を求め、幸運にあるひとびとは伴侶を求め、恩恵を施すべき相手を求める。かれらは善行を施したいと願っているからである。このようにして、交友は不運にあってはいっそう欠くことをえないものであるが(それゆえ、そこでは有用なひとが要求される)、好運にあってはいっそう美しいものである(それゆえ、ひとびとは高尚なひとを求める)。なぜなら、高尚なひとに恩恵を施し、高尚なひとと共に過ごすことの方がいっそう望ましいからである。

(二) まことに、友が傍に居てくれることはそのこと自体、好運にあっても、不運にあっても快いものである。というのは、苦痛を味わっているひとは、友が一緒に苦しんでくれることにより、苦痛を軽減されるからである。それゆえ、友は相手の苦痛をあたかも重荷をかつぐように、共に分けもつのか、それとも、そのようなことはないが友が傍に居てくれるということが快く、一緒に苦しんでくれるという想いがかれの苦痛を和らげてくれるのかということを問題にするひともあろう。さて、苦痛の軽減がこういう理由によって起るのか、それとも、何か他の理由によるかという問題は論じないで置くことにしよう。ともかく、いま述べたようなことが起るという事実だけは明らかである。

(三)だが、友が傍に居てくれるということのうちにはさまざまな要素が混在しているように思われる。すなわち、
1171b 一方において、友を眺めることはそのこと自体として快いことである。これは、とりわけ、不運にあるものにとってはそうである。また、それは苦痛を感じないための何らかの助けともなる(なぜなら、もし、友が行き届いたひとであれば、顔を見せてくれるだけで、また、言葉をかけてくれるだけで慰めてくれる力をもつからである。そのような友は相手の人柄を心得、相手の喜びとするところと苦痛とするところを心得ているからである)。(四)他方にまた、自分の不運のために友が苦しんでいると感ずるのは苦痛である。なぜなら、誰でもひとは友にとって苦痛の因《もと》となるのを避けようとするからである。まさにこの理由にもとづいて、生れつき雄々しいひとは、友が自分と苦痛を分って苦しんだりしないようにと心を用い、苦痛に対して極端に鈍感でないかぎり、苦痛が友に及ぼされるのに耐ええない。また、かれ自身、悲嘆に暮れる性質のひとではないので、総じて悲嘆を分つひとを寄
b10 せつけない。これに反して、女たちや女々《めめ》しい男たちは一緒に嘆き悲しんでくれるひとびとを喜び、苦しみを分ってくれる友として愛する。これらすべての場合において、模倣されるべきものがより優れたひとの方であるのは言うまでもない。

(五)他面において、好運にある時、友が傍に居てくれることは互いに過ごす時を楽しくさせ、友が自分の幸いを喜んでくれるという想いをもたらす。好運の際には、すすんで友を招《よ》び(なぜなら、恩恵を施そうとするのは美しい

ことだから)、不運にあってはためらうべきであると一般に考えられているのはこのゆえであろう。なぜなら、悪いことは、できるなら、友に分たない方がよいからである。「儂が不運であれば、それで充分[1]」と言われるのもそこからくる。これに対して、友の方は僅かに煩わされるだけで、自分の方は大きな利益が得られそうな場合こそ、他の場合にもまさって友を招くべきである。[六]その反対に、不運にある友のもとには、招かれなくてもすすんで訪れるのが、おそらく、相応しいことであろう(恩恵を与えるのは友のなすべきことであり、わけても、困窮している友に対しては、たとえ、相手が助けを求めなくてもなすべきだからである。それは双方にとっていっそう美しいことであると共にいっそう快いことなのである)。これに反して、好運にあるひとに対しては、すすんで力を添えるべきであるが(なぜなら、好運にあるひとはそのために友を必要とするから)、恩恵は余裕をもって受けるのがよい。というのは、利益を受けようとして夢中になるのは醜いことだからである。しかし、相手の好意を遠ざけることによって、その好意を喜ばない者のように思われることは、おもうに、心して避けねばならない。時として、そういうことも起るからである。

　このようにして、友が傍に居てくれることがあらゆる場合に望ましいのは明らかである。

第十二章

　[一]恋するものにとっては恋人を見ることがもっとも好ましいことであり、恋するひとびとはこの感覚を他の感覚に優先する。それは恋が、わけても、この感覚により成立し、生れることによる。これと同じように、友にとっ

1172a ては生活を共にすることがもっとも望ましいことなのであろうか。というのは、愛は互いの共同であり、ひとは自分自身に対して持つのと同じ関係を、友に対しても持つからである。ところで、自分については、自分の存在するという感覚は望ましい。したがって、また、それは友についても同じである。ところで、この感覚は生活を共にすることにおいて実現される。したがって、友が生活を共にすることを望むのは当然である。(二)また、それぞれのひとにとって、かれの存在の意味があるところ、言いかえれば、それぞれのひとがそのためにその生を選ぼうとすること、ひとはそれぞれそのことをして友と時を過ごしたいと願う。あるいは共に酒を飲み、あるいは共に骰子に興じ、あるいは共に体操競技をしたり、共に猟をしたりし、または、共に愛知に励んだりして、ひとびとがそれぞれの人生において自分のもっとも愛することを一緒にして友と日を過ごすのはまさにそれゆえである。それは、かれらが友と一緒に生きたいと願っているからであり、また、それをすれば友と一緒に生きられると思えるようなことをかれらがし、また、それを共にしようとするからである。(三)こうして、劣悪なひとびとの愛は悪いものとなるが(なぜなら、かれらには確固としたものがないため、劣悪なものを共にし、互いに似ることによって、邪悪なひとになるから)、高尚なひとびとの愛は高尚なものとなり、その交わりとともに成長する。さらに、かれらは互いに相手を感化し矯正して、より優れたひとびとになるとさえ考えられる。なぜなら、かれらは自分の好むものを互いに相手から受取って、これに染められるからである。「気高きものからは気高きものが(1)」という言葉もそこから生れる。(四)愛についてはここまでで論じ了えられたとしよう。つづいて論ずべきは快楽についてであろう。

第十巻

第一章

(一)これらにつづいて論ずべきはおそらく快楽についてであろう。というのは、快楽は何よりもわれわれ人間の種族に密接に結び合わされていると考えられるからである。ひとびとが若者を教育するにあたって快楽と苦痛を用いて操縦するのはこのゆえである。また、人柄における器量のためにも、喜ぶべきものを喜び、厭うべきものを厭うのはもっとも大切なことであると考えられる。なぜなら、これらのものは生活の隅々にまでゆきわたっており、器量と幸福な生活のためには重大な意義と力を持つからである。なぜなら、ひとは快いものを選び、苦しいものを避けるからである。(二)したがって、このようなものは何よりもわれわれのなおざりにしてはならない問題であると思われよう。まして、そこには議論の分れるところも多いのである。すなわち、或るひとびと(1)とは快楽が善であると言い、或るひとびと(2)とはその反対に快楽はまぎれもなく劣悪なものだと言う。これらのひとびとのうちの或るひとびとはおそらく実際そうだと信じこんで主張しているのであるが、他のひとびとは、実際はそうでなくても、快楽を劣悪なものの一つであると表明することが、われわれの生活のためには都合がよいと思っているのである。というのは、かれらの考えによれば、大衆は快楽に傾き、快楽に隷従するものである、したがって、かれ

1172b
らを反対の方に導かねばならない、そうすることによって、かれらは中間に達しうるだろうからというのである。
(三)だが、このような言い方は当らないのではなかろうか。なぜなら、情や行為にかかわることについての議論は事実ほどには信頼されないからである。したがって、議論がひとびとの目に顕わな事実と齟齬する場合には、議論が軽蔑されるばかりではなく、さらに、真理を葬り去るのである。すなわち、快楽を非難しているひとが〔実際には〕或る時快楽を望んでいるのが見受けられると、かれがこの快楽に傾くのはすべての快楽がそのように望ましいものだからなのだと他人には思われるのである。この点の弁別は大衆にはできないことなのである。(四)したがって、真なる議論は認識のためばかりではなく、生活のためにもこの上なく有用なものであるように思われる。というのは、それは事実と唱和するために信頼され、それゆえ、これを聞いて理解するひとびとに対してこの議論にしたがって生きるように励ますからである。このようなことについてはこれで充分である。ついで、快楽について述べられている説を検討することにしよう。

第二章

(一)エウドクソスは快楽が善であると思っていた(1)。その理由は、かれの見るところでは、ものみなは分別のあるものも分別のないものも快楽を目ざしているからである。ところで、すべてのもののなかで望ましいものは「いいもの」(2)である。また、最も望ましいものは「最もいいもの」である。そして(3)、万物が同じひとつのものに向って動
b10
いてゆくという事実は、これが万物にとって最善のものであるということを明示しているとかれは考えた。それ

ぞれの事物はそのものにとって善いものを、ちょうど、自分の食物を見付けだすのと同じようにして見付けだす
からである。したがって(4)、ものみなにとって善いもの、すなわち、ものみなの目ざすものが善であるとかれは考
えた。さて、この議論がひとびとの信頼をかちえたのは、この議論そのもののゆえであるよりは、述べたひとの
人柄にそなわる器量のゆえである。というのは、エウドクソスは並外れた節制のひとであると考えられていたか
らである。そのため、かれがこのような説を唱えているのは、かれが快楽の友だからではなく、それが真実その
とおりだからなのだとひとびとには思われたのである。(二)かれはまた、反対のもの〔苦痛〕から考えてみても同じよ
うに、これは明白だと思っていた。というのは、苦痛はそのもの自体としてみれば万物にとって避けるべきもの
である。したがって、それと同じように考えれば、その反対のもの〔快楽〕は望ましいものだからである。ところ
b20 で、もっとも望ましいものとは、われわれが他のもののゆえにではなく選ぶもの、すなわち、他のものを得るた
めにではなく選ぶものである。そして、そのようなものが快楽であるのは万人の認めるところである。なぜなら、
何のために快を感ずるのかと問うひとはないが、そのことは、快楽がそのもの自体としてみて望ましいものであ
ることを意味しているのだとかれは言うのである。また、どのような種類の善いものであれ、これに快楽が付け
加えられる時、快楽はそれをいっそう望ましいものにする。たとえば、正しい行為や節制ある行為についてそう
いうことが言えるように。ところで、善いものが大きくなるのは善いもの自身によってなのだとかれは考えるの
である。

(三)さて、この議論は快楽が善いものの一つであることを明らかにはするが、それが、他の善いもの以上に善いも
のであることを明らかにしはしないようである。というのは、それらの善いものはすべて、他の善いものを伴う

b30 時、それ一つだけの時よりも、いっそう望ましいものになるからである。快楽が善であるという説を論破するにあたってプラトンが用いた論もこれであった。[5] すなわち、「快楽の生は賢慮を伴う時、賢慮を伴わない時よりも、いっそう望ましい。ところで、混合の生の方が優れたものであるとすれば、快楽は善ではない。なぜなら、善は、他の何が付け加えられても、いっそう望ましいものにはならないからである」。さて、何であれ、そのもの自体として善い何ものかを伴う時、いっそう望ましいものになるものは、明らかに善ではないだろう。(四)では、そのような善であって、われわれもあずかりうるような善とは何であろうか、というのは、そのようなものがいまは求められているのだから。

これに対して、ものみなの目ざすものが善であるとはかぎらないと言って異議を唱えるひとびとは、おそらく、何の意味もないことを言っている。というのは、すべてのものにそう思われることは、実際にもそのとおりであ
1173a るとわれわれは主張するからである。この確信を葬り去ろうとするひとの言うことはあまり信頼が置けない。理性を持たないものが欲求するというのであれば、その言い分にも一理あろうが、賢慮あるものまでそれを欲求するのであれば、かれらの言うところに何の意味があろうか。とはいえ、下賤な存在のうちにも、おそらく、それらがそのもの自体としてあるかぎりで持っているものよりも或る優れた善いものが自然の本性により宿っており、これがそのものに本来そなわるべき善を目ざしているのである。[6]

(五)また、反対のもの〔苦痛〕についてなされた反論も当らないように見える。苦痛が悪いものであるとしても、快楽が善いものであるとはかぎらない、なぜなら、悪いものは悪いものに対立すると同時に、これら二つの悪いものはこれらのどちらでもないものに対立するからとかれらは言うのである。これはそのかぎりでは間違っていな

い。けれども、いま論じられている点に関係づけられるなら、真実ではない。なぜなら、これら〔快楽と苦痛〕がいずれも悪いものに含まれるとすれば、これらはいずれも避けるべきものである筈だからである。また、それらがどちらでもない〔第三の〕ものに含まれるとしたら、どちらも避けるべきものではないか、あるいは、せめて同じ程度において避けるべきものであったろう。ところが、一方をひとが悪いものとして避け、他方を善いものとして選んでいるのは明らかな事実である。したがってまた、これらの二つは実際にもこのような対立関係にあるのである。

第三章

(一) さらにまた、快楽が性質の一つではないとしても、だからといって、快楽が善いものの一つではないということにはならない。なぜなら、器量を働かせることも幸福も性質ではないからである。

(二) また、ひとびとは言う、善は限定されたものであるが、快楽は「より大」と「より小」を受け容れる点において無限定なものである。さて、「快を感ずる」働き〔に大小の相違があること〕からみてかれらがそう判定しているのだとすれば、正義の性向や他の器量についてもそれと同じことが言えよう。これらの器量に関して「いっそうそういう性質のひとである」とか「いっそうそういう性質のひとでない」という言い方が一般に用いられているのは明らかな事実だからである。[1] すなわち、ひとびとはいっそう正しいひとであったり、いっそう勇気あるひとであったりするし、また、いっそう正しい行為をしたり、いっそう節制ある行為をしたりすることもあれば、それ程でないこともあるからである。だが、多くの種類の快楽があるという理由にもとづいて、かれらがそう判定しているのだとすれば、かれらはこのこと〔快楽が無限定なものであること〕の原因を説明していないのではなかろうか。快楽には純粋なものも、混合したものもあるのだから。(三)さらにまた、健康が限定されたものでありながら、「より大」と「より小」を受け容れるのと同じように、快楽についてもこれと同じことがあってもよいのではなかろうか。なぜなら、同じ均衡が〔健康状態として〕すべてのひとのうちに見出されるのではないし、また、同じひとのうちにあっても、いつも或るひとつの均衡が見出されるのではなく、程度を弱めながらも或る範囲まではそれが〔健康状態として〕存続し、「より大」と「より小」の差によって異なるからである。したがって、快楽についてもこれと同じようなことがありうる。

(四)また、かれらは善を完全なもの、運動や生成を不完全なものと定め、快楽が運動や生成であることを示そうと試みている。だが、かれらの言っていることは当らず、快楽は運動ではないように思われる。なぜなら、すべての運動にはそれに固有な性質として速さと遅さがあると考えられている。かりに、運動自体には速さも遅さもないとしても、たとえば、宇宙の運動について言えるように、他のものに対する関係としてみればそれがあると考えられている。ところが、快楽には速さも遅さもない。というのは、怒りを感ずるに至る過程が速いということがあるのと同じように、快を感ずるに至る過程が速いということはありうるが、快を感じている状態が速いということはないからである。他のものに対する関係としてみてもこれは同じである(だが、歩く過程や成長する過程や、すべてこのような種類の過程にはそれがある)。こうして、快の状態への移行には「速い」とか「遅い」とかいうことがあるが、快の状態の現実には「速い」ということはない。快の状態の現実とは快を感じているということである。

(五)また、快楽が、どうして、生成でありえようか(なぜなら、任意のものから任意のものが生ずるのではなく、事物がそこから生成してくる元へと事物は分解して帰りゆくからである)。また、快楽がそれの生成であり、苦痛がそれの消滅であると言えるものは何なのであろうか。(2)

(六)かれらはまた、苦痛を自然的なものの欠乏状態、快楽を充足過程であると言っている。ところで、これらは肉体の情態である。そこで、快楽が自然的なものの充足過程であるとすれば、充足過程がそのうちにおいて起るものが快を感ずるものでもあろう。したがって、それは肉体である。ところが、そうであるとは考えられない。したがってまた、充足過程は快楽ではない。むしろ、充足過程が起ってくる時、〔それに随伴して〕ひとは快を感じ、欠乏が起ってくる時、(3)〔それに随伴して〕ひとは苦痛を感ずるのであろう。

この見解は食物に関する苦痛と快楽の経験から生れてきたと考えられる。すなわち、欠乏状態におちいって、あらかじめ苦痛を感じていた時、われわれは充足過程を快と感ずるのである。(七)しかしながら、これはすべての種類の快楽について起ることではない。なぜなら、学習の快楽や、感覚によるものでも嗅覚による快楽は苦痛を伴わず、耳に聴えるものや目に見えるもの、また、多くの記憶や期待も苦痛を伴わないからである。(4)では、これらの快楽は、いったい、何の生成なのであろうか。なぜなら、快楽がその充足過程となるようないかなる欠乏状態もそこには生じていないからである。

(八)恥ずべき快楽をもちだすひとびとに対しては、これらは快いものではないと答えることができるだろう。なぜなら、悪い状態にあるひとびとにとってそれらが快いものであるとしても、だからといって、これらのひとびと以外のひとにとってそれらがそのもの自体として快いものであるとみなしてはならないからである。それは、ちょうど、病気のひとびとにとって健康によいものや甘いものや辛いものがそのもの自体としてそうであるのではなく、また、眼病を患っているひとびとに白いと見えるものが白いものではないのと同じである。（九）あるいは、ひとはそれに対してこう答えてもよいかもしれない。快楽が望ましいとしても、それは、これらの恥ずべきことから生れるかぎりの快楽について言えることではない、それは、ちょうど、富裕であるのが望ましいとしても、裏切りによって富裕であるのが望ましいわけではなく、健康であるのが望ましいとしても、何でも構わず食べることによって健康であるのが望ましいわけでもないのと同じである。（一〇）それとも、むしろ、快楽には種類の異なるものがあると言うべきであろうか。なぜなら、美しい行為から生れる快楽は醜い行為から生れる快楽とは異なり、みずから正しいひとでないかぎり、ひとは正しいひとの味わう快楽を味わいえず、みずから音楽的でないかぎり、
b30 音楽的なひとの味わう快楽を味わいえず、他の場合についてもこれと同じだからである。

（一一）友が胡麻すりと違うことも、快楽が善ではないこと、あるいは、快楽には種類の異なるもののあることを証示していると考えられる。すなわち、友は善のために交わり、胡麻すりは快楽のために交わる。したがって、後者は咎められ、前者は快楽とは別の目的のために交わるものとして賞讃されるのである。

（一二）また、子供の楽しむようなことにこの上ない楽しみを覚えたとしても、子供のような精神を生涯持ちつづけて
1174a 生きるのを選ぼうとするひとはいない。また、たとえ、後でそのために苦しむことがまったくなかったとしても、この上なく醜い行為を何かするのを、喜ぶひとはいないだろう。

また、たとえ、そこから何の快楽も生れないとしても、われわれは多くのことに熱中しうる。見ること、記憶

することと、知ること、器量をそなえることがその一例である。たとえ、これらのことには快楽が必然に随伴するとしても、何も変りはない。というのは、そこから快楽が生れてこないとしても、われわれは同じようにこれらを選ぶだろうからである。(一三)こうして、快楽が善そのものではないこと、すべての快楽が望ましいものではないこと、或る快楽はそのもの自体として望ましく、その内には種類や源泉における違いのあることが明白であるように思われる。快楽と苦痛に関して一般に述べられているところはこれで充分に述べられたとしよう。

第四章

(一)もう一度出発点に帰って考えてみれば、快楽が何であり、どのようなものであるかがいっそう判然としてくるだろう。「見える」ということはいかなる〔長さの〕時間を取ってみても一つの完結した働きであると考えられる。なぜなら、後になって生じてきてその形相〔見えるということ〕を完成させるようないかなるものもそこには欠けていないからである。快楽もこのようなものである。すなわち、快楽は一つの全体であり、いかなる〔長さの〕時間を取ってみても、それが長引けば快楽の形相が完成されるだろうと考えられるような、いかなる快楽も存在しないからである。(二)まさにそれゆえ、快楽は運動でもない。なぜなら、運動はすべて或る〔長さの〕時間のうちにあり、或るひとつの目的に向うからである。たとえば、建築がそうである。また、それは目ざす目的を実現するとき完結する。言いかえれば、運動は運動が行なわれる時間の総体において完結する。(1)これに反して、部分的な過程として、一定の時間内に行なわれる運動はすべて不完結である。そして、これらの部分的な運動は運動全体とも相互の間でも種類を異にする。たとえば、石材を積み重ねる過程は石柱に溝を彫る過程とは異なり、これらは神殿の造営という過程全体と異なる。そして、神殿の造営は完結した運動であるが（なぜなら、設定された目的に欠けるものがないから）、基石の定置やトリグリフの取付けは不完結な運動である。なぜなら、それらはいずれも部分の建築なのだから。こうして、これらの部分的な過程は相互に種類を異にし、どのような時間を取ってみても、或る限定された時間において、形相として完結した運動を見出すことはできない。できるとすれば、それは
a30 時間の全体においてである。(三)歩行についても、他の種類の運動についてもこれは同じである。移動が「何処から何処へ」の運動であるとすれば、移動にも種類の相違がある。飛翔、歩行、跳躍、その他この種のものがこれである。だが、このような種類の相違があるだけではなく、歩行そのもののうちにも種類の相違がある。なぜなら、「何処から何処へ」は競走路全体とその部分とでは同じではなく、また、異なる部分と部分とでも同じではないからであり、また、この区劃線を行き過ぎることとその区劃線を行き過ぎることは同じではないからである。(2)す
1174b なわち、ひとはただ或る区劃線を通過するだけではなく、或る場所の区劃線を通過するのであり、この区劃線はその区劃線とは別の場所にあるのである。運動に関することは、他の書物のうちに詳しく述べられているが、(3)いかなる時間をとってみても一定の時間のうちにおいては完結した運動は存在しないもののようである。むしろ、「何処から何処へ」が運動の形相を構成するとすれば、多くの運動は不完結であり、種類の異なるものである。(四)ところが、快楽の形相はいかなる時間においても完成している。したがって、明らかに、運動と快楽は互いに異なるものであり、快楽は全体をなす完成体の一つであろう。このことは、運動は〔一定の長さの〕時間のうちにおいてでなければありえないが、快楽を感ずることはありうるという事実からみても考えられるであろう。なぜな

ら、この「いま」における快は一つの全体だからである。以上の点からみれば、快楽が運動や生成であると言うのが当らないことも明白である。なぜなら、運動や生成はすべての事物についてではなく、分割可能なもの、全体ではないものについてのみ言われうるからである。実際、「見える」ことについても点についても一についても生成の過程はなく、これらはいずれも運動でも生成でもない。したがってまた、快楽についても生成の過程はない。快楽は或るひとつの全体なのである。

(五)すべての感覚作用は感覚されるものと関係して活動する。感覚活動が完全なものであるのは、良い状態に置かれた感覚作用がその感覚の対象となりうるもののうち最も美しいものと関係して活動する時である(完全な活動とは何よりもそのようなものと考えられているからである。ここで、感覚作用が活動すると言っても、感覚作用がそのうちにあるもの〔感覚器官〕が〔感覚作用として〕活動すると言っても変りはないことにして置こう)。したがって、個々の感覚について言えば、最上の状態にある感覚器官がその対象となりうるもののうち最も優れたものと関係して働く活動が最も優れた活動である。このような活動は最も完全な、最も快い活動であろう。というのは、すべての感覚の活動には、それに応じた快楽があり(これは思考活動や観想活動についても同じである)、最も完全な活動は最も快く、良い状態に置かれた感覚器官がその対象となりうるもののうち最も優れたものに関係して働く活動が最も完全な活動だからである。快楽はこの活動を完成する。(六)快楽がこの活動を完成するというのと、感覚対象と感覚作用が——これらが優れたものである時——活動を完成するというのとは同じ意味ではない。それは、健康と医者が同じ意味で「ひとが健康であること」の原因ではないのと同じである。(七)さて、それぞれの感覚に応じて快楽の生れることは明らかである(われわれは見えるものや聞えるものが快いと言う)。また、

b30 感覚作用が最上のものであって、最上の対象に関係して活動する場合、最高の快楽の生れることも明らかである。そして、感覚されるものと感覚するものがこのようなものであるかぎり、一方は働きかけるものとして、他方は働きかけられるものとして存続することになるのだから、そこにはいつも快楽が生れることになろう。(八)快楽が活動を完成するのは活動に内含される性状としてではなく、活動に加わる一種の熟成としてである。たとえば、男盛りにあるひとびとに咲きほこる壮年の美しさが加わるように。このようにして、一方に、思考されるものや感覚されるものがその本来もつべき性質をそなえ、他方に、判別するものや観想するものがその本来もつべき性質をそなえているかぎり、その活動のうちには快楽が含まれていることになろう。なぜなら、働きかけられるもの
1175a と働きかけるものが同じものとして止まり、相互に対する関係においても同じ関係を保つ時、同じ結果が生れるのは自然の成りゆきだからである。(九)では、誰ひとり持続して快の状態に止まるものがないのは何故だろうか。力が尽きるからであろうか。なぜなら、すべて人間のかかわることは持続した活動を保ちえないからである。したがって、快楽も持続することがない。なぜなら、快楽は活動に随伴するものだからである。或る事物は新奇なものであるがゆえに、ひとを悦ばす。だが、まさにその理由によって、後ではもう前と同じようには悦ばさない。というのは、思考は最初は興味をかき立てられ、ちょうど、視覚で凝視するひとのように、事物の周りを活潑に
a10 活動する。だが、後では、活動は活潑さを失い、弛緩する。したがって、快楽もぼやける。

(一〇)すべてのひとが快楽を欲するのは、すべてのひとが生きることを求めているからだと考えてもよいだろう。生は一つの活動である。そして、それぞれのひとが活動するのは、自分のもっとも愛好することにかかわり、自分のもっとも愛好する能力を用いる時である。たとえば、音楽的なひとは聴覚を用いて歌曲にかかわって活動し、

学問好きのひとは思考を用いて観想の対象にかかわって活動する。他の種類のひとのそれぞれもまた同じである。そして、快楽はそれぞれの活動を完成し、それによってひとびとの欲する生を完成する。したがって、ひとびとが快楽を求めるのも当然である。なぜなら、快楽はそれぞれのひとにとって望ましいものである生を完成するからである。(二)快楽のために生を選ぶのか、それとも、生のために快楽を選ぶのかという問題は差しあたり論じない
a20 ことにしよう。これらが組合わされていて、切り離しえないのは明らかである。なぜなら、活動なしには快楽は生れず、快楽はすべての活動を完成するからである。

第五章

(一)快楽に種類の相違があるということもそこからくると考えられる。なぜなら、種類の異なるものは異なるものによって完成されるとわれわれは思っているし(自然によるものについても、技術によるものについてもこのことが言えるのは明らかである。たとえば、動物や樹木や絵画や彫像や家屋や器具のそれぞれについてそうであるように)、種類の異なる活動もそれと同じように、種類の異なるものによって完成されるとわれわれは思っているからである。(二)ところで、思考の活動は感覚の活動とは異なるし、また、これらはそれぞれ種類の相違を含んでいる。したがってまた、これらの活動を完成する快楽についても同じである。

このことは、それぞれの快楽はそれが完成する活動に密接に結び合わされているという事実からみても明らか
a30 であろう。事実、活動はそれに固有な快楽が加わることによって、いっそう強められるのである。すなわち、楽

しみながら活動するひとはそれぞれ自分の仕事をいっそう良く判定し、いっそう精確に仕上げる。たとえば、幾何学の学習に喜びを覚えるひとは幾何学者になり、幾何学の問題のそれぞれをいっそう良く理解する。音楽好きのひと、建築好きのひと、その他、〔……好きと言われる〕それぞれのひとは自分本来の仕事に喜びを覚えることによって、その仕事に一段の進歩を示す。こうして、(1)快楽は活動に加わることによって、活動を強めるが、活動に加わって活動を強めるものは活動に固有なものである。そして、種類の異なるものは種類の異な
1175b るものなのである。

(三)さらにまた、これは、種類の異なるものから由来する快楽は活動を妨げるという事実によっていっそう明らかになるだろう。すなわち、笛好きのひとは、笛を吹いているのが洩れ聞えてくると、論証に注意を傾けることができない。それは、かれが現にたずさわっていることよりも、笛の演奏に喜びを覚えるからである。したがって、笛の演奏から生れる快楽が論証にかかわる活動を破壊するのである。(四)他の場合にも、ひとが同時に二つの仕事にかかわる時には、同じことが起ってくる。すなわち、いっそう快い方の活動がもう一方の活動を追い出し、快さの相違がはなはだしい場合には、それはなおさらであって、遂には、一方の活動が停止するに至るのである。われわれが何事かに烈しい喜びを覚える場合、他のことをあまりしなくなり、現にしていることに僅かな喜びしか感じない場合に、他のことをするのはこのゆえである。ひとびとが劇場で菓子をつまむような場合がそれであって、演技を競っている役者が下手くそな場合、ひとびとはとりわけそうするのである。(五)活動に固有な快楽は活動を精確に仕上げ、いっそう持続的な優れたものにするのに対して、外来の快楽はその活動を損うのであるから、これら二種の快楽の相違は明らかにはなはだしいものである。すなわち、外来の快楽のすることはその活動に固

有な苦痛のすることとほとんど同じである。なぜなら、活動に固有な苦痛はその活動を破壊するからである。たとえば、或るひとにとって書くことや計算することが不快な苦痛なものであるというような場合がそれである。この場合、それをすることが苦痛であるため、或るひとは書かず、或るひとは計算しないのである。このようにして、活動に関して、活動に固有な快楽から起ってくる結果と苦痛から起ってくる結果は正反対である。(2)「固有なもの」とは「その働きに際して、その活動によって生れるもの」のことである。外来の快楽が苦痛に似た働きをするのはいま述べたとおりである。それは活動を破壊するのである。ただ、その破壊の仕方は苦痛とは違う。

(六) 活動のうちには高尚さと劣悪さにおける相違があり、或る活動は選ぶべきものであり、或る活動は避けるべきものであり、或る活動はそのいずれでもないのだから、それに伴う快楽にもこれと同じ相違がある。それぞれの活動に応じて、それに固有な快楽があるからである。こうして、優れた活動に固有な快楽は高尚な快楽であり、劣悪な活動に固有な快楽は邪悪な快楽である。おもうに、欲望のうちでも、美しいことの欲望は賞讃されるべきであるが、醜いことの欲望は非難されるべきである。ところで、活動のうちに含まれる快楽は〔活動を惹き起す〕欲求よりも活動に固有なものである。なぜなら、欲求は時間によってもそのものの成り立ちから見ても、活動とは区別されているが、快楽は活動に密着していて、分ち難いからである。そのため、活動と快楽が同じものであるか否かをめぐって、ひとびとの間に論議があるほどである。(七) しかしながら、快楽は少なくとも思考活動であるとは思われないし、感覚作用であるとも思われない(それは奇妙なことだから)。ただ、それらが分たれないために、或るひとびとには同じものと見えるのである。このようにして、活動に異なる種類のものがあるように、快楽にも異なる種類のものがある。視覚は触覚に純粋性においてまさり、聴覚と嗅覚も味覚にその点でまさる。したがって、そこから生れる快楽もそれと同じ点でまさる。また、思考の活動にかかわる快楽はこれらの〔感覚から生れる〕快楽にまさり、これらのそれぞれのうちで或るものは他のものよりもまさる。

（八）それぞれの動物に固有な働きがあるように、固有な快楽もあると考えられる。そのものに固有な活動によって生れる快楽がそれである。個々の例を考えて見てもこれは明らかになるだろう。すなわち、馬と犬と人間の快楽は違い、ヘラクレイトスが「驢馬は黄金よりも藁を選ぶだろう」と言ったとおりである。(3) 驢馬にとっては、黄金より食物が快いからである。このようにして、種類の異なるものの快楽は種類を異にし、同じ種類のものの快楽は、当然、無差別なはずである。（九）ところが、少なくとも人間に関するかぎりは、そこに少なからぬ相違がある。というのは、同じものが或るひとびとを悦ばせるのに、或るひとびとには苦痛となり、或るひとびとにとって苦痛な厭わしいものが、或るひとびとにとっては快く好ましいものだからである。甘いものについてもこのようなことがある。というのは、同じものが熱病を患っているひとにも、健康なひとにも甘いものではないし、同じものが病弱なひとにとっても強壮なひとにとっても熱いものではないと考えられるからである。これと同じようなことは他の場合についてもある。（一〇）ところで、これらすべての場合において、実際にあるものは優れたひとにとってそう見えるものであると考えられている。さて、一般にそう考えられるように、こう言うのがただしいことであり、器量と善いひとであるかぎりにおける「善いひと」がそれぞれの事物の尺度であるとすれば、善いひとにとって快楽と見えるものが快楽であり、善いひとが喜びを覚えるものが快いものであることになろう。善いひとにとって不快なものが或るひとにとって快いものと見えるとしても、それは何ら驚くべきことではない。なぜなら、人間には多くの腐敗や頽廃が起ってくるからである。それらのものは実際に快いものではない。ただ、これらの、しかも、このような状態にあるひとびとにとって快いだけである。(一二)したがって、万人が一致して醜悪と認めるものを快楽と呼んではならないのは明らかである。それは本性を破壊されてしまったものにとって快いだけなのである。だが、高尚なものとみなされている快楽のうちで、どのような種類のもの、あるいは、何を人間の快楽と言うべきであろうか。これはこれらの快楽に対応する活動を見れば明らかになるのではなかろうか。なぜなら、快楽は活動に付随するからである。したがって、完全な、幸いなひとのもつ活動が一つであるとするにせよ、多数あるとするにせよ、ともかく、これらの活動を完成する快楽が本来の意味において人間の快楽と呼ばれうるものであり、その他の快楽は副次的に、はるかに劣った意味でそう呼ばれうることになろう。それは活動についてそのようなことが言えるのと同じである。

第六章

a30 (一)器量と愛と快楽をめぐる問題については以上で述べ了わったので、後は、幸福について大まかに述べるだけで
ある。幸福をわれわれは人間にかかわることの終極目的と定めるのだから。すでに述べられたことを摘要するこ
とによって、論述はいくらか簡単になるだろう。
(二)幸福は性向ではないとわれわれは言った。(1)なぜなら、性向であるとすれば、生涯眠りつづけ、植物のような生
活をしているひとでも幸福でありうるし、この上ない不運に陥っているひとでさえ幸福でありうるからである。
1176b さて、これらの帰結が受け容れがたいものであり、先に述べたとおり、(2)われわれは幸福をむしろ一つの活動とみ

なすべきであるとすれば、そして、活動のうち或る種のものは必要不可欠なものであり、他のもののゆえに望ましいものであるとし、或る種のものは活動それ自体として望ましいものであるとすれば、われわれは幸福をそのもの自体として望ましい活動の一つとみなすべきであり、他のもののゆえに望ましい活動の一つとみなすべきでないのは明らかである。なぜなら、幸福は何ひとつ不足するところがなく、自足するものだからである。

(三)さて、そのもの自体として望ましい活動とは、活動そのもの以外には、何も求められることのないような活動のことである。ところで、このような活動であるのは器量によって生れてくる行為であると考えられている。なぜなら、美しい、優れた行為はそのもの自体のゆえに望ましいものの一つだからである。また、遊びのうちでは、快い遊びがそのもの自体として望ましいものであると考えられている。なぜなら、ひとはこれらの遊びを他のもののゆえに選ぶことはないからである。というのは、それらの遊びは身体や財産のことをなおざりにするため、ひとはそれらから益をうるというより、害をうけるからである。一般に幸福であるとみなされているひとびとの多くはこのような楽しみに逃れる。このような楽しみにおいて機智あるひとが僭主のもとで覚えがめでたいのはこのゆえである。すなわち、かれらは僭主が求めていることで、自分を僭主に快いものとして示す。そして、僭主はこのようなひとを必要とするのである。

こうして、権勢の地位にあるひとびとがこれらの遊びによって暇をつぶしているため、これらの遊びが幸福の徴しであると一般には考えられている。(四)だが、おそらく、そのようなひとびとは何の証拠にもならない。なぜなら、優れた活動がそこから生れてくる器量や理性は権勢を持つことのうちにはないからである。また、これらのひとが純粋な自由人らしい快楽を味わいえないため、肉体の快楽に逃れるとしても、だからといって、われわれは肉体の快楽がいっそう望ましいものだと考えてはならない。子供たちも自分たちの間で尊重されるものを最上のものと思っているではないか。したがって、子供と大人とでは尊重されるべきものと見えるものが違うように、劣悪なひとと高尚なひととでも、尊重されるべきものと見えるものは当然違うのである。(五)したがって、たびたび述べたとおり(3)、〔真に〕尊重されるべき快いものとは器量の優れたひとにとって尊重されるべき、快いもののことである。そして、それぞれのひとにとっては、そのひとに本来そなわる性向によって生れる活動がもっとも望ましいものなのである。したがって、優れたひとにとっては器量によって生れる活動がもっとも望ましいものである。(六)それゆえ、幸福は遊びのうちには存在しない。なぜなら、ひとの終極目的が遊びであり、ひとが全生涯仕事をしたり、つらい目に遇ったりするのが遊ぶためであるとしたらおかしなことだからである。われわれは、いわば、幸福を除く一切のことを他のことのためにしている。幸福が終極目的だからである。これに対して、遊ぶために真面目に仕事し労苦するのは、明らかに愚かな、まったく子供染みたことである。むしろ、アナカルシスにならって(4)「真面目に仕事するために遊ぶ」のがただしいことであると思われる。なぜなら、遊びは一種の休息であり、われわれは持続して労苦しえないため、休息を必要とするからである。したがって、休息は終極目的では
1177a ない。それは活動のために生れるものなのである。

幸福な生活は器量によって生れてくると考えられる。ところで、器量によって生れる生活は真面目な生活であり、遊びの生活ではない。(七)また、われわれは、ひとが真面目にすることは滑稽なことや遊びによることよりもいっそう優れたことであり、また、〔魂の〕いっそう優れた部分の活動やいっそう優れた人間の活動は劣ったものの活動よりもいつもいっそう真面目なものであると言う。そして、いっそう優れた部分の活動はいっそう優れたも

のであり、それだけでもういっそう大きな幸福をもたらすものである。[八]肉体の快楽を享受する点では並みの人間も奴隷も最善のひとに劣らないだろう。だが、奴隷が幸福をわれわれと分つことを認めるひとは誰もいない(生活を分つことさえ認められないのであるから)。なぜなら、先にも述べたとおり[5]、幸福はこのような楽しみのうちには存せず、器量によって生れる活動のうちに存するからである。

第七章

[一]幸福が器量によって生れる活動であるとするならば、それは当然最高の器量によって生れる活動であろう。そして、最高の器量とは最善なものにそなわる器量のことであろう。したがって——この最善なものが理性であるとするにせよ、他の何ものか(それは、もちろんわれわれのうちにあって本性上、支配し、指導し、美しいものや神的なものについて想いをめぐらすものであると考えられる)であるとするにせよ、また、それがそのもの自体として神的な存在であるとするにせよ、あるいは、われわれのうちに存在するもののなかで最も神的なものであるとするにせよ——この最善なものがそれに固有な器量をそなえることによってする活動が完全な幸福であることになろう。これが観想活動であることはすでに述べられた[1]。

[二]この帰結は先に述べた[2]こととも真実とも合致すると考えられよう。なぜなら、この活動は、まず(1)、最高の活動であり(なぜなら、理性はわれわれのうちに存在するもののなかで最高のものであり、理性のかかわるものは認識しうるもののなかで最高のものだから)、ついで(2)、最も持続的な活動だからである(なぜなら、いかな

る行為をするよりも、われわれはいっそう持続的に観想しうるのだから)。また[三](3)、われわれは、幸福には快楽
が混じり合っていなければならないと思っているが、知慧にしたがって生れる活動は、万人の認めるとおり、器
量によって生れる活動のなかでもっとも快いものだからである。とにかく、知慧の愛求はその純粋性と確固性に
おいて驚嘆すべき快さをそなえていると考えられており、また、当然のことながら、知っているひとには探究し
ているひとが持っているよりもいっそう快い楽しみが与えられるのである。また[四](4)、いわゆる「自足」という
ことも他の何よりも観想活動について言われうることであろう。というのは、生きるために必要不可欠なものは、
知慧のあるひとも正しいひとも他のそれぞれの器量をそなえたひとも必要とする。だが、このような〔不可欠な〕
a30 ものが充分に調えられても、正しいひとは正しい行為をなすべき相手や仲間を必要とし、節制あるひとについて
も勇気あるひとについても、その他このような器量をそなえたひとの誰についてもこれと同じことが言えるが、
知慧のあるひとは自分ひとりだけでも観想しうるからである。そして、かれがいっそう知慧の優れたひとであれ
ばあるだけ、いっそうそうだからである。もちろん、協同者があれば、その方が好都合であろう。だが、それに
1177b もかかわらず、かれはもっとも自足的なひとなのである。さらにまた[五](5)、観想活動は単独にそのものだけで、
そのもの自体のゆえに愛好されると考えられよう。なぜなら、観想活動からは観想すること以外の何も生れない
が、実践活動からは行為以外に多かれ少なかれ何か得るところがあるからである。また[六](6)、幸福は余裕[3]のうち
にあると考えられる。というのは、われわれが余裕なく働くのは、余裕をもって生きるためであり、戦争するの
は、平和に生きるためだからである。ところで、行為にかかわる器量の活動は政治活動や軍事活動として実現さ
れると考えられるが、これらにかかわる行為は余裕をもたず、戦争にかかわる行為にはまったく余裕がないと考

えられる(というのは、戦争するために戦争することを選ぶひとも、戦争を準備するひともないからである。もしも、戦闘や殺戮の起るのを求めて、友を敵とするひとがあるとすれば、かれはまったくのところ「〔殺しの〕血に汚れたもの」であると思われよう)。政治家の行為も余裕をもたず、政治活動それ自体以外に権勢や名誉を得ようと努めたり、また、少なくとも、自分自身と同市民のために幸福を得ようと努めるものである。だが、幸福は政治活動とは異なるものであり、われわれはこれを明らかに政治活動そのものとは異なるものとして追求しているのである。(七)このようにして、もしも、器量によって生れる行為のうち、政治と軍事にかかわる行為はその美しさと大きさにおいて他に優越するが、それらは余裕をもたず、或る〔他の〕目的を目ざし、そのもの自体のゆえに選ばれる行為ではないとすれば、これに対して、観想活動としての理性の活動はその専心[4]において他に抜きんで、そのもの自体以外の他のいかなる目的にも向わず、また、快楽をそのもの自体のうちにそなえていると考えられるならば(この快楽は活動に加わり、活動を強める)、また、人間に許されるかぎりでの自足と無窮[5]、すなわち、何であれ、幸いなひとに帰せられるかぎりのすべての特徴がこの活動によって生れてくるのは明らかであるとすれば、これに人生の充全な期間[6]が加わる時(なぜなら、幸福な生にそなわるものは何ひとつ不完全ではないから)、これこそ人間の持ちうる完全な幸福であろう。

(八)しかしながら、このような生は人間の程度を上まわる生であると言えよう。というのは、ひとは人間としてあるかぎり、そのような生を持ちえず、或る神的なものが人間のうちに存するかぎりにおいて、これを持ちうると考えられるからである。そして、この神的なものの存在が〔形相と質料から〕合成されたものの存在に優越するものであるだけ、それだけいっそう、この活動も他の器量による活動に優越するものである。こうして、理性が人

b30 間に比して神的なものであるとすれば、理性にしたがった生活も人間的な生活に比して神的な生活であることになろう。だが、われわれは「人間であるかぎり、人間のことを、死すべきものであるかぎり、死すべきもののことを想え」と勧めるひとびと(7)の言葉に随ってはならない。むしろ、われわれに許されるかぎりにおいて、不死なるものに近づき、われわれ自身の内にあるもののうちで最高のものにしたがって生きるようあらゆる努力を尽
1178a べきである。なぜなら、これは嵩においては小さなものにすぎないにしても、力と尊さにおいては一切のものを遠く越えるからである。(九)そして、これがわれわれ自身のうちにあってわれわれを主宰する優れた部分であるとすれば、これこそまさに各人そのものであると考えられよう(8)。したがって、もしも、ひとがこの自分自身であるものの生活を選ばず、何かそれとは異なるものの生活を選ぶとすれば、それはおかしなことだろう。先に述べられたこと(9)はここでも当てはまるだろう。それぞれのものに固有なものはそれぞれのものにとって本性上もっとも優れたものであり、もっとも快いものなのである。したがって、この部分が他の何ものにもまさって人間であるといわれるに相応しいものであるとすれば、理性にしたがった生活こそ人間にとってもっとも優れた、もっとも快い生活であることになろう。それゆえ、それがもっとも幸福な生活でもある。

第八章

(一)これに対して、他の器量によって生れる生活は第二の意味で幸福な生活である。なぜなら、他の器量によって
a10 生れる活動は人間的な活動(1)だからである。すなわち、われわれは正しい行為や勇気ある行為やその他のさまざま

な器量によって生れる行為を相互に対して行ない、互いの係わり合いのうちにおいて、緊急に際して、また、各種万般の行為において、また、さまざまな情のうちにあって、各人に相応しい分を守る。しかしながら、これらすべての行為は、明らかに、人間的なものである。(二)或る種の情は肉体から由来するとさえ考えられ、人柄にそなわる器量は多くの点で情に密接に結び合わされていると考えられる。(三)また、賢慮の始まりは人柄としての器量をもつことによって与えられ、人柄にかかわることのただしさは賢慮によって定められるとすれば、賢慮は人柄としての器量と、人柄としての器量は賢慮と合して一つにつながるものである。そして、これら〔賢慮と人柄としての器量〕は情に繋ぎ合わされたものとして、〔形相と質料から〕合成されたものにかかわる器量であろう。そして、〔形相と質料から〕合成されたものの器量は人間的な器量なのである。したがってまた、これらの器量によって生れる生活も幸福も人間的なものである。これに対して、理性の器量は離存する。(2)だが、この器量について述べるのは、これだけに止めよう。詳細な論述は当面の目的には大きすぎる課題であるから。

(四)理性の器量は外的な善の支えをも僅かしか必要としない、あるいは、少なくとも、人柄としての器量よりも僅かしか必要としないと考えられよう。というのは、必要不可欠な善はどちらにとっても必要である。そして、その必要の程度は、かりに、政治家が肉体やその種のことにかかわっていっそう多く労苦するとしても、ここでは等しいとしてよい(その差異は小さいから)。だが、その行為を実現するにあたって両者が必要とするものには、はなはだしい相違がでてくるだろうと考えられるからである。すなわち、もの惜しみしないひとは、もの惜しみしない行為を行なうために金銭を必要とするであろう。正しいひとも返礼をするために金銭を必要とするであろう(願望はひとの目に見えるものではなく、正しくないひとでも自分が正しく行為したいと願っていると見せかける)。勇気あるひとは、勇気の器量に相応しい何事かを成し遂げるために、権能を必要とするであろう。節制あるひとは〔節制ある行為をするためには〕自分の好きなことをなしうる豊かさを必要とするであろう。もしもそうでないとしたら、このようなひとであれ、その他の器量をそなえたひとであれ、かれが器量をそなえていることが、どうして、ひとの目に見えるものになるだろう(五)(器量のためには意向と行為のいずれがいっそう決定的なものであるかが議論されているが、それは、器量がこの両方によって成り立つとみなされているからなのである。
1178b 完成された器量がこれらの両方によって成り立つことはもちろん明らかなことであろう)。行為のためには多くのものを必要とし、行為が大きな美しいものであればあるだけ、それだけいっそう多くのものを必要とするのである。(六)だが、観想するひとにとっては、このようなものは少なくともその活動のためには必要ではない。いや少なくとも、観想のためにはそれらは妨げにさえなると言ってもよい。だが、ひとが人間であり、多くのひとと生活を共にするかぎりにおいて、かれは器量にしたがった行為を選ぶのである。したがって、かれがこの種の外的な善を必要とするのは人間的な生を送るためであると言えよう。

(七)完全な幸福が一種の観想活動であることは次のように考察してみても明らかになるだろう。われわれは神々を
b10 他の何よりも幸いなもの、幸福なものとみなしている。だが、どのような行為を神々が持つとみなすべきであろうか。正しい行為をであろうか。だが、神々が契約を結んだり、供託金を返したり、その他その種のことをしたりするのは、滑稽とは思われないだろうか[3]。では、勇気ある行為をであろうか。……それが美しい行為であるという理由によって、恐ろしいことに踏みこたえ、危険をおかして[4]。それとも、もの惜しみしない行為をであろうか。だが、神々が誰に与えるというのだろうか。もしも、神々も貨幣やその種のものを持っているとすれば、そ

れはおかしなことである。また、神々の節制ある行為とは何のことであろうか。神々は劣悪な欲望を持たないのだから、そのような賞讃は低俗なものではなかろうか。行為にかかわることを一つ一つこのように数えあげてゆく時、それらが些末な、神々には相応しくないことであるのが明らかになろう。それにもかかわらず、われわれはみな神々が生きており、それゆえ、活動しているとみなしている。なぜなら、神々が、エンデュミオンのように、眠っているとはとても考えられないからである。そこで、神々が生きているのに行為を奪われ、それにもまして、制作を奪われているとすれば、いったい、観想以外の何が残ろうか。それゆえ、神の活動は他に抜きんでた幸いな活動として、観想活動であることになろう。それゆえまた、人間の活動のなかでも、これにもっとも類縁の活動がもっとも幸福な活動であることになろう。

(八)他の動物はこのような活動を完全に欠くため幸福にあずからないという事実も一つの証拠である。すなわち、神々にとって、その全生活は幸いなものであり、人間にとっては、このような活動に類似する何ものかがあるかぎりにおいて、幸いな生活がある。だが、他の動物はどれもみな幸福ではない。かれらはまったく観想にあずからないからである。したがって、観想活動が及ぶのと同じ範囲において幸福もあり、観想活動をいっそう高い程度において持つものがいっそう幸福である。しかもこれは付随的なこととしてではなく、まさに、観想活動を持つことによってなのである。なぜなら、観想活動はそのもの自体として尊敬されるべきものだからである。したがって、幸福とは一種の観想活動であることになろう。

(九)人間であるかぎり、ひとは外的な繁栄をも必要とするであろう。なぜなら、人間の本性は観想のために自足するものではなく、肉体の健康をも、食物やその他の世話をも必要とするからである。もっとも、ひとは外的な善を欠いては幸いでありえないとしても、だからといって、幸福であるために莫大な外的な善を必要とすると考えてはならない。自足とは過剰のうちにあるのではなく、行為も過剰なものに依存することはないからである。(一〇)たとえ、大地や海を支配しなくても、ひとは美しい行為をなしうる。おもうに、ほどほどのものがあれば、ひとはそれを用いて器量にかなった行為を充分なしうるであろう(このことは明白な事実である。というのは、私人も、権力者に劣らず、高尚な行為をする、いやむしろ、権力者より以上に高尚な行為をすると考えられるからである)。そして、それだけのものがあれば、それで充分である。なぜなら、器量にしたがって活動するひとの生活は幸福な生活であろうからである。(一一)また、ソロンは「幸福なひととはほどほどの外的な善に支えられ」、(ソロンに思われるかぎり)「もっとも美しい行為を成し遂げ、慎ましく生きてきたひとである」と言ったが、それはおそらく幸福なひとの何であるかをただしく言い表わしたものである。(5)ひとはほどほどのものを所有しているだけで、なすべきことをなしうるからである。アナクサゴラスも、幸福なひとが富裕なひとや権力者であるとは考えていないようである。「かりに、幸福なひとが大衆に奇人と映ろうと、わたしはいっこう驚かないだろう」とかれは言ったのである。なぜなら、大衆は外的な善だけしか認めないので、外的な善によってひとを判定するからである。(一二)このようにして、賢者たちの意見はわれわれの説に唱和するようである。さて、このような賢者たちの意見にも何らか信ずべき点は含まれているが、行為のかかわる事柄における真実は事実と生活によって判定される。なぜなら、事実と生活のうちに決定的なものがあるからである。そこで、われわれはこれまで述べてきたことを、事実と生活に適用して考察する必要がある。そして、それが事実と唱和する時にはこれを受け容れ、齟齬する時には、これを単なる論理にすぎないものとみなすべきである。

（一三）理性にしたがった活動をして理性にかしずくひとは最善の性状のひとであり、神にもっとも愛されるひとであるように思われる。というのは、一般にそう思われているとおり、もしも、神々が人間のことを何らか心に掛けているとすれば、神々が、〔人間における〕最善の、神々にもっとも類縁なもの（それは理性であろう）を喜ぶのは当然であろう、そして、これをもっとも大切にし尊重するひとびとを、神々に愛されるもののことを心に掛け、ただしく、美しく行為するひととみなして、好遇をもって報いるのは当然であろう。ところで、これらの特徴を
a30 他の誰よりもそなえているのが知慧あるひとであるのは明らかである。それゆえ、知慧あるひとは神に最も愛されるひとである。同時にまた、かれは当然最も幸福なひとでもある。したがって、このように考えてみても、知慧あるひとが最も幸福なひとであると言えるであろう。

第九章

（一）さて、以上の論述で幸福をめぐる諸問題とさまざまな器量について、さらにまた、愛と快楽についてその大綱が充分に述べられたとすれば、これでわれわれの目論見は終極に達したとみなすべきであろうか。それとも、か
1179b ねがね述べているように、行為されることにおいては、それぞれのことを研究し認識するのは終極の目的ではなく、むしろ、行なうことに終極の目的があるのであろうか。（二）したがってまた、器量についても、われわれは器量の何であるかを知るだけでは足りず、さらに、器量を所有し、働かせようと努めなければならないのではなかろうか。そして、もしも、われわれにとって善いひとになる途が他にもあるとするなら、それをも用いるべきでは

なかろうか。

（三）さて、もしも、議論が立派なひとを作るために充分なものであったとすれば、テオグニスの言ったように（1）、議論が「莫大な報酬を儲ける」のも正当であったろう。また、ひとがそのような報酬を提供するのも当然なことだったろう。しかしながら、議論が自由人らしい心の若者を鼓舞激励し、生れの良い、本当の意味で「美を愛する」性質の若者を徳に憑依《のりうつら》れたものとするのに充分な力をもっているとしても、大衆を完徳へと鼓舞する力をもたないことはいまや明らかな事実である。（四）なぜなら、大衆は本性上、羞恥にではなく、恐れに服従し、醜さのゆえにではなく、刑罰のゆえに、劣悪な行為から遠ざかるのだからである。すなわち、かれらは情念のままに生き、かれらに固有な快楽、または、かれらに固有な快楽がそこから得られるであろうようなものを追い求め、それらに対立する苦痛を避ける。これに反して、美しい、本当の意味で快いものについては、味わったことがないため、何の観念も持ち合わせていない。（五）このようなひとびとの生き方を、いったい、いかなる議論が改めさせうるというのであろうか。なぜなら、昔から人柄のうちに取りこまれてしまっているものを議論によって改変するのは不可能であるか、あるいは少なくとも、容易ならぬことだからである。われわれは、それによってわれわれが立派なひとになれると思えるかぎりのすべての条件がそなえられるかぎりで、器量の何がしかにはあずかれるのだから、それで満足すべきなのである。

（六）われわれが善いひとになるのは或るひとびとの考えでは、自然の本性によることであり、或るひとびとの考えでは、習慣によることであり、或るひとびとの考えでは、教育によることである。さて、自然の本性によるものがわれわれにさずけられるのは、明らかに、われわれの意のままになることではなく、それは或る神的な原因にもとづいて、本当の意味で幸運なひとにさずけられるのである。他方に、議論や教育は誰にでも有効なものではなく、〔それが効果をもつためには〕聴講するひとの魂があらかじめ習慣により陶冶され、ただしく好悪の情を持つように躾けられていなければならない。それは大地が種子を養いうるためにはあらかじめ耕されていなければならないのと同じである。(七)なぜなら、情念のままに生きているひとは行ないを改めさせようとする議論に耳をかさないであろうし、また、かりに、耳をかしたとしても、理解しないだろうからである。このような状態にあるひとの意見を、いったい、説得によってどのようにして改めさせうるというのだろうか。情念は、およそ、議論
b30
には屈せず、強制に屈するものであると考えられる。(八)したがって、美を愛し、醜を嫌う、器量を獲得するに相応しい人柄があらかじめ何らかの仕方でひとにそなわっていなければならない。だが、器量を獲得しうるためにただしい教導を若い頃からうけるのは、ただしい法律によって養われていないかぎり困難である。なぜなら、節制を保ち、苦痛に耐えて生きるのは大衆には快いことではなく、かれらが若者である時、それはなおさらだからである。それゆえ、受けるべき養育と課業が法律によって定められていなければならない。それらは慣れ親しむとき、苦痛なものにはならなくなるだろう。(九)もちろん、若い時、ただしい養育と監督を受けたというだけでは充分
1180a
ではない。大人になっても何か課業をもち、(2)それに習熟しなければならないのだから、これらの点についても、したがってまた生活全般にわたっても、われわれは法律を必要とするだろう。なぜなら、大衆は議論よりも必然に、美よりも刑罰に服従するからである。

(一〇)まさにそれゆえ、或るひとびとの考えによれば、(3)立法家は、一方において、習慣によりかなりの進歩を遂げているひとは法律の命ずるところに聞き従うであろうと考えて、かれを器量へと奨励し、美しい行為を目ざして鼓

舞しなければならないが、他方において、不従順な、素性の卑しいものには懲罰と刑罰をもって臨み、さらに、医し難いものに対しては、これを完全に追放してしまわなければならない[4]。なぜなら、高尚なひとは美を目ざして生きているため、議論に服従するだろうが、劣悪なひとは快楽を欲求しているため、あたかも牛馬のように、苦痛によって懲らしめられるのだとかれらは考えるからである。愛好されている快楽にもっとも反する苦痛が与えられなければならないとかれらが主張するのもこのゆえである。（一一）したがって、もしも、すでに述べたとおり[5]、善いひとになるためにはただしい養育を受け、ただしく習慣づけられなければならないとするなら、また、善いひとになるためにはこうして高尚な仕事にたずさわり、不本意であれ、本意からであれ、劣悪な行為をしてはならないとするなら、これらのことは、ひとが或るひとつの理性、すなわち、力をそなえたただしい秩序である或るひとつの理性[6]にしたがって生きるかぎりにおいて、達成されるであろう。（一二）父の命令は充分な力を持たず、強制力も持たない。したがって、およそ一人のひとの命令は、王か、あるいは、そのようなひとの命令でないかぎり、充分な力を持たない。これに対して、法律は一種の賢慮、ないし、理性から生れる戒めとして強制力を持つ。また、ひとは自分の意の向うところに刃向う相手が人間であれば、たとえ、相手のすることがただしくても、かれを敵視するが、法律が適正なことを命ずる時に、法律が嫌われることはない。

（一三）ただスパルタにおいてだけ（あるいは、僅かなポリスをそれに加えて）、立法家はひとびとに与えるべき養育と課業を監督してきたと考えられる。これに対して、たいていのポリスではこの種のことはなおざりにされてきた。ひとはそれぞれ自分の欲するがままに生き、キュクロプス風に「子供らや配偶にみずから法を授けて[7]」生きている。（一四）したがって、公けのただしい監督の与えられることが最善ではあるが、公けのそれがなおざりにされている場合には、それぞれが自分の子供や親しいひとびとに手をかして、かれらが器量を獲得しうるように助け、かれらがそれをなしうるよう、あるいは、せめてそれを望むようにするのが相応しいと思われるであろう(8)。

このことは、これまで述べてきたところからすれば、ひとが立法術を心得たものになる時、いっそう良く達成しうると考えられよう。というのは、公けの監督は明らかに法律によって与えられるものであり、立派な法律によって与えられる監督が適正な監督となるからである。そして、法律が書かれたものであろうと、書かれないも
1180b
のであろうと、また、それによって一人のひとが教育されるとするにせよ、多くのひとが教育されるとするにせよ、変りはないと考えてよいだろう。それは音楽や体育やその他の課業についてもそうであるのと同じである。すなわち、ポリスにおいて法律の定《きま》りや慣習が重きをなすように、家においても父の戒めと家の習慣が重きをなす。そして、家の場合には、つながりの近さと与えられた恩義のゆえに、それはいっそう重きを加えるのである。というのは、子供は本性上、初めから親を大切にし、親に服従するものだからである。(一五)さらにまた、個人的な教育は公けの教育にまさる。それは医術の場合と同じである。すなわち、一般的に言えば、熱病にかかっているひとには安静と絶食が効く。だが、或るひとにとってはおそらくそうではないだろう。また、拳闘教師はおそらくあらゆるひとに同じ作戦を授けはしないだろう。こうして、それぞれの場合に固有な配慮が与えられる時、個々のものはいっそう精確に仕上げられると考えられよう。なぜなら、そうする時、各人にはいっそう適切な配慮が与えられるからである。もっとも、或る一つのことについて最上の配慮を与えうるひとは医者であり体操教師であり、その他すべて、すべてのひとにとって何が良いか、あるいは、或る性質のひとにとって何が良いかを一般的に知っているひとであろう(なぜなら、専門知識は共通なものにかかわると言われており、また実際そうだから

である)。(一六)とはいえ、専門知識をもたないひとでも、経験により、それぞれの場合にどのようなことが起ってくるかを精確に見知っている場合には、或る一つのことをただしく配慮しうることがあってもいっこう構わない。それは、ちょうど、或るひとが、他人を助ける力はまったくなくても、自分の最上の医者であると考えられているのと同じである。しかしながら、少なくとも専門家、ないしは、研究者になろうと志すほどのひとは一般的なものに赴き、これを可能なかぎり認識しなければならないと考えられるだろうという点はおそらく何の変りもない。なぜなら専門知識は、すでに述べたとおり、一般的なものにかかわるからである。(一七)それと同じように、多数のひとであれ、少数のひとであれ、ひとを配慮によっていっそう善いひとにしようと欲するひとも、おそらく、立法術を心得たものになろうと努めなければならないだろう。われわれは法律によって善いひとになりうるのであるから。というのは、任意の、自分の前に置かれたひとをただしい状態にしてやれるのは誰にでもできることではなく、できるとすれば、その知識をもったひとだからである。それは医術であれ、何であれ、何らかの配慮や賢慮を用いるかぎりの他の専門知識についても言えるところと同じである。

(一八)次に考察すべきは、ひとが立法術の知識をうるのはどこからか、言いかえれば、ひとが立法術の知識をうるのはどのようにしてであるかという問題ではなかろうか。他の場合にもそうであるが、それは政治家から(学ぶことによって)ではなかろうか。なぜなら、立法術はさきに政治術の一部門であると考えられたからである。(9)それとも、政治術と他の専門知識や能力とでは明らかに違うところがあるのであろうか。というのは、他の専門知識の場合には、能力を授けるひとと実際に働かせるひとは明らかに同じひとである(たとえば、医者や絵画きがそうである)、しかしながら、政治にかかわることの場合には、これを教授すると公言するのはソフィストであるが、

1181a ソフィストは実際には誰ひとり政治を行なわず、実際に行なうのは政治にたずさわるひとびとだからである。そ
して、これらのひとびとが政治を行なうのは思考によるというよりは、一種の能力と経験によると考えられよう。
というのは、かれらが政治にかかわることについて書いてもいなければ論じてもいないのは明らかな事実であ
るし(もっとも、もし、書いたとすれば、それはおそらく法廷弁論や民会弁論を書くよりよっぽど素晴らしいこと
だったろう)、また、かれらは自分の息子たちや親しいひとびとのうちの誰かを政治家に仕立てることもなかっ
たからである。だが、(一九)もしも、できたら、当然した筈なのである。なぜなら、ポリスのためにそれ以上に善いも
のをかれらは何ひとつ残せなかったであろうし、また、そのような能力以上に、かれら自身がもっていたいと望
むものは何ひとつないだろうし、したがってまた、かれらのもっとも愛するひとびとがもつことを望むものも何
ひとつないだろうからである。だが、そこには経験の寄与するところが少なくないようである。さもなければ、
a10 かれらが政治に親しんだため政治家になるということもなかったであろう。政治に関する知識をもちたいと願う
ひとびとがさらに経験を加えることを要すると思われるのはそのゆえである。

(二〇)ソフィストのうち政治の知識を教授すると公言しているひとびとがこれを教授するというには遙かに遠い所に
あるのは明らかである。なぜなら、かれらはおよそ政治術がどのようなものであるかをも、また、どのようなこ
とにかかわるかをも知らないからである。そうでなかったら、政治術を弁論術と同じであるとしたり、弁論術よ
り劣ったものであるとしたりすることもなかったであろうし、(10)評判の良い法律を蒐集することによって容易に法
律を制定できると思うこともなかったであろう。(11)すなわち、最善の法律を選び出せばよいとかれらは言うのであ
るが、かれらは、あたかも、この選択それ自身が〔法律の〕弁えを要することであり、これをただしく判定するの

が最大のことである（音楽に関する場合でもそうである）とは思っていないかのようである。それぞれの領域に関
a20 して作品をただしく判定し、作品がどのような手段を用いて、どのように仕上げられるか、また、どのようなものとどのようなものが調和するかを弁えているのは経験のあるひとである。これに対して、無経験なひとびとは、作品が巧く仕上げられているか、下手《まず》く仕上げられているかさえ見落さなければ満足である（絵画の場合そうで
1181b ある）。ところで、法律とは、いわば、政治術の作品のようなものである。したがって、このようなものにもとづいて、どうして、ひとが立法術の心得あるものになれるのだろう。また、最善の法律が何であるかを、どうして、判定できるのだろう。（二二）というのは、明らかに、教科書から医者が生れるのでもないからである。もちろん教科書は治療法を記述するばかりではなく、どのように治療を施すべきか、また、それぞれの体質のひとをどのように治療すべきかを、身体のさまざまな性状を分類することによって記述しようとする。だが、これらの記述は経験あるひとにとっては有益であっても、学識のないひとには無益であると考えられる。法律や政体の蒐集についても同じことであって、それらは、そのうちのどれがただしく、どれがただしくないか、また、どのようなものとどのようなものが調和するかを見て判定する力のあるひとにとってはおそらく大いに有用なものであろう。だが、
b10 そういう技能を持ち合わせずにそのような蒐集を検討するひとびとがこれをただしく判定するということは、たまたまそういうことがあるという場合を除けば、とても覚束ないだろう。もっとも、それによってかれらがそういうことにいっそう弁えをもつものになるということはおそらくありうる。

（二三）さて、われわれに先行するひとびとは立法をめぐる問題を未検討のまま残した。そこで、人間のことにかかわる愛知のいとなみが可能なかぎり完成されるために、この問題について、また一般に、政体についてわれわれみ

ずから考察をめぐらすことがおそらく願わしいであろう。(一三)そこで、まず、先人によって部分的にただしく言われていることが何かあるかどうかを検討し、ついで、蒐集された政体にもとづいて、どのようなものがポリスを保ち、滅ぼすか、さらに、どのようなものがそれぞれの種類の政体を保ち、滅ぼすか、また、或る政体がただしく、或る政体がその反対に悪いのはどのような原因によるのかを検討してみなければならない。このような点を研究することによって、われわれはおそらくどのような政体が最善のものであるかをも、また、それぞれの種類の政体がどのように秩序立てられる時、最善であるかをも、また、どのような法律と習慣を用いる時、最善であるかをもいっそうよく綜観しうるであろう。では、初めにあたって、次のように述べることにしよう。[12]

訳者註

(引用文献の略符号については訳者解説の文献目録を参照。著者名のみのものはそこに所載のものを示す)

第一巻

第一章

(1) 「術《テクネー》(τέχνη)」は、ここでは、第六巻第四章で定義されるような、「行為(πρᾶξις)」と区別される「制作(ποίησις)」にかかわるものとしての「技術」ではなく(同章参照)、各種の行為について、「いかになすか」を教え、行為を導く知的な能力である。たとえば、舵取りには、船を操るにあたって「いかになすか」の知識があり、靴屋には、靴を作るにあたって「いかになすか」の知識があり、政治家には、ポリスを治めるにあたって「いかになすか」の知識がある。「術(τέχνη)」は「能力(δύναμις)」であり、「能力」は「専門知識(ἐπιστήμη)」である。「術《テクネー》」=「能力《デュナミス》」=「知識《エピステーメー》」の等置が本章、および、これに続く諸章の特徴であり、これはソクラテス・プラトンの伝統に従うものであると考えられる。『ニコマコス倫理学』では、三語のこの用法は少数の例外箇所を除き(第六巻の全体、第三巻第三章1112b7—ただし、この箇所のτέχναςにはAspasiusにδόξαςの異読があり、問題である。同章註(5)参照)一般的であり、殊に第一巻において顕著である。この事実をどのように説明するかは研究者の課題であろうが、「必然なもの(ἀναγκαῖον)」にかかわるものとしての「観想(θεωρία)」と「他のようにありうるもの(ἐνδεχόμενον)」にかかわるものとしての「行為(πρᾶξις)」の別がアリストテレス哲学にとっては第一次の区別であり、「他のようにありうるもの」にかかわる行為がいかなる観点から見られるかによって区別される「行為(πρᾶξις)」と「制作(ποίησις)」の別——この別については第六巻第四章参照——は二次的なものであるとするバーネットの見解は妥当なものと言えよう(cf. Burnet, Introduction IV §§ 10–12)。少なくとも、『ニコマコス倫理学』の思考の地平では「制作」は「行為」に従属し、「行為」は何ものかを作りだしてゆく働きである。また、ποιεῖνは一般の用語法にしたがい(cf. Liddell & Scott)、本書でもπράττεινと同義に用いられる(たとえば、第七巻第六章1149b

21-22. ただし、第十巻第八章 1178^{b}20-21 のように区別される例もある)。

(2) 「論究《メトドス》(μέθοδος)」とは、事物の成り立ちを言葉をもって究明してゆく論究の道筋、また、論究そのもの、したがって、論究の道筋を辿りゆく学問そのものを意味する (cf. Bonitz)。ここでは、事物の成り立ちを言葉をもって究明してゆく論究を言い、この論究を通じて、「術《テクネー》」、ないし、「専門知識《エピステーメー》」が得られる。

(3) 「行為《プラクシス》(πρᾶξις)」は、本章註(1)に述べたように、「制作」との区別が明確に意識されぬまま、人間の意識的行動全般を総括する語として用いられている。本章、たとえば、1094^{a}12 の πρᾶξις も、明らかに、そのような行為の一例である。「制作」と区別される「行為」については、第六巻第四章参照。

(4) 「選択《プロアイレシス》(προαίρεσις)」は註(3)に述べた行為を決定する人間の理性的な選択である(「選択」の語は第三巻第二章で詳細に論及され、明確に定義される)。

註(1)―(4)によって明らかとなるように、この『ニコマコス倫理学』冒頭の著名な一句に含まれる四語は、ゴーティエも指摘するように(Gauthier, EN II, p. 3-4)、一対ずつ、二組をなす語である(この二組の対比は第四章 1095^{a}14, 第七章 1097^{a}16 でも反復される)。すなわち、論究は術を生む端初として、術に付加され、選択は行為を生む端初として、行為に付加される。ただし、術と行為の対比は、ゴーティエの想像するように、制作と行為の対比から導かれるものではなく(本章註(1)参照)、むしろ、術は行為を導く一般的な知識として、行為は術によって導かれる個別の行為として対比されていると考えられる。これが本章のソクラテス・プラトン的な思索の地平に適合する解釈であり、第四章 1095^{a}14 γνῶσις καὶ προαίρεσις(認識と選択)という対比はこれを証明すると考えられる。このようにして、人間の、人間としての行為にかかわるかぎりの四つのものがすべて何らかの善いものに向うことを述べて、この冒頭の一句は、善が人間の行為を人間の行為として成立させる、行為に内在する超越根拠であることを予示する。

(5) この定義は、第十巻第二章 1172^{b}9 f. から見て、エウドクソスに由来すると考えられる。『トピカ』第三巻第一章 116^{a}19-20,『弁論術』第一巻第六章 1362^{a}23 にも同じ定義が見られる。第十巻上掲箇所から明らかなように、エウドクソスでは、この万物の善への志向は人間のみならず、動物にも、おそらく、植物にも、およそ生きとし生けるものに見られる根本志向として、宇宙論的な規模で語られていたと考えられる。

(6) 「目的《テロス》(τέλος)」。必ずしも、意識的に定立された「目的」を言わない。何事であれ、それがそこで終りに達する終極がテロスである。したがって、「目的」という訳語は適当ではなく、「終極目的」、あるいは、単に「終極」という方がよい場合もあるが、この訳書では一応「目的」の語を当てた。したがって、行為について言われる場合でも、建築活動の目的《テロス》が〔完成された〕家であるという意味は、建築家が思考のなかで家を目的として定立して建築活動に従事するというだけではなく、同時に、建築という一連の行為は家が完成する時、（もう何もすることがなくて）終結するという意味でもある。すなわち、テロスは、一般的に言って、行為（または、変化）そのものに内含される方向を定める極点であり、必ずしも、それが意識されると否とにかかわらない。

（7） 本章註（4）に述べた解釈がただしいとすれば、これは「行為」と「制作」の別（ド・フォーゲル、ゴーティエ）を言うものと解するべきでも、「観想」と「行為、ないし、制作」の別（バーネット、ジョアキム）を言うものと解するべきでもない。むしろ、行為、制作を区別せずに（観想も行為の一種と考えられる）、人間の行動一般について、行動そのものが目的であるものと行動以外に目的のあるものが区別される。この場合、「或る行動の目的」とはその特定の、たとえば、機織り、笛吹きの行動に関して、種別的に言われるものであって、これが全体として他の目的に従属するのを妨げない。たとえば、乗馬術の目的は「ただしい乗馬」という行動そのものであり、他の目的を持たないように思えるが、これが他の連関から見る時、統帥術に従属するとみなされるのを妨げないのである。したがって、この区別はプラトン『国家』第十巻601Dに見られる道具を使用する術と制作する術の別に対応するものと言えよう。この解釈は、この章の末尾に活動そのものが目的である場合にも、目的相互の従属関係があると言われる所からも傍証されるであろう（観想や道徳行為についてはこのような従属関係は認められない）。なお、アヴェロエスのこの箇所への注釈でも、活動そのものが目的である術の例として「舞踏術」や「キタラ弾奏術」があげられている（Averroes, p. 1）。

（8） 「専門知識《エピステーメー》（ἐπιστήμη）」。ここでは、この語は『分析論後書』で定義され、本書第六巻第六章で定義されているような、「必然的な事物についての、その事物に固有な第一の原因にもとづく論証的な知識」（『分析論後書』第一巻第二章参照）ではない。むしろ、「その知識をもっている時、ひとが当の事柄を誤らずに行ないうる知識」である。この意味で、靴屋には、靴を作るための「専門知識《エピステーメー》」があり、医者には病気を治すための「専門知識」がある。したがって、これは、本章註（1）に述べたように、「術」とほぼ同義であり、「どのようになすか」を導く実践的な知識であり、或る目的を達成実現する「能力」である。『分析論後書』に定義される「エピステーメー」が三段論法の発見によって確立されたアリストテレス固有の術語であるとすれば、これはソクラテス・プラトンの伝統によるこの語の用法である(cf. B. Snell, ABW, p. 81 f.)。

(9) 「能力《デュナミス》(δύναμις)」。ここでは、或る目的をただしく実現し達成するための専門知識《エピステーメー》としての能力を言う。プラトンの用語の一つである(プラトン『政治家』304 D 参照、また、本章註(1)(8)参照)。

こうして、本章、および、一般に、本巻では、註(1)(8)(9)で示されたように、アリストテレスにより定義された学術語の用法からは隔たる、しかも、ソクラテス・プラトンの思考の地平にある語の用法が顕著である。これは、本巻、ひいては本書が一般聴衆に向けられた「公開講義」であることによる弁論的性格にもとづくと考えられる(cf. H. Diels, APCH)。

(10) 1094^{a}13 δή を δέ(Aldina, Susemihl, Gauthier)と読む。

(11) 「統括する術(ἀρχιτεκτονική)」という発想は、すでに、プラトン『政治家』259 E に見られる。

第二章

(1) Aに対する欲求はAによってBを得るためであり、また、Bに対する欲求はBによってCを得るためであり、また、Cに対する欲求もこれと同じようにCとは異なる何かを得るためであるとし、このような手段・目的の連関が無限につづくとすれば、最初のAに対する欲求それ自体も空しく、無駄なものであって、欲求として成立しえないことを言う。なぜなら、「欲求」は何か目ざすものを手に入れるためであると考えられるが、手段・目的の連関が無限であるとすれば、目ざす一定の目的は存在せず、したがって、この一定の目的に定位されるものとしての一定の欲求も成立しえないからである。したがって、およそ、欲求が一定の方向性をもった一定のものとして存在するかぎり、この欲求が充足されるべき究極目的が何らかの意味でこの欲求と共に与えられていることを、手段・目的の連関の遡源過程における停止の必然性《アナンケー・ステーナイ》は告げる。すなわち、欲求の成立の超越根拠として究極目的としての最高善が要請されるが、一定の欲求が現実に与えられているかぎりにおいて、究極目的はそれと共に与えられているのである。

(2) 「人間の善(τἀνθρώπινον ἀγαθόν)」。「人間にとっての善」と言ってもよい。人間の行為によって達成されうる善であり、人間の行為の究極目的をなすものである。この「人間の善」、および、人間の善を実現する方途の研究が倫理学であり、政治学である。

（3） この最後の一行の解釈は倫理学と政治学の関係を示すものとして、学者の間ではかなり意見が分れている。倫理学と政治学の関係については訳者解説四四六―四四八頁を参照。

第三章

（1） 「精確さ(τἀκριβές)」。一行前の「分明(διασαφηθείη[τὸ σαφές])」という語と共に、ほぼ同義に用いられる。細部の一々に一義的な限定が与えられていることを言う。「厳密さ」「明確さ」と言ってもよい。倫理学の認識における精確さの問題については訳者解説四四八―四四九頁参照。

（2） 前五世紀の流行思想である(cf. F. Heinimann)。プラトン対話篇にもその反響が見られる(たとえば、『テアイテトス』172 A–B,『法律』第十巻 889 E, 890 D 等)。

（3） 「美《カロン》(καλόν)」「正《ディカイオン》(δίκαιον)」はあるべき行為を定める規準となる語、すなわち、本来、行為の規準を意味する語である。これに対して、「善《アガトン》(ἀγαθόν)」には有用性、有効性の意味が強い。それゆえ、「善」は行為についてだけではなく、一般に、すべての事物の卓越性、有用性を意味する語である。なお、「美」は行為における行為そのものとしての輝き、「正」は人間関係における妥当性を言うものである。本文中、「美しい行為(τὰ καλά)」「正しい行為(τὰ δίκαια)」「善いもの(τἀγαθά)」と訳し分けた語はすべてこれらの形容詞の中性複数形である。これらの語のニュアンスの相違を読み取ることはアリストテレスの倫理学、ひいては、一般に、ギリシアの倫理学の向うところを理解するために重要である(アドキンズはこの点を中心にギリシア倫理思想史全般の眺望を試みている。Adkins, MR 参照)。「善」の語が当時のひとびとの間で持っていた意味の拡がりを示すものとしては『弁論術』第一巻第六章 1362ª21–ᵇ28 参照。これらのニュアンスを背景にするギリシア倫理思想の成立過程については、スネルの短い叙述は卓越している(B. Snell, EG, S. 218–257, Kap. X, Mahnung zur Tugend, Ein kurzes Kapitel aus der griechischen Ethik)。

（4） プラトン『メノン』87 E–88 D 参照。

（5） 「たいていそうであること(τὸ ὡς ἐπὶ τὸ πολύ)」は「いつも、必然にあること(τὸ ἀεὶ καὶ ἐξ ἀνάγκης)」、および、「たまたま付随してあること、偶運によってあること(τὸ συμβεβηκός, τὸ τυχόν, τὸ ἀπὸ τύχης)」から区別される(『形而上学』第五巻第三十章、第六巻第二章 1026ᵇ27–33, 第十一巻第八章 1064ᵇ32 f.,『自然学』第二巻第五章 196ᵇ10–13 参照)。行為に際してめぐらされる「思案(βούλευσις)」は「たいていはそうであるとしても、実際どうなるかは不明である事柄、つまり、無限定なものが含まれている事柄(1112^{b}8–9)」についてなされる(第三巻第三章 1112^{a}18–^{b}9 参照)。

(6)「教養をそなえたひと(ὁ πεπαιδευμένος)」とは「専門知識をそなえたひと(ὁ ἐπιστήμων)」ではないが、他人が語るのを聞いて、これをただしく「判定しうるひと(κριτικός τις)」、すなわち、相応しい批評者たりうるひとのことであると言われる(『動物部分論』第一巻第一章 639^{a}1–15 参照)。したがって、およそ、学問的な認識、すなわち、論証とはどういうものであるかを知らないのは「無教養(ἀπαιδευσία)」なことであるが(『形而上学』第四巻第三章 1005^{b}2–5, 第四章 1006^{a}6–8)、さらにまた、このような一般的な論理学的知識にとどまらず、個々の領域の事象についても、それぞれが本来どのような性質の事柄であり、どのような論述が相応しいかを知っているのがその事柄に関する「教養(παιδεία)」であると考えられる(『動物部分論』前掲箇所参照)。この箇所で「万事にわたる教養をそなえたひと(ὁ περὶ πᾶν πεπαιδευμένος)」と言われるのは、政治術を個別の技術・知識と対比してこれらを統括するものとした本巻の文脈に応じて「人事に関する教養人」「人間の本性を何らか熟知したひと」の意味である。ステュワートのように「『オルガノン』と『形而上学』の素養をもったもの(cf. Stewart, I, p. 34–37)」と解すべきではない。したがって、これは『政治学』にみられる「習熟による(τοῖς ἔθεσιν)」教育と「言葉による(τῷ λόγῳ)」教育の区別(『政治学』第八巻第三章 1338^{b}4)に応じて、「習熟による教育」を含むものである。なぜなら、習熟によって、倫理学のかかわる事柄の本性に関する熟知が生れてくると思われるからである。このように解する時、若者が政治術の相応しい聴講者ではないとする次段への脈絡は明らかである。

(7) 政治術(倫理学を含む)の学問的性格と実践的性格については訳者解説四四八—四四九頁参照。

(8)「抑制のないひと(ὁ ἀκρατής)」については第七巻第一—十章で詳述される。

(9)「分別《ロゴス》(λόγος)」の語については第二巻第二章註(3)参照。

第四章

(1)「幸福《エウダイモニアー》(εὐδαιμονία)」は語義的には「神霊《ダイモーン》の加護がある」「福の神がついている」(たとえば、エウリピデス『オレステス』667 参照)の意味であり、日常語として「繁栄」「万福」「隆昌」を意味した。「よい生活《くらし》をおくる(τὸ εὖ ζῆν)」(『オデュッセイア』XVII 423 参照)や「旨くやる(τὸ εὖ πράττειν)」もほぼこれと同じ意味で、物質的繁栄、事業の成功を意味する語だった。

（２） これはアカデメイアのひとびとを指すとみるよりは、ゴーティエのように、ソフィストを指すとみる方が適当だろう(Gauthier, EN II, p. 27)。

（３） アカデメイアのひとびとを指す。本巻第六章参照。

（４）『国家』第六巻 510 f. を指すと言うひともあるが、対話篇の一定の箇所を指すのではなく、アリストテレスの個人的な記憶を述べるものとする説が有力である。

（５）「知られうるもの(γνώριμον)」の二義、および、「われわれにとって知られうるもの」から「そのもの自体の本性において知られうるもの」へという探究の道については、『分析論後書』第一巻第二章 71b33–72a4, 『自然学』第一巻第一章 184a16–b14, 『形而上学』第七巻第四章 1029b4–12 参照。

（６） 本巻第七章註(19)に述べるような形で行為の領域における「端初」が理解されるとするなら、当面する箇所の二つの「端初」(1095b6, b8)は同一の意味のものと理解しうるであろう。すなわち、「よく躾けられているものは端初としての事実(或る個別の行為が美しい行為であり、正しい行為であること)を知っている。このようなものは、終極目的である幸福を実現するための端初である個別の行為をすでにしているか、あるいは、まだしていないとしても、適当に導かれれば、容易になしうるであろう」というのがその趣旨である。この二つの端初は実質上、同一である。そして、このような個別の行為において、終極目的の何であるかも把握されているのである。

（７） ヘシオドス『仕事と日々』293, 295–297.

第五章

（１） 本巻第四章 1095a30.

（２） この三種の生活の分類は古来ピュタゴラスに起源をもつとみなされてきたオリュムピア競技に集う三種の人(商人、競技者、観客)の比喩に相応する(cf. Cicero, Tusc. V, 3; Iamblichos, Vita Pythag. § 58)。しかし、この比喩における三種の人の分類は、実は、プラトンによる魂の三分説(『国家』第四巻 435 C f.)に応じ、プラトンに起源をもつものであり(『国家』第九巻 580 C–581 C 参照)、したがって、この比喩は自派の学説になるべく古い起源を与えようとしたアカデメイア派の創作であったとするゴーティエの説(Gauthier, EN II, p. 30)は明快である。アリストテレスでも、三種の生活の分類は快楽、名誉、知慧という三種の善に応ずる体系的な分類であり、『エウデモス倫理学』(第一巻第四章 1215^a25 f.)では、これが三種の善の分類から演繹的に導出され、『ニコマコス倫理学』では、三種の生活の分類にもとづいて、その目的として帰納的に、三種の善が証示されている。

(3) アッシリア盛期の王、アッシュルバニパル(在位前六六八―六二六年頃)のこと。

(4) 「器量《アレテー》(ἀρετή)」。通常、「徳」と訳されて来た言葉である。アリストテレスおよび広くギリシアの倫理学では「善」「幸福」と共に基本語の一つを成す。しかし、ホメロス以来のこの語の用法からみて、道徳的な意義はこの語の字義には必然には内含されない。むしろ、ひとがそれぞれの領域、それぞれの場面で発揮しうるその人の「力量」「器量」を言う。たとえば、「足迅なもの」は足のアレテーにおいて優れたものであり(『イリアス』XX 411 参照)、戦さの強いもの、知力の秀でたものは、それぞれの点で「アレテー(力量、器量)の秀でたもの」(『イリアス』IX 498)と呼ばれる。これは他の領域についても言え、すべて、何事かを成し遂げ、或る成果を作りだしうる術《すべ》を持っているものは「アレテー(器量)」において秀でたものである。これは、やがて、正義、節制のような道徳的な徳目についても、それが人間の卓越性を示し、技倆、器量を示すという点で用いられるようにはなるが、これによって以前の意味が失われたわけではない。そこで、この訳書ではこの語に「器量」、「ひととしての器量」の語をあてることにした。ここでは、政治家としての才幹、力量を言っていると解される。

(5) 「一般向きの平常の論述(ἐν τοῖς ἐγκυκλίοις)」。この言葉については、(1)「一般に行きわたっている書物」と解して、アリストテレスの初期の公刊された著作を指すとする解釈(ベルナイス、ゴーティエ等)と、(2)「平常行なわれている議論」と解して、巷間に、あるいは、アカデメイア内で平常行なわれている議論を指すとする解釈(ディールス、バーネット、ロス等)が分れている。『天体論』第一巻第九章 279^a30 にも同じ表現が見られる。ここでは、シムプリキオスがこの『天体論』の箇所に加えた註釈にしたがい、(2)の解釈に近い線で(ἐγκύκλιος の語義を生かして)訳出した。なお、「一般向きの論述(οἱ ἐξωτερικοὶ λόγοι)」という表現もこの表現とほぼ同義に解されてきた(本巻第十三章註(2)参照)。これらの表現で言及される議論の内容がほぼ一定して(肯定的、ないし、否定的の意味で)アリストテレス哲学の基本前提をなすものであるのが注目される。

（6） 第十巻第七章。

（7） この「強制による（βίαιος）」の意味は「無理強いによって」、「自分からすすんでではなく」、「止むなく」の意味（第三巻第一章 1110^{a}1 f. に定義される）であって（cf. Grant, I, p. 436）、自然的物体の運動について言われる「自然に反して（παρὰ φύσιν）」の意味ではないであろう。

（8） 「そのもの自体のゆえに愛好されるもの」であっても、かならずしも、最高善ではない。本巻第七章 1097^{b}2–5, 同章註（3）参照。

（9） 1096^{a}9 の καίτοι は、Gauthier のように、K^{b}M^{b} 写本にしたがい、καί と読むのが適当である。

第六章

（1） 「一般者としての善（τὸ καθόλου）」。イデアとしての善のことである。本巻第四章第三節では「さまざまな善いものの他に、これらから離れて、そのもの自体として存する善であって、他のすべての善いものが善であることの原因となる善」と言われている。本章はこのイデア論批判にあてられている。一切の存在事物についてひとしく言われうる一般者としての「善」によっては、人間の行為は基礎づけられず、行為に内在する目的としての「人間の善」によってのみ基礎づけられるとするのが人間存在に定位されたアリストテレス倫理学のイデア論に対する争点であった。

（2） 『形而上学』第一巻第五章 986^{a}22–26, 第七巻第二章 1028^{b}21–24, 第十二巻第七章 1072^{b}30–1073^{a}3, 第十四巻第四章 1091^{a}29–^{b}3, ^{b}13– 第五章 1092^{a}17 参照。

（3） 『形而上学』第四巻第二章参照。

第七章

（1） ここに、人間の行為の目ざす終極目的が多数あることが予示されている。つづく本章第三節で予示されているように、唯一の終極目的（観想活動）はこれら多数の終極目的（種々の器量にしたがった活動）の中で最高位を占めるものである。『形而上学』で提示されている「統治者は一人であるべきだ」（『形而上学』第十二巻第十章 1076^{a}4）の原理が排他的な唯一根拠を主張するもの（唯一神論）ではなく、運動の究極原因の多数性を前提した上で、多数の究極原因間の統一性の保証としての単一の最高存在を主張するものであり(同書同巻第七―八章参照)、したがって、それがゼウスを主神とする多神による世界統治を構想するギリシア多神論の構造と合致するものであったように、ここにも同様のことが構想されているとみなすべきである。したがって、本巻第二章に展開されている手段・目的の位階秩序の構想はこれと矛盾するものと考えられてはならない。

(2) 第十巻第七―八章参照。また前註参照。

(3) このようにして、「そのもの自体のゆえに(δι᾽ αὑτά)」選ばれるもの(たとえば、名誉、快楽、理性、器量)であっても、これが同時に、他のもののため、すなわち、「幸福のために(τῆς εὐδαιμονίας χάριν)」選ばれることを妨げない(この場合、「他のもののゆえに(δι᾽ ἄλλο)」と「他のもののために(ἄλλου χάριν)」は実質的に区別されているとは考えられない)。第四―五節に述べられていることを総括すると、選択の対象となるものに(1)「他のもののゆえに選ばれるもの」、(2)「そのもの自体のゆえに選ばれると同時に、他のもののために、あるいは、他のもののゆえに選ばれるもの」、(3)「そのもの自体のゆえに選ばれ、けっして他のもののゆえに選ばれることのないもの」の三種の善があげられていると言える。(1)は「有用なもの(χρήσιμον)」(1096ª7)、「道具(ὄργανα)」(1097ª27)と呼ばれるものであって手段的な善である。これに対して、(2)は「そのもの自体のゆえに選ばれるもの」であって、選択の自体的な対象となるものである。したがって、これが、同時に、「他のもののために」と言われるとしても、これは(2)と(3)の関係が(1)と(2)の関係におけると同じような、手段と目的の関連に置かれることを示すものではないと考えられる。さもなければ、(1)と(2)は区別されえないであろう。種々な行為の自体的な目的は(2)の善に終極するのであって、これは多数なものである。(3)は(2)を追求する諸行為そのものをその相互関係において総体的に規制するものであろう。したがって、(3)は行為の直接の対象としての対象的な善ではなく、これを越え、対象的善を追求する行為そのものを規制する超越的な善と言えるであろう。幸福は活動《エネルゲイア》(ἐνέργεια)であるという、繰返される主張はこれを言うものであると考えられる。

(4) 「自足(αὔταρκές)」という語は「自分(αὐτο-)」と「充足(-αρκές)」の二つの部分から成る。アリストテレスは、ここで、この二部分を分離し、そこで「自分(αὐτο-)」と言われるものが、社会から切り離された抽象的な自分を指すのではなく、親しいひとびとと共にあるものとしての自分、ポリスの内に生きるものとしての自分であると解釈し、このような語解釈として「自足」の意味を説明していると考えられる。

（5）「ポリスを成して存在するもの(πολιτικόν)」。『政治学』第一巻第二章 1253^{a}2–3 では「ポリスを成して存在する動物(πολιτικὸν ζῷον)」と言われている。

（6）「いずれまた」が何処を指すかについては意見が分れている。第九巻第九章（ディルマイヤー）、第十章（バーネット）等があげられる。

（7）「加算されうるもの(συναριθμουμένην)」とは、部分的な善であって、多数ある善の一つである。したがって、一つを加えることによって、加えられた総体は前よりもいっそう大きくなる。

（8）「働き」と訳した ἔργον には二つの意味があり、一つの意味では、行為の結果作りだされるもの、「所産」「結果」「作品」であるが、他の意味では、行為そのものの現実、「働き」「機能」である。ここでは第二の意味である。

（9）プラトン『国家』第一巻 352 D–354 A 参照。この前後の論述は、明らかに、プラトンのこの箇所に依拠して述べられている。

（10）以下の論述には『霊魂論』における魂の部分に関する説の大綱が前提されている（『霊魂論』第二巻第二章 413^{a}20–^{b}9, 第三章 414^{a}29–415^{a}12 参照）。

（11）第二巻第二章註（３）参照。

（12）「実践活動(πρᾶξις)」は広義においては「観想(θεωρία)」をも含む。

（13）1098^{a}4–5 τούτου……διανοούμενον は、たしかに、多くの註釈家(Grant, Burnet, Gauthier)の言うように、文脈を乱す。^{a}4 ἐπιτειθές はアリストテレスに見られる唯一例であり、この箇所は後代の読者による傍註の本文への錯入とみるべきかも知れない。内容としてはアリストテレスの思想であり、本巻第十三章 1103^{a}1–3 に同じことが述べられている。

（14）「分別にかなった(κατὰ τὸν λόγον)」「分別の働きを伴った(μετὰ λόγου—1098^{a}14)」「分別の働きなしにはありえない(μὴ ἄνευ λόγου)」の別については第六巻第四章註（３）参照。

（15）本章註（１）（２）参照。

（16）「人生が完成される時(ἐν βίῳ τελείῳ)」が何を意味するかについては註釈家の間で意見が分れている。τέλειος（「完成された」「完成の域に達した」「終極に達した」）は、通常の意味では、「死において終極した」の意味であるが、青年に対して壮年が「完成の域に達したもの」と言われることがある（『政治学』第一巻第十二章 1259^{b}3）。「ひとはその幸いなる終極を見るまでは、幸いな者とは呼ばれえない」というソロンの言葉(本巻第十章 1100^{a}10–11, 同章註(1)参照)において、終極とは死を意味し、したがって、この言葉は一つのアポリアとして本巻第十章以下で論究されることになるが、そこで述べられるところから明らかなように、「幸福が死の時、完成される」という考えがアリストテレスのものでないのは明らかである(本巻第十章 1101^{a}17–21, 同章註(12)参照)。ただ、「幸福」の不可欠な要件として「人生における円熟」があり、これが短時日で得られるものではなく、長期間の習熟を要するものと考えられたのである。第十章では、幸福なものが大きな不幸におちいって、それから立ち直るためにも「或る長い充全な期間が満たされる(ἐν πολλῷ τινὶ καὶ τελείῳ—1101^{a}12)」必要が説かれている。なお、この表現については、E. Arleth, BTAE 参照。

(17) プラトン『法律』第六巻 769 A–770 B 参照。

(18) 本巻第三章 1094^{b}11–27.

(19) 「端初《アルケー》(ἀρχή)」は「原理」「始まり」とも訳される。事物がそこから成り立つ「始まり」「原理」を言う(「端初」の諸義については『形而上学』第五巻第一章参照)。論証、および、論証のかかわる必然的な存在においては、「端初」は論証の原理であり、事物の存在がそれにもとづく第一原理である。論証の原理についてはもはや論証がなく、ただ、「そうである」という事実が示されるだけであることについては第六巻第六章、また、『分析論後書』第一巻第十章 76^{a}31–36 参照。しかし、倫理学の対象、すなわち、「行為される事柄(τὰ πρακτά)」の端初はこれとはやや異なる。それは「他のようにありうるもの(τὰ ἐνδεχόμενα)」における端初の問題でもある。『ニコマコス倫理学』では「端初(ἀρχή)」の語は種々な用い方をされているが、行為にかかわるかぎりでのその主要な用法は次のように区分することができる。(1)「終極目的(τὸ οὗ ἕνεκα)」が端初と言われる。それは行為がそれを目ざして行なわれるという意味での端初であり、選択を導く思案(βούλευσις)、分別(λογισμός)の過程で、思案の働きがそこから出発すべき端初、したがって、いわゆる「行為の三段論法」の大前提となるものである(第六巻第五章 1140^{b}16–17, 第七巻第八章 1151^{a}16)。(2)個別の行為が端初と言われる。ここでは(1)と反対に、個別の行為、たとえば、正しい行為、美しい行為はそれによって終極目的である「幸福」が実現されるための端初であることによって、「終極目的(τὸ οὗ ἕνεκα)」の端初と言われる(本巻第四章 1095^{b}6–8, 第六巻第十一章 1143^{a}36–^{b}5)。(3)悪徳、邪悪によって破壊され、器量がこれを保つと言われる(第六巻第五章 1140^{b}17–20, 第十二章 1144^{a}34–36, 第七巻第八章 1151^{a}15–19, 25–26——第五章と第八章の箇所の前後では、終極目標が〔行為の〕端初であると言われている）。（４）選択《プロアイレシス》が〔行為の〕端初と言われる。その意味で、人間が〔行為の〕端初であると言われる。これは選択によって個別の行為が決定されるからである（第三巻第三章 1112ᵇ31–32, 1113ᵃ5–7, 第六巻第二章 1139ᵃ31, ᵇ4–5）。（４）の用法は（２）の用法に関係がある（第六巻第二章 1139ᵃ31–32 参照）。

以上の四種の用法を総括すると次のような図式が得られる。

（イ）　　　⟶　選択
………終極目的…………＝……
（ロ）　　　←（個別の）行為

終極目的は選択を導くための端初であり、選択によって導かれる行為は終極目的を実現するための端初である。そして、このように見る時、ここには、「終端をなすものが端初にある」というアリストテレス哲学の原理がここにも妥当している。ただ、われわれはここで「他のようにありうるもの（τὸ ἐνδεχόμενον）」にかかわる行為の領域にあることを銘記しなければならない。その限りで、「必然なるもの」にかかわる観想の領域におけるとでは端初のあり方は異なる。すなわち、「現実存在（ἐνέργεια）」という観点から見るならば、「他のようにありうるもの」の領域における「端初」は、どこまでも、個別の行為にあるとしなければならない。そして、行為とはこの端初を通ずる終極目的〔最高善〕の実現である。すなわち、行為の領域では図式の（ロ）における端初—終極の連関が基本であると言わなければならない。この観点から見る時、（ｉ）図式（イ）の連関は必然存在におけるような厳密な導出・論証の過程ではありえないこと（したがって、「倫理学」を「観想学」であるかのように思い、原理と個別の行為の関係を演繹・証明の関係であるかのように構想する試みは、アリストテレスにとっては、「必然存在」と「許容存在」の差別を見ないもののすることとみなされる）、この意味での原理、端初はそのもの自体としては把握されず、個別の行為を通じて、個別の行為においてのみ、「習熟によって（ἐθισμῷ）」観られるものであることが理解される。また（ii）、「賢慮《プロネーシス》（φρόνησις）」の働きは目的にかかわると共に、個別の行為にかかわるとされること（第六巻第九章註（３）参照）の意味が理解される。邪悪によって破壊されると言われる行為の端初（（３）の用法）はこれにかかわるものである。賢慮《プロニモス》あるひとにおいては終極目的の何であるかは個別の行為において把握されているのであり、行為の領域においては、（１）の意味での端初は（２）の意味での端初と、実は、離れないものであるというところにアリストテレスの倫理学的思考の要《かなめ》がある。個別の特定な行為を正しい行為と知るひとにとって、何らかの意味で、終極目的の何たるかは与えられているのである(本巻第四章註(6)参照)。

(20) 以上の考察によって、当面する箇所の「事実が第一のものであり、端初なのである」という言葉の意味も理解される。第六巻第三章 1139^{b}27, また、『分析論後書』第二巻第十九章参照。

(21) 個別が端初であると言われるかぎり、これを把握するのは感覚である。第六巻第八章 1142^{a}25–30, 第十一章 1143^{a}36–^{b}5 参照。

(22) 本章註(19)参照。

第八章

(1) 冒頭の「それ(αὐτῆς)」が何を指すかについては意見が分れている。前章末の「端初(ἀρχή)」を指すとするのは文脈上はもっとも自然であるが、方法論の叙述(前章末 1098^{a}20–^{b}8)における端初がここで問題とされているとするのは内容上、やや無理がある。したがって、その部分(1098^{a}20–^{b}8)を digressio(脱線、ないし、補説)と考えて――ゴーティエのように 1098^{a}26–^{b}8 を錯入と考える(Gauthier, EN II, p. 12–13, 61)ことはかならずしも必要ではない――その前の部分につづくと解するのが自然である。とすれば、「それ」は第七章で論じられた最高善としての「幸福(εὐδαιμονία)」を指すであろう。ゴーティエのように、「最高善(τὸ ἄριστον)」を指すと考えて「それ」の女性形 αὐτῆς を中性形 αὐτοῦ に改めることはかならずしも必要ではない。

(2) 第七章では最高善としての幸福の定義が一定の前提にもとづいて論理的に導出された。それは、大ざっぱに言えば、事物のもつ働きとその働きのもつ優越性によって事物がもちうる最高度の値打が生れるという大前提にもとづいて、人間における最高善(幸福)の何であるかを結論することとである。本章では幸福のこの定義が一般の意見との対比を通じて吟味される。

(3) プラトン『ゴルギアス』477 B–C,『エウテュデモス』279 A–B,『ピレボス』48 E,『法律』第二巻 661 A–C, 第三巻 697 A–B, 第五巻 743 E, 第九巻 870 B,『書簡集』第八 355 B 参照。プラトン以前の典拠としてははっきりしたものは知られていない。アリストテレスの著作の中では、しばしばこの分類に言及されている。『断片集』プロトレプティコス fr. 11(Ross),『政治学』第七巻第一章 1323^{a}21–27,『弁論術』第一巻第五章 1360^{b}18–28 参照。

（４） プラトンを指している。『ピレボス』21 D–22 A, 60 E 参照。「快楽を加えたこれら（^{b}25 ταῦτα…μεθ’ ἡδονῆς）」は、快楽を「幸福」の本質構成要素の一つとして加えることを意味する。したがって、1099^{a}31 で幸福が外的な善を（外から加わる付加物として）「あわせ要する（προσδεομένη）」と言われるのと区別される。

（５） 「性向《ヘクシス》（ἕξις）」。獲得されてそのひとのものとなっている性質、能力を言う。「所有態」「状態」「習性」とも訳される。本訳では、「人柄《エートス》（ἦθος）」にかかわる場合に「性向」とし、知的能力にかかわる場合に「性能」とし、一般に事物の状態にかかわるものを「性状」と訳した。

（６） 「自然の本性によって快いもの」と「自然の本性によらずに快いもの」の別については、一般的には、第七巻第五章 1148^{b}15–19 参照。ここでは、人間について、したがって、理性の働きを自然の本性の内に含む人間についてのそれが語られている。

（７） これはここに先立つ箇所では述べられていない。第三巻第四章 1113^{a}29 では述べられる。

（８） 1098^{b}26–29.

（９） 「あわせ要する（προσδεῖσθαι）」は本質構成要素としてではなく、付随的なものとして必要とすることを意味する。本章註（４）参照。

（10） 「外的な善」の第一種である。それは「幸福」の本質を構成せず、道具として用いられる。

（11） 「外的な善」の第二種である。第一種のように道具として用いられる善ではないが、これなしには「幸福」を語りえぬものである。この種の善がアリストテレスの幸福の定義に対していかなる意味をもつかが疑問視されている。だが、幸福の「完全性」の要求からこのような要素もごく自然に枚挙されていると考えられる。なお『弁論術』第一巻第五章 1360^{b}19 f. にみられる「幸福」の一般観念を参照。

第九章

（１） この種の論究は今日に伝えられない。

（２） 本巻第七章 1098^{a}16.

（３） 本巻第八章 1099^{a}33–^{b}6.

（4） 本巻第二章 1094^{a}26–^{b}11.

（5） 子供が幸福にあずかりえない理由は理性的な思案にもとづく選択を子供がまだ持たないこと、したがって、まだ、道徳的行為にあずかりえないところにあると考えられる（第三巻第二章 1111^{b}8–9,『エウデモス倫理学』第二巻第八章 1224^{a}28–29 参照）。

子供は動物と同列に論じられ（第三巻第一章 1111^{a}25–26, 第七巻第十一章 1152^{b}19–20, 第十二章 1153^{a}28, 31）、悪人と同列に論じられ（『エウデモス倫理学』第三巻第一章 1228^{b}20–21, 第七巻第二章 1238^{a}32–33）、また、子供の時代に帰るくらいなら、生れない方がよいとまで言われる（『エウデモス倫理学』第一巻第五章 1215^{b}22–24）。ゴーティエが、アリストテレスのこのような幼児への軽蔑を「晩婚の学者の子供への愛着の薄さからくる心情の冷たさ」と解釈しているのは面白い（cf. Gauthier, EN II, p. 76）。

（6） 本巻第七章 1098^{a}18, 同章註（16）参照。

第十章

（1） ヘロドトス『歴史』I 32 参照。ただし、ソロンに代表されるこの言葉は古い諺である。アイスキュロス『アガメムノン』928–929, ソポクレス『トラキスの女たち』1–3,『オイディプス王』1528–1529, エウリピデス『ヘラクレスの子供たち』865–866,『アンドロマケ』100–102,『アウリスのイピゲネイア』161–162 等参照。

（2） この句は iambic であるところから、作者不詳の詩句の引用と考えられる。

（3） 本巻第八章 1099^{a}31–^{b}9.

（4） この「専門知識（ἐπιστῆμαι）」は個々の「技術的知識」を意味している。この用法については本巻第一章註（8）参照。

（5） 観想の生をいう。第十巻第八章 1178^{b}31 参照。

（6） 第十巻第七章 1177^{a}21 参照。観想活動は必然なもの、永遠なものにかかわるゆえ連続的である。

（7） 忘却は非連続により起る。連続した活動については忘却は起らない。

（8） シモニデスの詩句。プラトン『プロタゴラス』339 A–347 A 参照。

（9） 1100^{b}9–10.

（10） この箇所は、時折、「幸福（εὐδαιμονία）」と「幸い（μακάριον）」を区別する典拠とみなされている。すなわち、「幸福」は「器量によって生れる活動」であるが、「幸い」は、さらに、これに必要な幸運を付加したものとする解釈がそれである。だが、アリストテレスの用語法において、この二語の間にはっきりした区別はない。この箇所は、ただ、プリアモスの運命におちいったものが「幸福なもの（＝幸いなもの）」とは言えないことを言うだけである。

（11） 本巻第七章註（16）参照。

（12） この言葉は、必ずしも、初めのソロンの立場への逆行と解する必要はない。なぜなら、これは、ひとの最期を見とどけなくても、将来、或る一定のものであるだろうひと〔未来形に注目！〕を、いま、幸福なひととみなす立場だから。それは最後まで不確かな要素を内含する人間の状況を顧慮した上での付加であり、末尾に述べられているように、「幸いな人間」ということを顧慮する時、この付加がなされたと考えられる。

第十一章

（1） 1101^{b}1 γάρ を L^{b} により、Burnet, Gauthier のように γοῦν と読む。

第十二章

（1） （1）「尊敬されるべきもの（τίμιον）」、（2）「賞讃されるべきもの（ἐπαινετόν）」、（3）「可能性（δύναμις）」の三つは、『大道徳学』の著者によれば、善の三種であって、（1）は神的なものであって、尊敬と栄誉が捧げられるべきもの、たとえば、魂、理性、原理のようなもの、（2）は人間の行為に関係して生ずるもので、器量がそれである。（3）は使いようによっては、善とも悪ともなりうるものであって、『ニコマコス倫理学』では「道具」と呼ばれるものにあたる。すなわち、権力、富、力、容姿の美しさのようなものがそれである（『大道徳学』第一巻第二章 1183^{b}20–37）。この解釈は多くの註釈家に支持されている。

（2） エウドクソスの快楽論については第十巻第二章でも言及されている。

（3） 『弁論術』第一巻第九章 1367^{b}26–33 参照。

第十三章

(1) 第一巻第二章 1094a26–b11 参照。

(2) 「一般向きの論述《エクソーテリコイ・ロゴイ》(οἱ ἐξωτερικοὶ λόγοι)」。「一般向きの平常の論述(ἐν τοῖς ἐγκυκλίοις—本巻第五章 1096a3)」と並んで(1)「公刊された書物」と解して、アリストテレス初期の公刊著作を指すとする解釈(ベルナイス、ゴーティエ等)と(2)「アリストテレスの学派外の議論」と解して、主として、アカデメイア派における論議を指すとする解釈(ディールス、バーネット)が分れている。この問題に関する最近の論究としてはディルマイヤーのものがある(F. Dirlmeier, Physik IV 10('Εξωτερικοὶ λόγοι=EL)—NAT S. 51–58, 1969)。ἐξωτερικοί(外的)の解釈については、ディルマイヤーがこの論文で示している解釈を私も妥当と考える。すなわち、ἐξωτερικοί の比較級は原級 ἐκτός(外的)と同じで、ἐκτός(外的)は ἐκτὸς φιλοσοφίας(〔専門〕哲学研究外的)であって、『倫理学』『自然学』等の「専門哲学的論述(λόγοι κατὰ φιλοσοφίαν)」に対すると考える。ただ、この「専門外的論述」の何であるかについては、ここでは、ディルマイヤーの推測にしたがわず、古来の、すなわち、シムプリキオスの伝えにしたがった(Simplicius の『天体論』第一巻第九章 279a30 への註参照)。なお、本巻第五章註(5)参照。

(3) 『睡眠と覚醒について』第一章 454b32–455a3 参照。

(4) 『夢について』第三章 462a29–31 参照。

(5) 「抑制のあるひと(ἐγκρατής)」と「抑制のないひと(ἀκρατής)」については第七巻第一―十章参照。

(6) 1102b13–14.

(7) ここには λόγον ἔχειν c. gen.(…のことがわかっている)という慣用句の二義性を用いた「語呂合せ」がある。だが、そこに事柄そのものの連関のあることも無視できない。λόγος は「言われること」「言葉」であるが、「言う」を意味する動詞 λέγω は、本来、「ひろう」、「あつめる」を意味し、拾い集めるための「分別」と「綜合」の働きを意味する。λόγος は、ここからして、「言われたこと」であると共に、事柄そのものの内にある「分別《ぶんべつ》」「区別」「関係」「秩序」を意味する。魂の或る部分が「分別を持つ、持ちあわせる(λόγον ἔχειν)」と言われる時には、魂のその部分が「この〝事柄の分別〟をわきまえていること」「わけがわかっていること」「こと〔のわけ〕がわかっていること」を意味する。そして、アリストテレスはここで、λόγον ἔχειν c. gen. という慣用句の二義性を用いて、「わけがわかっている」「ことがわかっている」という事柄に二義あることを述べる。（1）「父親のことがわかっている」という時には、それは「父親のことを考慮にいれ、そこにあるべき〃ことわり、道理、秩序〃にしたがうこと」であるが、同時に、「父親のいうことがわかっている」、そのような意味で「父親を重んずること」であるという意味をアリストテレスは強調しているようである。これもまた、「分別」の一つであるが、この場合、「分別」は自分で持つというよりは、他から受けて、これに聴従するの意味である。これに対して（2）、「数学的なことがわかっている」という時には、数学的な事柄がそれぞれどうなっているのか、その「ことわり」「成り立ち」「秩序」「分別」をわきまえているという意味であり、したがって、自分で「説明できる」という意味で「わかっている」のである。これも「分別」の一つであるが、この場合には、「分別」は他人から受容したものとしてではなく、自分でわかったものとして自分のうちにある。この（2）の種類の分別をもつのが魂の理性的部分であり、（1）の種類のそれをもつのが欲求的部分である。

（8）　ここには、魂の部分に関して、同等の権利をもつ二様の考え方が提示されている。すなわち、魂は、まず、（1）「分別をもたぬ部分（ἄλογον）」と（2）「分別をもつ部分（λόγον ἔχον）」の二部分に分かたれるが（1102ᵃ27–28）、このうち、「分別をもたぬ部分」が（1）（イ）「植物的な部分（φυτικόν）」（いかなる意味でも分別にあずからない）と、（1）（ロ）「欲求的部分（ὀρεκτικόν）」（分別に服従するという意味で、何らか分別にあずかる）に分かたれると考えることもできれば、「分別をもつ部分」が（2）（イ）「本来の意味で、すなわち、そのもの自体のうちに分別をもつ部分」と（2）（ロ）「父親の言葉に聞き従うものが分別をもつと言われる意味で分別をもつ部分」に分かたれると考えることもできる。ここで、（1）（ロ）と（2）（ロ）が実質上、同じものを意味しているのは明らかである。したがって、これは、プラトンの魂の三分説がアリストテレスにおける魂の二分説に受容される際に可能な二つの考え方を示している。

第二巻

第一章

（1）　「人柄としての器量（ἡ ἠθικὴ ἀρετή）」。「人柄《エートス》（ἦθος）」とは、ひとがそれによって「どのようなひと（ποιός τις）」と言われるものである(『詩学』$1450^{a}5$ 参照。また、『エウデモス倫理学』では、魂がどのような性質のものであるかに幸福の成立要件があるのか、それとも、そのひと自身がどのようなひと、つまり、どのような人柄のひとであるかに幸福の成立要件があるのかが問われている。同書第一巻第四章 $1215^{a}20$–26 参照)。つまり、それはそれによって、ひとが「ふしだらなひと」であるとか、「勇気のあるひと」であるとか言われるものであり、一般に、「善いひと」であるとか、「悪いひと」であるとか言われるものである。この場合、これはそのひとの、そのひと自身としての性質(ποιόν τινα ὑπάρχειν αὐτόν—『エウデモス倫理学』、上掲箇所)を言うものであり、そのひとの頭脳が明敏であるとか、そのひとの容姿が美しいとか、そのひとの財産が大きいとかいうことを言うものではない。この「人柄《エートス》にかかわる考察(ἠθικὴ θεωρία—『分析論後書』第一巻第三十三章 $89^{b}9$; πραγματεία ἠθική—『大道徳学』第一巻第一章 $1181^{b}28$)」が「倫理学(ethica)」に他ならない(アリストテレスにおける「倫理学」の問題については訳者解説四四六—四四九頁参照)。動物も行動をもつと考えられるかぎりで、動物の「性格《エートス》、性質」の語られることもあるが(『動物誌』第一巻第一章 $487^{a}12$, 14, $488^{b}12$, 第九巻第三章 $610^{b}20$, 第四十四章 $629^{b}5$ 参照)、すぐれた意味では人間について「人柄《エートス》」は語られる。「性格」「人となり」(character)とも訳される。

(2) Burnet, Gauthier のように、写本 K^{b} によって $1103^{a}18$ παρεγκλῖνον と読む。

(3) 「人柄(ἦθος)」という語が「習慣(ἔθος)」という語の ĕ を ē に長音化して生ずることを言う。これは今日の語源学の意味で或る語の他の語からの「派生(derivatio)」を言うのではなく、或る語を変形・変化(declinatio)させることによって、形式上、他の語が生れることを言う。παρεγκλίνειν(変形、変化)はこれを意味する。プラトン『クラテュロス』400 B–C, 410 A 参照。

(4) 自然的な物体に属する自然的な運動については『天体論』第一巻第二章参照。

第二章

(1) 行為するものとしての人間の存在はアリストテレスにとっては、観想の対象としては、それほど重要なものではなかったと思われる。第十巻第七、八章、また、第六巻第七章 $1141^{a}20$–22 参照。

(2) 本巻第一章 $1103^{a}31$–$^{b}25$.

(3) 「まっとうな分別《オルトス・ロゴス》(ὁ ὀρθὸς λόγος)」の「分別《ロゴス》(λόγος)」がここで、あるいは、ここと関連ある『ニコマコス倫理学』の箇所で、魂の能力としての reason をさすのか、行為の「規則、きまり(rule, formula)」をさすのかについては、今世紀の初め、英国の学者の間に烈しい論争があった(Burnet, C. Wilson, A. R. Lord—訳者解説文献目録参照)。reason を排する英国の学者たちの気持が分らないわけではないが、「規則」「きまり」と、これを把握する精神の働きが明確に分節されていたとは言い難いものがあるように思われる。この点、邦語の「分別」はこの「事象における定《きま》り」と「理性の働き」の両面にまたがる意味の拡がりを持つように考えられたので、この訳語を用いた。「ロゴス」は、(1)本来、事物の間における「区別」「分別《ぶんべつ》」、したがって、同時に、「つながり」「結合」であり(なぜなら、或るもの〔A〕と他のもの〔B〕を分別することは、Aと区別されるものをBに結合し、Bと区別されるものをAに結合することによってだけ可能だから)、また、これらの結合・分別の関係によって生れる事物の間の秩序、割合であると共に、(2)事物の内におけるこれらの結合分別の関係を分別し結合してゆく分別《ふんべつ》の働きを意味するものであった。ここで行為の規準として立てられる「まっとうな分別(ὁ ὀρθὸς λόγος)」とは、まず、ものごとの本然《ビユシス》の成り立ちにおける区別とつながり、それらの全体としての関係、秩序、割合である。だが、われわれ自身も万有のうちにおける一つであるかぎり、それは同時にわれわれ自身とすべての事物との、本然《ビユシス》の成り立ちにおける関係、秩序、割合である。したがって、「まっとうな分別にしたがって行なう(τὸ κατὰ τὸν ὀρθὸν λόγον πράττειν)」という原則はわれわれの行為が(われわれ自身をも含めた)すべての事物の本然の成り立ちに対してただしい関係に置かれてあるべきことを言う。そこに真の「ただしさ、まっとうであること(ὀρθότης, rectitudo)」(第六巻第二章註(6)参照)が成り立つ。「分別(λόγος)」が(われわれ自身を含めて)すべての事物の本然の成り立ちの内にあると考えられるかぎりでは、「分別」はつねにただしい。したがって、「ただしい分別」は冗長語である。だが「分別」は同時に、この事実のうちにおける秩序がわれわれ自身のうちに覚知されたものでもある。これを覚知する能力が「賢慮(φρόνησις)」である(第六巻第十三章 1144b23–28, 本巻第六章 1107a1 参照)。このようにして、われわれ自身によって知られたものごとの「分別」はわれわれ自身の行為の理非曲直を判別する規準として「ただしい分別」である。この場合にも、ひとは「分別」を保つか、「分別」を失うかであって、「ただしくない分別」というものは存在しない。したがって、この場合にも「ただしい分別」は或る意味では冗長語である。だが、われわれ自身の「ただしさ(ὀρθότης, rectitudo)」がそれに定位されているものとして、それは充実した意味において「ただしい分別(ὁ ὀρθὸς λόγος)」と言われうる。

(4) 第六巻第十三章。

(5) 第一巻第三章 1094b11-27.

第三章

(1) プラトン『法律』第二巻 653 A 参照。

(2) ここには当時の医学の常識が前提されている。cf. Hippocrates, Aph. XXII, § 2, V, § 19; περὶ ἀρχαίης ἰατρικῆς 1.

(3) 本巻第二章 1104a27-b3.

(4) この定義は『自然学』第七巻第三章 246b19-20,『トピカ』第四巻第五章 125b22-23,『エウデモス倫理学』第二巻第四章 1222a3 にも見られ、『エウデモス倫理学』では「すべてのひと」がこのような定義をしていると言われている。アカデメイア派内で成立したとみなされる『定義集』413 A にも ἀπάθεια の語が見られるところから、ここで言及されているのはアカデメイア派であろうとするバーネット、ゴーティエの説は穏当であろう。

(5) 1004b29 ὅτι Kb-Bywater は、Burnet, Gauthier にしたがい、他の写本のように ἔτι と読む。

(6) 1004b31 τριῶν は Coraes, Bywater が削除。

(7)『断片』85(Diels-Kranz⁶).

第四章

(1) ステュワートの指摘するとおり(Stewart, I, p. 185)、ここでは「知っている(εἰδέναι)」は二義的である。すなわち、(1)1105a31「知っていて(εἰδώς)」は、行為者が自己の行為を「意識している」ことを意味する。この意味における「知」はアリストテレスにおける「行為」の構成要件である。だが、(2)ここ(1105b2)では、「知っていること」はどのようなことをなすべきかに関する理論的知識(a theory of action)を意味する。このような意味での「知っていること」は、アリストテレスにとっては道徳的行為の構成要件とはならない。この第二の意味での「知」への言及は、おそらく、ソクラテスの倫理説との関連でなされている(cf. Grant, I, p. 492)。

第五章

（1） $1106^{a}6$ ταῦτα を Richards, Rackham, Ross, Gauthier の校訂にしたがって、ταὐτά と読む。

（2） 本巻第一章 $1103^{a}18$–$^{b}2$.

第六章

（1） プラトン『国家』第一巻 353 B–C 参照。そこでも、器量(ἀρετή)は働き(ἔργον)との関係で把握され、眼の器量とは眼の働きである「見ること」をよく実現させる、眼にそなわった力、力量、器量である。「眼の器量《アレテー》」という訳語にはやや無理があるが、人間の器量《アレテー》を働きをもつ事物一般との類比で思考したソクラテスの思考を保つため、あえてこの訳語を用いた。「器量(ἀρετή)」の概念、および、訳語については第一巻第五章註（4）参照。

（2） 「馬の器量」については、プラトン『国家』第一巻 335 B で言及されている。また、『イリアス』XXIII 276, 374 でも馬の器量が語られている。

（3） 多くの註釈家は、これが本巻第二章 $1104^{a}10$–16 を指すものと考え、グラント、ゴーティエは本巻第四章 $1105^{a}26$–33 を指すと考える。第一巻第七章 $1097^{b}22$–$1098^{a}20$ に言及すると考えることもできよう。

（4） 「すべて連続しているものは無限に分割されうる」(『自然学』第六巻第一章 $231^{b}16$)。

（5） 「大きい部分(τὸ πλεῖον)」と「小さい部分(τὸ ἔλαττον)」と「等しい部分(τὸ ἴσον)」は次の図式で考えられている。線分 AB を等しい二部分に分つ点をD、不等な二部分に分つ点をEとする。AD=DB；AE>EB とする時、「等しい部分」とは AD, DB,「大きい部分」とは AE,「小さい部分」とは EB のことである。

（6） ムナは重さの単位。精確には今日の単位に換算されない。

（7） 前六世紀の著名な体操競技家。大食で知られ、アテナイオスによれば、牡牛一頭を一日で丸ごと平らげたと言われる(Athenaeus, X 412–413)。

（8） この「専門知識《エピステーメー》(ἐπιστήμη)」の意味については第一巻第一章註（8）参照。

（9） この箇所における「精確(ἀκρίβεια)」の意味をステュワートは説明して「技術によって質料に与えられる形相は質料の内部にまで貫入しない。たとえば彫刻家が大理石に与える形体は大理石の外側を形成するにすぎない。これに反して、自然によって質料に与えられる形相は質料を内部からすみずみまで規定する。それは顕微鏡で調べることができるほどである。人柄における器量も、これと同じように人間をただ外面から形成するのではなく、その内的人格を形成する」と記している(Stewart, I, p. 196)。しかし、この解釈は典拠をもたず、また、「精確(ἀκρίβεια)」の意味を満たさない。近代の他の註釈家たちはこの箇所については沈黙している。トマス・アクィナスがこの箇所に与えている解釈は「精確」の意味を満たすものであり、おそらく、何らかの尊敬すべき古来の伝統を伝えるものと考えられる。

"Sed virtus est certior omni arte, et etiam melior, sicut et natura. Virtus enim moralis agit inclinando determinate ad unum sicut et natura. Nam consuetudo in naturam vertitur. Operatio autem artis est secundum rationem, quae se habet ad diversa. Unde certior est virtus quam ars, sicut et natura." (Thomas Aquinas, § 315)

すなわち、道徳的な性向は一つのもの(すなわち、その人間の完成、善)に向って指定的に働くものである。この点では、それはその存在事物の存在的な完成という一つのものに向って指定的に働く自然に近い(これは、道徳性が人間における自然の本性に根ざし、自然の本性を完成する方向に働くという「自然への傾き」をもつからである)。これに反して、技術は計画理性(ratio)にしたがって働くものではあるが、この計画理性は自然のように一つのものへの指定的な方向性をもたず、任意な「多くのものへの関係」をもつ。すなわち、それは種々のもの(材料)への適用可能性、また、種々な仕方での適用可能性をもつ。すなわち、「精確性」とは、この場合、一義的な限定性のことである。

(10) 行為が連続的(συνεχές)であり、分割されうることは、『エウデモス倫理学』では、それが「動き(κίνησις)」であることによると考えられている(『エウデモス倫理学』第二巻第三章 1220^{b}26–27)。

(11) 1106^{b}26 ψέγεται は Bywater の校訂では削除されているが、Gauthier の説くように、ἁμαρτάνεται…ψέγεται はこれにつづく ἐπαινεῖται…κατορθοῦται と対応し、chiasmos をなすと考えられるので、写本のとおり読むことが望ましい。

(12) ピュタゴラス派における原理の系列表でも、善と悪は、それぞれ、限と無限の系列に配せられる(『形而上学』第一巻第五章 986^{a}22–26)。

第七章

(1) アリストテレスは講義にあたって、しばしば図表を用いた。いくつかの箇所に「図表(διαγραφή または ὑπογραφή)」への言及が見られる（『命題論』第十三章 $22^{a}22$,『気象論』第一巻第八章 $346^{a}32$, 第二巻第六章 $363^{a}26$,『動物誌』第三巻第一章 $510^{a}30$,『エウデモス倫理学』第二巻第三章 $1220^{b}37$, 第三巻第一章 $1228^{a}28$）。『エウデモス倫理学』の照応箇所には、実際に、徳目の一覧図表が記載されている（同書第二巻第三章 $1220^{b}36$–$1221^{a}12$）。

以下に列挙される器量は第三巻第六―十二章、および、第四巻で詳述される。この徳目一覧が、「知慧（σοφία または φρόνησις）」「節制（σωφροσύνη）」「正義（δικαιοσύνη）」「勇気（ἀνδρεία）」という四個の徳目を主要徳目（いわゆる virtutes cardinales）とする徳目分類に依拠するものではないことが注目される。この四個の徳目はプラトン対話篇で主要な位置を占めるものであるから（たとえば、『国家』第四巻 427 E,『饗宴』196 B f.,『法律』第一巻 631 C–D を参照）、アリストテレスは以下の器量の列挙にあたってそれとは異なるまったく独自な立場で行なったものと言えよう。

（2）第三巻第十章参照。

（3）$1107^{b}5$ καὶ は Bywater の校訂にしたがい削除。

（4）第四巻第一章 $1119^{b}22$–$1122^{a}17$.

（5）特にこれらの悪徳の相違点が述べられるところはない。

（6）$1107^{b}17$–19.

（7）第四巻第四章 $1125^{b}8$–17.

（8）「義憤（νέμεσις）」とこれに反する悪徳については『ニコマコス倫理学』では他の箇所では語られない。したがって、この部分は錯入部分とみなされうるであろう。したがって、「他の機会」への言及も大まかなものでありうる。

（9）「正義の性向（δικαιοσύνη）」については第五巻で論じられる。

（10）「分別に関する諸器量（αἱ λογικαὶ ἀρεταί）」という言葉はアリストテレスでは他に使用例が見られない。

第八章

（1）「等しい部分」「小さい部分」「大きい部分」の意味については本巻第六章註（5）参照。

第九章

（1）『オデュッセイア』XII 219. ここでは、これはオデュッセウスが仲間に呼びかける言葉である。そして、この忠告をオデュッセウスは同巻108–109ではキルケから受けたことになっている。アリストテレスがこれをカリュプソのものとしたのは記憶からの引用の誤りであろうとされている。

（2）「第二の船路（ὁ δεύτερος πλοῦς）」は、直接には、風が凪いだ時に、櫂でゆく船路をさし、「次善の策」の意味。この言葉はプラトン『パイドン』99 C にも用いられている。

（3）『イリアス』III 155–160.

第三巻

第一章

（1）「本意《ヘクーシオン》（τὸ ἑκούσιον）」「不本意《アクーシオン》（τὸ ἀκούσιον）」。両概念が矛盾概念ではなく、反対概念であることが大切である。すなわち、「本意でないこと」、「非本意（οὐχ ἑκών）」は「不本意」ではなく、それが「不本意」であるには、さらに、「苦痛を伴うこと」と「後悔を伴うこと」を要する（1110^b18–24 参照）。すなわち、「不本意な行為」とは、行為者が同意承認を与えることなしになした行為である。この点の顧慮から上掲の訳語を用いた。「本意」と「非本意」の別は、ほぼ、「自発的」と「非自発的」の別と同じ、すなわち、両者は（1）行為の端初が行為者の内にあるか、外にあるか、（2）行為者が当の行為を意識しているか否かによって区別される（本章、また、特に 1111^a25–26 および第二章 1111^b8–10 参照）。「本意」「不本意」の両概念は刑事事件、ことに、殺人事件に関するアテナイにおける法理論争で重要な役割を果したと言われる（cf. Antiphon, Orationes）。プラトンも『法律』第九巻でこの両概念をめぐる問題を詳しく論じている。しかし、アカデメイアのひとびとにとって、この両概念の問題は「何人も本意から悪人たる者なし（κακὸς μὲν γὰρ ἑκὼν οὐδείς.）」（プラトン『ティマイオス』86 D）というソクラテスの命題として尖鋭化されて把握されていたものと信じられる。これはアリストテレスにとっても同じである（本巻第五章 1113^b14 f. 参照）。

（2）「そのひとの意のままになること（ἐπ' αὐτῷ）」。「われわれみずからの意のままになること（ἐφ' ἡμῖν）」という言い方もある（本巻第二章1111^{b}30, 32, 第三章1112^{a}31, 第五章1113^{b}6, 7, 21）。これはいつも「することも、しないこともできる」という形式で、任意性を意味するものとして用いられる。

（3）エウリピデスの失われた戯曲『アルクマイオン』による（cf. fr. 68 N^{2}.）。アルゴスの王アムピアラオスはテバイ攻略に加わることを厭い、身を隠していた。妻エリピュレはポリュネイケスに首環を贈られて、夫の隠れ家を洩らし、アムピアラオスは出征し、戦死する。出発に際して、息子のアルクマイオンに死後の復讐を誓わせる。アルクマイオンはそれに従って母を殺害するという筋。

（4）「本意（τὸ ἑκούσιον）」と「不本意（τὸ ἀκούσιον）」は矛盾概念ではなく、反対概念である（本章註（1）参照）。これが両語の日常的な用法であったと考えられる。

（5）「無知のゆえに（δι' ἄγνοιαν）」は無知が当の行為を惹き起す主因とみなされうる場合、「無知であって（ἀγνοῶν）」は無知が当の行為に付帯する状況である場合の別である。

（6）この「選択《プロアイレシス》（προαίρεσις）」は本巻第二章で定義される狭義の「選択」、すなわち、目的を達するための、われわれにもっとも近い手段としての個別の行為にかかわる選択ではなく、生活全体の目的にかかわる選択である。そこで、〔目的の〕を補って訳した。これは広く、われわれの意志の向ってゆくところ、広義の「選択意志」をあらわすものと考えられる。もっとも近い手段にかかわる狭義の「選択」はその特殊な場合である。『ニコマコス倫理学』ではこの広義の「選択」の用法はかなり多数見出される。このような場合は「意向」と訳した場合が多い。ロスによれば、狭義の「選択」が主題的に論じられている二箇所（本巻第二章1111^{b}4—第三章1113^{a}14, 第六巻第二章1139^{a}17–^{b}13）を除けば、狭義の用法は極めて稀で、『形而上学』第六巻第一章1025^{b}24, 本書第六巻第十三章1145^{a}4, 第八巻第十三章1162^{b}36, 『弁論術』第一巻第六章1363^{a}19の四箇所があげられるにすぎない。これに対して、広義の用法（purpose を意味するもの）は本書、および、他の著作全般にわたって一般的であって、『詭弁論駁論』第十二章172^{b}11, 『気象論』第一巻第一章339^{a}9, 『形而上学』第四巻第二章1004^{b}25, 『政治学』第二巻第九章1269^{b}13, 1271^{a}32, 第五巻第一章1301^{a}19, 第七巻第二章1324^{a}21, 『弁論術』第一巻第一章1355^{b}18, 第十三章1374^{a}11, ^{b}14, 本書第一巻第十三章1102^{a}13, 本巻本章本箇所（1110^{b}31）, 第二章1111^{b}5, 第八章1117^{a}5, 第五巻第九章1136^{b}15, 第七巻第八章1151^{a}7, 第九章1151^{a}31, 第十章1152^{a}17, 第八巻第十三章1163^{a}22, 第九巻第一章 1164b1, 第十巻第九章 1179a35 がその諸例であり、第六巻第十二章 1144a20 が特に顕著な例としてあげられる(Ross, A, p. 199–200)。ロスが認めているとおり、この内の若干には疑問とされる例もあるが(1111b5, 1117a7, 1151a31, 1152a17, 1164b1 は狭義の選択、あるいは、少なくも、狭義の選択と区別されない例であると私には思われる)、これらの例の累積された重みは大きい。ここからして、ロスは The specific doctrine of προαίρεσις is an integral part of Aristotle's theory, but has little effect on his general usage of the word. と結論している。この見解は妥当と言えるにしても、広義の用法と狭義の用法の内的関連については、なお考えてみる必要があろう(本巻第二章註(1)参照)。

(7) 「行為を構成する個別の状況(καθ' ἕκαστα, ἐν οἷς...ἡ πρᾶξις)」。「行為がそこで《エン・ホイス》行なわれる状況」、すなわち、行為が行なわれる場合、その行為を構成している個別の諸要件を言う。1111a16, 18 にも見られる。「行為のかかわる《ペリ・ハ》(περὶ ἃ ἡ πρᾶξις)」と言い換えられるのと同じ意味である。これに対して、これら諸要件のなかの一つにあげられる「何をめぐって《ペリ・ティ》(περὶ τί)」と「何のことで《エン・ティニ》(ἐν τίνι)」はこれと区別され、特定の行為が行なわれる場合の付帯状況を言うと考えられる。この際、特定の行為は狭義に「動作(たとえば、言うこと、打つこと、突くこと)」を意味するので、付帯状況とはこの動作が行なわれる「対象(たとえば、息子か敵か)」を意味していると考えられる。ただし、行為の諸条件を規定するこれらの術語の、この箇所における用法には不整合が見られ、原典の修正を要すると考えられるので、学者の間に意見が分れている。

(8) 1111a9 λέγοντες を Aspasius, Ross のように λέγοντας, αὐτούς を Aldine edit., Ross のように αὑτούς と読む。

(9) アイスキュロスはエレウシスの秘儀を洩らしたという廉でアレオパゴスの法廷に訴えられたと言われる(cf. Clemens Alex., Stromata, II, xiv, 60, ed. Stählin, II, p. 145)。(2)の「何を」の例。

(10) エウリピデスの失われた戯曲『クレスポンテ』による話。(3)の「何のことで」の例。

(11) (4)の「何を用いて」の例。

(12) 軽石は砕いて薬用に供されていた。(5)の「何のために」の例。したがって、ここの「何のために(=目的)」は行為者が自分の目的を取り違えることにかかわるのではなく、或る一定の行為〔石を砕いて薬に混ぜる〕がそのもの自体としていかなる結果に至るかという、事柄そのもの自体の間にある目的連関(これは同時に因果連関である)にかかわるのである。

(13) (6)の「どのように」の例。「手尖角力(ἀκροχειρισμός)」とは取り組まずに、手尖を互いに絡み合わせておいて、その力で相手を組み伏せる角力。最初に手尖を巧く絡み合わせる所にコツがあるので、そこが勝負所であり、その際、誤って相手の指を打って傷めることがあると言われる(Pauly-Wissowa, Bd I, 1, S. 1197–98; Gauthier, EN II, p. 187 参照)。この箇所の解釈については学者の意見は分れており、ここではゴーティエの解釈にしたがった。1111^{a}14 δεῖξαι は Ridgway, Rackham, Gauthier のように δρᾶξαι と読む。

(14) ゴーティエのように、1111^{a}18 ἐν οἷς ἡ πρᾶξις の後に ὅ を補う。本章註(7)に述べたように、行為の条件を規定する術語に関係する箇所は不整合であり、何らかの修正を要するが、この提案はもっとも簡単である。

(15) この「本意から」は「自発的に」と同義で、(1)行為(または、行動)の端初が行為の内にあり、(2)行為者が当の行為を意識していることを意味する。この場合、「意識的」は行為者の理性的選択、決断、したがって、いわゆる、「自由」を内含しない。それゆえ、これは子供の行動にも、さらに、動物の行動にも適用される。本章註(1)参照。

(16) 1111^{b}1 πάθη は Burnet, Gauthier のように、pr K^{b} によって削除。

第二章

(1) 「選択《プロアイレシス》(προαίρεσις)」。行為がいま、ここで「なされうるもの《プラクトン》」として厳密に個別の行為として理解されるかぎりでは、行為を決定するものとしての「選択」は、厳密に、個別の行為にかかわると考えられる。これが狭義の「選択」で、本章と次章で論究され、定義されるものである。これに対して、「なされうるもの《プラクトン》」が個別の行為を通じて実現される目的をも含むと考えられるかぎりでは(たとえば、第一巻第七章 1097^{a}23 τὸ πρακτὸν ἀγαθόν の用法を参照)、行為を決定するものとしての「選択」は目的にかかわるものである。この場合、「選択」は「目的の設定」「意向」と同じである(第一巻第七章註(19)参照)。この広義における「選択」の用法については本巻第一章註(6)参照。また、行為が実現された外的な行動として、行為における外面性が注目されるかぎりでは、選択は行為と区別される(cf. 1111^{b}5–6)。それは行為者の内的な行為である。この意味においては、選択は「意志(voluntas)」にもっとも近いアリストテレスの用語である。

(2) 本巻第一章 1111^{a}23–24, 同章註(15)参照。

(3) 「欲望(ἐπιθυμία)」は「快いものの欲求(τοῦ ἡδέος ὄρεξις)」と定義される(『霊魂論』第二巻第三章 414^{b}6,『トピカ』第六巻第三章 140^{b}27)。動物が感覚をもち、感覚をもつことによって、快楽と苦痛をもつかぎりにおいて、欲望はすべての動物に必然に存在すると考えられている(『霊魂論』第二巻第三章 414^{b}2–6)。

(4)「激情(θυμός)」。「激怒」「激昂」(Zorn, anger)と訳されることが多い。だが、ここで、「欲望」「願望」と並置される場合、それは欲求(ὄρεξις)の一つとみなされているようである。『霊魂論』第二巻第三章 414b2 では欲求としてこの三者があげられている。それは魂の三分説(第一巻第十三章註(8)参照)に応ずる欲求の三種であって、アリストテレスにおいては展開されるに至らなかった欲求論の一部をなすものと考えられる。すなわち、「激情(θυμός)」は分別をもつ部分ともたぬ部分の中間の部分に配せられる欲求の一種であって、理性的な判断の働きと無関係に生ずる欲望と異なり、或る判断が下される時――その正否にかかわらず――その判断にしたがって突き進もうとする衝動を言うものであろう。「激昂」が生ずるのは、確かに、そのような場合なのである(第七巻第六章 1149a24–b1 参照)。

(5)「判断(δόξα)」。「思いなし」「臆見」「臆断」とも訳される。一般に、「……が……である」と思う判断の働きを言う。

(6)「反する(ἐναντιοῦται)」。同一の対象に関して生ずる相反する欲望を言う。たとえば、渇きがある時、水に関して、「呑みたい」という欲望と「呑みたくない」という忌避としての欲望がそれである。異なる対象に関して多数の欲望が同時に存することは差支えない。

(7)この箇所にもとづいて、通常、「願望(βούλησις)」は目的にかかわり、「選択」は手段にかかわると解され、それがアリストテレス倫理学において厳密に限定された意味での「選択(προαίρεσις)」の概念であるとみなされている。これに対して、この一文における「どちらかといえば(μᾶλλον)」の語は、この文の後半、すなわち、選択と手段の関係を述べる段でも暗黙に了解されているとするゴーティエの解釈を私も妥当と考える。したがって、目的にかかわるか、手段にかかわるかの別はここでは比較の上のことであって、絶対的ではない。ゴーティエによれば、「願望」と「選択」の別は、むしろ、前者が、実現しうるか否かが確かではない効果不定の希望(le souhait efficace)であるのに対して、後者は実現されうるものとして効果の確定した決断(la décision efficace)であるところにある。したがって、選択は、確かな効果を伴うというその性質のゆえに、単なる目的の設定であるに止まることをえず、目的実現のための確実な手段の確定にまで及ばざるをえない。この箇所では、この手段の確定に目が向けられている。だが、このことは選択が何らかの意味で目的の設定にもかかわるものであることを否定するものではない。本巻第一章註(6)、本章註(1)参照。

(8)「どのような人間であるか(ποιοί τινές ἐσμεν)」。「善い人間であるか、悪い人間であるか」の意味。第二巻第一章註(1)参照。

（9）この箇所の読み方は学者によりまちまちである。訳者は1112^{a}6 ἢ τῷ ὀρθῶς を、Stewart(I, p. 249)、Dirlmeier(p. 328–329)のように、οὐ δεῖ の言いかえ、説明と考えた。

（10）ここには「先立って、先んじて(πρό)」という語による語戯がある。

第三章

（1）写本のこの箇所(1112^{a}28)には、本文で四行後の「だが（六）、人事についてであっても……思案しない」がつづいている。だが、Rackham, Gauthier にしたがい、1112^{a}28 ἀλλ' οὐδέ…^{a}29 βουλεύεται を錯入と考え、^{a}33 ἀνθρώπου の後に置いた。

（2）この「専門知識(ἐπιστήμη)」は「術(τέχνη)」と対立するそれではなく、「術」としてのそれである。第一巻第一章註（8）参照。

（3）「精確(ἀκρίβής)」とは一義的に限定されていること。第一巻第三章註（1）参照。

（4）語をどのように綴るべきか——綴字法(orthography)——のことを言う(字母の形態をどのように記すべきかではない)。それは「文字の心得(γραμματική)」のかかわる最初の知識(ἐπιστήμη)である。

（5）1112^{b}7 τέχνας(写本)は、Muenscher, Susemihl, Gauthier の提案するように、Aspasius に保存される古写本の異読に従って、δόξας と読むのが適当である。（1）^{b}1 ἐπιστημῶν は技術知識としての専門知識を言う(本章註（2）参照)もので、τέχνη との対比を論ずるのは不当である。（2）このように読む時、^{b}1-7 の文脈は、(イ)精確さをもつ専門知識、(ロ)精確さをもたない専門知識、(ハ)専門知識にさえならない単なる臆断という「精確さ」が漸減する三者について「思案」の存在を吟味するものとなり、明確な文意を与える。

（6）Aspasius, Rackham, Gauthier にしたがい、^{b}8 δὲ は δὴ と読む。

（7）διάγραμμα は狭義における作図問題——たとえば、二角の等しい三角形の作図——を言うだけではなく、一般に、幾何学における証明問題——たとえば、半円に内接する三角形の頂角が直角であることの証明——を言う(『分析論前書』第一巻第二十四章41^{b}14参照)。この際、「分析(ἀνάλυσις)」とは次の手続きを言う。証明すべき命題(Aとする)がすでに証明されたものと仮定する。AならB、BならC、CならD……Fと言うように、必然な連関にある命題の連鎖を辿る。もしも、Fが既知の必然に真なる命題であるとすれば、Fからこの過程を逆に遡って、Aを証明できる。AからFにまで至る過程を「分析（ἀνάλυσις）」と言う。FからAに至る過程を「綜合（σύνθεσις）」と言う（ＡＢ……Ｆの系列が、幾何学の多くの場合におけるように、相互に換置可能な必然に真なる命題である時には、この手続きは可能である）。『分析論後書』第一巻第十二章 78^{a}7，訳者註（12）参照。ここで、この幾何学における「分析」の方法が行為の推論の思考過程に適用され、「思案（βούλευσις）」の構造がそれに準じて考えられているのは明らかである。

（8）「使い方」。道具をどのように動かし、働かせるか、すなわち、道具の機能を実現させる方策である。たとえば、小麦粉を作るのが「粉碾き」の技術であるとする場合、粉碾き術の実現のためには（イ）碾き臼、（ロ）その使い方の二者が求められるのである。

（9）上には技術の例があげられ、以下では、言外に、行為一般が考えられているもののようである。

（10）（ ）内の部分は 1112^{b}11–28 の内容を要約する補註のようなものと考えられる。^{b}30 πῶς ἢ διὰ τίνος は ^{b}15 τὸ πῶς καὶ διὰ τίνων にではなく、^{b}18 πῶς διὰ τούτου ἔσται κἀκεῖνο διὰ τίνος に照応するものである。そして、この^{b}15, ^{b}18, ^{b}30 の三箇所に見られる「どのように（πῶς）」と「何を手段として（διὰ τίνος）」は、いずれも、或る目的を実現するための方策を言っている（^{b}15 の καὶ は explicative）。

^{b}15 の箇所を（Ⅰ）、^{b}18 の箇所を（Ⅱ）、^{b}30 の箇所を（Ⅲ）とする時、

（Ⅰ）では、終極目的（τέλος）〔A〕実現のための手段〔B〕が πῶς、または、διὰ τίνος と言われ、

（Ⅱ）では、手段（ὄργανα）〔B〕実現のための方策〔C〕が πῶς、または、διὰ τίνος と言われている。

この際、目的〔A〕実現のための手段〔B〕と、手段〔B〕実現のための手段〔方策C〕とはやや意味合いを異にする点があり、これが ^{b}29 では、「道具（ὄργανα）」と「使い方（χρεία）」として区別されている。

（Ⅲ）における πῶς と διὰ τίνος が、いずれも手段実現の方策にかかわるものであり、^{b}29 の ἡ χρεία に照応することは、このように考えれば、見やすいところである。

こうして、ここで考えられている行為の推論方式を記号と例によって示せば、次のとおりである。

〔記号〕

Ａガアルタメニハ　Ｂヲ要シ、

Ｂガアルタメニハ　Ｃヲ要スルトスルトキ、

Aガアルタメニハ　Cヲ要スル。

〔例〕

A—健康（終極目的—τέλος）

B—消化（手段—ὄργανα）

C—食後の散歩（手段の実用 χρεία）

Aの πῶς、または、διὰ τίνος がBであり、Bの πῶς または διὰ τίνος がCである。

第四章

（1）本巻第二章 1111^b26.

（2）1113^b1 οὖν は M^b, Susemihl, Apelt, Gauthier にしたがい、γοῦν と読む。

第五章

（1）たとえば、ピッタコスの法による。『政治学』第二巻第十二章 1274^b18–23,『弁論術』第二巻第二十五章 1402^b9–12 参照。

第六章

（1）第二巻第七章 1107^a33–$b4$ 参照。

（2）プラトン『ラケス』198 B,『プロタゴラス』358 D,『法律』第一巻 646 E 参照。

第七章

（1）Ramsauer, Ross, Rackham, Gauthier のように、1115^b21 καὶ τῷ ἀνδρείῳ δή· ἡ ⟨δ'⟩ ἀνδρεία καλόν. と読む。

（2）第二巻第七章 1107^b1–2 参照。

第八章

（1）『イリアス』XXII 100.
（2）『イリアス』VIII 148–149.
（3）『イリアス』II 391, 393. この言葉はこの箇所ではアガメムノンのものである。XV 348–351 にヘクトルのこれに似た言葉がある。記憶から引用しているアリストテレスの思い違いの一例である。
（4）ヘロドトス『歴史』VII 223 参照。
（5）「職業的な兵士たち」、すなわち、傭兵のこと。前四世紀は傭兵の時代であった。
（6）註釈家によれば、それは、ポキスのオノマルコスがボイオティアのコロネイアのアクロポリスを占領した時のこと(B.C. 354–353)だと言われている。
（7）ここには、『イリアス』XI 11, XIV 151 の言いまわしと XVI 529 の言いまわしがごっちゃになって見られる。
（8）同じように、『イリアス』V 470 と XV 232, 594 の混淆。
（9）『オデュッセイア』XXIV 318. ただし、これは勇気を言うものではなく、オデュッセウスの父に対する感情のたかぶりを言うものである。
（10）現存の『イリアス』原文には見られない字句。
（11）Rassow, Gauthier にしたがい、1117a4–5 を 1117a9 παραπλήσιον δ' ἔχουσί τι の後に置く。
（12）1117a20 ἦν–Bywater(Burnet も同じ)は L^bM^b の ἢ καὶ にしたがい、これを Stewart の提案(Gauthier も賛成)にしたがい、εἶναι と読む。
（13）コリントの長城における戦い(B.C. 392)のことであったと言われる。クセノポン『ヘレニカ』第四巻第四章 10 参照。

第九章

（1）本巻第七章 1115b7–13.
（2）ここに見られる「行為の美しさ」と「器量にしたがった、幸福な生」との対比が注目される。「美」は通常の幸福な生を破るのである。この「勇気」の諸章における「美(καλόν)」の語の多用が注目される(第六章 1115a30, 31, b5, 第七章

1115^{b}12, 21, 1116^{a}11, 15, 第八章 1116^{a}28, ^{b}3, 31, 1117^{a}8, 17, 第九章 1117^{b}9, 14)。なお、「美」「善」等の意味については第一巻第三章註(3)参照。

第十章

（1） 第二巻第七章 1107^{b}4–8.

（2） 『イリアス』III 24.

（3） 『エウデモス倫理学』第三巻第二章 1231^{a}16–17によれば、この人物はエリュクシス(「げっぷ」の意味)の子、ピロクセノス(「接待好き」の意味)と呼ばれている。

（4） 体操の後には、冷浴してから、暖かい部屋でマッサージしながら身体を暖めた。

第十一章

（1） 『イリアス』XXIV 130.

第十二章

（1） 「ふしだら、ふしだらなひと」の原語 ἀκολασία, ἀκόλαστος は「懲らしめることのできない悪徳、懲らしめることのできないひと」の意味である。

第四巻

第一章

（1） 「もの惜しみしない心の宏さ《エレウテリオテース》(ἡ ἐλευθεριότης)」。本来、奴隷に対して、自由人に相応しい態度を言う。「自由人らしさ」「寛《ゆた》かな心」の意。しかし、次第に、金銭や外的な財に関してこだわらぬ心、おおらかさ、つまり、「もの惜しみしない心の宏さ」を言うようになった。アリストテレスがここで用いている意味は後者の狭義におけるものである。

（2）「しまりなさ《アソーティアー》(ἀσωτία)」。字義的には「絶望的なもの《アソートス》」「救われる望みのないもの」(ἄσωτος)のことを言う(『問題集』第三十三巻(九) 962^{b}5 参照)。「救う、保つ(σῴζω)」という動詞と否定接頭辞(ἀ-)の複合から成る語である。したがって、本章第五節にアリストテレス自身が与えている字義的な説明のように、それは「自分自身のゆえに自分を駄目にするひと(ὁ δι' αὑτὸν ἀπολλύμενος)」のことであり、それが、ことに、財産を失うことについて言われるので「浪費家」の意味になる。そして、さらに、「ふしだら」、つまり、飲、食、ことに、色好みの点で無抑制な行ないのために浪費するひとについて言われるので「放蕩者」「自堕落なひと」の意味になる。これらの諸義との関連を考えながら、ここでは「しまりなさ」の訳語を用いた。

（3）「さもしさ《アネレウテリアー》(ἀνελευθερία)」。「もの惜しみしない心の宏さ」と訳した ἐλευθεριότης の反対語。つまり、自由人らしからぬことを言う。特に金銭にこだわる性質を言う。そこで、「さもしさ」と訳した。第三十七節以下(1121^{b}12 f.)で述べられるように、それは「出すこと」において不足するばかりではなく、「取ること」において過剰なひとでもある。つまり、淫売屋や高利貸をも含むので、「けち」「吝嗇」ではやや足りない。

（4）Robert Grosseteste, Susemihl, Gauthier にしたがい、1119^{b}33 δή を δὲ と読む。

（5）本章註(2)参照。

（6）前六世紀末から五世紀前半にかけて活躍したケオス生れの著名な抒情詩人。老齢に及んで貪欲になったことが語り草になっていた(アリストパネス『平和』697–699 参照)。

（7）1119^{b}27.

（8）多額である場合には「さもしさ」とは言われない。1122^{a}4–7 参照。

（9）本章註(2)参照。

（10）1121^{a}13–19 参照。

（11）「しまりや《ペイドーロス》(φειδωλός)」と「けちんぼ《キンビクス》(κίμβιξ)」の語義のニュアンスを『エウデモス倫理学』第三巻第四章 1232^{a}12–14 は、前者は「出さないこと」、後者は「些事にやかましいこと」と説明し、作者不詳の註解書では、これに加えて、「しわんぼ《グリスクロス》」について「なかなか出そうとしないこと」と註している(Anonyma, p. 182, 25–29)。

（12）「爪に火を灯すひと」と意訳した語「キュミーノプリステース（κυμινοπρίστης）」は字義的には「カミンの実を挽き割るひと」の意味である。なお、カミン（κύμινον）は香料に使われるセリ科の植物の実である。

第二章

（1）「豪気《メガロプレペイア》（μεγαλοπρέπεια）」とは壮大な仕事に莫大な金銭を注ぎこんで立派に仕上げる性向のことである。この語の持つ意味の広がり、また、前章の「もの惜しみしない心の宏さ《エレウテリオテース》」、および、「高邁《メガロプシューキアー》（μεγαλοψυχία）」との関係についてはGauthier, M, p. 17–21, 41–52 参照。

（2）「大きさにおいて相応しい《エン・メゲティ・プレプーサ》」は「メガロプレペイア」の語戯。

（3）『オデュッセイア』XVII 420.

（4）1123^{a}19–33.

（5）第二巻第一章 1103^{b}21–23, 第二章 1104^{a}27–29 参照。

（6）1122^{b}2 δὴ を Rassow, Burnet, Gauthier に従い、δὲ と読む。

（7）1122^{a}24–26.

（8）1122^{b}19–23.

（9）「陳腐なひと《バナウソス》（βάναυσος）」。「炉《バウノス》（釜・βαῦνος）」に由来する語で、本来は「鍛冶職人」の意から、一般に、「手職人」「職人」を意味する語。貴族階級に対して、職人階級を意味する。転じて、「卑俗なひと」「無趣味なひと」を意味するようになった。なお、本章冒頭（1122^{a}31）に、この語の抽象名詞形「陳腐《バナウシアー》（βαναυσία）」と並べられる「俗悪《アペイロカリアー》（ἀπειροκαλία）」は字義的には「美を味わい知らぬこと」の義である。

（10）1122^{a}31–33.

（11）「卑小なひと《ミークロプレペース》（μικροπρεπής）」は字義的には「小事に相応しいひと」の義。

第三章

（1）「高邁《メガロプシューキアー》（μεγαλοψυχία）」。「大《メガス》（μέγας, μεγαλο-）」と「魂《プシューケー》（心・ψυχή）」の合成語で、字義的には「大きな心」

「雄大な魂」を意味する。ゴーティエによれば、この語は本来、日常語として、「寛容」「仁慈」、また、「勇猛心」「堪忍」等を意味した。アリストテレス以前のこの語の語義の広がりと歴史、および、「もの惜しみしない心の宏さ《エレウテリオテース》」「豪気《メガロプレペイア》」との関連については、Gauthier, M, p. 17–54 参照。『分析論後書』第二巻第十三章 97ᵇ15–25 では、「高邁」の二義が区別され、一は「侮辱を甘受しないこと」、他は「幸運と不運にあって平然としていること」であるとされ、前者の例として、アルキビアデス、アキレウス、アイアスがあげられ、後者の例として、リュサンドロス、ソクラテスがあげられている。

（2）「虚栄のひと《カウノス》(χαῦνος)」。「カウノス」は、本来、スポンジ、海綿状のものを意味する形容詞。ここでは、ひとについて「中味の空っぽなひと」「見栄を張るひと」「虚栄のひと」を意味する。

（3）「卑屈なひと《ミークロプシューコス》(μικρόψυχος)」。「小《ミークロス》(μικρο-)」と「魂《プシューケー》(心・ψυχή)」の合成語で、字義的には「高邁なひと」の反対、「小さな心のひと」「卑小な魂のひと」を意味する。

（4）卑屈なひとの不足はただ自己自身に対する不足であるばかりではなく、同時に、あるべき中間の性向に対する不足であることを言う。すなわち、かれの自己評価の不足が、同時に、あるべき自己評価の不足であることを言うと考えられる。

（5）「完全な徳《カロカガティアー》(καλοκαγαθία)」。本来、貴族社会で生れの良さ、貴人たるの特性を言う語。次第に、道徳的完成を意味するものとなった。『エウデモス倫理学』では、この語は或る程度の役割を果たしているが(同書第八巻第三章 1248ᵇ8–1249ᵃ16 参照)、『ニコマコス倫理学』ではほとんど姿を消し、この箇所と第十巻第九章 1179ᵇ10 の二箇所にしか見られない。

（6）1123ᵇ15–22.

（7）『イリアス』I 394–407, 503–504 参照。

（8）前三七〇—三六九年、スパルタがアテナイにテーベ軍の侵寇に対する援助を乞うた時のことと考えられている。

（9）1124ᵇ27 ὀμελεῖν γr. Kᵇ–Bywater は Gauthier のように、通常の写本の通り、μέλειν と読む。

（10）1124ᵇ30 εἰρώνεια δὲ は Susemihl, Dirlmeier にしたがい、εἴρων δὲ と読む。

第四章

（1）第二巻第七章 1107ᵇ24–31.

（2） 第二巻第七章 1107^{b}31–1108^{a}2.

第五章

（1） 「温　和《プラーオテース》（πραότης）」。おだやかな性質。

（2） 「腑抜け《アオルゲーシアー》（ἀοργησία）」。字義的には「怒りを知らないこと」、アリストテレスの造語かと思われる。

（3） 「癇癪持ち《アクロコロス》（ἀκρόχολος）」。字義的には「胆嚢の過敏なひと」の意味。

（4） 第二巻第九章 1109^{b}14–26 参照。

第六章

（1） 本章に見られる種々の性向のひとを意味する語の原語は以下のとおりである。「御機嫌とり《アレスコス》（ἄρεσκος）」「気難しや《デュスコロス》（δύσκολος）」「つむじ曲り《デュセリス》（δύσερις）」「胡麻すり《コラクス》（κόλαξ）」。

第七章

（1） 1127^{a}13〈καὶ εἰρωνείας〉は補わず、Burnet, Ross のように写本のとおりに読む。

（2） 1127^{b}12 Ross にしたがい ὡς ἀλαζών と読む。

（3） 本章に見られる種々の性向のひと、および、性向を意味する語の原語は以下のとおりである。「はったりや《アラゾーン》（ἀλαζών）」「はったり《アラゾネイアー》（ἀλαζονεία）」「とぼけるひと《エイローン》（εἴρων）」「真実であることを好むひと《アレーテウティコス》（ἀληθευτικός）」「真実を愛するひと《ピラレーテース》（φιλαληθής）」「おとぼけ《エイローネイアー》（εἰρωνεία）」「嫌味なひと《バウコパヌールゴス》（βαυκοπανοῦργος）」。

第八章

（1） 本章に見られる種々の性向のひとを意味する語の原語は以下のとおりである。「道化もの《ボーモロコス》（βωμολόχος）」「田舎もの《アグロイコス》（ἄγροικος）」「堅ぶつ《スクレーロス》（σκληρός）」「機知あるひと《エウトラペロス》（εὐτράπελος）」「才知のあるひと《エピデクシオス》（ἐπιδέξιος）」。

第九章

（1） 第七巻第一―十章参照。

第五巻

第一章

（1） 「正義の性向《ディカイオシュネー》（δικαιοσύνη）」と「不正の性向《アディキアー》（ἀδικία）」。「正義」「不正（または不正義）」と訳されてきた言葉である。次段（本章第三節）で定義されるように、ひとがこれらの性向をもつ時、それぞれ、正しいこと、または、不正なことを行ない、また、願うひととなる性向を言う。すなわち、それは「ひと」について言われる、ひとが身につける〔魂の〕性向であり、器量と悪徳の一つである。邦語で「ディカイオシュネー」にあたる語は、「廉直」であろうかと考えられる。だが、この語は反対語をもたない。また、「正（または正義）」「不正」との、語としての連関が断たれる。このため、いささか煩雑の嫌いはあるが、これを「正義の性向」「不正の性向」と訳した。これらの性向をもつことによって、ひとは、それぞれ、「正しいひと」、または、「不正なひと」と呼ばれる。これに対して、特定の行為、または、事柄が「正しい《ディカイオン》（δίκαιον）」、または、「不正である《アディコン》（ἄδικον）」と言われる際の規準となるものは「正しさ《ディカイオン》（正義・δίκαιον）」と「不正《アディコン》（ἄδικον）」である。これは「ひと」について言われるのではなく、「事柄」について言われる。ギリシア語がこの場合、「個々の特定の正しい（または不正の）行為、または、事柄」、すなわち、特定の「正しい（または不正な）こと」、および、「正しい（または不正の）行為」を意味する際にも、これらの個々のことを判定する規準としての、いわば、抽象的な「正しさ（または不正）」を意味する際にも、同じ「正」（または不正）を意味する形容詞の中性単数形（δίκαιον または ἄδικον）を用いたことが――他のこれと類縁の場合（たとえば、「真」「白」）にもあることだが――論究のうちに或る分り難さを生んでいるのは事実である。だが、これらがいずれも、「ひと」について「正しいひと」「不正なひと」と言われる際の、「ひとの正しさ、および、不正」、すなわち、「正義の性向《ディカイオシュネー》」「不正の性向《アディキアー》」と区別されていることを知るのは本巻の理解のために肝要である。なお、本巻第七章註（2）参照。

(2)「専門知識《エピステーメー》(ἐπιστήμη)」については第一巻第一章註(8)参照。「能力《デュナミス》(δύναμις)」については第一巻第一章註(9)参照。「性向《ヘクシス》(ἕξις)」については第一巻第八章註(5)参照。これらはすべて或る働きをもち、何ものかを作りだし、行なわせるものである点では同じである。だが、「専門知識」「能力」が一種の技術知識(「術《テクネー》(τέχνη)」)として相反するものを作りだしうる(たとえば、医術は健康と病気の両方を作りだしうる)のに対して、「性向」は或る特定のものだけを作りだしうる能力である。「ひと」が「どのようなひと(ποιός τις)」であると言われるのがそのひとの持つ知識によらず、そのひとの「性向」により、「人柄《エートス》」によるのはそのゆえである。

(3)「正しさ《ディカイオン》(δίκαιον)」「不正《アディコン》(ἄδικον)」。本章註(1)参照。

(4)「貪欲なひと《プレオネクテース》(πλεονέκτης)」。字義的には、「他人よりも多くを取ろうとする性質のひと」を言う。したがって、それは「不平等な《アニソス》(ἄνισος)」性質のひとである。

(5) この箇所は異読もあり、解釈も分れている。ここでは K^b および Bywater にしたがって 1129^b16 κατ' ἀρετὴν を削除し、「有力者たち(τοῖς κυρίοις)」を寡頭制への言及と解した(cf. Stewart)。

(6)「終極的な器量《アレテー・テレイアー》(ἀρετὴ τελεία)」。本章第十九節 1130^a8–9、また、本巻第二章に述べられるように、勇気、節制というような特殊な器量が「部分的な器量(器量の部分 μέρος ἀρετῆς)」であるのに対して、正義の性向がこれらの特殊な器量をすべて合わせた「全体的な器量(器量の全体 ὅλη ἀρετή)」であることを言う。第二巻第七章、第三巻第六—十二章、および、第四巻で、人柄としての器量は個々の特殊な器量として取扱われた。これはギリシアの伝統的な倫理で数えられる徳目を継承し、日常的な倫理に内含される徳目を摘出する操作であったと言える。そして、「器量《アレテー》(ἀρετή)」という言葉には、本来、人間における特殊な技能、技量の発揮という意味が付着していた(たとえば、勇気は武人としての技量、武人として役に立つひとの技能を意味した——第一巻第五章註(4)参照)。これに対して、プラトン対話篇にも保たれているギリシア伝統倫理によれば「勇気」「節制」「知慧」と並んで、特殊な器量の一つをなした「正義の性向《ディカイオシュネー》」をこれらの特殊な器量から切り離し(第二巻第七章註(1)参照)、全体的な器量として別個の章をあてて論究したのはアリストテレスの功績であり、そこに、『ニコマコス倫理学』、あるいは一般に、アリストテレス倫理学の構成を支える礎石、あるいは、その構造を解く鍵が潜んでいる。すなわち、「正義の性向」は個々の特殊な技量としては把握しえない人間の、人間としての技量であり、完成であると考えられる。「終極的」とは、この意味における人間の全体的な完成を言うものである。おもうに、全体は部分の集積によっては得られない。全体が得られる時、部分は総体的に与えられるのである。ソクラテスの弁証が求めた「器量の全体性」はまさにこれを志向するものであったと言える。「正義論」が『ニコマコス倫理学』全十巻における真中の第五巻をなしているということもアリストテレス倫理学の構成における正義論の位置を示唆するものであろう。ただし、「正義の性向」は「他人に対する関係においてみられた器量の全体なのであり、そのもの自体としてみられた器量の全体ではない(1129b26–27, 1130a10–13 本章註(12)参照)。その限りにおいて、この意味における「正義《ディカイオン》」は「法律にかなうこと《ノミモン》(νόμιμον)」と一致し、それは人倫関係を規制する「法的正義」として把握され、また、そのようなものとして実現されるものである(本章註(9)参照)。

(7) 典拠不詳の詩句。

(8) テオグニス I 147 にも見られる。

(9) ここで「正義の性向」が「器量《アレテー》」であって、したがって、一つの「性向」であるのに、同時に、それが「終極的な器量の発揮(τῆς τελείας ἀρετῆς χρῆσις)」であると言われることに困難が感じられ、原典の修正がいろいろ試みられている。なぜなら、「発揮」と訳した χρῆσις(使用)はプラトンの用語であって κτῆσις(所有)に対立し、アリストテレスにおける「活動《エネルゲイア》(ἐνέργεια)」と「能力《デュナミス》(δύναμις)」の対立に相応するからである(第一巻第八章 1098b32 参照)。だが、写本の間に異読は見られない。われわれはたしかにこの箇所に術語的な明確性を求むべきではないかも知れないが("purely literary"—Burnet; "The expression is certainly loose."—Stewart)、同時に、それは他の器量と異なる「正義の性向」の特殊性を示唆するものと解釈すべきである(本章註(6)参照)。すなわち、正義の性向は人間としての終極的な器量であり、全体的な器量である。そして、まさにそれゆえ、それは発現することなしには存在しえないのである。なぜなら、部分的な器量ならば、場合に応じて、それを発揮することも発揮しないでいることもありうるであろう。たとえば、勇気の器量は適当な機会がなければこれを発揮することはできない(第三巻第六—九章参照)。だが、そのような機会に至れば、発揮しうるようなひとであるから、ひとは勇気あるひとと言われるのであり、このような性向を勇気の器量と呼ぶのである。だが、全体的な器量は場合に応じて異なって発現するのではなく、いつも、同じものとして発現する。したがって、発現していないことはありえない。すなわち、正義の性向とは、ひとが何らか他人との関係に置かれているかぎり実現していなければならない「正しさ」を実現する性向のことである。したがって、もしも、ひとが人間としてあるかぎり、常に何らか他人との関係に置かれることなしには存在しえないとすれば、ひとは正義を実現することなしには——したがって、正義の器量を発揮することなしには——正義の性向を所有することはありえないのである。したがって、正義の性向《ヘクシス》(器量)とその発現《エネルゲイア》は定義の上では区別されうるが、実際上、両者が離れて存在することはない。正義の性向の人間の器量としての終極性はまさにそこにある。第一巻で、幸福は「終極的な器量にしたがった活動」と定義されるが(第七章)、この「終極性」もこのような意味で理解されるべきものと考えられる。

(10) 七賢人の一人。同じ言葉は同じく七賢人の一人であるピッタコスに帰せられることもある(Diogenes Laertius, I 77)。

(11) 「他人のための善(ἀλλότριον ἀγαθόν)」。「他人のものである善」と言ってもよい。プラトン『国家』第一巻 343 C では、ソフィストのトラシュマコスが同じことを述べている。ただし、その場合は、ここと異なり、「正義の性向」を弱者の道徳として貶する言葉である。

(12) 「器量」とは或る事物の存在を前提し、その存在に本来そなわる働きを実現させる性能であり、事物に固有の存在を完成するものである(第一巻第五章註(4)参照)。したがって、それは事物自体の存在との関係によってのみ定義される。正義の性向がこのような観点から見られる時、それは人間の「終極的な器量」である。だが正義の性向が正義の性向であるのは、そのひとの他人に対する関係の正しさとして、他者への関連によってのみ定義されうる。両者の違いは、正義の性向を自己連関において見るか、他者連関において見るかの違いであって、そのもの自体としては両者は同一である。

第二章

(1) 第十巻第九章、および、『政治学』第三巻第四章参照。

(2) 「配分的正義《ディアネメーティコン・ディカイオン》(τὸ διανεμητικὸν δίκαιον または τὸ νεμητικὸν δίκαιον)」および、「規制的正義《ディオルトーティコン・ディカイオン》(τὸ διορθωτικὸν δίκαιον)」と呼ばれる部分的な正義の二種。前者は第三章で、後者は第四章で扱われる。大雑把に言えば、配分的正義は一つの「共同体(κοινωνία)」を前提し、この共同体に属する「共同なもの(τὰ κοινά)」を共同体を構成する構成員(οἱ κοινωνοί)の間に分割、配分する際の規準となる正義である。共同体が存在するかぎりにおいて正義がある(第八巻第九章参照)と考えられるかぎりでは、配分的な正義はもっとも基本的な正義であると考えられている。共同体の構成員の相互関係は共同体の種類に応じて種々雑多である。したがって、これらの間の配分の正義は必然に「比例的」にならざるをえない。これに対して、「規制的な正義」は共同体の存在を初めに前提せず、「人と人の係わり合い(συναλλάγματα)」があるかぎりにおいて、この係わり合いを律する規準として働く正義であるように考えられる(実際に説明されている例は破壊された正義の回復にかかわるが、定義言表のうちにはそのような含意はない——今日、多くのひとびとから反対意見が表明されてはいるが、バーネットの註釈 "for διορθοῦν is a word of far wider meaning than ἐπανορθοῦν and signifies 'to adjust', whether before or after the transaction." はなお傾聴さるべきであると考える)。したがって、「係わり合《シュナラグ》い《マタ》」を構成する二人の人の「平 等《イソテース》(ἰσότης)」の強調が特徴的である。規制的正義はそれが破られれば、人と人の係わり合いが成り立たなくなるもの、したがって、当然、人と人の「結びつき(共同体・κοινωνία)」も成立しなくなるものであると考えられる。このように考える時、配分的正義と規制的正義は「ポリス共同体(πολιτεία)」を構成するための、いわば前者は充分条件、後者は必要条件として把握されていることが分る。

第三章

(1) 「平等《イソン》(τὸ ἴσον)」「不平等《アニソン》(ἄνισον)」。「等」「不等」と言ってもよい。「等しさ」「不等であること」を意味すると共に、「互いに等しい二つのもののそれぞれ」「互いに不等な二つのもののそれぞれ」を意味する(第二巻第六章註(5)参照)。「正しさ」が「中間《メソン》(τὸ μέσον)」であることが「等」を用いて説明される。第二巻第六章で、器量一般が「中間」であることが「等」の概念を用いて説明されたのと同じである。ここでは数学的な「比例」の概念によって「正義」が説明されている。数学的な「比例」の用い方については Heath, MA, p. 272-275 参照。

(2) 「同じひとつの等しさ(ἡ αὐτὴ ἰσότης)」。比例をなす二項ずつ二組の項(AとB、CとD)において、一組を構成するそれぞれの項の間の「等しさ(AとBの等しさ、CとDの等しさ)」が同じであるという意味ではない。むしろ、それ自身としては不等なこれらの項の間に、比例関係の「等しさ」があることを言う。「割合の等しさ(ἰσότης λόγων—1131a31)」、「同じひとつの割合(ὁ λόγος ὁ αὐτός—1131b3)」を参照。「同じひとつの等しさ」における「同じひとつ」は、それゆえ、比例関係において等号を以て結ばれるものの同一性、すなわち、$\frac{B}{A}=\frac{D}{C}=K$ である時、このKの同一性を言うと考えられる。

(3) 非連続な比例とは A : B=C : D、連続な比例とは A : B=B : C となる比例を言う。

(4) A : B=C : D である時、A : B=(A+C) : (B+D) であることを言う。この場合、AとC、BとDを組合わせることが次に述べられる「組合せ《シュゼウクシス》(σύζευξις)」であり、組合わされたものが「全体《ホロン》(ὅλον)」である(ユークリッド『原理』第五巻第五章参照)。ここでは、全体は「(共同体を構成する)ひと」にその「分け前」を合わせたものである。

(5) 1131^{b}11 〈τὸ δ' ἄδικον〉「–Bywater によらず、M^b により Susemihl, Rackham, Gauthier 等のように、τὸ παρὰ τὸ ἀνάλογον を τοῦ παρὰ τὸ ἀνάλογον と読む。

第四章

(1) 「規制的な正しさ《ディオルトーテイコン・ディカイオン》(τὸ διορθωτικὸν δίκαιον)」。本巻第二章註(2)参照。

(2) 「係わり合い《シュナラグマタ》(συναλλάγματα)」。本巻第八章 1135^{b}29 におけるように、狭義においては「取引、契約」、ことに、「商取引」を意味するが——そこから、通常、"transactions" "bargain" "die verträglichen Beziehungen" と訳される——ここでは、本巻第二章 1131^{a}1–9 に列挙される例に見られるように、広義における「人と人との〔利害関係を内含する〕係わり合い」を意味するものとして用いられているように見える。

(3) 本巻第三章 1131^{b}12.

(4) 「中立者《メシディオス》(μεσίδιος)」。「仲保者《メシーテース》(μεσίτης)」と同じ。

(5) 「中正《メソン》を手に入れる時、公正《ディカイオン》を手に入れる」。字義は「中間を手に入れる時、正しさを手に入れる」。

(6) 偽アレクサンドロスによれば、この語戯はピュタゴラス派に由来すると言われる(偽アレクサンドロス〔アプロディシアスの〕『形而上学註解』M 4, 1078^{b}9. Comm. in Arist. Graeca I, p. 741. 5)。

(7) 〔……〕の部分(1132^{b}9 ἔστι ……11 τοιοῦτον)は 1133^{a}14–16 と同一であり、錯入と考えられる。

第五章

(1) 「応報、または、応報の理(τὸ ἀντιπεπονθός)」。「相手に与えただけのものを受けること」の意。
1132^{b}23 ἄλλῳ は L^{b}M^b により Jackson, Gauthier にしたがい削除。

(2) 「応報の理、または、応報の正義」と配分的正義、および、規制的正義の関係については解釈が分れている。ただ、本章においてアリストテレスに認められ、許されている範囲での「応報の正義」について言えば、それは「交換による人と人の結びつき(αἱ κοινωνίαι αἱ ἀλλακτικαί)」を成立させるものとしての正義であると言えよう。その限りで、本巻第二章註(2)に示した配分的正義と規制的正義の理解が正しいものとすれば、これはこれら前二者とは異なる第三の正義として提出されていると言うことができる。ここで前面に出てくるものは、共同体でも、人と人の係わり合いでもなく、品物と品物の交換であり、他方のもつ品物を相互に要求し合うひとびとの結びつきである。したがって、この正義によって規制されるものは「需要(ἡ χρεία)」である。そして、需要が人と人を結びつけ、ポリス共同体を構成させたという観点から見るならば、前二者がポリス共同体を支える形相面での正義であるのに対して、この正義はポリス共同体を支える質料面での正義であると見ることができよう。

(3) この詩句はヘシオドスのものとされている(Hesiodos fr. 174 Rzach)。

(4) 【………】部分は錯入と考えられる。

(5) 「貨幣《ノミスマ》(νόμισμα)」は字義的には「習慣によって承認されたもの」の意味。この点「法律《ノモス》(習俗・νόμος)」に通ずる。

(6) この一文の意味については、いろいろ推測されているが、明瞭ではない。

(7) 1133^{b}9 οὗ ἔχει を Muenscher, Gauthier にしたがい、οὗ ⟨οὐκ⟩ ἔχει と読む。

第六章

(1) この場合、行為は性向から出るものではないゆえ、かれは「無抑制なひと」ではあっても「ふしだらなひと」とは言われない(第三巻第二章 1111^{b}5–6, 13–14, 1112^{a}1–3, および、第七巻第三章参照)。

(2) この章のこの部分は他の部分と関連なく、第八章に引きつがれている。

(3) 本巻第五章 1132^{b}21–1133^{b}28.

(4) 1134^{a}35 λόγον は M^{b} により、Gauthier のように、νόμον と読む。

(5) 本巻第一章 1130^{a}3, 同章註(11)参照。

第七章

(1) アムピポリスの戦いで戦死したスパルタの武将(ツキディデス V 6–11 参照)。

（2）「正しさ《ディカイオン》(δίκαιον)」と「不正《アディコン》(ἄδικον)」が或る事柄の正・不正、および、抽象的に言われる正・不正であるのに対して（本巻第一章註（1）参照）、「正義の行為《ディカイオーマ》(δικαίωμα)」「正しい行為《ディカイオプラゲーマ》(δικαιοπράγημα)」と「不正の行為《アディケーマ》(ἀδίκημα)」は行為の正・不正を言う。そして、これらには、それぞれ、動詞形の「正しい行為をする《ディカイオプラゲイン》(δικαιοπραγεῖν)」と「不正の行為をする《アディケイン》(ἀδικεῖν)」、および、その受動形である「正義の行為をされる《ディカイウースタイ》(δικαιοῦσθαι)」と「不正の行為をされる《アディケイスタイ》(ἀδικεῖσθαι)」が対応する（本巻第九章参照）。「正義の行為」と「正しい行為」と訳し分けた δικαίωμα と δικαιοπράγημα は字義的には共に「行為の正」を言うが、慣用上、本文に述べられているような相違（「正義の行為」はすでになされた「不正の行為」を匡正し、正義を回復する行為である）があり、邦語にもいくらかそのニュアンスが保たれていると考えられるゆえ、上のように訳し分けた。さらに、それが動詞形になると、上に示したように、それぞれの語に応ずる能動形、および、受動形の慣用が異なり、やや複雑になっている。すなわち、能動形の δικαιοπραγεῖν は δικαιοπράγημα に応じ、受動形の δικαιοῦσθαι は δικαίωμα に応ずる（否定形の ἀδικεῖν の方にはこの違いはない）。これらにあてた訳語は、日本語として、必ずしも良いものとも、また、ニュアンスを伝えるものとも思わないが、第九章の弁証論法《ディアレクティク》を写すための止むを得ない形式化と

	肯定	否定
I 事柄(πρᾶγμα)（個別的・特殊的、または、一般的に）	正しさ《ディカイオン》（または正義）正しいこと(δίκαιον)	不正《アディコン》 不正なこと(ἄδικον)
II 人柄(ἦθος)	正義の性向《ディカイオシュネー》(δικαιοσύνη)	不正の性向《アディキアー》(ἀδικία)
III 行為(πρᾶξις)	(i)正義の行為《ディカイオーマ》(δικαίωμα) (ii)正しい行為《ディカイオプラゲーマ》(δικαιοπράγημα)	不正の行為《アディケーマ》(ἀδίκημα)
IV (a) IIIの動詞形 能動形	正しい行為をする《ディカイオプラゲイン》(δικαιοπραγεῖν)	不正の行為をする《アディケイン》(ἀδικεῖν)
V (b) IIIの動詞形 受動形	正義の行為を《ディカイウー》される《スタイ》(δικαιοῦσθαι)	不正の行為を《アディケイ》される《スタイ》(ἀδικεῖσθαι)
VI Iをすること（能動形）	正しいことをする《ディカイア・プラッテイン》(δίκαια πράττειν)	不正なことをする《アディカ・プラッテイン》(ἄδικα πράττειν)
VII Iをされること（受動形）	［正しいことを《ディカイア・》される《パスケイン》］(δίκαια πάσχειν)	不正なことを《アディカ・》される《パスケイン》(ἄδικα πάσχειν)

［　］は原文には実例のみられないものである。

考えてこれを用いた。言葉の上でのこのような脈絡を把握することなしに、この弁証論の真義を把握するのは困難と考えるからである。これらはギリシア語の慣用にのっとったものではあるが、必ずしも、慣用そのままではなく、アリストテレスの創作した用語法であり、本巻では精確に区別して用いられていると考えられる。

これらの用語法を第一章註(1)に説明した用語法と合わせて図示したものが前頁の図表である。

(3) これに当たる論述は見出されない。

第八章

(1) 「正しい行為をする《ディカイオプラゲイン》」「不正の行為をする《アディケイン》」「正しいことをする《ディカイア・プラッテイン》」「不正なことをする《アディカ・プラッテイン》」の用語法については本巻第七章註(2)参照。「付随する《シュムベベーケナイ》(または、付帯する)」とは或る事柄〔甲〕が或るもの〔乙〕の本質存在をなすことなしに、そのもの〔乙〕について述べられることを言う。一般的には『形而上学』第五巻第七章 1017ª7 f., 第六巻第二章参照。また、本章 1135ᵇ3–6 参照。

(2) 本意であっても、必ずしも、選択から出るものであることを要しない(第三巻第一—二章、および、本章第五節 1135ᵇ8–11 参照)。したがって、「正しい行為《ディカイオプラゲーマ》」「不正の行為《アディケーマ》」をするひとは、必ずしも、「正しいひと《ディカイオス》」「不正なひと《アディコス》」ではない。これらを「選択にもとづいて(ἐκ προαιρέσεως)」するひとが「正しいひと」「不正なひと」だからである(本章第十一節 1136ª1–5 参照)。したがって、外的な行為としては同じひとつの行為が内容的には次の三つでありうることになる。(1)「正しいこと(または不正なこと)をすること」、(2)「正しい行為(または不正の行為)をすること」、(3)「正しいひととして(または不正なひととして)正しい行為(または不正な行為)をすること」。すぐれた意味で道徳的な行為は、もちろん、第三のものに限られる。したがって倫理学の目ざす人間の完成は第三種の行為をなすことにある。

(3) 第三巻第一章。

(4) 第三巻第二—三章参照。

(5) 本章註(2)参照。

(6) 「無知のゆえに」と「無知であって」の別については第三巻第一章第十四節 1110ᵇ24–27 参照。

(7) ここで不本意な行為と言われるものには第三巻第一章で不本意と定義されないものが含まれている。けれども、ここに

「自然なものでも、人間的なものでもない情念」と言われるものは、第七巻第五章 1148^b19–25 で述べられる獣的なものであって、これは第三巻では取扱われていなかったと考えることもできる。

第九章

（1）本章はきわめて弁証論的に展開されている。「不正の行為をされる」「不正の行為をする」「不正なことをされる」「不正なことをする」の用語法については、本巻第七章註（2）参照。

（2）エウリピデス『断片』（『アルクマイオン』）68（Nauck²）.

（3）「正義の行為をされる《ディカイウースタイ》」「正しい行為をする《ディカイオプラゲイン》」の用語法については、本巻第七章註（2）参照。

（4）この場合、「正義の行為をされる《ディカイウースタイ》（δικαιοῦσθαι）」は「正義の裁きを受ける（δίκην διδόναι, δίκην λαμβάνειν）」と同義で、「正義を与えられること」「正しい状態に戻される」の意味を内含していると考えられる。したがって、ここには「正し《ディカイ》い行為《オプラゲーマ》」と区別される「正義の行為《ディカイオーマ》」の意味が保たれていると考えられる（本巻第七章 1135^a12–13, 同章註（2）参照）。したがって、「正義の行為をうける」と訳した方が適当と考えられるが、形式的整一性を保つため、本文のように訳した。

（5）これは第七巻に定義されるものとは異なる「抑制のないひと」である。たとえば、無抑制のゆえに姦通するひとのようなものが考えられているのだろうか。いずれにせよ、弁証論法の一つである。

（6）『イリアス』VI 236.

（7）1136^b3–5.

（8）狂人に与えられる薬草。

第十章

（1）「公平な性向《エピエイケイア》（ἐπιείκεια）」「公平なひと《エピエイケース》（ὁ ἐπιεικής）」。ἐπιεικής, -ές は、本来、「ちょうど良いこと」「適合」を意味する。『ニコマコス倫理学』では、（1）「善いひと《アガトス》（ἀγαθός）」「立派なひと《スプーダイオス》（または、優れたひと・σπουδαῖος）」の同義語として用いられる場合——これは「高尚なひと」と訳した——また、これらのひとの性向、行為を意味する場合（随所に見られるもっとも多い用法——第一巻第十三章 1102^b10 等、本章 1137^b1 参照）、（2）「善いもの《アガトン》（ἀγαθόν）」の同義語で、欲求の向うものを意味する場合――これは「いいもの」と訳した(第十巻第二章 1172^{b}11)、(3)「正しさ《ディカイオン》」の同義語で、或る種の正しさを意味する場合――これは「公平」「公平なひと」と訳した(本章に見られる例)――がある。これらの諸義の事象的、ないし、歴史的連関を解明することは『ニコマコス倫理学』解釈における要《かなめ》の一つであると考えられるが、まだ、充分に満足すべき帰結に達していないので、やむなくこれらの三義を弁別し、区別して訳出するにとどめた。

(2) 1137^{b}1 τὸ ἐπιεικέστερον を Ross にしたがい、τῷ ἐπιεικέστερον と読む。

(3) 1137^{b}4-5 N^{b}Γ により、Ross にしたがい οὐ δίκαιον を削除。

第十一章

(1) 本章は内容上、第九章につながる。

(2) この句の解釈は種々分れている。

(3) 本巻第九章 1136^{b}3-6 参照。

(4) 註(3)と同じ。

第六巻

第一章

(1) 第二巻第二章 1104^{a}11-27, 第六章 1106^{a}26-1107^{a}27.

(2) 「まっとうな分別《オルトス・ロゴス》(ὁ ὀρθὸς λόγος)」については第二巻第二章註(3)参照。第二巻第二章 1103^{b}32 で、あるべき行為の規準として簡単に言及され、第六章 1107^{a}1 では「賢慮あるひとがそれにしたがってこれ〔中間〕を規定するであろうような、そういうものごとの分別(λόγῳ…ᾧ ἄν ὁ φρόνιμος ὁρίσειεν)」と言われた「まっとうな分別」の何であるかが本巻で取上げることが約束される(第三巻第五章 1114^{b}29, 第十一章 1119^{a}20, 第五巻第十一章 1138^{a}10 でも言及されている)。ただし、以下に展開される議論の筋はかならずしも明確とは言えない。

（3） 「標石《ホロス》(ὅρος)」。それを規準として中間と中間を外れるもの(過剰と不足)が分別される目じるしである。したがって、それは「まっとうな分別を示す標石(τούτου ὅρος—1138ᵇ34)」とも言われる。個別の行為において、どこに「まっとうな分別」があるかを示す規準の問題は『エウデモス倫理学』では正面から取上げられた(第八巻第三章 1249ᵃ21–ᵇ25——そこでは「神を観ること(τὴν τοῦ θεοῦ θεωρίαν)」が「標石《ホロス》(規準)」であると言われている)。本章は『エウデモス倫理学』のこの箇所に対応する。しかし、それと対応する形では本巻ではこの問題は展開されない。

（4） ここでは「専門知識《エピステーメー》(＝技術知識《テクネー》)」(特に、肉体にかかわる医術と体育術)のかかわることと「魂の性向(τὰς τῆς ψυχῆς ἕξεις)」のかかわることが並行して、類比的に述べられているようである。魂の性向にかかわる「賢慮《フロネーシス》」は、特殊な善にかかわる専門知識、専門技術に対して、人間における一般的な善にかかわるが、なおかつ、善いもの〔＝善い行為〕を作りだす能力(性能)として、技術と或る種の類似性をもつ器量《アレテー》だからである(本巻第五章参照)。この類比はソクラテス・プラトンの伝統であり、『ニコマコス倫理学』の全巻を貫いている。

（5） 第一巻第十三章 1103ᵃ3–7.

（6） 第一巻第十三章 1102ᵃ26–28.

（7） 「他でありうるもの《エンデコメノン》(τὸ ἐνδεχόμενον ἄλλως ἔχειν, または、単に τὸ ἐνδεχόμενον)」とは、或るもの〔B〕について、それがAであると言える時、或る場合には、Aでないこともありうるようなもののことを言う。許容存在とも言われる。「他であ《ウーク》りえないもの《エンデコメノン》(τὸ οὐκ ἐνδεχόμενον ἄλλως ἔχειν)」に対立する。「他でありえないもの」とは、したがって、BがAである時、いつ、いかなる場合にも、「BがAでない」ということのないもののことを言う。必然存在とも言われる(『命題論』第十二—十三章参照)。本巻第三章以下に述べられるように、後者についてのみ観想的な学問認識が成り立つ。前者についてはそれが成り立たない。だが、前者が存在するかぎりにおいて、行為が成り立つ。「エンデコメノン」は行為を生む存在論的な基盤である。アリストテレスにおける観想《テオーリアー》と行為《プラークシス》(ないし制作)の別はこの必然存在とエンデコメノンの別に照応する。これらは『分析論』に展開される学問認識の構造の照明と共に析出されてきた、人間理性の全体構造を支える構造的な二極である。一方を他方から切り離し抽象するだけが能ではない。むしろ、両者の緊張関係のうちに人間理性の全体性、そして、アリストテレスの哲学《ピロソピア》を支える秘密が隠されていると言うべきである。

（8） 「似たものは似たものによって認識される」はエムペドクレス以来の認識論の基本原理(『霊魂論』第一巻第二章 404ᵇ11–

18)である。プラトン『国家』第五巻476 A f. の方式にしたがって、ここでも魂における認識能力の別が存在における存在様式の別に関係づけられている。

(9) 「学問認識をする部分《エピステーモニコン》(τὸ ἐπιστημονικόν)」。「学問的認識《エピステーメー》をうる部分」の意味。「学　問《エピステーメー》(または、学問的認識)」については本巻第三章註(2)参照。「分別をめぐらす部分《ロギスティコン》(τὸ λογιστικόν)」は、プラトンでは理性的な部分、したがって、分別をもつ部分全体の呼名として用いられている(たとえば、『国家』第四巻439D)。だが、ここでは、「分別をめぐらす(τὸ λογίζεσθαι)」は「思案をめぐらす(τὸ βουλεύσθαι)」と同義で、「他でありうるもの」にかかわる実践理性の働きにかぎられる。

第二章

(1) Rossのように、1139^{a}16 αὕτη から第二章とみなし、^{a}17 δή-Bywater は写本のとおり、δ' と読む。

(2) 「真　実《アレーテイア》(ἀλήθεια)」。認識されたものとしての真実である。したがって、それは認識するもののうちにあり、認識するものがもつと言われる(『形而上学』第六巻第四章 1027^{b}25–27 οὐ γάρ ἐστι τὸ ψεῦδος καὶ τὸ ἀληθὲς ἐν τοῖς πράγμασιν…ἀλλ' ἐν διανοίᾳ,…)。事物をありのままに認識することによって、認識するものは「真をうる、あるいは、真である(ἀληθεύει)」と言われる。したがって、ここでは、「真　実《アレーテイア》(ἀλήθεια)」は、「行　為《プラークシス》(πρᾶξις)」と対比され、魂における「分別をもつ部分(τὸ λόγον ἔχον)」、あるいは、「理性《ヌース》(νοῦς)」の二つの在り方、あるいは、「働き《エルゴン》(ἔργον)」を言うと考えられる。バーネットがこれを「行為」と「認　識《グノーシス》(γνῶσις)」と言い直した方が誤解が少なかったろうと言うのはただしい(Burnet, p. 254)。

(3) 「司るもの(κύρια)」。「惹き起すもの」と言ってもよい。「起動因」の意味で端初(ἀρχή)となるものである(cf. Burnet, p. 254)。

(4) すぐれた意味における「行為《プラークシス》(πρᾶξις)」である。広義には、行動一般を言い、動物についても言われうる(たとえば、第三巻第一章 1111^{a}26 参照)。これによって、すぐれた意味での行為を惹き起すものは「理性」と「欲求」であることになる。そして、欲求は目的に、理性は手段にかかわる。この点については『霊魂論』第三巻第九—十章 432^{a}15–433^{b}30 に詳しく展開されている。

(5) 第三巻第三章 1113^{a}11 参照。

(6) 『霊魂論』第三巻第十章(本章註(4)参照)に述べられる、行為を惹き起す二要因、「欲　求《オレクシス》」と「理性《ヌース》」、したがって、選択を決定する要因である「思案《ブーレウシス》(=分別の働き《ロギスモス》)」と「欲求《オレクシス》」(本章第四節参照)がそれぞれの仕方でただしいものであることを言う。「分別〔の働き〕《ロゴス》」(λόγος)が真なるものである」とは目的と手段の連関を辿る思案の働き(=分別の働き)(第三巻第三章参照)が事物の真実にかなったものであることを言う。「欲求《オレクシス》がまっとう《オルテー》なものである」とは、欲求が欲求すべき目的を欲求していること、すなわち、欲求が人間存在の目ざすべき目的に「真直《オルテー》ぐに向っていること(ὀρθή)、外れていないこと」を意味する。「ただしさ《オルトテース》(ἡ ὀρθότης)」の語は多義であり(本巻第九章 1142^{b}17)、思考の働きに関しては「真」を意味し、欲求の働きに関しては「直」を意味する(本巻第九章 1142^{b}7–22 参照)。

邦語でも近代ヨーロッパ語でも同じように、「ただしい(right, recht 等)」という語は多義である。それは、(1)認識の「ただしさ(真)」をも、(2)意志の「ただしさ(直)」をも、さらには(3)、人間関係の「ただしさ(正)」をも意味する。(i)ギリシア語では、(3)の「ただしさ(正)」は「ディカイオン(δίκαιον)」であり、「オルトン(ὀρθόν)」とは、まったく、語源を異にする(本訳では、「オルトン」を「ただしさ」、「ディカイオン」を「正しさ」と訳した)。また(ii)、この箇所、および、上に引用した第九章の箇所から見れば、アリストテレスは「ただしさ《オルトテース》」の第一義を(2)の用法であると示唆しているように見える。ボーニッツの索引から見るかぎり、ὀρθῶςという副詞形を除き、認識の真に関係したὀρθός, ὀρθότηςの用法は僅少である。すなわち、「オルトテース(ὀρθότης)」は、第一義的には、「曲」に対する「直」(直立、垂直、真直、直角等)を意味するその本義にしたがって、意志における直、すなわち、意志がその本来の目的に真直ぐに向っていること、まっとうなものであることを意味したと考えられる。「オルトス・ロゴス(まっとうな分別)」の「オルトス」においてもこの意味は保たれていると考えられる(第二巻第二章註(3)参照)。

(7) 1139^{a}30 ἀλήθεια K^{b} を L^{b}M^{b} により ἡ ἀλήθεια と読んで、「行為にかかわる思考の働きにおける真理はまっとうな欲求との合致のうちにある」と訳してもよい。だが、意味はそれほど違わない。

「まっとうな欲求との合致(ὁμολόγως ἔχουσα τῇ ὀρέξει τῇ ὀρθῇ)」とは、まっとうな欲求に「声を合わせること」、したがって、「まっとうな欲求」が目ざす事物本来の目的(本章註(6)参照)を達成する手段を見付け出すことを言うと考えられる。このようなものが行為にかかわる思考の働き(διάνοια πρακτική)、すなわち、「実践理性(ὁ πρακτικὸς νοῦς—『霊魂論』第三巻第十章 433^{a}14 参照)」における真実《アレーテイア》(ἀλήθεια)である。このような「真実」が得られるためには、したがって、(1)目的がまっとうなものであること、(2)目的・手段の連関が誤らないことの二つが必要である。観想理性の働きにおいては事物のうちにおける存在〔の結合分離関係〕との合致(あるいは、存在との接触)が真実の規準であったのに対して(『形而上学』第九巻第十章参照)、実践理性の働きにおいては〔事物本来の〕目的への適合によってその真実性が測られる。

(8) ここで「理性《ヌース》(νοῦς)」と「思考の働き《ディアノイア》(διάνοια)」は区別されない(1139b4–5 ὀρεκτικὸς νοῦς…ἢ ὄρεξις διανοητική では、それらは同義語である)。行為にかかわる理性《ヌース》の働きは目的に対する手段を見付けだす思案・分別の働きだからである。

(9) 「良い行為《エウプラークシアー》(εὐπραξία)」。「良く行なうこと、旨くやること(εὖ πράττειν)」の名詞形。動詞形と同様、本来は物質的繁栄、成功を意味する語(第一巻第四章註(1)参照)。行為が行為としての「良さ《エウ》」「適宜性」をもっていることを意味する。

(10) 「制作《ポイエーシス》(ποίησις)」は制作活動そのものと異なる或る特定の目的(作品《エルゴン》)を目ざすかぎりで制作である。だが、この制作活動はそれ自体一つの行為であり、したがって、それは行為者自身の選択に依存する。そして、選択はこの行為をいま、ここで「すること」を、ただ、制作される目的との連関において選び取るだけではなく、行為者自身の終極目的との連関において、分別の働きにもとづいて、選び取る(または、選び取らない)のである。このようにして、行為は制作を含み、これを統括するのである。

(11) アガトンは前五世紀末―四世紀初めの悲劇詩人。『断片』5(Nauck[2])。

(12) 「性状《ヘクシス》(ἕξις)」。先に「人柄《エートス》」について言われる時には「性向」と訳したと同じ語。

第三章

(1) ゴーティエの考えでは、この枚挙は、おそらく、クセノクラテスによる。したがって、この五種は理性的部分の器量の考察の出発点として取られた一般的意見であり、アリストテレスの考えでは、これらは結局「認識する部分」と「分別をめぐらす部分」それぞれの器量にあたる「知慧《ソピア》」と「賢慮《プロネーシス》」の二種にしぼられるとゴーティエは考える(Gauthier, EN II, p. 451)。このゴーティエの見解は妥当と考えられる。

(2) 「学問《エピステーメー》(ἐπιστήμη)」。ここでは「技術《テクネー》」から区別される厳密な意味で用いられる。第一巻第一章註(8)参照。

(3) この巻の論述が本書の他の巻におけるものと異なる精確な専門哲学的な論述であることが示唆されている(もっとも、これは本巻がかならずしも充分に展開されたとは言えない断片的論述に止まることと矛盾しない)。そして、これは、とりわけ、エピステーメーを「専門知識」として「術《テクネー》」の同義語とし、種々の技術知識をそこに含めるソクラテス・プラトン的な用法に対して言われうる（第一巻第一章註（1）（8）参照）。

（4）『分析論後書』第一巻第二章 $71^{b}9$–16, 第六章 $74^{b}6$ 参照。

（5）『分析論後書』第一巻第六章、第八章参照。

（6）『分析論後書』第一巻第一章 $71^{a}1$–2.

（7）$1139^{b}28$ ἀρχή は L^{b} により、Greenwood, Rackham にしたがい、ἀρχῆς と読む。

（8）『分析論後書』第二巻第十九章参照。

（9）「性能《ヘクシス》（ἕξις）」。獲得された持続的な能力を言う。人柄については一定の性質の行為を生みだす能力として「性向」と訳した。必ずしも、倫理的なものにかかわらない場合は「性状」と訳した。ここでは、知性の能力として「性向」「性状」とは訳しがたいので、出隆『アリストテレス哲学入門』再新版にならい「性能」と訳した。「論証の性能」とは、それを獲得する時、欲しさえすれば、いつでも、論証しうる能力をそなえた魂の状態を言う。第一巻第八章註（5）参照。

（10）『分析論後書』第一巻第二章 $71^{b}9$–23 参照。本章の註で示してきたように、本章の叙述はまったく『分析論後書』の論述に依拠し、その学問論の要点が摘要されている。

（11）学問《エピステーメー》が学問であるためには原理に関する認識が何ものかによって与えられていなければならない。それは学問に原理を与える「直観《ヌース》」の働きである（『分析論後書』第二巻第十九章 $100^{b}5$–17 参照）。それゆえ、エピステーメーはそれだけでは「認識する部分」に真理を与える器量ではない。

第四章

（1）「制作（ποίησις）」の動詞形 ποιεῖν は必ずしも本章で定義されるように「行為する（πράττειν）」と区別される「制作する」を意味するものではなく、本書全般では「なす」という意味で πράττειν と同義に用いられる。また、広義には、「行為」は「制作」を含む（第一巻第一章註（1）参照）。

（2）「一般向きの論述（οἱ ἐξωτερικοὶ λόγοι）」については第一巻第十三章註（2）、また、同巻第五章註（5）参照。

（3）「分別の働きを伴う行為の性能（ἡ μετὰ λόγου ἕξις πρακτική）」「分別の働きを伴う制作の性能（ἡ μετὰ λόγου ποιητικὴ ἕξις）」。「性能（ἕξις）」の訳語については本巻第三章註（9）参照。また、一般に ἕξις については第一巻第八章註（5）参照。

「分別の働きを伴う(μετὰ λόγου)」は「分別にかなった、分別にしたがった(κατὰ λόγον)」と区別されて、或るものが分別の命ずる規定にかなったものであるだけではなく、さらに、分別の働きをそのもの自体のうちに含み、みずからそれを働かせることによって、分別にかなったものになる、あるいは、分別にかなったものを作りだしてゆくことを言うと考えられる(本巻第十三章 1144^{b}25–27 参照)。それゆえ、「分別にかなった(κατὰ τὸν λόγον)」、または、「まっとうな分別にかなった(κατὰ τὸν ὀρθὸν λόγον)性向」は第二義において「分別をもつ(λόγον ἔχειν)」と言われるもの、すなわち、そのもの自体のうちに分別の働きをもつのではないが、分別の言葉(命令)に聞き従いうるという意味で「分別をもつ」と言われうるもの(魂における欲求的な部分—第一巻第十三章 1102^{b}13–1103^{a}3, 同章註(8)参照)についても言われうるが、「分別の働きを伴う性能」は第一義的に「分別をもつ」と言われるもの、すなわち、本巻で取扱われている、魂における「理性的な部分(τὰ νοητικὰ μόρια—1139^{b}12, τὸ διανοητικόν—1139^{a}29)」についてのみ言われうる。前者が「人柄としての器量(ἡ ἠθικὴ ἀρετή)」であり、後者が「思考の働きとしての器量(ἡ διανοητικὴ ἀρετή)」である——ゴーティエに反して(cf. Gauthier, EN II, p. 459)、本巻では他の巻には見られない「学術語による精確な論述(ἀκριβολογεῖσθαι)」が展開されていると私は考える(本巻第三章 1139^{b}19, および、同章註(3)参照)。(1)「分別にかなった、または、したがった(κατὰ λόγον, κατὰ τὸν λόγον)」または、「まっとうな分別にかなった、または、したがった(κατὰ τὸν ὀρθὸν λόγον)」と、(2)「分別の働きを伴う(μετὰ λόγου)」の用例は上に述べたことを証する。

(i)前者(1)のこの意味での用例は第一巻第三章 1095^{a}10, 第七章 1098^{a}7, 第二巻第二章 1103^{b}32, 第三巻第十二章 1119^{b}15, 第六巻第一章 1138^{b}25, 第十三章 1144^{b}23, 26, 第七巻第八章 1151^{a}22, 第九巻第八章 1169^{a}5 に見出される。この用法は、「分別の命ずるところにしたがって(ὡς ἂν ὁ λόγος τάξῃ, ὡς ἂν ὁ λόγος, ὡς ὁ λόγος)」(第三巻第七章 1115^{b}12, 19, 第八章 1117^{a}8, 第十二章 1119^{b}18, 第四巻第五章 1125^{b}35)、または、「まっとうな分別の命ずるところにしたがって(ὡς ἂν ὁ ὀρθὸς λόγος προστάξῃ,…λέγῃ, ὡς ὁ ὀρθὸς λόγος)」(第三巻第五章 1114^{b}29, 第十一章 1119^{a}20, 第六巻第一章 1138^{b}20, 29)という表現と並行する類義の表現であり、共に、第二義において「分別をもつもの」、すなわち、「欲求的部分」が分別の命令に随従し、これにかなった状態にあることを言う。

(ii)これに対して、このような第二義において「分別をもつ部分」が分別の命令に反することは「分別に反して、分別に外れて(παρὰ τὸν λόγον)」(第一巻第十三章 1102^{b}17, 24, 第七巻第四章 1148^{a}29, 第九章 1151^{b}35, 1152^{a}3)、または、「まっとうな分別に反して(παρὰ τὸν ὀρθὸν λόγον)」(第五巻第十一章 1138^{a}10, 第七巻第四章 1147^{b}31, 第八章 1151^{a}12, 21)と言われる。

(iii)「分別の働きを伴う(μετὰ λόγου)」のこの意味での用例は第一巻第七章 1098^{a}14, 第六巻第四章 1140^{a}4f., 第五章 1140^{b}5, 28, 第十三章 1144^{b}30, 第九巻第八章 1169^{a}1 である。「まっとうな分別の働きを伴う(μετὰ τοῦ ὀρθοῦ λόγου)」(第六巻第十三章 1144^{b}27)、または、「真なる、または、偽なる分別の働きを伴う(μετὰ λόγου ἀληθοῦς, …ψευδοῦς)」(第六巻第四章 1140^{a}10, 22)と言われることもある。

(iv)これに対して、このような分別の働きをそのもの自体のうちに伴わない或る種の適合性(たとえば、「勘の良さ《エウストキアー》」)については「分別の働きを伴わない(ἄνευ λόγου)」と言われる(第六巻第九章 1142^{b}3)。したがって、「分別の働きなしにはありえない(μὴ ἄνευ λόγου)」とは、「このような意味での分別の働きをそのもの自体のうちにもつことを前提して」の意味である(第一巻第七章 1098^{a}8, 第六巻第九章 1142^{b}12)。——これらの区別は第一巻第七章の幸福の定義にあらわれる「分別にかなった(κατὰ λόγον—1098^{a}7)」「分別の働きなしにはありえない(μὴ ἄνευ λόγου—1098^{a}8)」「分別の働きを伴う(μετὰ λόγου—1098^{a}14)」のニュアンスを知る上に重要である。

(4) 1140^{a}5 διὸ K^{b}O^{b}–Bywater は、L^{b}M^{b} により Gauthier のように καὶ と読む。

(5)「技術《テクネー》(τέχνη)」。他の巻では「専門知識《エピステーメー》」と同義に、一般に、人間の行動(ποιεῖν＝πράττειν)を導き、求める目的を達成させる「分別」「手立て」を意味した(第一巻第一章註(1)参照)。この意味では、この語を「術」と訳した。しかし、ここでは「テクネー」は「行為」と区別される意味での「制作」を導く性能と定義される。この意味における「テクネー」を「技術」と訳した。この区別は人間の行動の追求する目的の特殊性(過程性)と全体性(終極性)の区別に応じて生れる「技術」と「賢慮《プロネーシス》」の区別(本巻第五章 1140^{a}25–30)に相応する。ここに、人間の合理的行動を特殊な目的の追求としての技術に定位して捉え、これとの類比によって、一般に、人間の行動の原理を追求しようとした(あるいは、少なくも、そこに秘むアポリアを露《あば》こうとした)ソクラテスの試み、また、この試みの途上で成立した「専門知識《エピステーメー》(ἐπιστήμη)」「術《テクネー》(τέχνη)」「能力《デュナミス》(δύναμις)」の同義化——そして、おそらくは、これらすべてを一つの「賢慮《プロネーシス》(φρόνησις)」として把握する試み——というソクラテス・プラトンの伝統はいちおう傍に置かれ、人間の行動はこれらの語によって理解されうる諸領域の分別を介して、その原理が構造的に把握されることになった。アリストテレス倫理学を構成するモメントの一つは、おそらく、そこにある。本章に見られる「分別の働きを伴う行為の性能」「分別の働きを伴う制作の性能」という、いささか、難解な表現はこのソクラテス・プラトンの「術《テクネー》」を「賢慮《プロネーシス》」、および、「技術《テクネー》」として分別するための苦心の操作であったと考えられる。これに応じて、エピステーメーは「論証の性能」(第三章)と定義される。

(6)「…を本質とするものの一種(ὅπερ…τι)」という表現については『分析論後書』第一巻第二十二章 83^{a}7, 14, 24, 29, 83^{b}10, 同章訳者註(3)参照。

(7)「真なる分別の働き(λόγου ἀληθοῦς)」の「真なる」は「他でありうるもの」にかかわる「分別をめぐらす働き(λογισμός)」における「真」であり、したがって、技術の追求する目的に対する手段選択の適合性を言う(本巻第二章 1139^{a}21–31, 同章註(7)参照)。

(8) 1140^{a}11 καὶ θεωρεῖν の καὶ は Muretus, Susemihl, Rackham, Gauthier 等にしたがい、削除。

(9)『断片』6(Nauck^{2})。

第五章

(1)「賢慮《プロネーシス》(φρόνησις)」。イェーガーの研究(W. Jäger, A)以来、アリストテレス倫理学の研究で特別な位置を与えられてきた語であるが、『プロトレプティコス』──→『エウデモス倫理学』──→『ニコマコス倫理学』へと、プラトン的な観想知としてのプロネーシスからアリストテレス固有の実践知としてのプロネーシスへの発展が段階的に見られるとするイェーガーの説は、今日もはや定説としては認められがたいと言えよう(ゴーティエのこの箇所への註参照)。ここでは、本章、第七章、第八章に明らかに示されるように、「賢慮《プロネーシス》」を「自己にかかわる知識」、したがって、「自己にとっての善いものと悪いものにかかわる知識」と諒解するに止めたい。それはものごとの「ただしい分別」に関する明察、自己を含めた事物全体の秩序の明察であり、この意味で「まっとうな分別」が「賢慮」であると言われる(第十三章 1144^{b}27–28)。第二巻第二章註(3)参照。そして、本書の全巻を通じて、この諒解に反するこの語の用法を認めがたいと考え、二、三の例外箇所を除き、一貫して φρόνησις を「賢慮」、φρονεῖν を「賢慮をもつ」と訳した。

(2)「分別の働きを伴う、真なる行為の性能(ἕξιν ἀληθῆ μετὰ λόγου πρακτικήν)」。この定義は 1140^{b}20–21 でも繰返される(ただし、ここでは ἀληθοῦς M^{b}Γ という異読がある)。第四章では、これと類縁の定義が技術についてなされた。だが、そここでは技術は「真なる分別の働きを伴う制作の性能(ἕξις μετὰ λόγου ἀληθοῦς ποιητική—1140^{a}10, 20)と定義され、「真なる」の限定詞は「分別」に付されている。すなわち、「真なる」の限定詞は賢慮については「性能」にかかり、技術については「分別」にかかるのである。この点について学者の意見は分れている。賢慮が「真なる…性能(ἕξις ἀληθής)」と言われることを本巻第二章1139^{b}13, 第三章1139^{b}14–15に関係させて理解し、この定義は、賢慮とは魂が真をうるための性能の一つであることを言うものだと解するゴーティエの解釈は、おそらく、ただしい(Gauthier, EN II, p. 461 参照。したがって1140^{b}21 ἀληθοῦς の異読に従ってはならない)。しかしながら、ゴーティエのように、これと同様の解釈を技術の定義についてもおしひろげるべきではない。もとより、バーネットの指摘するとおり(Burnet, p. 262)、この「真なる(ἀληθής)」は「分別」に関係づけられても、「性能」に関係づけられても、実質的な変りはないであろう。すなわち、これらは、いずれも、広義の「なすこと(ποιεῖν)」における手段選択の適合性としての真を言うものである(本巻第二章註(7)、第四章註(7)参照)。そのような真をうる性能の獲得がそれぞれ技術であり、賢慮である。しかしながら、われわれは第四章では技術について、第五章では賢慮について、二度ずつ反復されているこの定義の相違をも尊重すべきであると考える。すでに指摘したように、本巻では他の巻とは異なり「学術語による精確な論述(ἀκριβολογεῖσθαι)」が企図されていると考えられるのである(本巻第三章1139^{b}19, および、同章註(3)参照)。とすれば、この定義の相違は「技術」と「賢慮」の「真実」に対する関わり合いの相違を暗示するものではなかろうか。少なくとも、この表現の背後には、技術については、用いられる「分別の働き」が真であるとは言えても、技術そのものを「真なる〔魂〕の性能《ヘクシス》(＝性状、性向)」とは言いかねる事情があり、賢慮については、用いられる「分別の働き」が真であるというに止まらず、さらに、賢慮そのものを「真なる〔魂の〕性能《ヘクシス》(＝性状、性向)」と言わせるものがあったと考えざるをえない。だが、これは技術と賢慮がそれぞれ魂のうちにおいてもつ役割の相違を暗示するものではなかろうか。すなわち、技術をもつことによっては、「その理性的な部分の制作機能に関して」という限定を加えないかぎり、魂がどのようなものである(πῶς ἔχει, ποιότης)とは言い難いにもかかわらず、賢慮に関しては、賢慮をもつことによって、魂はそのような限定なしに「真なるものである(真の持続的状態にある)」と言えたのである。すなわち、賢慮とは、あらゆる場合に魂に真を得させる、魂の持続的な状態、性状、性能として、まさに魂の「真なるヘクシス」なのである。これは、技術が部分的な目的に関係づけられるのに対して、賢慮が目的の全体性に関係づけられるという両者の区別に応ずることである(1140^{a}25–30, また第二章1139^{b}1–3 になされる行為と制作の別もこれと同様である)。本章の結語をなす「賢慮は器量であって、技術ではない〔したがって、技術は器量ではない〕」(1140b24–25)という言葉の意味もそこにある。

(3) 1140b15 δύο ὀρθὰς–Bywater は多くの写本にしたがい δύσιν ὀρθαῖς ἴσας と読む。

(4) 1140b18 ἀρχή は Lb により ἡ ἀρχή と読む。

(5) 「技量」と訳した語は「器量」と訳した語と同じ ἀρετή である。ここでは、第七章 1141a12 と同じ意味である。この語のニュアンスについては第一巻第五章註(4)参照。

(6) 「判断をくだす部分(τὸ δοξαστικόν)」。本巻第一章 1139a12 に「分別をめぐらす部分(τὸ λογιστικόν)」と言われるものと実質的には同じ。プラトン的な用語法と考えられる。

(7) 賢慮における「分別(λόγος)」の働きは、技術におけると違い、必要に応じて、魂がそれを用いることによって働くものではない。それは魂の全体を真なるものの内に置く、あるいは、魂のうちに持続的な真なる状態を作りだす働きである。これによって、賢慮をもつ魂のなす選択は常にまっとうな真なるものとなる。賢慮がこのような「〔魂の〕真なるヘクシス」であるかぎり(本章註(2)参照)、賢慮に関して忘却はありえない。

第七章

(1) ゴーティエは、ここで、章が分れるのではなく、第六章は第七章(これは 1141b8 までを言う)と合して一つの纏りをもつと考えている(Gauthier, EN II, p. 490)。すなわち、第七章は第六章と共に、「学問《エピステーメー》」「直観《ヌース》」「知慧《ソピア》」の連関を明らかにすることによって、魂の理性的部分のうちの第一の部分、すなわち、観想理性(第一章では「学問認識をする部分《エピステーモニコン》」と言われた)の器量が「知慧《ソピア》」であることを明らかにすると考える。これはただしい見方であろう。

(2) 「完全な技量(ἀρετὴ τέχνης)」。「技術における器量」の意味で「技量」と訳した。「完全な」は意味を補うために付した。アレテーの語のニュアンスについては第一巻第五章註(4)参照。

「知慧《ソピア》」の語は、ここでアリストテレスが解説しているように、古くは個々の専門技術における力量、技量、たとえば、「大工の技量(『イリアス』XV 412)」、詩人、予言者、将軍の技量等を意味した。ついで、「七賢人《ソポイ》」の例に見られるように、政治家の知慧について語られる。これらはすべて人間の行為、制作、すなわち、広義の「すること(ποιεῖν)」の領域において「いかになすか」を知る知識であり、また、そのような知識をそなえたもののもつ技量である。このような制作知、実践知としての「知慧」の古義から「観想知」としての「知慧」への転換はそれほど古いことではなく、プラトン、アリストテレスの周辺においてであったと考えられる。これらの点については、B. Snell, ABW, p. 1–20; Gauthier, EN II, p. 479–489 参照。

(3) 『断片』2(Allen)。この詩は今日ではホメロスの作とはみなされない。

(4) 「いわば、冠をつけた〔完全な〕学問(ὥσπερ κεφαλὴν ἔχουσα ἐπιστήμη)」。文字通りには、「いわば、頭をつけた学問」である。すなわち、他の学問が原理の直観をそのもの自身のうちに含まず、いわば、頭部を欠いた肢体であるのに対して、知慧は最高原理の直観をも、また、そこから導出される事柄をも含むものとして、頭をつけた完全な肢体に比せられる。

(5) 「政治術《ポリティケー》(πολιτική)」。ポリスにおける万事をどのようにするかの知慧、賢慮である。本巻では、これが「技術《テクネー》」ではありえないことが強調されているので(第四章、同章註(5)、また、第五章、同章註(2)参照)、「政治術」の訳語は必ずしも適当ではなく、「政治の知慧」とした方がよいかも知れない。

(6) $1141^{a}25$ は Bywater によらず、Burnet, Gauthier にしたがって αὐτό を削除し、τὸ γὰρ περὶ ἕκαστα τὸ εὖ θεωροῦν と読む。

(7) 「賢明である(φρόνιμα)」。「賢慮がある」と訳したのと同じ語。『形而上学』第一巻第一章 $980^{b}21$–24 では、蜂がこのような意味で「賢明である」と言われる。

(8) ここに「知慧」は「神学(ἡ θεολογική)」であることが明言されている(『形而上学』第六巻第一章 $1026^{a}18$–32 参照)。

(9) アナクサゴラスやタレスを観想のひととみる見方はプラトン『大ヒピアス』281 C,『テアイテトス』174 A にも見られる。だが、かれらを「知慧あるひと《ソポス》」と呼び、「賢慮あるひと《プロニモス》」とは呼ばないということは、ここに述べられているほど固定したことではない。『プロトレプティコス』では、アリストテレス自身がアナクサゴラスを φρόνιμος の例とし(fr. 5 Ross)、第五章で φρόνιμος と言われるペリクレスは、イソクラテスによれば σοφός と呼ばれている(De Bigis 28; Antidosis 111)。

第八章

（1）1141b26 ὡς τὰ καθ' ἕκαστα は Stewart, Burnet, Gauthier にしたがい、τὰ を削除。

（2）1141b34 γνώσεως は Spengel, Rackham, Gauthier にしたがい削除。φρονήσεως を意味上、補って読む。

（3）失われた作『ピロクテテス』による（Fr. 787, 782. 2, Nauck²）。

（4）本巻第七章 1141b14-15.

（5）『分析論後書』第一巻第三章 72b24 参照。

（6）「固有の感覚対象（τὰ ἴδια）」については『霊魂論』第二巻第六章 418a8 f. 参照。

第九章

（1）「思慮深さ《エウブーリアー》（εὐβουλία）」。「良く思案をめぐらす性質、思案の良さ」を言う。たとえば、戦さにおいては良きおもんばかりを以て、戦さを勝利に導く将軍（知将の類い）の器量である（cf. Herodotus, VIII, 110; Euripides, Phoenissae 721, 746 etc.）。軽率や単なる勇気に対比される。さらに、戦時に要求される勇気に対するものとして、平和時に求められる器量である（cf. Thucydides, I, 84, II, 97—cf. Gauthier, EN II, p. 509-510）。

（2）1142b19 ἰδεῖν は Γ, Burnet, Rackham, Dirlmeier, Gauthier にしたがい、δεῖν と読む。

（3）ここに、賢慮《プロネーシス》が目的にかかわることが明言されている。賢慮は手段にのみかかわるとする先入見から原文の真義を歪曲する解釈家たちの見解は、ゴーティエのただしく指摘するとおり、斥けられねばならない（Gauthier, EN II, p. 518-519）。すでに指摘したとおり、行為にかかわる理性〔的部分〕の真実を構成するモメントは二つある。（1）目的のただしさと（2）手段のただしさである（第二章註（7）参照）。そして、賢慮《プロネーシス》とはこの理性〔的部分〕の真実を、常住、保たせる「〔魂の〕真なるヘクシス」である（第五章註（2）参照）。また、賢慮が個別と一般者の両方（したがって、行為の推論における大前提と小前提の両方）にかかわることも述べられた（第七章 1141b14-22）。したがって、「事物の本然の目的をありのままに把握すること（ἀληθὴς ὑπόληψις［τοῦ τέλους］）」は賢慮の働きでなければならないのである。「思慮深さ」はこの目的にかなう手段を分別をめぐらして把握する働きとして賢慮の一部分である。

第十章

(1)「弁え《シュネシス》(σύνεσις)」「弁えのよさ《エウシュネシス》(εὐσύνεσις)」。元来「ひとの言葉を聞いて理解する」、また、「従う」意味での知を意味する語である。この語の歴史とニュアンスについては B. Snell, ABW, p. 40-59; Gauthier, EN II, p. 519-526 参照。

(2) 1143^{a}14 ἐπὶ を Thurot のように、削除。

第十一章

(1)「洞察《グノーメー》(γνώμη)」は、元来、ものを識別する能力、洞観力を意味する。「弁え《シュネシス》」が聴覚に関係づけられるのに対して、「洞察《グノーメー》」は視覚に関係づけられる。この語のニュアンスと歴史については B. Snell, ABW, p. 20-40 参照。ここでは、それは行為にかかわる個別の事柄の洞察力の意味で用いられている。すなわち、個別の事柄をその特殊な姿のままにきめこまかにその真実相を見抜く力であり、したがって、法律の条文を文字のまま厳格に適用するひと(ἀκριβοδίκαιος—1138^{a}1)ではなく、時宜に応じて、個別の情況において適切な判定をくだしうるひと、すなわち、「おおらかなひと」「思いやりのあるひと」「寛仁なひと」、その意味で「公平なひと《エピエイケース》」について言われる。アリストテレスがここで「洞察《グノーメー》(γνώμη)」「思いやり深い《エウグノーモーン》(εὐγνώμων)」「思いやり《シュングノーメー》(συγγνώμη)」という同根語を用いて巧みに説明しているのはこのような事柄そのものの連関である。「公平なひと《エピエイケース》」については第五巻第十章、同章註(1)参照。

1143^{a}19 συγγνώμονας を L^{b}Γ により、Gauthier のように εὐγνώμονας と読む。また、1143^{a}20 γνώμην を Gauthier の解釈にしたがい συγγνώμην と訂正する。

(2) 1143^{a}23 ἡ δὲ συγγνώμη…ὀρθή. は Stewart, Gauthier にしたがい、後代の註と考え、削除。

(3) ここで「直観がある(νοῦν ἔχειν)」とは「ものが分っていること」である。すなわち、「直観《ヌース》(νοῦς)」とは個別の事柄の真相の直観である。このように、「直観」は、或る場合には、論証されえない〔論証の〕第一原理についてあると言われ(本巻第六章参照)、或る場合には、個別の事柄についてあると言われる(本章 1143^{a}35–^{b}5)。

(4) これに、第九章で論じられた「思慮深さ《エウブーリアー》」を加える時、第九章以後扱われた種々の知的能力、すなわち、「思慮深さ《エウブーリアー》」「弁え《シュネシス》」「洞察《グノーメー》」――さらに、本章で語られる意味で、個別にかかわるものとしての「直観《ヌース》」を加えて――はすべて行為における理性の真実を生む能力であり、その意味で、すべて「賢慮《フロネーシス》」の一端を担うものとして解釈されていることが分る。すなわち、「思慮深さ」は目的と手段の連関にかかわる分別の能力であり、他のものは個別の状況において目的〔一般者〕の可能なる実現を感得する直観的能力である。第六巻の叙述は必ずしも首尾一貫したものとは言い難いが、このように見る時、その前半(第一—八章)では、魂における理性的な部分の二つ(観想理性《エピステーモニコン》と実践理性《ロギスティコン》)の器量として、「知慧《ソピア》」と「賢慮《プロネーシス》」の二つがあげられ、後半(第九—十一章)では、知的能力をあらわす伝統的な語のうち、いくつかが「賢慮」の一端を担うものとして整理されているとするゴーティエの解釈は当を得たものと言えよう(cf. Gauthier, EN II, p. 507–508)。

(5) 本巻第八章 1142ª26, 同章註(5)参照。

(6) ここでは「論証《アポデイクシス》(ἀπόδειξις)」の語は広義に用いられ、いわゆる「実践的推論(practical syllogism)」の意味である。

(7) 1143ᵇ9 διὸ…11 τούτων は 1143ᵇ5 につづくべきものの錯入と考えられる。

第十二章

(1) 第五巻第一章 1129ª15–17 参照。

(2) 身体の健康な状態が身体の内にあって、健康な働きを生みだすの意味。

(3) 「栄養能力(τὸ θρεπτικόν)」を言う。第一巻第十三章 1102ᵇ11–12 参照。

(4) 第二巻第四章、第五巻第八章 1135ª16–1136ª9 参照。

(5) 「意向《プロアイレシス》(προαίρεσις)」。この語のこのような用法については第三巻第一章註(6)、第二章註(1)参照。

(6) 「才覚《デイノテース》(δεινότης)」。δεινός は、本来、「恐るべきもの」「驚くべきもの」の意味から、「有能なもの」「才覚あるもの」の意味になった。ここと同じようにプラトン『テアイテトス』でも、「才覚ある」は真の哲学者についても、哲学者と異なる政治家の手腕についても言われている(cf. Theaetetus 172 C–177 C, Gauthier, EN II, p. 550)。
1144ª26 αὐτοῦ–Bywater は写本の通り αὐτῶν と読む。

(7) 1144ª27 τοὺς φρονίμους δεινοὺς…を、Greenwood, Gauthier にしたがい、τοὺς δεινοὺς φρονίμους と訂正。Ramsauer, Susemihl, Apelt, Rackham は J. Klein の提案にしたがい、ª29 ⟨τοὺς⟩ πανούργους と読む。

(8) 「魂の目(τὸ ὄμμα…τῆς ψυχῆς)」。プラトンの言葉である(『国家』第七巻 518 C, 533 D 参照)。

（9） $1144^{a}6$–26.

第十三章

（1）「まっとうな分別にかなった（κατὰ τὸν ὀρθὸν λόγον）」と「まっとうな分別の働きを伴う（μετὰ τοῦ ὀρθοῦ λόγου）」の別については本巻第四章註（3）参照。

（2） $1145^{a}2$ δέ は Rackham, Gauthier にしたがい、δή と読む。

（3） $1145^{a}3$ τὸ τοῦ μορίου は Apelt, Gauthier にしたがい、τὸ νοῦ μορίου と読む。

第七巻

第一章

（1）『イリアス』XXIV 258–259.

（2） 第五章 $1148^{b}17$–31.

（3） 第二―五巻。

（4）「抑制《エンクラテイア》（ἐγκράτεια）」「無抑制《アクラシアー》（ἀκρασία）」。元来、自己支配の力の有無を言う語である。ソクラテスの倫理において基本的な意義をもつ語であったらしい。アリストテレスでは器量と悪徳の中間に位置するものとされる。

（5）「情態《パトス》（πάθος）」。これまで、「情」「情念」と訳してきた語である。本来、「作用を受ける《パスケイン》（πάσχειν）」という動詞と同根の名詞で、広く、或るものが作用を受けて蒙った種々な状態を意味する。『形而上学』第五巻第二十一章参照。

（6）「常識《エンドクサ》または、一般の見解（τὰ ἔνδοξα）」。直前に「ひとびとに思われているところ（τὰ φαινόμενα—$1145^{b}3$）」と言われたものと同じ。『トピカ』では弁証論《ディアレクティケー》の出発点をなすと言われる。『トピカ』の定義によれば、「常識《エンドクサ》」とは「すべてのひと、あるいは、たいていのひと、あるいは、知慧のあるひとびとにそうであると思われていること、さらに、知慧のあるひとびとの場合にも、そのすべてにか、たいていのひとにか、とりわけ、人に知られた高名なひとびとにそう思われていること」である(第一巻第一章 100^{b}21–23)。したがって、常識、通念、学界の定説、権威あるひとびとの説等、広く、一般にそう思われ認められていることを指す語である。

(7) ここにアリストテレスの方法の簡単な粗描が与えられている。すなわち、それは、(I)「常識《エンドクサ》(あるいは、一般の見解・τὰ ἔνδοξα)」=「現象事実(τὰ φαινόμενα)」の提示、(II)そこに含まれている「諸難問《アポリアイ》(αἱ ἀπορίαι)」の究明(あるいは、問題の展開)、(III)「難問の解決《リュシス》(λύσις)」=或る常識の虚偽の証明〔したがって、それを廃棄すること〕、或る常識の真実の証明〔したがって、それを保存すること〕=事柄の真実の証示(δεῖξις)の三段階をとって進められる。第二章 1146^{b}6–8 にも同じ内容の簡単な提示が見られる。そして、このプログラムは本章 1145^{b}8 から第三章 1147^{b}19 までで実際に展開されている。このアリストテレスの方法の意義、および、さらに広汎な適用については G. E. L. Owen, TΦ 参照。

第二章

(1) 「ひとびとの目に顕わな事実(τοῖς φαινομένοις)」。第一章 1145^{b}3 で「ひとびとに思われているところ」と訳したのと同じ語であり、これらは同じものである。すなわち、事実とはひとびとに考えられているもの、あらわれているものに他ならない。これらを違うものとする解釈もあるが、この点に関する G. E. L. Owen の前掲論文〔TΦ〕の所説は卓抜であり、示唆に富む。

(2) 常識《エンドクサ》(3)〔1145^{b}12–14〕に矛盾する。アリストテレスの救おうとしている「常識の事実」はまさにこの(3)の見解であるように思われる。常識の提示のうち、ここでだけ、直接法現在形(πράττει…οὐκ ἀκολουθεῖ)が用いられ、「考えられている(δοκεῖ)」「言われている(φασίν)」の語を伴わないのはこのアリストテレスの内心を覗かせるものと言えようか。

(3) 常識《エンドクサ》(1)に矛盾。

(4) 常識(5)の(イ)に矛盾。

(5) 第六巻第五章 1140^{b}4–6 参照。

(6) 第六巻第七章 1141^{b}16, 第八章 1142^{a}24 参照。

(7) 第六巻第十三章 1144^{b}30–1145^{a}2.

(8) 895–916 参照。

第 三 章

（１） 1146b15 ὣς-Bywater は写本のとおり、πῶς と読む。

（２） 第三巻第十章参照。

（３） 行為にかかわる推論における大前提を構成する両項のうち、一方は自己にかかわる一般者であり、他方は事物にかかわる一般者である。この内、自己にかかわる一般者については特殊的、ないし、個別的知識の欠落は考えられず、事物に関してだけ、それが考えられる。

（４） 「事柄自体の成り立ちにしたがって《ピュシコース》(φυσικῶς)」。「そのもの自体の本性にしたがって」と訳してもよい。「論理的に《ロギコース》（または、言葉の上で・λογικῶς)」に対する。λογικῶς が或る事象の成立を或る一定の〔特殊な〕観点から問題にし、論理的に（したがって、言葉の上で）問題となる点を指摘、剔抉する（したがって、また、これを論理的に解決する）論究法を言うのに対して、φυσικῶς は或る事象の成立をそのもの自体の成り立ち（すなわち、本性・φύσις）にしたがって、それゆえ、或る任意な特定の観点からではなく、綜合的な、〔他のものではない、まさに〕当の事象自体に即する観点から考察、説明する論究法を言う。それゆえ、前者（λογικῶς）は弁証論の論法であり、後者（φυσικῶς）が論証のための論法であるとされる（cf. Bonitz, 432b5–11, 835b15–22）。

ここでは、「事柄自体の成り立ちにしたがって」とは、「抑制を失う（ἀκρατεύεσθαι)」という情態（πάθος）がどのようにして起るかがそのもの自体の成り立ちにしたがって考察されることを言う。したがって、それは魂におけるそのような状態の成立の心理学的な説明となっている。

（５） 1147a25 ἡ μὲν…ἡ δ' ἑτέρα は「判断《ドクサ》(δόξα)」の二種を語るとみなすべきである。したがって、この箇所は 1146b35–1147a10 と同じ内容のものではない。先の箇所は行為の推論における「前提命題《プロタシス》(πρότασις)」の二種にかかわり、この箇所は行為するひとの魂の内に生ずる「判断《ドクサ》」の二種にかかわる。実質上、これらが同じものであるとしても、前者は「無抑制《アクラシア》」の考察における「論理的（λογικῶς)」な観点から見られたそれであり、後者は「本性的（φυσικῶς)」な観点から見られたそれである。それらの前提命題が行為するひとの内に、一つの判断として、どのような形で把握されるかに「無抑制」という魂の「情態《パトス》」の成立はかかっているからである。

（６） 「行為にかかわる（ποιητικαῖς)」。ここでは、ποιητικός は πρακτικός と同義に用いられている。『動物運動論』第七章

701^{a}23, また、第一巻第一章註(1)参照。

(7) ここでは、魂の内に、欲望によって或る病的情態《パトス》(πάθος)が生じている時、本来あるべきものとは異なる判断と一種の分別、すなわち、まっとうな分別とは異なる虚偽の分別が働き、「無抑制《アクラシア》」が生れることが説明されている。

A 無抑制の行為

大前提A　小前提A(=B)　結論A—(分別《ロギスモス》A)

「すべて甘いものは快い」　「これは甘い」→「これは快い」

(快いものは欲しい)————(欲望《エピテュミア》)　→これを私は追求する(行為)。

B ただしい行為

大前提B　小前提B(=A)　結論B—(分別B)

「すべて甘いものは健康に悪い」　「これは甘い」→「これは健康に悪い」

(健康に悪いものは欲しくない)————(ただしい欲求)　→これを私は忌避する(行為)。

無抑制の行為において、欲望によって行為が生れるためには、なお、大前提Aが必要である。すなわち、そこに「似而非」分別の働くことが必要である。この際、ただしい行為における、本来あるべき分別の働き(分別B)は働かない。さらに、この際、大前提A、大前提Bは共に一般的判断としては魂の内に内在する。また、小前提A=Bは個別に関する現実的判断(=感覚)として存在する。そこで、この小前提が大前提Aと結合するか、大前提Bと結合するかは魂の性向《ヘクシス》、ことに分別をもたない部分の性向《ヘクシス》によって定まる。つまり、分別をもたない部分における「欲望《エピテュミアー》(ἐπιθυμία)」の存在、および、支配によって定まる。無抑制《アクラシアー》とは、強力な欲望に支配されて、魂の内に一種の酩酊状態が生じ、個別に関する判断(小前提)がただしい欲求にかなった大前提に結びつかず、欲望にかなった大前提に結びつくことによって生ずるのである。

(8) 註(7)に示した表において、ただしい欲求に応ずる「ただしい分別」を示す「これは健康に悪い」という判断(結論B)に相反するものは欲望であって、「これは快い」という判断(結論A)ではない。なぜなら、結論Aは欲望が存在し、支配しないかぎり、行為を帰結しないからである。

(9) 本巻第二章 1145^{b}22–24 参照。

(10) 「本来の意味で知識と言われるに値すると考えられるもの(τῆς κυρίως ἐπιστήμης εἶναι δοκούσης)」。その「何であるか」(本質・一般者)が把握されている個別の知識のこと。

(11) 個別の認識が単なる感覚認識であるかぎりにおいて、その認識は無限定なものを含む。そのかぎりにおいて、それは不定、多数の一般者に関係づけられうる(たとえば、「これは甘い」という判断は多くの一般者に関係づけられうる)。行為にかかわる分別の働きに誤謬が生ずるのも、この感覚認識とその意義づけの関係においてである。

第四章

(1) 第三巻第十章参照。

(2) 1147^{b}35 νικῶν K^{b}–Bywater は、Gauthier にしたがい、通常写本のとおり、νενικηκώς と読む。

(3) オクシュリンコス出土のパピルスに見られるオリュムピア競技の勝利者のリストの中に、前四五六年の拳闘競技の勝利者として「アントローポス(Ἄνθρωπος)」の名前が見られる。なお、この語は一般名詞としては「人間」を意味する。

(4) 1147^{b}23–31.

(5) 長い説明文のため、不完全文章に終っている。内容上は b2 以下に引きつがれる。

第五章

(1) 「邪悪な生れによって(1148^{b}18)」と言われる倒錯的な快楽に応ずる。

(2) 1149^{a}1 τὸν K^{b}–Bywater は通常の写本のように、τὸ と読む。

第六章

(1) 出典不詳。

(2) 『イリアス』XIV 214, 217.

(3) この箇所の論旨はやや不明瞭である。(1)「専横《ヒュブリス》(ὕβρις)」= 欲望のゆえの無抑制——快楽を伴う——これに対してひとは怒るべきである——不正なものである。(2)激情(怒ること)ゆえの無抑制——苦痛を伴う——これに対してひとは怒るべきではない——不正なものではない。このような連関が認められるかぎりで理解される。それゆえ、ゴーティエの言うように、「怒る」はここで二様の使われ方をしているとすべきである(cf. Gauthier, EN II, p. 634)。

(4) 第五章 1148^{b}15–31.

第七章

(1) この章の各部分の連関はややルーズである。

(2) 1150^{a}19–20 M^{b} にしたがい、Ross のように、ἢ καθ' ὑπερβολὴν καὶ と読む。ἢ καθ' ὑπερβολὴν は τὰς ὑπερβολὰς τῶν ἡδονῶν の言いかえと解する。

(3) 第二—三節(【 】の部分)は文脈を中断するし、これまでに述べられたことの反復が多いので錯入と見なした。

(4) テオデクテスはアリストテレスの弟子であった弁論家、悲劇詩人。cf. Nauck^{2}, p. 805.

(5) カルキノスもアリストテレスの好んで引用する悲劇詩人。cf. Nauck^{2}, p. 797.

(6) おそらく、アレクサンドロス大王の宮廷音楽師であったと信ぜられる。

第八章

(1) 第七章 1150^{a}21.

(2) 第二章 1146^{a}31–^{b}2.

(3) 「浮腫症(ὕδερος)」「憔悴症(φθίσις)」。ともに古代医学の疾患名。「癲癇症(ἐπιληπτικός)」に対して、持続的な疾患とされる(cf. Corpus Hippocraticum, Int. 10–12, 23)。

第九章

(4) 1151^{a}10 ἀδικήσουσι K^{b}–Bywater は通常写本のとおりに、ἀδικοῦσι と読む。

（1） 第二章 $1146^{a}16$–31.
（2） 895–916 参照。

第十章

（1） 第六巻第十二章 $1144^{a}11$–第十三章 $^{b}32$.
（2） 本巻第二章 $1146^{a}8$.
（3） 第六巻第十二章 $1144^{a}23$–$^{b}1$.
（4） アナクサンドリデスはアリストテレスと同時代の喜劇作家（fr. 67 Kock）。
（5） エウエノスは前五世紀の詩人、ソフィスト（fr. 9 Diehl）。

第十一章

（1） 第七巻は第一―十章の無抑制に関する論と第十一―十四章の快楽論の二部から成る。快楽論は第十巻第一―五章にも述べられている。この二つの快楽論は『ニコマコス倫理学』における最大の重複部分であり、学者の間に論議を生んでいる。
（2） 第二巻第三章 $1104^{b}8$–$1105^{a}14$.
（3） 「さいわいなひと《マカリオス》（μακάριος）」は「はなはだしく《マラ》（μάλα）」「喜ぶ《カイレイン》（χαίρειν）」ものだとする擬似語源考。

第十二章

（1） 「性能《ヘクシス》（ἕξις）」。「性向」「性状」と訳したのと同じ語。
（2） 快楽は運動過程（欠乏の充足）であるとする説の批判。快楽は「活動《エネルゲイア》」である。
（3） 「術《テクネー》」は一般的な規則を与えるだけである。「活動《エネルゲイア》」はその個別の場への適用であり、これを統べるものは、もはや、「術」ではなく、「賢慮」である（第六巻第五章 $1140^{b}21$–24 参照）。
（4） $1152^{b}26$–$1153^{a}7$.

第十三章

(1) 第十巻第二章にも、これと同様の説が述べられている。
(2) argumentum ad hominem であり、アリストテレスみずからが「劣悪な快楽」「劣悪な知識」を認めているとする必要はない。
(3) これはプラトンの著名なパラドクスへの言及であると考えられる。プラトン『国家』第二巻 360E-362A, 第十巻 613A 参照。また、本書第一巻第五章 1096^a1-2 参照。
(4) ヘシオドス『仕事と日々』763-764.
(5) 第十巻第二章 1173^a4-5 参照。
(6) 1154^a1 μὴ ἡδονὴ は M^b Asp. により μὴ ἡ ἡδονὴ と読み、$^a2$ ἡ は M^b により削除する。

第十四章

(1) 必要不可欠な快楽については本巻第七章 1150^a16 f. 参照。
(2) 本巻第十二章 1152^b26-33.
(3) 1154^a34 ὅτι は Gauthier のように、写本のとおりに読む。
(4) テオプラストス、アスパシウスによれば、この説はアナクサゴラスのものとされる(cf. Diels-Kranz[6], II, p. 28)。
(5) エウリピデス『オレステス』234.

第八巻

第一章

(1) 「愛《ピリア》(φιλία)」。「親愛」「友愛」「友情」とも訳される。φιλός, φιλή は、本来、自分自身への帰属関係を示す語で、「自分のもの」を意味した。そこから、たとえば、「自分の妻」「自分の身内のもの」を指すのに用いられるが、この際、愛情の存在は必ずしも含意されず、家への帰属を意味していたと言われる(Gauthier, EN II, p. 655-658)。それが次第に、相互の親愛関係を意味するものとなり、さらに、同族関係だけではなく、一般に、広く、人間相互の親愛、情愛を意味するものとなった。φιλία(amicitia) 論が「友情論」として展開されるようになる経緯はこのようなところにある。『ニコマコス倫理学』第八、第九巻はこの「友情論」の、今日に残されているかぎり、最古の、もっとも古典的な一例で、その完璧な構成と強靭な思索によって一大哲学的文学的作品となっている。φιλία の語のもつ、上述のような意味の広がりを顧慮しつつ、これを「愛」と訳した。

(2) 第八、第九巻は註(1)に述べたような観点からみて、『ニコマコス倫理学』全巻の構成から切り離されても、一つの纏まりをもった完全な作品とみなすことができるであろう。だが、同時に、それは本書全体の内に美しく象嵌され、人生の最終目的である「観照」を論ずる第十巻の前に位置し、器量論として展開されてきたこれまでの論述(第二―七巻)を総括し、人間における特殊な諸器量が目ざしている終極の目標が結局どこにあったのかを明示しようとする。本巻冒頭のこの一文「おもうに、愛は人間の器量の一つであるか、あるいは、むしろ人間の器量に伴う何ものかなのである」はこの連関を闡明するものである。一文の後半に力点が置かれているのはいうまでもない。愛は単に、人間の一つの特殊な器量なのではなく、すべての器量の充全な展開をまって、いわば、その要《かなめ》として、器量がそこに終極してゆく到達点であり、それ自体は器量ではないが、いわば、器量の実りとして、器量の完成と共に、成熟して落ちるものなのである。

(3) 1155ᵃ14 βοηθείας は Ross のように、Mᵇ にしたがい βοήθεια と読む。

(4) 『イリアス』X 224.

(5) プラトン『リュシス』214 D 参照。また 1055ᵃ31 καὶ ἔτι は Dirlmeier, Gauthier のように、MᵇΓ 写本にしたがい、καὶ ἔνιοι と読む。

(6) 『オデュッセイア』XVII 218, プラトン『リュシス』214 A 参照。

(7) 『大道徳学』第二巻第十一章 1208ᵇ9–10 参照。

(8) ヘシオドス『仕事と日々』25, プラトン『リュシス』215 C 参照。

(9) fr. 898(Nauck²) 参照。

(10) fr. 8(Diels-Kranz⁶).

(11) fr. 53 (Diels-Kranz^{6}).

(12) fr. 22. 5, 62. 6, 90. 1–2 (Diels-Kranz^{6}).

(13) これが何処を指すのかは不明である。

第二章

(1) 「愛されるに値するもの(φιλητόν)」。「愛されるもの」「愛の対象」と言ってもよい。「愛すること(φιλεῖν)」「愛する働き(φίλησις＝愛情)」「愛されるに値するもの(φιλητόν)」という、φιλεῖν という動詞とその派生語と、「友、親しいもの(φίλος)」、「愛、親愛、友愛(φιλία)」という、φίλος という形容詞とその派生語が巧みに、その原義を顧慮しながら、使いわけられると共に、関係づけられて、愛の構造を解明している。この関連は、簡略して図式化すれば、(i)「愛されるに値するもの(φιλητόν)」(善、快、有用の三つ―愛の一次的対象)に対して、「愛すること(φιλεῖν)」という働き、また、愛情(φίλησις)が生れ、(ii)愛情が相互的なものとして何らかの期間持続するとき、「愛(φιλία)」という二人の人間の間の親愛関係が生れるというべきであろうか。このような愛の関係にあるものが「友、親しいひと(φίλος)」である。

(2) 「善と見えるもの」に向うか、「快と見えるもの」に向うかによって愛の種別があるとしても、「善であるもの」に向うか、「快であるもの」に向うかによって愛の種別があるとしても変りがない。

(3) 本章註(1)参照。

第三章

(1) 1156^{b}8–9 ᾗ ἀγαθοί. これは、相手(A)が善いひとであるかぎりにおいて、この人の善さを愛するひと(B)は、相手(A)のために、善いものを願うということ、そして、この関係が相互的なものとして、Aに対するBの関係についてと同様、Bに対するAの関係についても成り立つことを言うものと解せられる。これが善いひとと善いひとの間に生れる完全な愛である。

(2) 1156^{b}9 ἀγαθοὶ δ' εἰσὶ καθ' αὑτούς. 本巻第三章 1156^{a}17 f. と同じことを言う。善いひとが善いひとであると言われるのは、そのひとがそのひと自身である、すなわち、そのひと自身のうちにそなわる或る性質のゆえであって、そのひとが相手に役に立つものや快を与えてくれるためなのではない。

（3） 1156^{b}13 ἁπλῶς ἀγαθός. ^{b}9 ἀγαθοὶ καθ' αὑτούς と同義である。他者への関連においてではなく、事物のそのもの自体に関して評価される善である。

（4） 1156^{b}15 ἁπλῶς ἡδύς は ἁπλῶς ἀγαθός と同じように、他者への関連から切り離して、事物がそのもの自体としてもつ快さである。この場合、快は快を感ずる側（他者）の情（πάθος）としてではなく、このような情を（他者のうちに）惹き起す事物の性質と考えられていると言えよう。しかし、これは同時にこのような性質をもつ事物自体にとっての快さを意味するものとも考えられているようである。^{b}16 καθ' ἡδονὴν εἰσιν… はこれを証する。また、『形而上学』第十二巻第七章で、神の観照活動が ἥδιστον καὶ ἄριστον と言われていることも想起されよう（1072^{b}24）。

（5） 1156^{b}22 ταύτῃ γὰρ ὅμοια-Bywater. この箇所は異読あり、諸学者の解釈も分れているが、Burnet の解釈にしたがい ταύτῃ γὰρ ὅμοιοι… と読む。

（6） 『エウデモス倫理学』第七巻第二章 1238^{a}2 では、はっきり、「一メディムノスの塩」と言われている。一メディムノスはアッティカでは約五十二リットル、スパルタでは約七十一リットルから七十八リットルの間であったと言われる。

第四章

（1） （　　）の部分（1157^{a}20–25）はこの箇所の文脈から外れているように考えられる。なお、Gauthier は第四章から第六章までの間には多くの重複箇所と、第一稿と第二稿の錯乱が含まれていると考え、この箇所を次のようなものとして再構成している。

第一稿		第二稿
1156^{b}33–35	——	1157^{b}25–58^{a}1
1157^{a}20–25		
1157^{a}1–16	——	1158^{a}18–27
1157^{a}33–36	——	1158^{a}28–36
1157^{a}16–20, 25–33	——	1157^{b}1–5

1157^{b}6–13

1157^{b}14–24 —— 1158^{a}1–10

このような解釈はたしかにこの箇所の文脈をややすっきりとさせるもので、内容の理解を助けるが、あまりに大胆な仮説であって、そのまま追随することはできない。

（2） 1157^{a}25 γάρ は Susemihl, Rackham, Gauthier のように写本 M^{b} により δέ と読む。

第五章

（1）「去るものは日々に疎し」の類い。典拠は知られない。

（2） 本巻第三章 1156^{b}7, 23–24, 第四章 1157^{a}30–31, ^{b}4.

（3） 第三巻第二章 1111^{b}5–6 参照。

第六章

（1） 本巻第三章 1156^{b}13–15, 第四章 1157^{a}1–3.

（2） 本巻第三章 1156^{a}16–24, 第四章 1157^{a}14–20.

第七章

（1） 本巻第二章 1155^{b}31.

第八章

（1） 本巻第一章 1155^{b}3 参照。

第九章

（1） 本巻第一章 1155^{a}22–28.

（2） $1160^{a}21$ πᾶσαι…23 τὸν βίον を Burnet, Dirlmeier にしたがい、錯入と考える。

第十章

（1）『政治学』第三巻第六—七章、第四巻第二—十一章参照。
（2） アテナイでは抽籤で選ばれた執政官《アルコーン》のうちの一人が「王《バシレウス》」と呼ばれ、神事、祭祀を管掌した。それゆえ、「名目の王」の意味。
（3） $1160^{b}9$ δὲ は Heliodoros, Susemihl, Apelt にしたがい、γὰρ と読む。
（4） たとえば、『イリアス』I 503, 544.
（5） 娘が遺産相続者であって、莫大な持参金を持って結婚する場合のことで、家庭争議のもととなる。アリストパネス『蜂』583–589 参照。

第十一章

（1） 第五巻第六章 $1134^{a}25$–31.
（2）『イリアス』II 243.

第十二章

（1） 本巻第九章 $1159^{b}29$–32.

第十三章

（1） 本巻第三章 $1156^{a}7$.
（2） $1162^{b}33$ δὲ を Thurot にしたがい、δὴ と読む。

第十四章

（1） 本巻第七章 1158^{b}27, 第八章 1159^{a}35–^{b}2, 第十三章 1162^{b}2–4.

第九巻

第一章

（1） 第五巻第五章 1132^{b}31–33, 第八巻第七章 1158^{b}27, 第八章 1159^{a}35–^{b}3, 第十三章 1162^{a}34–^{b}4, 第十四章 1163^{b}11 参照。

（2） 第八巻第三章 1156^{b}9–12.

（3）『エウデモス倫理学』第七巻第十章 1243^{b}24–27 参照。プルタルコスによれば、これは僭主ディオニュシオスのことである(Plutarchus, De fortuna Alexandri, II, 1)。

（4） プラトン『プロタゴラス』328 B, C 参照。

（5） ヘシオドス『仕事と日々』370.

（6） 第八巻第十三章 1162^{b}6–13.

（7） 第八巻第十三章 1162^{b}29–30 参照。

第二章

（1） 1164^{b}24 πιστεύειν は、M^{b}Γ により、Susemihl, Burnet のように、πειστέον と読む。

（2） いま、Aが賊の手に囚えられていた時、Bによって請け戻してもらったことがあるとする。今度は、Aの父とBが賊の手に囚えられているとする。あるいは、Bは囚えられていないが、先にAに支払ってやった身代金の代償を要求しているとする。この時、Aは父親を請け戻すべきであろうか、それとも、Bを請け戻す(あるいは、Bに代償を支払う)べきであろうかという問題である。この際、Aにとって、A自身よりも、父親の方が値打の高いものであるとすれば、Bを請け戻すよりは(あるいは、Bに代償を支払うよりは)父親を請け戻すべきである。なぜなら、Bに対する借りはAにとってA自身の値であるが、父親はその値にまさるものだから——というのがこの箇所の要点である。

（3） 1164^{b}31-33.

（4） 第一巻第三章 1094^{b}11-27, 第七章 1098^{a}26-29, 第二巻第二章 1103^{b}34-1104^{a}5.

（5） ヘロドトス『歴史』I 126, II 80, プラトン『国家』第四巻 425 B, アリストパネス『雲』993 参照。

第三章

（1） 第八巻第十三章 1162^{b}23-1163^{a}1.

（2） 1165^{b}15 は Bywater の校訂によらず、Ramsauer, Stewart, Gauthier にしたがい、οὔτε δὲ φιλητέον πονηρὸν を削除し、第二の οὔτε を οὐδὲ と読む。

（3） 第八巻第一章 1155^{a}32-35, 第三章 1156^{b}19-21.

（4） 第八巻第五章 1157^{b}17-24, 第七章 1158^{b}33-35.

第四章

（1） 第三巻第四章 1113^{a}22-33.

（2） 1166^{a}12 δέ K^{b}M^{b}-Bywater は L^{b}Γ により γάρ と読む。

（3） 「思考する部分《ディアノエーティコン》(τὸ διανοητικόν)」。1166^{a}22 では「理性活動をする部分《ノウーン》(τὸ νοοῦν)」とも呼ばれる。魂における「理性的な部分(τὸ νοητικόν)」、あるいは、「理性《ヌース》(νοῦς)」と言ってもよいだろう。この部分が魂のうちにおいて支配する部分であって、特に「各人の自己自身(ἕκαστος)」であるとする言明は『ニコマコス倫理学』では、この箇所とこれにつづく箇所(1166^{a}22-23)の他、本巻第八章 1168^{b}28-35, 第十巻第七章 1178^{a}2 でも繰返される。この説が『霊魂論』に見られる心身論と矛盾すると考える学者もある(cf. Gauthier, EN II, p. 728-729)。

（4） 第三巻第九章 1117^{b}11-12, 本巻第九章 1170^{a}28-^{b}5 参照。

（5） 神が万有を所有していたとしても、神が自分自身でないかぎり、自分の得にはならない。第八巻第七章 1159^{a}5-11 参照。

（6） この問題は本巻第八章で論じられる。

第五章

(1) 第八巻第二章 1155^{b}32–1156^{a}5.

第六章

(1) 「和合《ホモノイア》(ὁμόνοια)」。字義的には「心の一致」の意味。共同体の成員間の一致団結である。第八巻冒頭では、「内訌(στά-σις)」に対して、政治家の目ざすべき目標として述べられている(第八巻第一章 1155^{a}24–26)。

(2) ピッタコスは前六世紀初め、ミテュレネ人により「選出された僭主」、すなわち、「アイシュムネーテース」であった(『政治学』第三巻第十四章 1285^{a}30–^{b}1 参照)。十年後、市民の要請にもかかわらず職を辞した。したがって、ピッタコス自身にも、支配の意志があるかぎりで、ポリスの和合があったと言われている。

(3) オイディプス王の二人の息子、エテオクレスとポリュネイケスのこと。エウリピデス『フェニキアの女たち』588f. 参照。

(4) この諺の解釈には定説がない。一応、グラント、ゴーティエの解釈にしたがう。

第七章

(1) エピカルモスは前五世紀の喜劇作家。シュラクサイの人。fr. 146 (Kaibel).

(2) 1167^{b}29 τὸ περὶ τοὺς–Bywater は写本のとおり、τῷ περὶ τοὺς…と読む。

(3) 1168^{a}20 δὲ περὶ M^{b}–Bywater は通常写本のように δὴ περὶ と読む。

第八章

(1) 本巻第四章。

(2) 本巻第四章註(3)参照。

(3) 第六巻第四章註(3)参照。

第九章

（1）エウリピデス『オレステス』667.

（2）第一巻第七章 1098^{a}16, 第八章 1098^{b}31–1099^{a}7.

（3）第一巻第八章 1099^{a}14, 21.

（4）善いものであることと自分のものであること。

（5）テオグニス I 35.

（6）第一巻第八章 1099^{a}7–11, 第三巻第四章 1113^{a}25–33.

（7）第十巻第一―五章。

第十章

（1）ヘシオドス『仕事と日々』715.

（2）『政治学』第七巻第四章 1326^{a}5–^{b}25 参照。

（3）第八巻第五章 1157^{b}19, 第六章 1158^{a}4, 10 参照。

（4）第八巻第六章 1158^{a}11–13 参照。

（5）テセウスとペイリトオス、アキレウスとパトロクロス、オレステスとピュラデスのように(cf. Plutarchus, περὶ πολυφιλίας 93 E)。

第十一章

（1）出典不詳。

第十二章

（1）テオグニス I 35.

第十巻

第一章

(1) エウドクソス派のこと。本巻第二章1172^{b}9 f. 参照。

(2) スペウシッポス派のこと。第七巻第十三章1153^{b}5 f. 参照。

第二章

(1) この第一―二節(1172^{b}9–25)はエウドクソスの説の忠実な紹介であると考えられている。それは自然学的な快楽論と言えよう。

(2) 「いいもの《エピエイケス》(τὸ ἐπιεικές)」。この ἐπιεικές は ἀγαθόν とほぼ同義で、欲望の対象となる「(或るものにとって)ちょうどよいもの」を言うのであろう。

(3) 1172^{b}12 δὴ K^{b}–Bywater は通常写本により、ゴーティエのように δὲ と読む。

(4) 1172^{b}14 δὲ Heliodoros-Bywater はゴーティエのように写本のとおり δὴ と読む。

(5) 『ピレボス』60 B–E 参照。

(6) 第七巻第十三章1153^{b}31–32では、それは「或る神的なもの(τι θεῖον)」と言われている。

第三章

(1) 1173^{a}19 τοὺς を Rackham, Gauthier にしたがい削除。^{a}20 καὶ κατὰ τὰς ἀρετάς を削除。πράττειν を Vahlen, Bywater のように補わない。

(2) 1173^{b}4–7 のくぎりは Gauthier にしたがう。すなわち、^{b}5 δοκεῖ…^{b}6 διαλύεσθαι は挿入句と考え、^{b}7 φθορά の後に ; を置く。

（3） 1173^{b}12–13 τεμνόμενος は Bywater の提案にしたがい，〈ἐνδεὴς〉γινόμενος と読む。
（4） 1173^{b}18 πολλὰ K^{b}–Bywater は通常写本のように πολλαὶ δὲ と読む。

第四章

（1） 1174^{a}21 τούτῳ の前の ᾗ は L^{b}M^{b} により，Gauthier のように削除。
（2） 競走路は途中に置かれた縁石によって，いくつかの部分に分けられていた。この縁石と縁石を結ぶ，走路に垂直の線がここでいわれる「線（区劃線）」である。
（3） 『自然学』第六—八巻。

第五章

（1） 1175^{a}36 συναύξουσι δὲ は Ross にしたがい，συναύξουσι δὴ と読む。
（2） 1175^{b}20 τῆς pr. K^{b}–Bywater は通常写本のように τὰς と読む。
（3） fr. 9 (Diels-Kranz^{6}).

第六章

（1） 第一巻第五章 1095^{b}31–1096^{a}2，第八章 1098^{b}31–1099^{a}7.
（2） 第一巻第七章 1098^{a}5–7.
（3） 第一巻第八章 1099^{a}13，第三巻第四章 1113^{a}22–33，第九巻第四章 1166^{a}12，第九章 1170^{a}14–16，本巻第五章 1176^{a}15–22.
（4） アナカルシスは前六世紀前半スキュティアの王族。異民族出の最初のギリシア文化愛好者として著名。小アジア，ギリシアの諸地を歴訪し，ギリシア人に対する警句を残したと伝えられる。前四世紀以降，七賢人の一人に数えられた。
（5） 第一巻第七章 1098^{a}16，本章 1176^{a}35–^{b}9.

第七章

（1）このことは必ずしも明言されてはいない。だが、種々の箇所に暗示されている。第一巻第五章 1095b14–1096a5, 第七章 1097a30, 1098a17–18 参照。

（2）第一巻第七章 1097a25–b21, 第八章 1099a7–21.

（3）「余裕《スコレー》(σχολή)」。「余暇」と訳してもよい。ただし、無為に過ごす閑暇、時間の使い方に困る閑暇ではない。むしろ、それは最高度の「専心(σπουδή・夢中、没頭、むきになること)」と相伴いうる(cf. 1177b19)。最高度の「余裕」のうちに最高度の「活動、働き(ἐνέργεια)」、したがって、充実があるのである。したがって、次につづく説明から分るように、余裕があるかないかの違いは、なされる仕事がそのもの自体のためになされるか、他の目的のためになされるかの違いであって、いわゆる、「時間の余裕」があるか否かとは関係ない(cf. 1177b4–24)。それゆえ、それは「無為」に対立すると共に、「遊び」にも対立する。なぜなら、「遊び」は「仕事のため」であると言われているからである(第六章 1176b32–1177a1 参照)。

（4）「専心《スプーデー》(σπουδή)」。「潜心」「熱中」「没頭」と訳してもよい。他のことにかかわりながら、そのことをするのでも、他のことのためにそのことをするのでもない状態を言う。一般的に言って、「他のことへの関連から離れて、そのこと自体だけにかかわり合う状態」であると言えよう。したがって、それは「遊び(παιδιά)」に対立するものであり、「真剣」「真面目」の意味も持つ。

（5）「無窮《アトリュートン》(τὸ ἄτρυτον)」。「連続的(συνεχές)」というに同じ。活動が損われず、妨げられないことを言う。詩語である。『天体論』第二巻第一章 284a35 にも見られる。

（6）「人生の充全な期間(μῆκος βίου τέλειον)」については第一巻第七章註(16)参照。

（7）古典時代の詩人たちに一般的に見られる伝統的な処生訓である。たとえば、ピンダロス『イストミア』V 20, ソポクレス『トラキスの女たち』473, fr. 531(Nauck^2), エウリピデス『アルケスティス』799, 『バッコスの信女』395–396 等。

（8）第九巻第四章註(3)参照。

（9）第九巻第九章 1169b33, 本巻第六章 1176b26.

第八章

（1）「人間的な《アントローピカイ》（ἀνθρωπικαί）活動」。人間にかかわることを意味する語として、本書では「人間の《アントローピノス》（ἀνθρώπινος）」「人間にかかわる《アントローペイオス》（ἀνθρώπειος）」「人間的な《アントローピコス》（ἀνθρωπικός）」の三語が見出される。このうち、「人間的な《アントローピコス》」は時として、人間の弱さに関係して、軽蔑的なニュアンスをこめて用いられる（第三巻第一章 1111^{b}1, 第四巻第五章 1126^{a}30, 第七巻第六章 1149^{b}28, 第八巻第十四章 1163^{b}24, 第九巻第七章 1167^{b}27, 本巻本章 1178^{a}10, 14, 21）。ただし、この註でそれぞれの語にあてた訳語は便宜的なもので、あらゆる場合にこの訳語を用いたわけではない。

（2）この言葉によって、本書の基礎を成す人間把握が『霊魂論』の心身論と異なる二元的把握であると結論する学者もある（Gauthier, EN II, p. 893-896）。第九巻第四章註（3）参照。

（3）クセノパネス以来、哲学者の伝統となった、擬人神観批判である。第一巻第十二章 1101^{b}20 の主張もこれと関係すると考えられる。

（4）1178^{b}12 τὰς ἀνδρείους の後には原文の脱落があると信ぜられる。

（5）ヘロドトス『歴史』I 30–33 参照。

第九章

（1）テオグニス I 432–434.

（2）1180^{a}3 αὐτὰ を Susemihl, Gauthier にしたがい ἄττα と読む。

（3）プラトン『法律』第四巻 722 D f. 参照。

（4）プラトン『プロタゴラス』325 A 参照。

（5）1179^{b}31–1180^{a}5.

（6）法律のことを言う。プラトン『法律』第四巻 714 A では、疑似語源考にしたがい法律（νόμος）は「理性の配分（νοῦ διανομή）」と名付けられている。

（7）『オデュッセイア』IX 114–115.

（8）1180^{a}30 καὶ δρᾶν αὐτὸ δύνασθαι を Bywater の示唆にしたがい、Burnet, Ross, Rackham, Gauthier のように、1180^{a}

32 συμβάλλεσθαι の後に移す。

（9） 第六巻第八章 1141b24–25 参照。

（10） イソクラテス『アンティドシス』§80 参照。

（11） イソクラテス『アンティドシス』§82, 83 参照。

（12） ここから『政治学』の論述に移ると考えられる。ここに提示された計画は現存の『政治学』の構成と大筋において一致する。

訳者解説

ここに訳出した『ニコマコス倫理学』の原名は Ἠθικὰ Νικομάχεια (ラテン語訳では Ethica Nicomachea) であり、古来、十巻本のアリストテレスの倫理学書として伝えられてきたものである(ヘシュキオスの目録の第三十九番目にあげられるものがそれで、この目録は前二〇〇年頃のペリパトス派のヘルミッポスに由来すると考えられる。ただし、同じようにヘルミッポスに由来すると言われるディオゲネス・ラエルティオスの目録には十巻本の倫理学書は記載されず、『エウデモス倫理学』にあたる五巻本のそれだけがあげられている)。その書名から、本書がアリストテレスの真作ではなく、その子ニコマコスの作であろうとする臆測が古代に行なわれたこともあるが (cf. Cicero, *De finibus*, V, 5, 12)、今日一般にその真作性は疑われず、倫理学に関するアリストテレスのもっとも円熟した著作とみなされている。

アリストテレスの倫理学書として伝えられるものには、本書の他に『エウデモス倫理学』八巻、『大道徳学』二巻の二書があり、叙述に多少の違いはあれ、構成としては三書は酷似している。また、今日に伝えられる『エウデモス倫理学』は五巻だけで、第三巻の末尾には、続く三巻(第四、第五、第六巻)は『ニコマコス倫理学』の第五、第六、第七の三巻と同じなので、省略する旨が記載されている。これらの点は三書の真作性、および、相互の執筆年代上の連関をめぐって学者の間にはげしい論争を呼び起す因となった。『エウデモス倫理学』を第一作、『ニコマコス倫理学』を第二作、『大道徳学』を前三—二世紀のペリパトス派の作とする説は今日或る範囲において定着をみた説であるとは言えるが、なお三書の真作性、および、その前後関係に関する異説が有力な学者によって繰返し新しく提唱されているのが現状である。この点については本全集第十四巻『大道徳学』『エウデモス倫理学』『徳と悪徳について』の茂手木元蔵氏の訳者解説を参照されたい。

『ニコマコス倫理学』の書名については古来三つの解釈がある。(1)「ニコマコスに献げられた倫理学」とする解釈——後六世紀のオリュムピオドロスの学派内で生れたと推定される。(2)「ニコマコスによって校訂出版された倫理学」とする解釈――後三―四世紀の教会史家エウセビオスに伝えられる説で、後二世紀の哲学者アッティクスによるとされているが(Eusebius, Praepar. Euang. XV, 4, PG, 21, 1305)、さらに古い時代に遡ると信じられる。(3)「ニコマコス作の倫理学」とする説――キケロの *De finibus*, V, 5, 12 に主張されている。ディオゲネス・ラエルティオス(VIII, 88)でも、『ニコマコス倫理学』の内容がニコマコスの言葉として引用されている。これらの証拠は(3)の説が古代で或る範囲において一般に受け容れられていたことを示すものである。そして、これはさらにキケロの時代までに『ニコマコス版の倫理学』が流布していて、そこから(3)の説が生れたとする推測を可能ならしめるであろう。(1)の説はこれらの事情と合致せず、また、このような献本は一般に考え難い。これらの事情は、『ニコマコス倫理学』が前三〇〇年より少し前に、テオプラストスの指導のもとに、アリストテレスの息子のニコマコスの手によって校訂され、出版されたとするゴーティエの見解をきわめてありうることとするであろう(Gauthier, EN I, 1, p. 82-87, なお、これはイェーガーの見解を継承するものでもある。cf. W. Jäger, *Diokles von Karystos*, S. 56)。

「倫理学」を意味する近代ヨーロッパ語 ethics(英), éthique(仏), Ethik(独)がラテン語の ethica に由来し、これがさらにギリシア語の Ἠθικά(アリストテレスでは τὰ ἠθικά は「倫理学書」ないしは「倫理学的な諸問題」を意味した)に由来したことは明らかであるが「倫理学」という部門がアリストテレスの学問体系の中でいかなる位置を与えられていたかという点になると、それは必ずしも明瞭ではない。というのは、一方において(1) ἠθική という形容詞形は、(i)あるいは、「自然学的な研究(ἡ φυσικὴ θεωρία)」に対して、「倫理学的な研究(ἡ ἠθικὴ θεωρία)」を意味する語として(『分析論後書』第一巻第三十三章 89^{b}9)、あるいは、「論理学的命題(αἱ λογικαὶ προτάσεις)」ないしは「自然学的命題(αἱ φυσικαὶ προτάσεις)」に対して「倫理学的命題(αἱ ἠθικαὶ προτάσεις)」を意味する語として(『トピカ』第一巻第十四章 105^{b}20)用いられ、倫理学の研究方法および固有領域の確定を前提するかに見える。(ii)このことは、τὰ ἠθικά が substantive に用いられて、「倫理学に関する問題」を意味した(『形而上学』第一巻第六章 987^{b}1, 『政治学』第三巻第十二章 1282^{b}20)こととも応じ、また(iii)、τὰ ἠθικά ないし οἱ ἠθικοὶ λόγοιという語によって『ニコマコス倫理学』が引用されている事実(『政治学』第二巻第二章 1261a31, 第三巻第九章 1280a18, 第四巻第十一章 1295a36, 第七巻第十三章 1332a8, 22)とも一致する。しかしながら、他方において(2)、(ⅰ)この形容詞が substantive に ἡ ἠθική として、端的に「倫理学」という哲学の一部門を意味するものとして用いられた用例は現存の著作のうちにおいては証明されない。したがって、「倫理学」がアリストテレスにおいて今日の意味で哲学の一部門をなしていたとは考え難いのである。むしろ、今日の学問分類に対する影響の大きかったストア派の学問分類(哲学を「論理学《ロギコン》」「倫理学《エーティコン》」「自然《ピュシ》学《コン》」の三部門に分けること)はクセノクラテスに由来すると言われ、したがって、アリストテレスの初期著作『トピカ』に見られるこの三部門に応ずる命題の分類(上掲箇所参照)はアリストテレスがクセノクラテス、および、アカデメイアのひとびとと分つものであったと考えられる。そして、この分類が成熟した著作には見られないところから見れば、それはアリストテレスの思索の展開と共に捨てられて行った分類であったとも考えられるであろう。これを促したものは、もちろん、『分析論』として成立したその学問論であろう。なぜなら、『分析論』の学問論は、アリストテレスにとって根本的な「必然存在《アナンカイオン》(τὸ ἀναγκαῖον)」と「許容存在《エンデコメノン》(τὸ ἐνδεχόμενον)」という存在の様相における根本の分岐を生み、そこから、これにかかわる思考の根本の分岐として理論学と実践学への学問の二肢分類を生んだと考えられるからである(このような存在と思考の根元にかかわる分類からみる時、論理学、倫理学、自然学という三肢分類はなお不徹底なものと考えられたであろう)。(ⅱ)この新たな学問分類(『形而上学』第六巻第一章 1025b3–1026a32 参照)において、「実践学」を代表するもっとも統括的な知識は「政治術(ἡ πολιτική)」である(本書第一巻第二章 1094a27–28)。そして、『ニコマコス倫理学』が政治術の一部であることはその随所において公言されている(第一巻第二章 1094b11, 15, 第三章 1095a2, 第四章 1095a16, 第九章 1099b29–30, 第十三章 1102a12, 21, 第二巻第三章 1105a12, 第六巻第七章 1141a20, 29, 第七巻第十一章 1152b1 等参照)。『ニコマコス倫理学』末尾の叙述が『政治学』に自然に移行するように書かれていることも(第十巻第九章)これに応ずる。『ニコマコス倫理学』と『政治学』は合して一つの「人間にかかわることの哲学(ἡ περὶ τὰ ἀνθρώπεια φιλοσοφία—1181b15)」の全体を構成するのである。ここから見れば、「倫理学研究」が独立の一分科を成さず、「政治術」の一部門であったことは明らかである。

さて、(1)と(2)は互いにどのような関連にあると考えられるべきであろうか。われわれは、事柄そのものが以上の(1)と

(2)の分析の示すとおりのものであることを認めるべきではなかろうか。すなわち、「倫理学的研究」はアリストテレスにおいて「政治術」の一部であった(『弁論術』第一巻第二章 1356ª26–27 の ἡ περὶ τὰ ἤθη πραγματεία, ἣν δίκαιον προσαγορεύειν πολιτικήν の一句、あるいは第四章 1359ᵇ10 ἡ περὶ τὰ ἤθη πολιτική の語はこのことを端的に示している。この全体が「人間にかかわることの哲学」と呼ばれた)。だが同時に、それは「政治学」における独立の一領域をなし、「政治学」における原理的研究を分けもつ部門であった。すなわち、「倫理学的研究(ἡ ἠθικὴ θεωρία)」とは語義から見れば本来「人柄《エートス》(ἦθος)にかかわる考察」を意味する。「人柄」とは、それによって、「ひとがどのようなひとである(ποιός τις)」と言われるものであり(第二巻第一章註(1)参照)、端的にそのひとが善いか、悪いかがそれによって定まるものである。人の性質は生れ《ピュシス》によっては定まらず、行為によって形成される「人柄《エートス》」としてあるからである。また、人柄はそこから、そのような性質の、つまり、そのひとのどのようなひとであるかを表わす「善い」または「悪い」行為の生れてくる元である。このようにして、「人間にかかわることの哲学」は善いものでも悪いものでもありうる許容存在としての人間に関して、「善いひと」とは何であるか、また、ひとはどのようにして「善いひと」になりうるか、「善いひと」になりうるために目標として定めるべき「最高善」は何であるかをまず明らかにすべきであろう。「人柄にかかわる研究(ἡ περὶ τὰ ἤθη πραγματεία—『弁論術』上掲箇所)」、すなわち、倫理学研究とはこの意味において、人間にかかわる哲学の端初である。なぜなら、このような端初からのみ、人間の人間としての行為は始められうるからである。こうして、われわれは、倫理学が叙述の順序においても事柄の順序においても、まさに「政治学に先立ち、その端初をなす(ἀρχὴ ἡ περὶ τὰ ἤθη πραγματεία τῆς πολιτικῆς)」ものであることを『大道徳学』の著者と共にここに断言することを許されるであろう(『大道徳学』第一巻第一章 1181ᵇ26–27 参照)。

「倫理学」が「許容存在(τὸ ἐνδεχόμενον)」にかかわる「実践学」であることが、アリストテレスの倫理学を根本的に特徴づける。more geometrico による ethica の建設ほどアリストテレスの意図に遠く、また、アリストテレスにとって無教養の露呈であるとみなされる企図はない。実践、すなわち、行為(πρᾶξις)は個別にかかわる。いま、ここで、私が何をするかを除いて行為はない。ここから、一般者と個別の関係は理論学と実践学とでは関係を逆転する。理論学において「決定的なもの(τὸ κύριον)」は一般者であり、論証であるが、実践学ではそれは個別であり、行為である。倫理学における倫理学的知識の特殊性の問題が終始アリストテレスの関心を惹き、倫理学研究の方法の特殊性が再三力説されている（第一巻第三章 1094b11–1095a13, 第四章 1095a30–b13, 第七章 1098a20–b8）のはこのゆえである。また、このような観点から見る時、行為における「端初(ἀρχή)」の問題——最高善も個別の行為もそれぞれ或る意味においては端初である（第一巻第七章註(19)参照）——が本書でアリストテレスのもっとも腐心した問題であり、「選択(προαίρεσις)」の説も「賢慮(φρόνησις)」の説もこのような観点から解釈されなければならないことが分るであろう。これらを目的遂行の単なる手段にかかわると解するのは浅薄の誹りを免れない（第三巻第一章註(6)、第二章註(1)(7)、第六巻第二章註(7)、第五章註(1)(2)参照）。「必然存在」と「許容存在」の両存在様相にかかわる人間存在の一極(行為)は他極(観想)との緊張においてのみありえ、理性的存在としての人間の本質がこの両極を構成要素として成立するものであるかぎり、「人間にかかわることの哲学」はこの人間の本質に定位されなければならないからである。

翻訳、訳者註、解説にあたって参照した主な文献は左記のものである。略符号は訳者註で著者名と並記したそれである。

Aristotelis Opera, vol. II, ed. I. Bekker, Berlin, 1831.
Aristotelis Ethica Nicomachea, ed. I. Bekker, Oxford, 1837.
The Ethics of Aristotle, illustrated with essays and notes by A. Grant, 2 vols., London, 1874.
Aristotelis Ethica Nicomachea, ed. Fr. Susemihl, Leipzig, 1880, 1887^2.
Aristotelis Ethica Nicomachea, ed. I. Bywater, Oxford, 1894.
The Ethics of Aristotle, edited with an introduction and notes by J. Burnet, London, 1900.
Aristotle, The Nicomachean Ethics, with an English translation by H. Rackham, London, 1926, 1934^2.

Stewart, J. A., *Notes on the Nicomachean Ethics*, 2 vols., Oxford, 1892.
Ethica Nicomachea, translated by W. D. Ross, Oxford, 1928.

高田三郎訳『ニコマコス倫理学』、東京、初版（一九三八年）、新版（一九六六年）、再新版（一九七一―七三年）。

Aristotle, *The Nicomachean Ethics*, A Commentary by H. H. Joachim, ed. D. A. Rees, Oxford, 1951.

Aristoteles, *Die Nicomachische Ethik*, eingeleitet und neu übertragen von O. Gigon, Zürich, 1951.

Aristote, *Éthique à Nicomaque*, nouvelle traduction avec introduction, notes et index par J. Tricot, Paris, 1959.

Aristoteles, *Nikomachische Ethik*, übersetzt von Fr. Dirlmeier, Berlin, 1959, 1960^2.

L'Éthique à Nicomaque, introduction, traduction et commentaire par R. A. Gauthier, O. P. et J. V. Jolif, O. P. 2 vols., Paris, 1958, deuxième édition avec une introduction nouvelle, 1970. [EN]

Aristotle, *Nicomachean Ethics*, *Book Six*, with essays, notes, and translation by L. H. G. Greenwood, Cambridge, 1909.

Commentaria in Aristotelem Graeca,

Vol. XIX, Pars I, Aspasii *in Ethica Nicomachea quae supersunt Commentaria*, ed. G. Heylbut, Berlin, 1889.

Vol. XIX, Pars II, Heliodori *in Ethica Nicomachea Paraphrasis*, ed. G. Heylbut, Berlin, 1889.

Vol. XX, Eustratii et Michaelis et Anonyma *in Ethica Nicomachea Commentaria*, ed. G. Heylbut, Berlin, 1892.

Aristotelis Opera cum Averrois Commentariis, Vol. III, *Aristotelis Stagiritae Libri Moralem, totam philosophiam complectentes, cum Averrois Cordvbensis In Moralia Nicomachia expositione*, Venetiis, 1562 (Frankfurt am Main, 1962).

S. Thomae Aquinatis *In decem Libros Ethicorum Aristotelis ad Nicomachum Expositio*, ed. R. M. Spiazzi, Roma, 1949.

Adkins, A. W. H., *Merit and Responsibility*, A Study in Greek Values, Oxford, 1960. [MR]

Arleth, E., ΒΙΟΣ ΤΕΛΕΙΟΣ in der aristotelischen Ethik, Archiv für Geschichte der Philosophie, 2, 1889, S. 13–21. [BTAE]

Bernays, J., *Die Dialoge des Aristoteles in ihrem Verhältnis zu seinen übrigen Werken*, Berlin, 1863.

Bonitz, H., *Index Aristotelicum*, Berlin, 1870.

Diels, H., Zu Aristoteles' Protreptikos und Cicero's Hortensius, Archiv für Geschichte der Philosophie 1, 1888, S. 477–497. [APCH]

Düring, I., *Aristotle's Protrepticus*, An Attempt to Reconstruction, Göteborg, 1961.

Düring, I., *Aristoteles*, Darstellung und Interpretation seines Denkens, Heidelberg, 1966.

Gauthier, R. A., *Magnanimité*, L'idéal de la grandeur dans la philosophie païenne et dans la théologie chrétienne, Paris, 1951. [M]

Hardie, W. F. R., *Aristotle's ethical theory*, Oxford, 1968.

Heath, Th., *Mathematics in Aristotle*, Oxford, 1949, Repr. 1970. [MA]

Heinimann, F., *Nomos und Physis*. Herkunft und Bedeutung seiner Antithese in griech. Denken des 5. Jahrhunderts, Basel, 1945.

出隆『アリストテレス哲学入門』東京、一九七二年(再新版)、一九四七年(新版)、一九四一年(初版)。

Jäger, W., *Aristoteles*, Grundlegung einer Geschichte seiner Entwicklung, Berlin, 1923, 1955². [A]

Liddell & Scott, *A Greek-English Lexicon*, A New Edition, Oxford, 1940.

Lord, A. R., On the Meaning of λόγος in Certain Passages in Aristotle's Nicomachean Ethics, Classical Review, 28 (1914), p. 1–5.

Margueritte, H., Une lacune dans le premier livre de l'Éthique à Nicomaque, Revue d'histoire de la philosophie, 4 (1930), p. 176–188.

Margueritte, H., La composition du livre A de l'Éthique à Nicomaque, Revue d'histoire de la philosophie, 4 (1930), p. 250–273.

Monan, J. D., *Moral Knowledge and its Methodology in Aristotle*, Oxford, 1968.

Mulvany, C. M., On Eth. Nic. I c. 5, The Classical Quarterly, 15 (1921), p. 85–98.

Naturphilosophie bei Aristoteles und Theophrast, Verhandlungen des 4. Symposium Aristotelicum veranstaltet in Göteborg, August 1966, hrsg. von I. Düring, Heidelberg, 1969. [NAT]

North, H., *Sophrosyne,* Self-Knowledge and Self-Restraint in Greek Literature, Ithaca, 1966.

Owen, G. E. L., Τιθέναι τὰ φαινόμενα, *Aristote et les problèmes de méthode*: Communications présentées au Symposium Aristotelicum tenu à Louvain du 24 août au 1er Septembre 1960, Louvain, 1961, p. 83–103 (Aristotle: A Collection of Critical Essays, edited by J. M. E. Moravcsik, New York, 1967, p. 167–192 に再録). [ΤΦ]

Pauly, A.-Wissowa, G., *Realencyclopädie der classischen Altertumswissenschaft,* Stuttgart, 1893–.

Ross, W. D., *Aristotle,* London, 1949⁵. [A]

Snell, B., *Die Ausdrücke für den Begriff des Wissens in der vorplatonischen Philosophie,* Berlin, 1924. [ABW]

Snell, B., *Die Entdeckung des Geistes,* Studien zur Entstehung des europäischen Denkens bei den Griechen, Hamburg, 1955. [EG]

Stocks, J. L., On the Aristotelian Use of λόγος: A Reply, Classical Quarterly, 8 (1914), p. 9–12.

Stocks, J. L., Λόγος and μεσότης in the De anima of Aristotle, The Journal of Philology, 33 (1914), p. 182–194.

Stocks, J. L., ΣΧΟΛΗ, The Classical Quarterly, 30 (1936), p. 177–187.

Vogel, C. J. de, Quelques remarques à propos du premier chapitre de l'Éthique de Nicomaque, *Autour d'Aristote,* Louvain, 1955, p. 307–323.

Wilson J. Cook, On the Meaning of λόγος in Certain Passages in Aristotle's Nicomachean Ethics, Classical Review, 27 (1913), p. 113–117.

Wittmann, M., *Die Ethik des Aristoteles in ihrer systematischen Einheit und in ihrer geschichtlichen Stellung untersucht,* Regensburg, 1920.

訳文は平明であることを旨とした。本書が一般向きの公開講演のためであったと推察されるところから、耳からの入りやすさを重んじ、日本文としての視覚上の美しさ、文字の映像による直覚性を捨てた。平明な文体のなかに事柄そのものを浮き上らせてゆくアリストテレスの思索のねばり強さがいくらかでも写しえていたら、望外の喜びである。

この翻訳は初め出隆先生が御担当になり、私はその一部(第八、第九巻)をお手伝いする筈であった。ところが、御病気のために先生のお仕事の続行が不可能になり、全巻を担当せよとの御指示をいただいたのはこの全集の刊行が始まった一九六八年の晩夏のことであった。任に堪えないと知りつつも、あえてこの仕事をお引受けすることになったのは先生の温情に対する甘え心からであったろうか。爾来、この仕事は私にとって甘美な苦しい仕事となった。お借りした先生の御訳稿ノートを参照しながら、修練の日が続いた。それから五年の歳月が経た。この間、出先生、山本光雄先生にはそれぞれ全集の監修者、編集者として測り知れない御心痛をかけた。ここに衷心からお詫び申上げたい。訳業の困難は私にとって『ニコマコス倫理学』研究における欧米学界の進展や文献の量にあるというよりは、何よりも基本語に対する訳語選定の困難にあった。日常語を無視して本書を訳出することの不可能を思えば思うだけ、果たす力をもたない仕事への焦がれはつのるばかりであった。このような所から、これまで或る程度まで受け容れられていた基本訳語もいくつか改変せざるをえなかった。これが満足すべきものであるとは思っていない。学者諸士のきびしい御批判を仰ぐと共に後日の研鑽を期したい。このような試みにおいて、一五九五年、天草のイエズス会学院で刊行された『羅葡日辞典(Dictionarium Latino-Lusitanicum ac Japonicum)』は私をいつも力強く励ましてくれるものとなった。それは私に、頽落した翻訳語に汚されない、生粋の日本語による哲学術語の翻訳の範例を示してくれたからである。この貴重な書物を長期間快く御貸与下さった東京大学教授、古田東朔氏に心から感謝申上げたい。

この翻訳の完成に至るまでには数知れない方々のお世話になった。ここに一々お名前を記さないが心をこめて御礼申上げたい。ことに、監修者の出隆先生はいつも温かくお見守り下さり、御激励、御鞭撻下さった。この翻訳が先生から与えられた任を果たしているとはつゆ思わないが、いま、心からの信頼と懼れを以て先生の足下にこの拙ない訳業をお捧げしたい。編集者の山本光雄先生には原稿の遷延のために大きな御心痛をかけた。この咎が何を以てしても償いえぬものであることは訳者自身よく知っている。お眼を患われていた内にあって、初校全巻に目をお通し下さり、有益な御示教を賜わったのは忝けないかぎりであった。また、親しい友、井上忠氏は翻訳の全期間を通じてあらゆる協力を惜しまれず、最後は、初校と再校の全巻に目を通し、懇切な御指摘を賜わった。長期間、共に『ニコマコス倫理学』を読んでくれた過去および現在の都立大学大学院生の諸君、および、上智大学の学生諸君をいまとりわけ懐かしく感謝を以て想起する。索引の作成には都立大学大学院生田島孝君をはじめ、都立大学哲学研究室の諸君(助手小沢克彦君、上岡宏君、大学院生岡部満君、川田親之君)を煩わせた。岩波書店の各位には並々ならぬお世話になった。いまこれらの方々のすべてに衷心からの謝意を表したい。

一九七三年二月六日

訳　者

■岩波オンデマンドブックス■

アリストテレス全集 13
ニコマコス倫理学

1973年 4月28日 第1刷発行
1994年10月6日 第4刷発行
2015年10月9日 オンデマンド版発行

訳 者 加藤信朗《かとうしんろう》

発行者 岡本 厚

発行所 株式会社 岩波書店
〒101-8002 東京都千代田区一ツ橋 2-5-5
電話案内 03-5210-4000
http://www.iwanami.co.jp/

印刷/製本・法令印刷

ISBN 978-4-00-730297-8 Printed in Japan

索　　引

数字および a,b は，ベッカー版の頁・行数および左右各欄を示す．ただし頁数の上２桁は省略する(本書の範囲は 1094a～1181b であるから，たとえば，94a は 1094a，0a は 1100a，8b は 1108b，81b は 1181b を指す)．→は参照項目，cf. は参照箇所を指示する．また，註Ⅷ 1(2)は訳者註第八巻第一章註(2)を指す．

ア

愛，愛の関係，情愛，愛情 φιλία, φίλησις 5b22, 8a28, 55a3–72a15, cf. 26b11–27a12, 註Ⅷ 1(1), (2).　なぜ～について論ずべきか 55a3–31.　～は器量の一つ，または器量に伴うものである 55a3.　～についての諸問題 55a32–b16.　～が成立するのは類似者間か，または非類似者間か 55a32–b9, cf. 56b20, 34, 57b3, 65b17.　等しさにおいて成り立つ～の三形態 55b17–56a10, 58b1–11.　～とは何か 55b27–56a5.　有用性や快楽のための～ 56a10–b6.　善いひとびとの間の～ 56b7–32.　善いひとびとの間の～が完全な～であり他は単にそれとの類似によるものにすぎない 56b7–24, 33–57b5.　生活を共にすることによる～の実行 57b5–24, cf. 65b30, 71b32.　一方の優越にもとづく～ 58b11–28.　一方の優越にもとづく～も三形態をもつ 62a34.　～と等しさとの関係 58b29–59b23.　～は正義と同じようにあらゆる共同体，とりわけポリス共同体を維持する 59b25–60a30.　ポリスにおける～は政体の形態によって異なる 60a31–61b10.　国家における～と家における～との類似 60b22–61b10.　同族間の～，仲間の～，人と人との結びつきとしてある～ 61b11–16.　同族間の～の諸形態 61b16–62a33.　仲間の～ 61b12, 35, 62a10, 32, cf. 57b22–24, 61a25, 71a14.　ポリスを共にするひとびとの～，部族を共にするひとびとの～，航海を共にするひとびとの～，兵士の～ 61b13, cf. 59b26, 61a10, 63b34, 67b2, 71a17.　人間の神々に対する～ 62a5.　等しさにもとづく～に見られる不和の原因 62a34–63a23.　一方の優越にもとづく～に見られる不和の原因 63a24–b27.　異種の～の混じりあった～に見られる不和の原因 63b32–64b21.　有用性にもとづく～の種類(法的な～，心の持ち方としての～) 62b21–63a23.　さまざまな種類の友の諸要求 64b22–65a35.　どんな時～の関係は解消されるべきか 65a36–b36.　～と自愛 66a1–b29, cf. 68a28–69b2.
友はもう一人の自分である 66a31, cf. 69b6, 70b6.　～と好意 66b30–67a21, cf. 55b32–56a5, 58a7.　～と和合 67a22–b16, cf. 55a24.　恩恵を与えられた人Ａが恩恵を施した人Ｂを～するよりもよりいっそう強くＢの方がＡを～するのは何故か 67b17–68a27.　幸福な人も友を必要とする 69b3–70b19.　友は外的な善の中で最大のものである 69b10.　友はどのくらい持つべきか 70b20–71a20.　ひとが友をいっそう必要とするのは好運な時か不運な時か 71a21–b28, cf. 69b3–16.　友にとっては共に暮すことが最も望ましいことであ

共に 95b16. 知慧あるひと，洗練された教養をもつひとに対して 95a18, 21. 〜が楽しむ程度 18b23, 27. 〜がなしうるところ 52a26.
「一般向きの平常の論述」 τὰ ἐγκύκλια 96a3, 註 I 5(5).
「一般向きの論述」 οἱ ἐξωτερικοὶ λόγοι 2a27, 40a3, 註 I 13(2).
イデア(プラトン的) ἰδέα 96a13–97a13.
意のままになる ἐπ' αὐτῷ, ἐφ' ἡμῖν 11b30, 13a10, b7, 14a18, 29. 永遠なものや不可能なものに対して 11b32.
祈る εὔχεσθαι 29b5.
淫売屋 πορνοβοσκοί 21b33.

ウ

嘘をつくひと ψεύστης 27b16.
美しさ，美しいもの，美 καλόν 註 I 3(3). 〜は器量の目ざす目的である 15b12, 68a33. 役に立つもの，快いものと区別して 4b31. そのもの自体としての行為の〜 36b22.
旨くやること，良い行為，運，好運 εὐπραξία 98b22, 0a21, 1b6, 39a34, b3, 40b7.
占い師 μάντις 27b20.
噂話 ἀνθρωπολόγος 25a5.
うわべ作り，見せかけ προσποίησις 8a21, 65b10.
運動，運動過程 κίνησις 73a31, 74a19. 完結した〜，不完結な〜 74a22, 28. 生成と共に 73a29, 30, 74b13. 〜しているもの 12a23. 人柄についてある〜 28a11.
運命，偶然，偶運 τύχη 99b10–0a9, b22, 12a27, 20b17, 53b22. 外的善としての〜 53b18. 技術とならんで 40a18. 術と区別して 5a23. 自然，必然，理性と区別して 12a32.

エ

永遠なもの ἀΐδιος 96b3, 11b32, 12a21, 39b24.
栄養能力，栄養をつかさどる部分 τὸ θρεπτικόν 2b11, 44a10.
エウエノス Εὔηνος 52a31.
エウドクソス Εὔδοξος 1b27, 72b9.
エウリピデス Εὐριπίδης 10a28, 36a11, 42a2, 55b2.
絵画き γραφεύς 80b34.
エピカルモス Ἐπίχαρμος 67b25.
エムペドクレス Ἐμπεδοκλῆς 47a20, b12, 55b7.
エンデュミオン Ἐνδυμίων 78b20.

オ

追い剝ぎ λωποδύτης 22a7.
王，王族 βασιλεύς 13a8, 50b14, 59a1, 60b3–11, 61a11–19, 80a20.
王制 βασιλεία 60a32, b24.
応報 ἀντιπεπονθός 32b21–33b6, 註 V 5(1), (2).
大酒 οἰνοφλυγία 14a27.
臆病，臆病者，臆病なひと δειλία, δειλός 3b17, 4a21, b8, 7b4, 8b19, 25, 9a3, 10, 15a20, 23, b34–16a14, 20, b16, 19a21, 28, 30a18, 31, 38a17, 66b10.
怒りっぽさ，怒りっぽいひと ὀργίλος, ὀργιλότης 3b19, 8a7, 25b29, 26a13, 19.
恐れ φόβος 5b22, 10a4, 16a31, 21b28, 28b11, 12, 35b5, 79b11. 〜の定義 15a9. 〜と平静 7a33, 15a7, 17a29.
恐れをもたないこと，恐れを知らないひと ἀφοβία, ἄφοβος 7b1, 15a16, 19, b24, 17a19.
怖ろしいこと(もの)，怖ろしい状況，怖ろしい苦痛，忌わしい所業，非行 δεινά 1a33, 3b16, 10a27, 15a26, 66b12.
オデュッセウス Ὀδυσσεύς 46a21, 51b

20.
男 ἄρρεν　50b16.
大人 ἀνήρ　76b23.
おとぼけ，とぼけるひと εἰρωνεία, εἴρων 8a22, 24b30, 27a22, b22, 30.
同じ部族のひとびと φυλέται　60a18, 65a30.
思いやり，同情，寛恕することを好むひと，同情に値する，思いやりのあるひと συγγνώμη, συγγνωμονικός, συγγνώμων　9b32, 10a24, 11a2, 26a3, 36a5, 43a21, 31, 46a2, 3, 49b4, 50b8.　～の定義 43a23.
思いやり深い εὐγνώμων　43a19, 30.
親 γονεῖς　97b9, 10a6, 20b14, 48a31, 58b15–22, 60a1, 61a21, b18–62a4, 63b17, 64b5, 65a16, 24.
オリュムピア競技 τὰ Ὀλύμπια　99a3, 47b35.
音楽 μουσική　80b2, 81a19. ～の心得あるひと，～的なひと μουσικός 5a21, 70a10, 75a13.
女，女性 γυνή　48b32, 62a23, 71b10.
温和，温和なひと πραότης, πρᾶος　3a8, b19, 8a6, 9b17, 25b26–26a2, 29, b1, 29b22.

カ

害悪，害，加害行為 βλάβη　94b18, 26b34, 35b11.
絵画 γραφή　13a4, 75a24.
外的 ἐκτός　～な繁栄 98b26, 78b33. ～な善 98b13, 78a24, 79a11, 16.
快楽，快 ἡδονή　96b18, 24, 1b28, 4a23, 34, b4–5a16, 7b4, 8b2, 9b8, 13a34, 17b25, 18a17, 23, b5, 22–19a20, 52b1–54b31, 72a19–76a29.　肉体的な，肉体の～ 4b6, 49b26, 51b35, 52a5, 53b34–54b15.　魂における～ 17b28.　触覚と味覚による～ 50a9.　必要不可欠な～と必要不可欠ではない～ 50a16.　優れた事柄にかかわる～ 48a22, cf. 51b19.　苦痛を伴わない～ 52b36, 73b16.　純粋な自由人らしい～ 76b20.　ひとびとの交わりにおいて起ってくる～ 26b30, cf. 28b8.　器量のすぐれたひとの人生はそのもの自体として快い 99a7–31, cf. 77a23–27.　ひとそれぞれに固有な～ 18b21.　目前の～の追求 46b23.　～を生むものの種類 47b24.　～についての諸見解 52b8–24.　～が善ではないという帰結は生じない 52b25–53a35.　～は善いものである 53b1–54a7.　過剰な肉体の～は避けるべきである 54a8–21.　肉体の～が望ましいと思われる理由 54a22–b31.　～ゆえの愛 56a12–b6, 57a1.　～が論ぜらるべき理由 72a19–27.　～についての諸見解 72a27–74a12.　エウドクソスの意見 72b9–28.　プラトンの意見 72b28–35.　～が善いものであるという事に対する反対者への反論 72b35–73b31.　～とは何か 74a13–76a29.　～は運動でも生成でもない 74a13–b14.　～は活動を完成する 74b14–75a3.　誰ひとり持続した～の状態に止まるものがない理由 75a3–10.　すべてのひとが～を欲する 75a10–21.　すべての動物も～を欲する 4b34, cf. 57b16, 72b10, 73a2.　～の種類 75a21–b24, cf. 73b13–31, 74a1, 75b24–76a3.　～は思考活動でも感覚作用でもない 75b34.　それぞれの動物には本来そなわる～がある 76a3–9.　純粋な～ 73a23, 76b20.　不健康な～ 52b22, 53a17.
係わり合い，商取引 συναλλάγματα 3b14, 31a1, b25, 33, 35b29, 78a12, 註 V 4(2).
学問，学問的知識，専門知識，知識 ἐπιστήμη　39b16–36, 41a19, b3, 42a34, b10, 註 I 1(1), (8).　能力とならんで 94a26, 29a13.　術とならんで

94^{a}7, cf. 18.　仕事とならんで 6^{b}8. 劣悪な～ 53^{b}8. 精確な～ 12^{b}1.　～は共通なものにかかわる 80^{b}15, cf. 23.　～をもっていることと働かせることは異なる 46^{b}32.　～に反する行為 47^{a}2, cf. 45^{b}23, 46^{a}4.　ソクラテスは勇気を～であると思った 16^{b}5, cf. 44^{b}29.　～の対象 39^{b}23, 25, 40^{b}34.　～はただしさも誤謬ももたない 42^{b}10.　真なる判断と区別して 46^{b}24.　賢慮と区別して 40^{b}2, 42^{a}24. 直観と区別して 40^{b}31. 弁えと区別して 43^{a}1.　知慧は直観であると共に～ 41^{a}19. 一つのイデアに応じてある事物については～もまた一つ 96^{a}30.　相反するものにかかわる一つの～ 29^{a}13. 知慧が～のなかで最高の完成をもつ 41^{a}16.　特殊な～ 43^{a}3. 術，賢慮，知慧，直観と区別して 39^{b}16. 感覚と区別して 42^{a}27. 感覚的な知識に対して本来の意味での～ 47^{b}15.　判断と区別して 45^{b}36.　～をもっている，という言葉は二つの意味で用いられる 46^{b}31.

学問認識をする部分 ἐπιστημονικόν
分別をめぐらす部分と区別して 39^{a}12.

家政，家政術，家を治めうるひと οἰκονομία, οἰκονομικοί　94^{a}9, ^{b}3, 40^{b}10, 41^{b}32, 42^{a}9.　家政における正しさ 34^{b}17, 38^{b}8.

過失 ἁμάρτημα　35^{b}12, 18.

家宅侵入 τοιχωρυχεῖν　38^{a}25.

堅ぶつ σκληροί　28^{a}9.

活動，働き，現実活動，実現，現実状態 ἐνέργεια　22^{b}1, 68^{a}6–15. 所産と区別して 94^{a}4.　性向と区別して 98^{a}6, ^{b}33, 3^{b}21, 22.　魂の～ 98^{a}7, cf. ^{b}15.　最善の～ 99^{a}29.　器量によって生れる～ 0^{b}10, 13, 77^{a}10, 78^{a}10. ～が生を決定する 0^{b}33, 70^{a}17.　神の～ 78^{b}21.　～は高尚さと劣悪さにおいて異なる 75^{b}24. それ自体として望ましい～ 76^{b}2.　～は生れてくる 69^{b}29. 理性の～ 77^{b}19. 完全な～ 74^{b}16. 妨げられることのない～ 53^{b}10.　不動の現実状態(活動) 54^{b}27.

カテゴリア κατηγορία　96^{a}29, 32.

寡頭主義のひと ὀλιγαρχικός　31^{a}28.

寡頭制 ὀλιγαρχία　60^{b}12, 35, 61^{a}3.

金貸し τοκιστής　21^{b}34.

金儲け χρηματιστής　96^{a}5, 53^{a}18.

金儲け術 χρηματισκή　12^{b}4.

可能性 δύναμις　→能力

貨幣 νόμισμα　33^{a}20–31, ^{b}11–28, 64^{a}1, 78^{b}15.

我慢強さ，我慢強いひと καρτερία, καρτερικός　45^{a}36, ^{b}8, 15, 46^{b}12, 47^{b}22, 50^{a}14, 33, ^{b}1.

神，神々 θεός, θεοί　96^{a}24, 1^{b}19, 23, 30, 22^{b}20, 23^{a}10, ^{b}18, 34^{b}28, 37^{a}28, 45^{a}23, 26, 58^{b}35, 59^{a}5, 7, 60^{a}24, 62^{a}5, 64^{b}5, 66^{a}22, 78^{b}8–26, 79^{a}25.　～から与えられた人間への贈物 99^{b}11. ～はいつも唯一の単一な快楽を楽しんでいる 54^{b}26.

カリス Χάρις　33^{a}3.

カリュプソ Καλυψώ　9^{a}31.

カルキノス Καρκίνος　50^{b}10.

感覚，感覚作用，感覚機能 αἴσθησις 3^{a}29, 18^{b}1, 49^{a}35, 70^{b}10, 74^{b}14–29, 75^{a}27.　識別力 61^{b}26.　～の能力 70^{a}16. 帰納と習熟とならんで 98^{b}3.　理性と欲求とならんで 39^{a}18, cf. 70^{a}17. 直観としての～ 43^{b}5.　～活動としての生 98^{a}2.　～が判定する 9^{b}23, 26^{b}4.　個別の認知は～に属する 13^{a}1, 47^{a}26.　論証の最終項と～ 42^{a}27. ～だけで生きているひと 49^{a}10.　感知する 70^{a}31, cf. 71^{b}34.　ひと目に顕わな事実 τὰ κατὰ τὴν αἴσθησιν 72^{a}36.　～されるもの，～対象 αἰσθητόν 47^{b}10, cf. 9^{b}22, 74^{b}14–34.　感知されれ

た生成過程 γένεσις αἰσθητή 52b13, 53a13. ～的な知識 αἰσθητικὴ ἐπιστήμη 47b17.

監禁 δεσμός 31a8.

癇癪持ち ἀκρόχολοι 26a18.

勘定高さ ἀκριβολογία 22b8.

完全な，究極の，終極的，完全無欠，完結した，完成された τέλειος 94b8, 97a28, 1a19, 2a1, 53b16, 17, 56b34, 73a29, 74a15, b4. ～幸いなひと 76a27, 98a18. ～人生 0a5, 1a16. ～器量 0a4, 2a6. ～運動 74a20. ～活動 74b16.

観想，観想活動，観照，眺めること θεωρία 3b26, 22b17, 74b21, 78b5–28, 註 I 1(1), VI 1(7). ～の生活 βίος θεωρητικός 95b19, 96a4. ～にかかわる思考の働き θεωρητικὴ διανοία 39a27. ～の活動 ἐνέργεια θεωρητική 77a18, 28, b19, 78b7, 22. 研究者 θεωρητικός 80b21.

姦通 μοιχεία 7a11, 31a6.

完徳，完全な徳 καλοκαγαθία 24a4, 79b10, 註 IV 3(5).

勘の良さ εὐστοχία 42a33, b2.

願望，願うこと，願う気持 βούλησις 11b11–30, 13a15–b2, 55b29, 56b31, 78a30, 註 III 2(7). ～に反して 36b5, 7, 24.

キ

幾何学 γεωμετρία 43a3. ～者 γεωμέτρης, γεωμετρικός 98a29, 42a12, 75a32.

喜劇 κωμῳδία 28a22.

技術 τέχνη →術

規準，限度，尺度 μέτρον 33b16, 63a17, 22, 66a12, 70b30, 76a18.

偽証 ψευδομαρτυρία 31a7.

気性の烈しいひと，烈しい気質のひと，峻烈なひと ὀξεῖς 16a9, 26a18, 50b25.

規制的な正しさ τὸ διορθωτικὸν δίκαιον, τὸ ἐπανορθωτικὸν δ. 31a1, b25, 32a18, b24, 註 V 2(2).

貴族主義のひと ἀριστοκρατικοί 31a29.

貴族制 ἀριστοκρατία 60a33, b10, 61a23. ～的 60b32.

基礎前提 ὑπόθεσις 51a17.

寄託，預ったもの，供託金 παρακαταθήκη 31a4, 35b4, 7, 78b11.

機知，機知あるひと εὐτράπελος, εὐτραπελία 8a24, 28a9–33, 56a13, 57a6, 76b14.

帰納 ἐπαγωγή 98b3, 39b27–31.

義憤，義憤を感ずる性向のひと νέμεσις, νεμεσητικός 8a35, b3.

気分の鬱積したひと μελαγχολικός 50b25, 52a19, 28, 54b11.

気難しや δύσκολος 8a30, 26b16, 27a10, 58a3.

休息 ἀνάπαυσις 27b33, 50b17, 60a24.

教育，教授 παιδεία, διδαχή, διδασκαλία 3a15, 4b13, 39b26, 61a17, 72a20, 79b23. 個人的～と公けの～ 80b8. 公共のための～ 30b26.

狂気，狂乱 μανία 47a17, 48b25, 49a12.

競技者，闘技士 ἀθλητής 11b24, 16b13.

狂人，気違い，狂乱しているひと μαινόμενος 11a7, 12a20, 15b26, 47a13, 49b35.

強制 βία ～による行為 9b35.

兄弟 ἀδελφός 61a4, 25, b30, 65a16, 29. 見知らぬ人に対して 60a6.

共同生活，生活を共にする，一緒に生きる συζῆν 26b11, 27a18, 56a27, b5, 57b7, 18, 19, 58a23, 69b18, 70a12, b11, 12, 71a2, b32, 35, 72a6, 8, 78b5.

共同体 κοινωνία ポリス～ 29b19, 60a9. すべての～はポリス～の部分をなす 60a9, 28. →結びつき

共同のもの，公共 κοινός　22b21, 23a5, 30b26, 62a29, 63b7, 8, 67b13. ～のためになることが正しさ 60a14.
享楽の ἀπολαυστικός　～生活 95b17.
虚栄，虚栄のひと χαυνότης, χαῦνος　7b23, 23b9, 25, 25a18, 27, 33, 註 IV 3(2).
極端 ἀκρότης　7a8.
器量 ἀρετή　註 I 5(4). ～とは行為の選択にかかわる性向 6b36, 39a22. 賞讃されるべき性向は～ 3a9. 最高の，最も終極的な～ 98a17. 完成された～ 0a4.　終極的な～ 2a6, 29b26, 31, 註 V 1(6). 完璧な～ 24a7, 28.　～の全体 30a9.　正義の性向と区別して～ 30a13.　人間の～ 2a14, b3, 12.　～は性向 6a22. 人柄としての～ 3a5, 4b9, 39a1, 22, 44a7, 52b5, 72a22, 78a16, 18.　行為にかかわる～ 77b6.　合成されたものの～ 78a20. 思考の働きとしての～ 3a5, 39a1. 分別に関する～ 8b9. 自然的な～ 44b3, 36. 本来の意味における～ 44b14. 生れつきの～であれ，習慣によって得られた～であれ 51a18. 人間の標準を上まわる～ 45a19. 英雄の～ 45a20.　～を働かせること 13b5, 73a14. 行為における美しさは～の目ざす目的 15b13. ～ゆえの愛 64b1.　～についての一般的な考察 2a5-3a10. ～には二種あり，一つは思考の働きとしての～，一つは人柄としての～ 3a4-10, 38b35-36.　～はいかに生れ，育つか 3a14-b25, 4a27-b3, cf. 5a17-b18, 9a20-b26. ～は快楽と苦痛にかかわる 4b3-5a13, cf. 52b5. ～は何であるか 5b19-7a27. 〔徳目〕一覧表 7a28-8b10, 註 II 7(1). ～にはいくつの種類があるか，その詳細 15a4-38b14.　～と賢慮 44a6-9, 78a16-19.　～と抑制 45a18, 36-b2. ～は行為の始まりを保全する 51a15-16, cf. 18-19.　全体としての～ 44a5.　→徳
金銭 ἀργύριον　9a27, 27b13, 37a4, 64a28, 32.

ク

クセノパントス Ξενόφαντος　50b12.
苦痛 λύπη　19a23. ～からの解放 52b16, 53a28, 71b8, 73b16.　→快楽
愚鈍 ἠλίθιος　→痴呆
愚昧 ἀφροσύνη　46a27, 49a5.
グラウコス Γλαῦκος　36b10.
クレタ(人) Κρῆτες　2a10.

ケ

経験 ἐμπειρία　15b4, 16b3, 9, 42a15-19, 43b14, 58a14, 80b18, 81a10, 20. 時間とならんで 3a16, 42a16. 思考と区別して 81a2. ～のある人 ἔμπειρος 41b18, 81a19, b5. 年寄りとならんで 43b11.
契約，協約，約束 συνθήκη, συμβόλαια　33a29, 34b32, 35, 61b7, 64b13.
激情 θυμός　5a8, 11b11, 13, 16b23-17a4, 47a15, 49a3, 26, b24, 註 III 2(4). ～ゆえの行為 11a25-b2, 18, 35b21. ～ゆえの行為は予め企画されたものではない 35b26.　～を抑える 26a21.　～について無抑制 45b20, 47b34, 48b13.
劇場 θέατρον　75b12.
欠陥 κακία　肉体における～ 14a22.　→悪徳
獣，獣類，獣的 θηρίον, θηριώδης　16b25, 32, 18b4, 41a27, 44b8, 49a6-20, b29, 50a8, 52b20, 53a28, 31, 54a33. ～は悪徳も器量ももたない 45a25, cf. 39a20, 49b31. ～快楽 18a25. ～な性向 45a25, 48b19, 24.　～なひと 45a30. ～な臆病 49a8.
ケルキュオン Κερκύων　50b10.
ケルト人 Κελτοί　15b28.

原因，原因づけ，理由 αἰτία, αἴτιος 99^{b}23, 0^{a}2, 9^{a}12, 10^{b}2, 32, 12^{a}25, 74^{b}26. 事物の～には，自然，必然，偶然，理性がある 12^{a}31. 神的な～ 79^{b}22. 虚偽の起る～ 54^{a}22. 最初の～ 12^{b}19.

厳格なひと στρυφνοί 57^{b}14, 58^{a}2, 6.

厳格に正義を守るひと ἀκριβοδίκαιος 38^{a}1.

健康，健康に役立つもの，健康によいもの，健康な行ない，健康なもの，健康にかかわること ὑγίεια, ὑγιεινόν 94^{a}8, 95^{a}24, 97^{a}11, 19, 4^{a}5, 14, 17, 11^{a}31, 13^{a}27, 19^{a}16, 29^{a}15, 16, 37^{a}16, 38^{a}30, 41^{a}22, ^{b}19, 20, 43^{a}3, ^{b}25, 32, 44^{a}4, 45^{a}8, 53^{a}18, 20, 73^{a}24, ^{b}24, 74^{b}25.

原理 ἀρχή →始まり

賢慮 φρόνησις 98^{b}24, 3^{a}6, 39^{b}16, 40^{b}35, 41^{a}5, 7, 21, 42^{b}33, 43^{a}7–15, 26, 45^{b}17, 46^{a}4, 52^{a}12, 72^{b}30, 78^{a}16, 19, 80^{a}22, ^{b}28, 註 VI 1(2), 4(5), 5(1), (2), (7), 9(3). ～あるひと φρόνιμος 52^{a}6, ^{b}15, 53^{a}27. ～について 40^{a}24–^{b}30, 41^{b}8–42^{a}30. ～の効用 43^{b}18–45^{a}11. すべての器量は～である 44^{b}18–45^{a}2.

コ

恋するひと ἐραστής 恋されるひとに対して 57^{a}6, 8, 59^{b}15, 17, 64^{a}3.

好意 εὔνοια 55^{b}33, 66^{b}30–67^{a}21.

行為 πρᾶξις 註 I 1(1), (3), VI 1(7). 制作と区別される～ 40^{a}2–17. ～は個別の領域に含まれる 10^{b}6, cf. 41^{b}16. 人間は～の生みの親 13^{b}18. ～と真実を司るものの三種 39^{a}18. ～の始まり αἱ πρακτικαὶ ἀρχαί 44^{a}35. 目的が～の始まり 51^{a}16, cf. 39^{a}31. ～は神に相応しくない 78^{b}10–18. ～にかかわる思考の働き πρακτικὴ διάνοια 39^{a}27, 36. ～にかかわる器量 77^{b}6. ～にかかわる論証 43^{b}2.

幸運，好運 εὐτυχία 99^{b}8, 24^{a}14, ^{b}19, 53^{b}22, 24, 69^{b}14, 71^{a}21–28, 79^{b}23. ～と不運がかかわる善いもの 29^{b}3.

後悔，悔い，後悔するひと μεταμέλεια, μεταμελητικός 10^{b}19, 22, 11^{a}20, 50^{a}21, ^{b}30. ～を知らぬ男 ἀμεταμέλητος 66^{a}29.

高雅なひと，洗練された教養をもつひと χαρίεις 95^{a}18–^{b}22, 2^{a}21, 27^{b}23, 31, 28^{a}15, 31, ^{b}1, 62^{b}10.

交換，取引 μετάδοσις, ἀλλαγή 33^{a}2, 19–28, ^{b}11–26. 本意からなされる～ 32^{b}13. ～による結びつき 32^{b}32.

好機 καιρός 96^{a}32.

豪気(ぎ)，豪気なひと μεγαλοπρέπεια, μεγαλοπρεπής 7^{b}17, 22^{a}18–23^{a}19, 25^{b}3, 註 IV 2(1).

高尚な，立派な ἐπιεικής 2^{b}10, 26^{b}21, 55^{b}35, 58^{b}23, 59^{a}22, 62^{a}11, 26, 65^{a}9, 66^{a}10, 76^{a}24, 註 V 10(1). 劣悪なひとに対して 13^{b}14, 32^{a}2, 57^{a}17. 民衆に対して 67^{b}1. ～な品性 ἐπιείκεια 21^{b}24, 67^{a}19. →公平な

幸福 εὐδαιμονία 95^{a}18–2^{a}17, 44^{a}5, 52^{b}6, 76^{a}31–79^{a}32, 註 I 4(1). ～の定義 97^{a}15–99^{b}8, cf. 53^{b}9–25, 69^{b}29, 77^{a}12–79^{a}32. ～はいかにして得られるか 99^{b}10–0^{a}9. いかなるひとも生きているかぎり～なひととは言えないか 0^{a}10–1^{a}21. ～は死後も転変するか 1^{a}22–^{b}9. ～は賞讃されるべきものではなく，尊敬されるべきものである 1^{b}10–2^{a}4. 人間のものとしての～ 2^{a}15. ～と～の部分 29^{b}18. ～なひとも友を必要とする 69^{b}3–70^{b}19. ～は性質ではない 73^{a}15. ～は遊びのうちには存在しない 76^{b}9–77^{a}10. ～は理性的な活動のうちにある 77^{a}12–78^{a}8, cf. 78^{b}3–32. 第二の意味で～な生活は他の器量に従う

活動のうちにある 78^{a}9–^{b}3. ～にはほどほどの外的な善を要する 78^{b}33–79^{a}22. 知慧あるひとは最も神に愛されて最も～なひとである 79^{a}22–32. 奴隷は～ではありえない 77^{a}8. 他の動物も～ではありえない 78^{b}27. 完全な～ 77^{a}17, ^{b}24, 78^{b}7.

公平な，適正な，ちょうどよいだけの ἐπιεικής 20^{b}32, 37^{a}31–38^{a}3, 43^{a}20, 31, 61^{a}29, 80^{a}24, 35, 註V 10(1). →高尚な

高邁，高邁なひと μεγαλοψυχία, μεγαλόψυχος 7^{b}22, 26, 23^{a}34–25^{a}16, 33, 34, ^{b}3, 註IV 3(1).

高慢なひと ὑπερόπται 24^{a}20, 29.

功名心 φιλοτιμία 7^{b}24–8^{a}1, 25^{b}1–25, 59^{a}13.

功名心のなさ，功名心のないひと ἀφιλοτιμία, ἀφιλότιμος 7^{b}29–8^{a}1, 25^{b}10, 22.

御機嫌とり ἄρεσκος 8^{a}28, 26^{b}12, 27^{a}8, 71^{a}17, 18.

極道者 ἀνοσιουργοί 66^{b}5.

こけおどし θρασύδειλοι 15^{b}32.

快いもの，快，快さ ἡδύς, ἡδύ 美しいものと役に立つものとならんで～ 4^{b}32, 5^{a}1. 善とならんで～ 55^{b}21, 56^{b}23. 自然の本性に従って～ 54^{b}16. 知慧に従って生れる活動が最高の～ 77^{a}23. 真実に対して 8^{a}13, 28^{b}7. →快楽

黒海 Πόντος 48^{b}22.

孤独のひと，孤りぼっち μονώτης 99^{b}4, 57^{b}21, 69^{b}16, 70^{a}5. 自分ひとりの生活 97^{b}9.

子供，子，胎児 τέκνον, παῖς, παιδίον 97^{b}10, 99^{b}3, 5, 0^{a}2, 20, 10^{a}6, 11^{a}26, 13^{b}19, 15^{a}22, 19^{b}6, 42^{a}17, 44^{b}8, 48^{a}31, ^{b}21, 23, 49^{a}14, ^{b}10, 52^{b}19, 53^{a}28, 31, 58^{b}15–22, 60^{a}1, ^{b}25, 61^{b}18, 62^{a}28, 65^{b}27, 66^{a}5, 68^{a}3, 80^{a}31, 註I 9(5). ～のような精神 74^{a}2. 所有物とならんで 34^{b}10, 16.

諺 παροιμία 29^{b}29, 46^{a}34, 59^{b}31, 68^{b}6.

胡麻すり κόλαξ 8^{a}29, 21^{b}7, 25^{a}2, 27^{a}10, 59^{a}15, 73^{b}32.

根拠 τὸ διότι 事実に対して 95^{b}7.

婚礼 γάμος 23^{a}1, 65^{a}18.

サ

財 χρήματα 19^{b}26.

才覚，才覚のあるひと δεινότης, δεινός 44^{a}23–^{b}15, 45^{b}19, 46^{a}23, 52^{a}10, 11, 58^{a}32, 註VI 12(6).

財産査定制 τιμοκρατία 60^{a}36, ^{b}17, 61^{a}3, 28.

最終のもの，最終の項，最後のもの ἔσχατον 41^{b}28, 42^{a}24, 43^{a}35, 36, 46^{a}9, 47^{b}14. 個別とならんで 43^{a}29, 33. 発見において～ 12^{b}19. 分析の過程において～ 12^{b}23.

才知，才知のあるひと ἐπιδεξιότης, ἐπιδέξιος 28^{a}17, 33.

裁判官 δικαστής 32^{a}7–32.

幸いなもの，幸いに満ちたもの μακάριος 98^{a}19, 99^{b}18, 0^{a}33, ^{b}16, 1^{a}7, 19, 13^{b}15, 16, 52^{b}7, 57^{b}21, 58^{a}22, 69^{b}4, 70^{a}2, 8, 27, 28, 77^{b}23, 78^{b}9, 26, 79^{a}2.

作品，製品，所産，仕事，働き，作ったもの ἔργον 註I 7(8). 活動と区別して 94^{a}5. 行為とならんで 97^{b}29, 1^{b}16. 人間の～ 97^{b}24–33, 98^{a}7, 13, 6^{a}23, 44^{a}6. 眼の～ 97^{b}30, 6^{a}18. 思考の～ 39^{a}29, cf. ^{b}12. 賢慮あるひとに固有な～ 41^{b}10. 器量はそれぞれの部分にそなわっている～に関係づけられる 39^{a}17. 所有物との相違 22^{b}15–18. 男の～と女の～ 62^{a}22. 靴作りの～ 33^{a}9, cf. 13, ^{b}5. ～は可能としてあるものを活動として顕示する 68^{a}9. 技術の～ 52^{b}19, 53^{a}23. 職人は自分の～を愛する 67^{b}34.

殺戮 φόνοι　77^{b}11.

サテュロス Σάτυρος　48^{a}34.

さもしさ，さもしいひと ἀνελευθερία, ἀνελεύθερος　7^{b}10, 13, 8^{b}22, 19^{b}27, 28, 21^{a}11–20, ^{b}13–17, 22^{a}5–14, 30^{a}19, 註 IV 1(3).

サルダナパロス Σαρδανάπαλλος　95^{b}22.

シ

死 θάνατος　15^{a}11–^{b}5, 16^{b}20, 22, 17^{b}7, 11, 28^{b}13.

自愛 φίλαυτος　68^{a}28–69^{b}2.

思案 βουλή, βουλεύεσθαι　12^{a}19–13^{a}12, 39^{a}12, ^{b}7, 40^{a}26.

思惟，理性活動 νοεῖν　70^{a}19. ～をする部分がそれぞれのひと自身である 66^{a}22.

時間，期間 χρόνος　96^{a}26, 98^{a}23, 56^{b}33, 74^{a}22, ^{b}8, 75^{b}31.　充全な～ 1^{a}12.

シキュオンのひとびと Σικυώνιος　17^{a}27.

思考，思考の働き，思考の活動，思考過程，心の働き，思想　διάνοια, διανοητικός　39^{a}21, 42^{b}12, 46^{a}25, 75^{a}7, ^{b}34, 76^{a}3.　肉体に対して 17^{b}31. 分別とならんで 12^{a}16. 観想活動とならんで 74^{b}21. 選択とならんで 48^{a}10.　経験と区別して 81^{a}2.　～にかかわる快楽 76^{a}3.　子供の～ 65^{b}26. ～を伴う欲求 39^{b}5. ～としての器量 3^{a}5, 14, 15, 38^{b}18–45^{a}11.　行為にかかわる～ 39^{a}27, 29, 36. 制作にかかわる～ 39^{a}29, ^{b}1.　～する部分こそそのひと自身である 66^{a}17.

自殺，自殺する，死ぬ ἀποκτιννύναι ἑαυτόν, σφάττειν ἑαυτόν, ἀναιρεῖν ἑαυτόν, ἀποθνήσκειν　16^{a}12, 38^{a}6, 10, 66^{b}13.

事実 ὅτι, ἔργον　根拠と区別して 95^{b}6.　議論と区別して 68^{a}35, 72^{a}35, ^{b}6, 79^{a}21.

詩人 ποιητής　20^{b}14, 68^{a}1.

自然，自然の本性，自然の生まれ，本然の性，事物の本然の在り方，そのもの自体の成り立ち φύσις　3^{a}19–26, 14^{b}14, 16, 40^{a}15.　術によるものと区別して 99^{b}21, 6^{b}15.　～は必然や偶然や理性と区別して 12^{a}25, 32.　習慣に対して 48^{b}30, 52^{a}30, cf. 3^{a}30.　慣わし，法に対して 94^{b}16, 33^{a}30, 35^{a}10.　付随的に対して 54^{b}17. ～上先立つ 96^{a}21. ～によるものは不動 34^{b}25. 原因としての 43^{b}9, 48^{b}31, cf. 14^{a}24, 26.　性状とならんで 52^{b}36, 53^{b}29. ～にかなった量 18^{b}18. ～的な器量 44^{b}3. 快楽は～へと向う感知された生成過程 52^{b}13.

自足 αὐτάρκεια　97^{b}7–14, 34^{a}27, 77^{a}27, ^{b}21, 79^{a}3, 註 I 7(4).

実現 ἐνέργεια　→活動

支配，支配権，役職 ἀρχή　30^{a}1, 55^{a}6, 60^{b}14, 61^{a}2.

しまりなさ，しまりのないひと ἀσωτία, ἄσωτος　7^{b}10, 12, 8^{b}22, 32, 19^{b}27–20^{a}3, ^{b}25, 21^{a}8–^{b}10, 22^{a}15, 51^{b}7, 註 IV 1(2).

しまりや φειδωλοί　21^{b}22.

市民 πολίτης　97^{b}10, 99^{b}31, 2^{a}9, 3^{b}3, 30^{b}29, 60^{a}2, 5, 77^{b}14.　～としての勇気 16^{a}17.

シモニデス Σιμωνίδης　21^{a}7.

邪悪 μοχθηρία　10^{b}32, 13^{b}16, 29^{b}24, 30^{a}7, ^{b}24, 35^{b}24, 44^{a}35, 45^{b}1, 48^{b}2, 49^{a}16, 17, 50^{b}32, 59^{b}10, 65^{b}18, 36, 66^{b}20, 27.

邪曲，悪さ，悪い状態，悪人，悪いひと，悪い人間 πονηρία, πονηρός　13^{b}15, 30^{a}21, 35^{b}24, 38^{a}16, 52^{a}16, 24, 54^{b}29, 30, 65^{a}10.　一般的な意味での～ 38^{a}17.　持続する～ 50^{b}35.

ス

セ

生 ζωή　98a1, 13, 0b33, 70a23, 29. 実践活動としての～ 98a6. ～は自然の本性にしたがった善いものである 70b2. ～は一つの活動である 75a12. 栄養活動としての～ 98a1.
→生きる

精確さ，精確なもの，最高の完成に達した ἀκρίβεια, ἀκριβής　94b13, 24, 98a27, 6b14, 41a9, 16, 註 I 3(1), II 6(9). ～な専門知識 12b1. ～な定義 59a3. 精確に論ずる 39b19.

正義，正しさ，正しいこと δίκαιον　3b1, 5a18–b10, 29a32–30a13, 61a11–b10, 註 I 3(3), V 7(2). 配分における～ 31a10–b24. 規制的な～ 31b25–32b20. 応報の～ 32b21–33b28. ポリスにおける～ 34a25–35a5. 自然の本性にもとづく～と法律による～ 34b18, cf. 36b32, 37b12. 自然の本性による～と人為的な～ 35a3. 文字に書かれない～と法律による～ 62b21. 全体としての～ 29a32–30a13, cf. b9, 19. 部分としての～ 30a14–b5. ～の種類 30b30. 家における～ 34b8–18, cf. 38b7. 正しいひとであることは容易ではない 37a5–26. ～を行なうひとと正しいひととは同じではない 44a13. ～と愛 55a22–28, 58b29, 59b25–60a8, 61b6. 最大の～と愛 55a28. 正しいひと，正しい気質のひと δίκαιος 3b1, 15, 5a20, 44b5, 73b30, 77a29, 30, 註 V 8(2).
→正義の性向，正しい行為，正義の行為

正義の行為 δικαίωμα　35a9, 註 V 7(2).　→正しい行為

正義の性向 δικαιοσύνη　8b7, 20a20, 27a34, 29a3–38b14, 73a18, 註 V 1(1), (6), (9), (12). ～とは，どういう種類の中間であるか 33b30–34a1. ～と公平 37a31–38a3. ～は他人のための善 30a3, 34b5.
→正義，正しい行為，正義の行為

性向 ἕξις　註 I 8(5), 4b19, 14b2, 31, 17a20, 23b1, 26b21, 29a14–18. 活動と区別して 98b33, 3b21, 23, 57b6(cf. 14a30–15a3). 情と能力と区別して 5b20–6a12. 情と区別して 28b11, 57b29. 賞讃される～ 3a9. 行為の選択にかかわる～ 6b36, 39a22. 働きによって規定される～ 22b1. 人柄としての～ 39a34. 自然的な～ 44b8. 賢慮にかなった～ 44b25. たいていのひとの～ 50a15.
→性能，性状

制作 ποίησις　註 I 1(1), VI 2(10). 行為とは異なる 40a2, b4, 6. ～の性能 40a4–22. ～にかかわる思考 39a28, b1.

政治 πολιτική　5a12, 81a11. ～活動 77b15. ～の生活 95b18. ～権力 99b1. ～と軍事にかかわる行為 77b16.

政治家，政治にかかわるひと πολιτικός　2a18, 23, 12b14, 42a2, 77b12, 78a27, 80b30. 本当の～ 2a8.

政治術 πολιτική　94a27, b11, 15, 95a2, 16, b5, 99b29, 2a12, 21, 30b28, 41a20, 29, b23–32, 45a10, 80b31, 註 VI 7(5). ～を研究するもの 52b1.

青春，青春期 νεότης　54b10, 11.

性状，状態，あり方 ἕξις, διάθεσις　7b16, 30, 8a24, b11, 43b26, 45a33, 74b32. 最良の～ 39a16. →性能，性向

生成，生成過程，生起 γένεσις　73b4, 74b12. 現実活動と区別して 53a16. 目的に対して 52b23, 53a9. 快楽は感知された～ 52b13, 53a13. 技術は～にかかわる 40a11. ～の過程において最初のもの 12b24.

政体 πολιτεία　60b21, 61a10. 大昔の～ 13a8. 最善の～ 35a5. ～の形

態と逸脱形態 60a31–b22 ～の蒐集 81b7, 17.

性能，技能 ἕξις 41b24, 54a13, 81b10. 行為の～ 40a4, b5, 20, 註 VI 3(9). 分別の働きを伴う～ 40a4–22, b20, 28. 自然の本性にかなった～ 53a14. →性向, 性状

ゼウス Ζεύς 24b16, 60b26, 65a15.

節制，節制あるひと σωφροσύνη, σώφρων 2b27, 3a6, 8, b1, 19, 4a19–b6, 5a18–b10, 7b5, 8b20, 9a3, 19, 19b17, 24, 29b21, 40b11, 45b14, 15, 46a11, 12, 47b28, 48a6, 14, b12, 49a22, b30, 31, 50a11, 23, 51a19, b31, 34, 52a1, b15, 53a27–35, 77a31, 78a33. ～ある行為 68b26, 78b15. ～について 17b23–19a16. →節度

節度，節度のあるひと σωφροσύνη, σώφρων 23b5, 25b13. →節制

説明する言葉 λόγος 42a26, 43b1.

責め，与え主 αἴτιος 13b25, 14b2. 無知の～ 13b30. 存在の～ 61a16, 62a7, 65a23.

善，善さ，善いもの ἀγαθόν 95b14, 25, 98a20, 1b30, 72a28, b9, 25, 31, 33, 73a29, 74a9, cf. 97b27, 註 I 3(3). 善いという語はあるという語と同じだけ多くの意味において語られる 96a23. 快いもの，有用なものと区別して 55b19, 73b33. ～のイデアについて 96a11–97a13. ～の定義 94a3, 97a18, 72b14. ～の系列 96b9. 最高～ 94a22, 97a28, b22, 98b32, 52b12–26, 53b7–26. 終極の～ 97b8. 真実に即した～ 14b7. 本来の意味における～ 44b7. 人間の～ 94b7, 98a16, 2a14, 40b21, 41b8. 人間の行為によって実現されうる～ 95a16, 97a1 (cf. 96b34), 23, 41b12, 註 I 2(2). そのもの自体としての～と利益をもたらすもの 96b14. 限定なしの～と誰かにとっての～ 29b3, 52b26, cf. 97a1, 55b21, 56a14, b13. 外的な～，魂にかかわる～，肉体にかかわる～ 98b13, cf. 23b20, 53b17, 54a15, 69b10, 註 I 8(3). ～と見えるもの 13a16, 14a32, 55b26. 人々の争いの的であるさまざまの～ 69a21, cf. 68b19. 現実活動としての～，性能としての～ 52b33. 他人のための～ 30a3, 34b5. 自然の本性によって宿っている～ 73a4.

専横，面罵，傲慢なひと ὕβρις, ὑβρισταί 15a22, 24a29, 25a9, 49a32, b23.

僭主 τύραννος 10a5, 20b25, 22a5, 34b1, 8, 60b2, 11, 76b13.

僭主制，僭主的 τυραννίς, τυραννική 60b1–12, 28, 61a32, b9.

選択，意向 προαίρεσις 11b5–13a14, 39a3–b11, 註 I 1(4), III 1(6), 2(1), (7). 行為とならんで 94a1, 97a21. 認識とならんで 95a14. 情欲に対して 34a20. 分別とならんで 49b34. ～における無知 10b31. 高尚な～ 52a17. ～と目的 17a5. ～にしたがって，～にもとづいて 13b5, 34a2, 38a21. 器量は一種の～の働き 6a3, 63a23, cf. 64b1, 78a35. ～にかかわる性向 6b36, 39a23. ～の対象 12a14, cf. 17, 13a4–10, b4, 39b6. ～を守りとおす 50b30, 51a30–34. →意向

選択に値するもの，望ましいもの，選択の対象 αἱρετόν 忌避の対象に対して 19a22, 48b3, 72b20. そのもの自体として～ 47b24, 76b3. ～は善いもの 31b23, 72b11.

ソ

相互愛，愛し返す，愛し返される ἀντιφίλησις, ἀντιφιλεῖν, ἀντιφιλεῖσθαι 55b28, 56a8, 57b30, 59a30.

俗悪 ἀπειροκαλία 7b19, 22a31.

ソクラテス Σωκράτης 27b25, 44b18, 28, 45b23, 25, 47b15.

祖先 πρόγονοι　22b31, 61a18.
そそっかしさ προπέτεια　50b19, cf. 26.
率直，率直に語るひと παρρησία, παρρησιαστής　24b29, 65a29.
ソフィスト σοφισταί　64a31, 80b35, 81a12.　～の論理 σοφιστικὸς λόγος 46a21.
ソポクレス Σοφοκλῆς　46a19, 51b18.
ソロン Σόλων　0a11, 15, 79a9.
存在 εἶναι　66a4, 19, 68a5, 70b8, 72a2.　～の与え主 61a17, 62a6, 65a23.
損失 ζημία　利得に対して 32a12, b12, 18.

タ

体育，体育術 γυμναστική　96a34, 12b5, 38a31, 43b27, 80b3.
代償，交換 ἀμοιβή　63b34, 64b1, 19.
体操 γυμνάσια　4a15, 6b4.
貸与 δανεισμός, δάνειον　31a3, 67b21.
惰弱，惰弱なひと μαλακία, μαλακός　16a14, 45a35, b9, 47b23, 48a12, 50a14, 31–b17.
正しい行為 δικαιοπράγημα, δικαιοπραγία　33b30, 35a12, 20, 註 V 7(2).　→正義の行為
正しさ δίκαιον　第一義的な意味での～ τὸ πρῶτον δίκαιον 36b34.　→正義
他でありうる，他でありうるもの ἐνδέχεσθαι ἄλλως ἔχειν, ἐνδεχόμενον ἄλλως ἔχειν　34b31, 39b21, 40a1, 22, 34, b2, 41a1, 註 I 1(1), VI 1(7).　他のようにありえない事物 39a14.
他人，あかの他人，見知らぬひと ὀθνεῖος　26b27, 60a6, 62a8, 32, 65b34, 69b12, 21.
他人に対して情愛の深いひと φιλάνθρωπος　55a20.
魂，心(の) ψυχή, ψυχικός　～の活動 98a7–18, b15, 99b26, 2a5, 17.　～にかかわる善 98b14, 19.　～の性向 4b19, 38b32.　～における快楽 17b28.　～の部分 38b9, 39a4, 9, 43b16, 44a9.　～の或る部分は分別をもつが，他の部分は分別をもたない，また後者のうちの一つは植物的，他は欲望的 2a23–3a3, cf. 98a4, 19b14, 38b8, 39a3, 68b21, 註 I 13(8).　～の分別をもつ部分は二つの部分をもつ，一つは学問認識をする部分，他の一つは分別をめぐらす部分 39a6–17, cf. 43b16, 44a2.　判断をくだす部分の器量は賢慮 40b26, 44b14.　～におけるすぐれた部分 45a7, 77a4.　～のもっとも支配的な部分 68b30.　～の目 ὄμμα τῆς ψυχῆς 44a30, cf. 43b14.　～は一つ 68b7.
タレス Θαλῆς　41b4.
単一君主制 μοναρχία　60a32–b10.
単一な ἁπλοῦν　～快楽 54b26.
端初 ἀρχή　→始まり
男色 ἀφροδίσια τοῖς ἄρρεσιν　48b29.
断定，判断 ὑπόληψις　39b17, 40b13, 31, 45b36, 47b4.　～に反して行為する 46b28.

チ

知慧 σοφία　98b24, 3a5, 39b17, 41a2–b8, 43b19, 33–44a6, 45a7, 77a24, 註 VI 7(2).　～の定義 41a19, b2.
父，父親(の) πατήρ, πατρικός　2b32, cf. 3a3, 35a29, 48b1, 49b8, 13, 58b12, 16, 60a6, b24–28, 61a19, 63b19, 22, 65a1–26.　～の正しさ 34b9.　～の愛 61a15, b17.　～的な支配 πατρικὴ ἀρχή 60b26.　～の命令，～の戒め 80a19, b5.
痴呆，愚鈍(な) ἠλίθιος　11b22, 12a20, 21a27, 22b28, 23b4, 25a23, 28, 26a5, 76b32.
中間，中間のもの，中間性，中間のひと μεσότης, μέσος　4a24, 6a26–8b13, 33b32.

抽象 ἀφαίρεσις　42a18.
彫刻師，彫像師，彫像作り λιθουργός, ἀνδριαντοποιός, ἀγαλματοποιός 97b25, 41a10, 11.
懲罰 κόλασις　4b16, 9b35, 26a28, 80a9.
直観 νοῦς　→理性
陳腐，陳腐なひと βαναυσία, βάναυσος 7b19, 22a31, 23a19, 註 IV 2(9).

ツ

慎しみ κοσμιότης　9a16.
妻 γυνή　97b10, 15a22, 34b16, 58b13, 17, 60b33, 34, 61a1, 23, 62a16–33.
つむじ曲り δύσερις　8a30, 26b16, 27a 11.

テ

手 χείρ　97b31, 35a27, 36b30. ～から～への取引 62b26.
ディオメデス Διομήδης　16a22, 36b10.
抵当，保証 ἐγγύη, ἐγγυητής　31a4, 33b12.
テオグニス Θέογνις　70a12, 79b6.
テオデクテス Θεοδέκτης　50b9.
テティス Θέτις　24b15.
デモドコス Δημόδοκος　51a8.
デロス(の) Δηλιακόν　99a25.
典雅なひと ἀστεῖοι　23b7.

ト

統括的，統括する ἀρχιτεκτονικός　94a 14, 27, 41b22, 25, 註 I 1(11).
道化，道化もの βωμολοχία, βωμολόχος 8a24, 25, 28a4–b1.
洞察 γνώμη　43a23–b9, 註 VI 11(1). ～の定義 43a19.
同族のひと συγγενής　62a1, 15, 65a 19, 30.
動物，生き物 ζῷον　99b34, 4b35, 18b 3, 41a32, 55a19, 62a19, 76a3. 人間と区別して 48b16, 70a16. 人間以外の～ 11a26, b9, 18a17, 41a34, 78b28.
徳 ἀρετή　29b30, 79b9, 註 I 5(4). →器量
毒を盛ること φαρμακεία　31a6.
年寄り，年上のもの，老人，年のいったひと πρεσβύτερος, πρεσβῦται　28b 19, 43b12, 55a13, 58a5, b12, 65a27.
年寄り染みたひと πρεσβυτικοί　58a2.
富 πλοῦτος　94a9, b19, 95a23, 25, 96a 6, 97a27, 99b1, 20a5, 6, 23a7, 25, 24a 14, 17, 31a28, 47b30, 61a2.
友 φίλος　→愛，友人
奴隷 ἀνδράποδον, δοῦλος　45b24, 60b 28, 29, 61a35–b5, 77a7, 8.
奴隷誘拐 δουλαπατία　31a7.
トロイア(の) Ἴλιον, Τρωικός　39b7. ～の物語り詩 0a8.
貪欲，貪欲なひと，多く得る πλεονεξία, πλεονέκτης　29a32, b1, 9, 10, 30a 26, 67b10, 68b19.

ナ

仲間 ἑταῖρος　59b32, 60a2, 5, 61b35, 62a 32, 64b26, 65a16, 29.
馴染み，慣れ親しむ，親しみ合い συνήθεια　56b26, 57a11, 58a17, 65b 33, 66b34, 67a12.
軟弱 τρυφή　45a35, 50b3.

ニ

ニオベ Νιόβη　48a33.
肉体(の) σῶμα, σωματικά　魂に対して 1b33, 61a35. 心の働きに対して 17b 30. ～における欠陥 14a23, 28. ～的な快楽 4b5, 17b29, cf. 33, 18a2, 48a5, 49b26, 51a12, b35, 52a5, cf. 47b 25, 27, 53a32, b33, 54a8, 10, 26, 29, b3, 17, 76b20, 77a7. ～的な苦痛 50a 24. ～的な善いもの 54a15.
人間，人間の，人間的な，人間的な生活を送る ἄνθρωπος, ἀνθρώπειος, ἀνθρωπικός, ἀνθρώπινος, ἀνθρωπεύεσθαι ～の善 94b7, 98a16, 2a14, 40b21, 41b 8. ～にかかわることの終極目的 76

a32. ～の働き 97b25, 0b12. ～の活動 78b23. ～の性 10a25. ～的な生活, 人生 0b9, 77b31. ～的な生を送る 78b7. ～のものとしての幸福 2a14. ～の器量 2a14, b3, 12. ～は行為の始まり 12b31. 自然の本性に対して 35a4, 36a9. ～にかかわることは持続した活動を保たない 75a4. ～的な, ～にとってありがちな, ～らしい ἀνθρωπικός 11b1, 19a7, 26a30, 63b24, 67b27, 78a10, 14, 註 X 8(1). ～的なふしだら 49a20. 正義は～のもの 37a30. ～のことにかかわる愛知 81b15. ～のことを想う 77b32. ～よりはるかに神的な存在 41a34. 本性上ポリスを成して存在する 97b11. 配偶と連れ合おうとする傾向をもつ 62a17.

認識 γνῶσις　95a6, 97a6, 2a22, 39a11.

ヌ

盗人, 賊 λῃστής　22a7, 34a19, 64b34.

盗み, 窃盗 κλοπή　7a11, 31a6.

ネ

ネオプトレモス Νεοπτόλεμος　46a19, 51b18.

嫉み, 嫉妬, 嫉み深いひと φθόνος, φθονερός　5b22, 7a11, 8b1, 4, 15a23.

熱中, 専心, 真面目 σπουδή　74a4, 77b19, 註 X 7(4). 遊びに対して 77a2.

ノ

能力, 素質, 可能性 δύναμις　註 I 1 (1), (8), (9). 賞讃されるべきものや尊敬されるべきものに対して 1b12. 実際の活動と区別して 3a26, 68a9. ～は活動と関係づけて理解される 70a17. 情および性向と区別して 5b20–6a12. 性向と区別して 27b14, 29a12, 44a29. 性能と同義的な～ 43a28. 意向に対して 27b14. 幸福は～ではない 1b12. 魂の～ 2a34.

ハ

売却 πρᾶσις　31a3.

配分 νομή, διανομή　31a25, b8, 30. ～における正しさ 30b31, 31b10.

配分的な正しさ διανεμητικὸν δίκαιον, νεμητικὸν δίκαιον.　31a10–b24, 27, 32b24, 註 V 2(2).

破壊性 σιναμωρία　49b33.

恥しらず ἀναισχυντία, ἀναίσχυντος　7a11, 8a35, 28b31.

始まり, 初め, 原理, 端初 ἀρχή　39b30, cf. 40b34, 51a15, 註 I 4(6), 7(19). ～からの論と～への論 95a31. 事実が第一のものであり～である 98b2, cf. 42a19. 直観が～にかかわる 41a8. 知慧あるひとは～から導出される事柄ばかりでなく, ～そのものをも摑んでいなければならない 41a17.

恥じらい, 羞恥 αἰδώς　8a32, 16a28, 31, 28b10–33, 79b11.

恥を知るひと αἰδήμων　8a32, 35, 15a14.

恥ずかしがりや αἰσχυντηλός　28b20.

働き ἔργον　→作品, 活動

はったり, 空威張り, はったりや ἀλαζονεία, ἀλαζών　8a21, 22, 15b29, 27a13, 20–b32.

母, 母親 μήτηρ　48b26, 59a28, 61b27, 65a25, 66a5, 9.

母親殺し μητροκτονῆσαι　10a29.

パラリス Φάλαρις　48b24, 49a14.

半悪人 ἡμιπόνηρος　52a17.

繁栄, 栄華 εὐετηρία　98b26, 55a8.

判断, 意見, 臆断 δόξα　註 III 2(5). 選択と区別して 11b11, 30–12a13. 思慮深さと区別して 42a33, b9–12. 弁えと区別して 43a2. 知識と区別して 45b36, 46b24. 他でありうるものにかかわる 40b27. ～は永遠なも

のについてもある 11b31. 探求ではなく一種の言明である 42b13. 偽に陥ることもありうる 39b17. ～の正しさとは～の真なること 42b11. ～をくだす部分(δοξαστικόν)の器量 40b26, 44b15. 感覚されるものにかかわる～ 47b9. 賢者たちの～ 79a17.

ヒ

ビアス Βίας 30a1.
卑屈，卑屈なひと μικροψυχία, μικρόψυχος 7b23, 23b10, 24, 25a17, 19, 33, 註 IV 3 (3).
卑小，卑小なひと μικροπρέπεια, μικροπρεπής 7b20, 22a30, b8, 23a27.
美食家 ὀψοφάγος 18a32.
引込み思案 καταπλήξ 8a34.
必然 ἀνάγκη 自然，偶然，理性に対して 12a32. 議論に対して 80a4.
必然なこと，やむをえぬこと，欠くことをえないもの，必要不可欠なもの ἀναγκαῖον 正しいことに対して 64b9. 美しいことに対して 20b1, 55a29, 71a24. そのもの自体として望ましいものに対して 47b24, 76b3. 家はポリスよりも～ 62a18.
ピッタコス Πιττακός 67a32.
ひと ἀνήρ 善い～と善い市民はちがう 30b29.
人柄，心根，心の持ち方(の) ἦθος, ἠθικός 95a7, 11b6, 21a26, b6, 27b23, 39a1, 55b10, 65b6–19, 72a22, b15, 78a16, 17, 註 II 1(1), (3). ～にかかわること 27a16. ～における運動 28a11. 自然にそなわる各種の～ 44b4, cf. 79b29. ～の内にとりこまれたもの 79b17. ～ゆえの愛 64a12. ～における決定的なもの 63a23. ～としての性向 39a34. ～において避けるべきものの三種 45a16. ～にかかわる部分と判断にかかわる部分 44b15. ～としての器量と悪徳 52b5. ～としての愛 62b23, 31. →性向
人殺し ἀνδροφονία 7a12.
等しい，平等な ἴσος 大きい部分，小さい部分に対して～部分 6a27–34, 8b15, cf. 30, 53b6. ～ひと(もの)＝正しいひと(もの) 29a34, 31a11–24.
等しさ，平等，均等性 ἰσότης 31a21, 33b4, 18, 58b1, 28, 62a35, b3, 註 V 3(1). 割合の～ 31a31. 比例に対して 32b33. 値打における～と量における～ 58b30. 支配と被支配の～ 34b15. 「親しさは～」 57b36, 68b8, cf. 59b2.
人の悪い喜び ἐπιχαιρεκακία 7a10, 8b1. ～をもつひと ἐπιχαιρέκακος 8b5.
ピュタゴラス派 πυθαγόρειοι 96b5, 6b30, 32b22.
病気，病い νόσος, νόσημα 96a33, 14a26, 15a11, 48b25, 49a9, b29, 50b14, 33.
平等 ἰσότης →等しさ
比例 ἀναλογία, ἀνάλογον 31b11–32, 34a8, 12. ～の定義 31a31. 算術～ 6a36, 32a2, 30. 幾何～ 31b12. 非連続な～ 31a32, b15. ～にかなった返報 33a6. ～的な平等 33a10, 34a5, 27. ～関係が結ばれる時 33b1.
『ピロクテテス』 Φιλοκτήτης 46a20, 51b18.
貧困 πενία 15a10, 17, 16a13, 55a11.

フ

不運 ἀτύχημα 1a10, 28. ～の定義 35b17.
『フェニキアの女たち』 Φοινίσσαι 67a33.
不幸なひと ἄθλιος 0a29, b5, 34, 1a6, 2b7, 50b5, 66b27.
負債，借りたもの ὀφείλημα 62b28, 65a3.
不死 ἀθανασία 11b23, 77b33.

ふしだら，ふしだらなひと ἀκολασία, ἀκόλαστος　3^{b}19, 4^{a}23, ^{b}6, 7^{b}6, 8^{b}21, 9^{a}4, 16, 14^{a}5, 12, 20, 28, 17^{b}27, 32–18^{b}7, 24, 28, 19^{a}1–33, 21^{b}8, 30^{a}26, 30, 45^{b}16, 46^{b}20, 47^{b}28, 48^{a}6, 13, 17, ^{b}12, 49^{a}5, 22, ^{b}30, 31, 50^{a}10, 21, ^{b}29, 51^{b}31, 52^{a}4, 53^{a}34, 54^{a}10, ^{b}15. 子供の誤りとしての～ 19^{a}33. 人間的な～ 49^{a}20. 遊び好きのひとも～と考えられる 50^{b}16.

侮辱 λοιδόρημα　28^{a}30.

婦女誘拐 προαγωγεία　31^{a}7.

付随的，付帯的 συμβεβηκός　～な意味での正不正 35^{a}18, ^{b}3. 自然の本性に対して 54^{b}17. ～なもの同志が組になることはない 57^{a}35. ひこばえとならんで 96^{a}21.

不正，不正なこと ἀδικία, ἄδικον　29^{b}1, 34^{a}32, 50^{a}6. ひとは本意から～の行為をされることがありうるか 36^{a}10–^{b}13. ひとは自分から自分に対して～の行為をすることがありうるか 36^{b}15–25, cf. 34^{b}12, 36^{b}1, 38^{a}4–28, ^{b}5–13. ～の行為をするのは分配するひとか受けるひとか 36^{b}25–37^{a}4, cf. 36^{b}15. ～の行為をされるよりもすることの方がいっそう劣悪である 38^{a}28–^{b}5, cf. 34^{a}12.
→不正の行為，不正の性向

不正なひと ἄδικος　14^{a}5, 13, 29^{a}31–33, 51^{a}10, 52^{a}17. 不正の行為と～ 34^{a}17–23, 32, 35^{a}8–36^{a}9, cf. 38^{a}24.

不正の行為 ἀδίκημα　～と不正は異なる 35^{a}8. 特殊な～ 38^{a}24.
→不正，不正の性向

不正の性向 ἀδικία　29^{a}3–30^{b}19. 自分自身に対する～ 34^{b}12.
→不正，不正の行為

不足，欠乏，困窮，欠乏状態 ἔνδεια　18^{b}18, 20^{b}13, 63^{b}4. 過剰に対して 4^{a}12, 9^{a}4. 充足過程に対して 73^{b}7, 20.

不定なもの，無限定なもの，定義できないもの ἀόριστος　28^{a}27, 70^{a}24, 73^{a}16.

腑抜け，腑抜けなひと ἀοργησία, ἀόργητος　8^{a}8, 26^{a}3.

不評，不名誉 ἀδοξία　15^{a}10, 13, 28^{b}12.

不平等な，等しくない(ひと) ἄνισον, ἄνισος　29^{b}1, 32^{a}7, 59^{b}2, 62^{b}4. ～は不正なひと 29^{a}33.

不本意 ἄκων, ἀκούσιον　13^{b}15, 32^{b}31, 35^{a}17, 33, ^{b}2, 36^{a}16–21, 註 III 1(1). 強制による～な行為 9^{b}35–10^{b}17. 無知による～な行為 10^{b}18–11^{a}21. 激情のゆえに，または欲望のゆえになされる行為は～なのではない 11^{a}24–^{b}3. 人と人の係わり合いにおける～なもの 31^{a}3, ^{b}26. 同情に値する～な行為 36^{a}5.　→本意

不名誉，権利剝奪 ἀτιμία　0^{a}20, 7^{b}22, 23^{b}21, 24^{a}5, 38^{a}13.

ブラシダス Βρασίδας　34^{b}23.

プラトン Πλάτων　95^{a}32, 4^{b}12, 72^{b}28.

プリアモス Πρίαμος　0^{a}8, 45^{a}21.

プロタゴラス Πρωταγόρας　64^{a}24.

分析 ἀνάλυσις　12^{b}23, 註 III 3(7).

『分析論』 τὰ ἀναλυτικά　39^{b}27, 32.

分別，分別の働き λόγος　98^{a}14, 2^{b}14–3^{a}2, 7^{a}1, 12^{a}16, 17^{a}21, 19^{b}11–18, 39^{a}24, 40^{a}10, ^{b}3, 44^{b}30, 45^{b}14, 49^{a}26, 32, ^{b}1, 3, 50^{b}28, 51^{a}1, 17, 29–34, ^{b}10, 26, 52^{a}13, 69^{a}1, 註 I 13(7), II 2(3). ～にしたがって 95^{a}10, 19^{b}15, 69^{a}5. ～をもつ部分 98^{a}3, 2^{a}28, 3^{a}2, 38^{b}9, 22, 39^{a}4, 15. ～に服従する 98^{a}4, cf. 2^{b}31. ～にあずかる 2^{b}14, 25, 30. ～に反する 2^{b}17, 24, 48^{a}29, 51^{b}35, 52^{a}3. ～の定めるままに，～の命ずるままに 15^{b}12, 19, 17^{a}8, 25^{b}35. まっとうな～ ὀρθὸς λόγος 3^{b}33, 38^{b}34, 44^{b}27, 47^{b}3. まっとうな～にし

たがって，まっとうな～にかなった 3b32, 38b25, 44b23, 27, 51a22. まっとうな～が命ずる，告げる 14b29, 19a20, 38b20. まっとうな～に反する，外れる 38a10, 47b31, 51a12, 21. まっとうな～＝賢慮 44b28. 何ものかを目ざして働く～ 39a32. 真なる～ 40a10. 虚偽なる～ 40a22. 器量は～である(ソクラテスの意見) 44b29. ～によって抑制を失う 47b1. ～をめぐらす部分 λογιστικόν 39a12, 14. ～に関する諸器量 λογικαὶ ἀρεταί 8b9. ～の働き λογισμός 19b10, 41b14, 42b19, 45b11, 12, 46a33, 50b24. 魂の～をもたない部分 ἄλογον 2a28, b13, 29, 38b9, 39a4, 68b20. ～をもたないもの 11b13, 72b10. ～の力をもたないひと ἀλόγιστοι 49a9.

ヘ

平静 θάρσος 5b22, 7a33, 15a7, 17a29.
ペイディアス Φειδίας 41a10.
ヘクトル Ἕκτωρ 16a22, 33, 45a20.
ヘシオドス Ἡσίοδος 95b9.
ヘラクレイトス Ἡράκλειτος 5a8, 46b30, 55b4, 76a6.
ペリクレス Περικλῆς 40b8.
ペルシア(の) Πέρσης, Περσική 34b26, 60b27, 31.
ヘルメスの神殿 Ἕρμαιον 16b19.
ヘレネ Ἑλένη 9b9.
弁論家(の) ῥήτωρ, ῥητορικός 94b27, 12b13.
弁論術 ῥητορική 94b3, 81a15.

ホ

暴行 αἰκία 31a8.
謀殺 δολοφονία 31a7.
報復，復讐，刑罰 τιμωρία 26a22, 28, 37a1, 49a31, 79b12, 80a9.
法律 νόμος 2a10, 13b34, 16a19, 29b14, 19, 30b24, 32a5, b16, 34a30, 31, b14, 37a11, b13–38a11, 44a15, 52a21, 24, 64b13, 79b32, 34, 80a3, 24, 34, b25, 81a17, 23, b7, 22. ～に反するという意味での不正 30a24. 自然の本性によるものではなく～によるもの 33a30, cf. 94b16. 一般的，それゆえに不完全な～ 37b13–24. 民会の議決に対して 37b27–29. ～と契約を共にしうるひと 61b7. ～は或る種の賢慮および理性から生れる戒め 80a21. 書かれない～ 80b1. ～による正しさ 34b19.
ホメロス Ὅμηρος 13a8, 16a21, b27, 18b11, 36b9, 41a14, 45a20, 49b17, 60b26, 61a14.
ポリス πόλις 3b3, 23a2, 67a26, 30, 80a27, 81a7, b18. 専制君主の国と区別して 15a32. 家と区別して 62a19, 80b4. 組織体と関連して 68b31. ～と個人 94a27–b11, 41b29–42a11. 自殺は自分に対してではなく～に対する不正行為 38a11. ～にかかわる賢慮 41b25. ～の適当な大きさ 70b30. ～における正しさ 34a26, 29, b21–29. ～制 πολιτεία 60a34, b20. ～共同体 πολιτεία, πολιτικὴ κοινωνία 29b19, 60a9, 28, 63b5.
ポリュクレイトス Πολύκλειτος 41a11.
本意，自分からすすんで ἑκών, ἑκούσιον ～と不本意 9b30–11b3, 32b30, 35a20–b9, 36a16–b14, 註 III 1(1). 選択から区別される～ 11b7. 恥じらいは～からなされたことについて起る 28b28. ～による取引 32b13. ～によってなされる諸行為 31a2–5. ～結んだ契約 64b13.

マ

『マルギテス』 Μαργίτης 41a14.

ミ

見えるということ ὅρασις　74a14, b12.
見せかけ προσποίησις　→うわべ作り
ミレトスのひとびと Μιλήσιοι　51a9.
ミロン Μίλων　6b3.
民会の議決 ψήφισμα　37b29, 32, 41b27, 51b16.
民主主義のひと δημοκρατικοί　31a27.
民主制 δημοκρατία　60b17, 20.

ム

無学なひと ἀμαθής　51b13, 59b13.
無感覚，無感覚なひと，常識のないひと ἀναισθησία, ἀναίσθητος　4a24, 7b8, 8b21, 9a4, 14a10, 19a7.
無感受状態 ἀπάθειαι　4b24.
無経験(な) ἄπειρος　95a3, 20b12, 81a21.
無限，限りなく ἄπειρον　94a20, 97b13, 13a2. 悪は～なものに属する 6b29.
無限定な，分ち難い ἀδιόριστος　12b9, 75b32.
むこうみずなひと θρασύς　4a22, 7b3, 8b19-9a9, 15b29-16a9, 51b7.
息子 υἱός　11a12, 49b11, 58b12, 60b24, 61a19, 63b19, 81a6.
結びつき κοινωνία　33b6, 35b12, 59b27. 交換による～ 32b31. 家庭における～の諸形態 60b24-61a8. 人と人の～としての愛 61b14.　→共同体
無知 ἄγνοια　45b29, 47b6. ～のゆえの行為 10a1, b18-11a21, 13b24, 36a7, 44a16, 45b27. ～であってする行為 10b25, 36a6. 一般的な～ 10b32. 目的に関する～ 14b4.
無抑制，抑制のないひと ἀκρασία, ἀκρατής　95a9, 2b14, 21, 11b13, 19b31, 36a32, b2, 6, 42b18, 45a16-52a36, 66b8, 68b34, 註 VII 1(4). ～についての一般常識 45b8-20. ～についての難点 45b21-46b5. ～の行為は知っていての行為か否か 46b8-47b19. 限定なしの意味での～と種々な～ 47b19-49a20, cf. 46b3, 19. 利得，名誉，激情，怒りに関して～ 47b33, 48a11, b13, cf. 45b19, 49a25. 激情に関する～は，欲望に関する～ほど醜くはない 49a24-b26. ～と獣性 49b27-50a8. ～と惰弱 50a9-b28. ～とふしだらなひと 50b29-51a28, cf. 2b26-28, 45a16-17, 35-b2, 52a4-6. ～はどのような種類の選択にそむくのか 51a29-b22. 無感覚なひとと～の中間が抑制のあるひとである 51b23-32. 賢慮と～は両立不可能である 52a6-15. 半悪人としての～ 52a15-24. ～は一般のひとのもつ性向を越える点に関わりがある 52a25-27. ～のうちでも医しやすい種類のもの 52a27-33.

メ

名誉，尊敬 τιμή　95a23, b23, 27, 96b23, 97b2, 7b22-27, 16a28, 23b20-24a26, b25, 25b7-21, 27b12, 30b2, 31, 34b7, 47b30, 48a26, 30, 59a18-22, 63b3-16, 64b4, 65a24, 27, 68b16. ～は外的な善のうち最大のものである 23b20. ～についての無抑制 45b20, 47b34, 48b14.
メガラのひとびと οἱ Μεγαροῖ　23a24.
メロペ Μερόπη　11a12.

モ

目的，終極 τέλος　註 I 1(6). 手段に対して～ 11b26, 12b12, 33, 13b3, 45a5. 行為と区別して 14b21. 活動とならんで 53a10. ～のうち或るものは活動であり，或るものは所産である 94a8. 終極的な～ 97a28. 立派な～ 40a29. 熟成という意味での～ 74b33. 行為の～はその場その場に

応じて定まる 10a13. ～の設定 12b15. ～を知らないこと 14b4. ～の希求 14b6. あらゆる活動の～はそのものの持っているあり方に応じて定まる 15b20. 事物はそれぞれその～によって限定される 15b22. ～＝最善のもの 44a32, cf. 94a22. ～の設計者 52b2.

もの惜しみしない心の宏さ，もの惜しみしないひと，自由人らしいもの ἐλευθεριότης, ἐλευθέλιος 99a19, 3a6, 7b9, 18, 21, 8b22, 32, 15a20, 19b22–22a17, 25b3, 51b7, 58a21, 註 Ⅳ 1(1). 豪気とは異なる 22a20–b18.

ヤ

約束 συνθήκη, συμβόλαια →契約

役に立つもの，ためになるもの，効用，利益 συμφέρον 27a5, 68a12, 69a6. 美しいものや快いものと区別して 4b31. 他人のために～ 30a5. 自分のために～ 40a27, 60b2. 自分に～の無知 10b31. 公共の～，すべてのひとの～ 29b15, 60a14. ～の追求 56a27. 目前の～ 60a22. ～のために定められた正しいこと 34b35.

野蛮人，蛮族 βάρβαροι 45a31, 49a11.

野暮，野暮なひと，田舎もの ἀγροικία, ἄγροικος 4a24, 8a26, 28a9, b2, 51b13.

ユ

優越，優越性 ὑπεροχή 98a11, 24a22, 61a12, 20.

勇気，勇気あるひと ἀνδρεία, ἀνδρεῖος 2b28, 3b17, 4a18, b1, 8, 7a33, 8b19, 25, 32, 9a2, 9, 15a6–17b22, 29b19, 37a20, 44b5, 67a20, 77a32, 78b12. 市民としての～ 16a17–b3. 経験による～ 16b3–23. 激情のゆえの～ 16b23–17a9. 楽観的ゆえの～ 17a9–22. 無知ゆえの～ 17a22–27.

友人，友，親しいひと φίλος 26b21, 49a29. ～や同市民 97b10. 胡麻すりとの違い 73b32. ～の助けによって実現されうることもわれわれの力によって実現されうることの一つ 12b28. →愛

有用なもの χρήσιμον ～ゆえの愛 57a2, 59b13, 62b6, 16. ～のゆえに愛するひと 56a14. →役に立つもの，利益

ヨ

良い生れ εὐγένεια 99b3, 31a28.

抑制，抑制あるひと ἐγκράτεια, ἐγκρατής 2b14, 28b34, 45a18, b8–14, 46a10–17, b10–18, 47b22, 68b34, 註 Ⅶ 1(4). ～と我慢強さ 50a9–b28. どのような選択を～は守りとおすのか 51a29–b22. ～は無感覚のひとと抑制のないひとの中間 51b23–32. 節制は類似性のゆえに～と呼ばれる 51b32–52a6. ～は一般のひとのもつ性向を越えるものにかかわる 52a25–27.

抑制のないひと ἀκρατής →無抑制

欲望 ἐπιθυμία 3b18, 5b21, 11b11–17, 17a1, 19a4, b5–12, 48a21, 49a25–b31, 註 Ⅲ 2(3). ～による行為 11a25–b2. 激情とならんで 11a25, b11, 47a15. 共通の～と固有の～ 18b8–16, 49b5. 自然の～ 18b15, 19. 強力な劣悪な～ 46a2, 10, 78b16. 立派な～ 46a13. 弱力な～ 46a15. 美しいことの～，醜いことの～ 48a22, 75b28. ～的な部分 2b30. ～能力 19b14, 15.

欲求 ὄρεξις 94a21, 95a10, 7b29, 16a28, 19b7, 8, 25b7, 38b11, 39a18–b5, 49b4, 59b20, 75b30. 感覚や理性とならんで 39a18. 思案にもとづく～ 13a11, 39a23. ～を伴う理性 39b4. 思考の働きを伴う～ 39b5. まっとうな～ 39a24. ～的な部分 2b30.

酔っ払い，酔ったひと，酒に酔う οἰνωμένος, μεθύειν, μεθύσκεσθαι 10b26, 13b31, 32, 17a14, 47a14, b7, 12, 51a4, 52a15, 54b10.
余裕 σχολή　77b4, 註 X 7(3).
弱さ，弱力，病弱な ἀσθένεια, ἀσθενής 14a25, 46a15, 50b19, 76a14.

ラ

ラダマンテュス Ῥαδάμανθυς　32b25.

リ

利益，便益，利益をもたらすもの ὠφέλεια, ὠφέλιμον　8a29, 27a9, 57a20, 62b17, 63a10, 17.　損害をもたらすものに対して 34a8, 10. 快楽に対して 56a26. そのもの自体として善いものに対して 96b15. 美しい行為に対して 62b36. 自分の〜 41a30.
理性，直観 νοῦς　96a25, b29, 97b2, 12a33, 39a18, 33, b17, 41a19, b3, 76b18.　原理を認識するものとしての〜 40b31-41a8, 42a25, 26. 最初の項と最後の項にかかわる〜 43a35-b7. 論証に沿って働く〜 43b1.　行為にかかわる論証において働く〜 43b1. 欲求を伴う〜 39b4.　行為にかかわる〜 44b9, 12, 50a5, 68b35, 69a17, 18, 80a22.　観想にかかわる〜 77a13, 20, b19, 30, 78a22. 〜をそなえる年齢 43a27, b9.　〜の獲得 44b12. 〜がそれぞれのひと自身 69a2, 78a4, 7, 註 IX 4(3).　〜にしたがう生活 77b30, 78a7, 80a18.　〜にしたがった活動 79a23.
立派な σπουδαῖος　→優れた
立法家，立法を心得たもの νομοθέτης, νομοθετικός 2a11, 3b3, 13b23, 28a30, 37b18-23, 55a23, 60a13, 80a25, 33, b24, 29, 81b1.
立法術，立法 νομοθετική, νομοθεσία 29b13, 41b25, 32, 81b13.
利得 κέρδος　損失に対して 32b18. 尊敬に対して 63b3.
隣人 πέλας　8b2, 23a33, 27b19, 66a1, 67b13, 69a14, b34.

レ

隷属関係 δουλεία　33a1.
レスボスの建築 ἡ Λεσβία οἰκοδομία 37b30.
劣悪な，つまらない φαῦλος　限定なしに〜ひと 51a25.　〜人柄のひと 21a25.　一般的な意味で〜ひと 38a15. 優れた性向に対して〜性向 51a28. 高尚なひとに対して〜ひと 13b14, 32a2, 57a17.

ロ

老獪，老獪なひと πανουργία, πανοῦργοι 44a27, 28.
老齢 γῆρας　0a7, 23, 21b13.
論究，論述における筋道 μέθοδος　94a1, b11, 98a29, 29a6, 註 I 1(2).
論証 ἀπόδειξις　94b27, 40a33, 41a2, 43b10, 13, 47a20.　〜に沿って働く理性 43b1.

ワ

若者，若い人，若い νέος　95a3, 18b11, 28b16, 19, 42a12, 15, 55a12, 56a26-b6, 58a5, 20, 79b8, 31, 34, 80a1.
弁え，理解力 σύνεσις　3a5, 42b34-43a18, 26, 34, b7, 61b26, 81a18.　〜のよさ εὐσυνεσία 42b34, 43a10.
和合 ὁμονοία　55a24, 67a22-b16, 註 IX 6(1).

主要訳語表

ἀγαθόν　善，善いもの．
ἄγνοια　無知．
ἀγροικία　野暮．
ἄγροικος　野暮なひと，田舎もの．
ἀγχίνοια　頭脳明敏．
ἀδίκημα　不正の行為．
ἀδικία　不正，不正の性向．
ἄδικον　不正，不正なこと．
ἄδικος　不正なひと．
ἀδοξία　不評，不名誉．
ἄθλιος　不幸なひと．
αἰδήμων　恥を知るひと．
αἰδώς　恥じらい，羞恥．
αἰκία　暴行．
αἰσχροκέρδεια　醜益．
αἰσχροκερδής　醜益を得るひと．
αἰσχυντηλός　恥ずかしがりや．
ἀκολασία　ふしだら．
ἀκόλαστος　ふしだらなひと．
ἀκούσιον　不本意．
ἀκρασία　無抑制．
ἀκρατής　抑制のないひと．
ἀκριβοδίκαιος　厳格に正義を守るひと．
ἀκριβολογία　勘定高さ．
ἀκρόχολος　癇癪持ち．
ἀλαζονεία　はったり，空威張り．
ἀλαζών　はったりや．
ἀμαθής　無学なひと．
ἀναισθησία　無感覚．
ἀναίσθητος　無感覚なひと．
ἀναισχυντία　恥しらず．
ἀναίσχυντος　恥しらずなひと．
ἀνδρεία　勇気．
ἀνδρεῖος　勇気あるひと．
ἀνελευθερία　さもしさ．
ἀνελεύθερος　さもしいひと．
ἄνισον　不平等．
ἄνισος　不平等なひと．
ἀνοσιουργός　極道者．
ἀντιπεπονθός　応報．
ἀντιφιλεῖν　愛し返す．
ἀντιφίλησις　相互愛．
ἀοργησία　腑抜け．
ἀόργητος　腑抜けなひと．
ἀπειροκαλία　俗悪．
ἄρεσκος　御機嫌とり．
ἀρετή　器量，徳．
ἀστεῖος　典雅なひと．
ἀσωτία　しまりなさ．
ἄσωτος　しまりのないひと．
ἀτιμία　不名誉，権利剝奪．
αὐτάρκεια　自足．
ἀφιλοτιμία　功名心のなさ．
ἀφιλότιμος　功名心のないひと．
ἀφοβία　恐れを持たないこと．
ἄφοβος　恐れを知らないひと．
βαναυσία　陳腐．
βλάβη　害悪，害，加害行為．
βουλεύεσθαι　思案をめぐらす．
βουλή　思案．
βούλησις　願望，意向．
βωμολοχία　道化．
βωμολόχος　道化もの．
γλίσχρος　しわんぼ．
γνώμη　洞察．
δειλία　臆病．
δειλός　臆病なひと．
δεινά　怖ろしいこと，非行．
δεινός　才覚あるひと．
δεινότης　才覚．
δεσμός　監禁．
διάνοια　思考，思考の働き．
δίκαιον　正義，正しさ，正しいこと．
δικαιοπράγημα　正しい行為．
δικαιοσύνη　正義の性向．
δικαίωμα　正義の行為．

δολοφονία　謀殺.
δύσερις　つむじ曲り.
δύσκολος　気難しや.
ἐγκράτεια　抑制.
ἐγκρατής　抑制のあるひと.
εἴρων　とぼけるひと.
εἰρωνεία　おとぼけ.
ἔλεος　憐み.
ἐλευθέριος　もの惜しみしないひと，自由人らしいもの.
ἐλευθεριότης　もの惜しみしない心の宏さ.
ἔνδεια　不足，欠乏.
ἐνέργεια　活動，働き，実現.
ἕξις　性向，性状，性能.
ἐπ' αὐτῷ, ἐφ' ἡμῖν　……の意のままになる.
ἐπιδέξιος　才知あるひと.
ἐπιδεξιότης　才知.
ἐπιείκεια　公平な性向，高尚な品性.
ἐπιεικής　公平な，立派な，高尚な，いい.
ἐπιθυμία　欲望.
ἐπιστήμη　学問，学問的知識，専門知識，知識.
ἐπιχαιρεκακία　人の悪い喜び.
ἐπιχαιρέκακος　人の悪い喜びをもつひと.
ἔργον　作品，製品，所産，仕事，働き，作ったもの.
εὐβουλία　思慮深さ.
εὐγνώμων　思いやり深い.
εὐδαιμονία　幸福.
εὔνοια　好意.
εὐπραξία　旨くやること，良い行為，好運.
εὐστοχία　勘の良さ.
εὐτραπελία　機知.
εὐτράπελος　機知あるひと.
εὐτυχία　幸運，好運.
ἡδονή　快楽.
ἦθος　人柄，心根.
ἠλίθιος　痴呆，愚鈍.
ἡμιπόνηρος　半悪人.
θάρσος　平静.
θεωρία　観想，観想活動，観照，眺めること.
θηριότης　獣性.
θρασύδειλος　こけおどし.
θρασύς　むこうみずなひと.
θυμός　激情.
καθόλου　一般者，一般的.
κακία　悪徳，欠陥.
κακόν　悪，悪いもの.
κακουργία　悪行.
καλοκαγαθία　完徳，完全な徳.
καλόν　美しさ，美しいもの，美.
καρτερία　我慢強さ.
καταπλήξ　引込み思案.
κέρδος　利得.
κοινωνία　結びつき，共同体.
κόλαξ　胡麻すり.
κοσμιότης　慎しみ.
λόγος　分別，論証，説明，言葉.
λοιδόρημα　侮辱.
λύπη　苦痛.
λωποδύτης　追い剝ぎ.
μακάριος　幸いなもの，幸いに満ちたもの.
μαλακία　惰弱
μεγαλοπρέπεια　豪気《ぎ》.
μεγαλοπρεπής　豪気《ぎ》なひと.
μεγαλοψυχία　高邁.
μεγαλόψυχος　高邁なひと.
μελαγχολικός　気分の鬱積したひと.
μέσος　中間のもの，中間のひと.
μεσότης　中間，中間性.
μεταμέλεια　後悔，悔い.
μέτρον　規準，尺度.
μικροπέπεια　卑小.
μικροπρεπής　卑小なひと.
μικροψυχία　卑屈.
μικρόψυχος　卑屈なひと.
μοιχεία　姦通.

μονώτης 孤独のひと，孤りぼっち.
μοχθηρία 邪悪.
νεμεσητικός 義憤を感ずる性向のひと.
νέμεσις 義憤.
νοεῖν 思惟，理性活動.
νοῦς 理性，直観.
οἰνοφλυγία 大酒.
οἱ πολλοί 一般のひと，大衆，普通のひと.
ὁμόνοια 和合.
ὀξύς 気性の烈しいひと，峻烈なひと.
ὀργή 怒り.
ὀργίλος 怒りっぽいひと.
ὀργιλότης 怒りっぽさ.
ὄρεξις 欲求.
ὀψοφάγος 美食家.
πάθος 情，情念.
παιδιά 遊び，戯れ.
πανουργία 老獪.
πανοῦργος 老獪なひと.
παρρησία 率直.
παρρησιαστής 率直に語るひと.
πλεονέκτης 貪欲なひと.
πλεονεξία 貪欲.
πονηρία 邪曲，悪さ，悪い状態.
πονηρός 悪人，悪いひと.
πρᾶξις 行為.
πρᾶος 温和なひと.
πραότης 温和.
προαγωγεία 婦女誘拐.
προαίρεσις 選択，意向.
προπέτεια そそっかしさ.
προσποίησις うわべ作り，見せかけ.
σκληρός 堅ぶつ.
σοφία 知慧.
σπουδαῖος 優れた，立派な.
στρυφνός 厳格なひと.
συγγνώμη 思いやり，同情.
συγγνωμονικός 思いやりのあるひと.
συμφέρον 役に立つもの，ためになるもの，効用，利益.
συναλλάγματα 係わり合い，商取引.
σύνεσις 弁え，理解力.
σωφροσύνη 節制，節度.
σώφρων 節制あるひと，節度あるひと.
τέλος 目的，終極.
τέχνη 術，技術，専門技術.
τιμή 名誉，尊敬.
τιμωρία 報復，復讐，刑罰.
τοιχωρυχεῖν 家宅侵入.
τοκιστής 金貸し.
τρυφή 軟弱.
τύχη 運命，偶運，偶然.
ὕβρις 専横，面罵，非行.
ὑβριστής 専横なひと.
ὑπερόπτης 高慢なひと.
φαῦλος 劣悪な，下賤な，つまらない.
φειδωλός しまりや.
φιλαληθής 真実を愛するひと.
φιλάνθρωπος 他人に対して情愛の深いひと.
φίλαυτος 自愛者.
φίλησις 情愛，愛情.
φιλία 愛，愛の関係.
φίλος 友，親しいひと.
φιλοσοφία 愛知，知慧の愛求.
φιλοτιμία 功名心.
φόβος 恐れ.
φρόνησις 賢慮.
φρόνιμος 賢慮あるひと.
φύσις 自然，自然の本性，自然の生れ，事物の本然のあり方.
χαρίεις 高雅なひと，洗練された教養をもつひと.
χαῦνος 虚栄のひと.
χαυνότης 虚栄.
χρήματα 財，金銭.
χρήσιμον 有用なもの.
ὠφέλεια 利益，便益.
ὠφέλιμον 利益をもたらすもの.